Stefan Weinfurter
Karl der Große

PIPER

AF638763

Zu diesem Buch

Viele haben versucht, Karl den Großen für sich zu vereinnahmen. War der erste Kaiser des Abendlandes nun Deutscher, Franzose oder gar der Vater Europas? Und was weiß man jenseits aller Legenden tatsächlich von ihm? Nicht nur die Menschen seiner Zeit, sondern auch die Nachwelt ist bis heute von dem Frankenherrscher fasziniert: ein überaus erfolgreicher und brutaler Kriegsherr, der in einem jahrzehntelangen Kampf die heidnischen Sachsen missionierte, die germanischen Stämme vereinte und ein Großreich errichtete. Ein Bildungshungriger, der zwar selbst kaum schreiben konnte, aber doch die Verbreitung der Schrift förderte, die wir noch heute schreiben. Ein Herrscher, der sich in seiner Aachener Pfalz entspannt den Badefreuden hingab und der an seinem Hof die bedeutendsten Dichter und Denker Europas versammelte. Stefan Weinfurter, der bekannte Heidelberger Mittelalterforscher, zeigt die vielen Gesichter Karls des Großen und bringt uns einen der charismatischsten Herrscher des Mittelalters nahe.

Stefan Weinfurter, geboren 1945 in Prachatitz und aufgewachsen in München, lehrt seit 1999 als Ordinarius an der Universität Heidelberg Mittelalterliche Geschichte und ist dort auch Direktor der Forschungsstelle für Geschichte und Kulturelles Erbe sowie Mitglied der Heidelberger Akademie der Wissenschaften. Unter anderem leitet er im Heidelberger Sonderforschungsbereich 933 ein Projekt zum Wissenstransfer in der Epoche Karls des Großen. Zu seinen Veröffentlichungen zählen u. a. *Das Reich im Mittelalter* und *Canossa. Entzauberung der Welt.*

Stefan Weinfurter

KARL DER GROSSE

Der heilige Barbar

Mit 19 Abbildungen

PIPER

Mehr über unsere Autorinnen, Autoren und Bücher:
www.piper.de

Inhalte fremder Webseiten, auf die in diesem Buch hingewiesen wird, macht sich der Verlag nicht zu eigen und übernimmt dafür keine Haftung. Wir behalten uns eine Nutzung des Werks für Text und Data Mining im Sinne von § 44b UrhG vor.

MIX
Papier | Fördert gute Waldnutzung
FSC® C021394

PRODUZIERT MIT VERANTWORTUNG

Ungekürzte Taschenbuchausgabe
ISBN 978-3-492-30612-6
1. Auflage Juni 2015
4. Auflage November 2025
© 2013 Piper Verlag GmbH, Georgenstraße 4, 80799 München, *www.piper.de*
Für einen direkten Kontakt und Fragen zum Produkt wenden Sie sich bitte an:
info@piper.de
Umschlaggestaltung: semper smile, München,
nach einem Entwurf von www.buero-jorge-schmidt.de
Umschlagabbildung: dpa/akg-images (Büstenreliquiar Karls des Großen),
Ullstein Bild (Ausschnitt einer mittelalterlichen Buchmalerei, 9. Jahrhundert)
Satz: Eberl & Koesel Studio, Kempten
Gesetzt aus der Minion
Gedruckt von ScandBook in Litauen
Printed in the EU

Für Brigitte

Inhaltsverzeichnis

FRÄNKISCHES REICH ZUR ZEIT KARLS DES GROSSEN (um 810)
1 : 7 000 000
0 100 200 km
Fränkisches Reich
tributäre Abhängigkeit vom Fränkischen Reich
königliche Güter
Erzbischofssitz im Reich
Bischofssitz im Reich (Auswahl)
Kloster im Reich (Auswahl)
NORDSEE
OSTSEE
ATLANTISCHER OZEAN
MITTELMEER
ADRIATISCHES MEER
TYRRHENISCHES MEER
REICHE DER ANGELSACHSEN
REICH DER BRITEN
KGR. DÄNEMARK
KGR. GALICIEN UND ASTURIEN
EMIRAT VON CORDOBA DER UMAYYADEN
BULGARISCHES REICH
BYZANTINISCHES REICH
PÄPSTL. PATRIMONIUM
FSM. BENEVENT
SLAWEN
Kartographie: G. Pflaum

Vorwort

»›Seine Gedanken‹, so sagt Cicero, ›schriftlich niederzulegen, ohne sie zu ordnen, schön zu formulieren und den Leser damit zu ergötzen, heißt Zeit und Schrift zu vergeuden.‹ Dieser Ausspruch des großen Redners hätte mich vom Schreiben abschrecken können, wäre ich nicht von dem Entschluss geleitet gewesen, mich lieber der Kritik auszusetzen und durch diese Arbeit den Ruf meines Talents in Gefahr zu bringen, als vor lauter Bedachtsamkeit die Erinnerung an einen so großen Mann unbeachtet zu lassen« (So heißt es bei Einhart in seiner Vorrede zur ›Vita Karoli Magni‹). Wie für den berühmten Biografen und Zeitgenossen Karls ist auch heute noch die Beschäftigung mit Karl dem Großen ein überaus reizvolles Unterfangen – trotz der Flut von Forschungen, vor allem aus der angelsächsischen Wissenschaft. Es sind die ungewöhnliche Bündelung der Kräfte und die enorme Effizienzsteigerung auf allen Gebieten der Gesellschaft, Politik und Kultur, die von dieser Epoche ausgehen und jeden, der sich damit beschäftigt, in ihren Bann ziehen.

Die Begeisterung für dieses Thema hat sich zu meinem Glück auch auf das Team meiner wissenschaftlichen Mitarbeiter übertragen, sodass ich von ihrer Seite wertvolle Unterstützung erfuhr. Eigens bedanken möchte ich mich bei Frau Theresa Jäckh, Frau Nora Küppers und Herrn Florian König. Darüber hinaus haben die Fachgespräche mit dem Team meines Heidelberger Forschungsprojekts »Wissenstransfer von der Antike ins Mittelalter«, dem Herr Priv.-Doz. Dr. Tino Licht, Frau Dr. Julia Becker, Frau Dr. Natalie Maag und Frau Kirsten Tobler angehören, wichtige Anregungen geliefert. Am Heidelberger Marsilius-Kolleg, an der Heidelberger Akademie der Wissenschaften, an der Universität München und am Deutschen Historischen Institut Rom hatte ich Gelegenheit, Grundgedanken zu meiner These der »Vereindeutigung« vorzutragen und zu diskutieren. Mein Kollege Prof. Dr. Bernd Schneidmüller hat schließlich klaglos die Last einer inhaltlichen Überprüfung auf sich genommen. Alle seine kundigen Anregungen, für die ich ihm sehr dankbar bin, sind in die Darstellung eingeflossen.

Ein besonderer Dank geht auch an Frau Kristin Rotter vom Piper Verlag, nicht nur für die professionelle Betreuung, sondern auch für ihren Mut, an dem Vorhaben trotz manch unvorhersehbarer Umstände festgehalten zu haben. Frau Dr. Heike Wolter danke ich für die wertvolle Lektoratsarbeit. Meiner Familie zu danken ist schließlich das Mindeste angesichts der Tatsache, dass sie für mehrere Monate eigentlich nur noch »Karl« vor sich hatte. Dieser wird hiermit in die Öffentlichkeit entlassen.

Heidelberg, im Juli 2013

KAPITEL 1

Fern oder nah? Unser Verhältnis zur Epoche Karls des Großen

Karl der Große regierte das Frankenreich von 768 bis 814, fast ein halbes Jahrhundert – ungewöhnlich lang für einen Herrscher des Mittelalters. Eine solche Zeitspanne bot ihm die Gelegenheit, Zeichen zu setzen, Weichen zu stellen und seine Persönlichkeit in das politische Geschehen in hohem Maße einzubringen. Wie hat er diese Möglichkeiten genutzt? Und vor allem: War er ein guter oder ein böser Herrscher? Gerade die letzte Frage beschäftigt die Forschung seit vielen Jahren.

Es gab Zeiten, da hat man ihn dafür gelobt, dass er die Grundlagen für das Abendland gelegt und der christlichen Kirche zum Durchbruch verholfen habe. Er galt geradezu als der strahlende »Vater Europas« *(pater Europae)* – ein Zitat aus dem zeitgenössischen ›Paderborner Epos‹ (kurz vor 800) – oder als »Baumeister Europas«, um ein Zitat aus der Forschung des 20. Jahrhunderts anzufügen.[1] Ihm – so lautete die überwiegende Meinung – sei die Basis des künftigen Europa zu verdanken. Jahrhundertelang sah man in ihm das Vorbild des mächtigen, gerechten, barmherzigen, siegreichen und untadeligen Herrschers. Darüber hinaus wurde er nicht nur zum Stammvater der französischen Könige, sondern als ›heiliger Karl‹ auch die Symbolfigur für das römisch-deutsche Kaisertum. Dieses Bild des glanzvollen Kaisers entwickelte eine starke Ausstrahlungskraft, die bis in unsere Zeit hinein wirkt. Also ein guter Kaiser?

Doch weist die Forschung auch schon lange auf die dunklen Seiten dieses Herrschers hin. War er nicht auch ein »brutaler«, ja

»kaltblütiger und berechnender« oder »verschlagener« Barbar, wie einige der jüngeren Urteile lauten? Ließ er nicht seine Gegner mitsamt Frauen und Kindern töten? Hatte er nicht Tausende von Sachsen, Awaren und Langobarden auf dem Gewissen und das bayerische Fürstenhaus Tassilos III. ausgelöscht? Führte er nicht, wie eine spätere Legende ausmalte, ein liederliches und ausschweifendes Leben, sodass bei seinem Tod die Teufelsschar schon bereitgestanden habe, um seine Seele in die ewige Finsternis zu führen? Beugte er nicht den Adel, der sich gegen seine Gewaltaktionen erhob, gnadenlos nieder? Also ein böser Kaiser?

Die Frage ist auch heute nicht gelöst. Es scheint aber doch so zu sein, dass Karls Glanz etwas im Schwinden begriffen ist. Der große Karl wird kleiner. Das hängt damit zusammen, dass auch ›Europa‹ zunehmend seine Attraktivität verloren hat, oder besser: dass die Vorstellung von Europa als einem kulturellen und zivilisatorischen Vorsprungs-Kontinent mittlerweile nicht mehr gilt. ›Eurozentrismus‹ zählt heute – ebenso wie die Kategorie der Nation – zu den gröbsten Verirrungen der Geschichtswissenschaft (und anderer Wissenschaften). Auch die Idee von einem ›Christlichen Abendland‹ hat längst ihre Kraft verloren angesichts moderner Sehnsüchte nach einer transkulturellen Gesellschaft, in der sich auch die Religionen in einem ständigen Bewegungsfluss gegenseitig befruchten mögen.

Die Bewertung, ob ein Kaiser des Mittelalters gut oder böse war, hängt entscheidend von unserem eigenen Wertekanon und unseren Vorstellungen von guten oder schlechten Ordnungsmodellen in Politik und Gesellschaft ab. Können wir bei einer Darstellung Karls des Großen dieser Gebundenheit, in der wir uns befinden, und den daraus entstehenden Vorurteilen entkommen? Dafür ist es zuallererst erforderlich, die Normen und Kriterien für das Handeln des Herrschers aus den Bedingungen seiner eigenen Zeit heraus zu erschließen. Wir müssen versuchen, nicht nur das Handeln zu beschreiben, sondern auch die dahinterstehenden Konzeptionen von politischer und gesellschaftlicher Ordnung zu entschlüsseln.

Bei Karl dem Großen befinden wir uns in dieser Hinsicht in

einer guten Lage, denn gerade zur Frage der ideellen, konzeptionellen und moralischen Grundlagen seines Handelns gibt es eine Vielzahl an Quellen. Freilich stammen sie in der Hauptsache nicht von ihm persönlich, sondern von den Menschen in seiner Umgebung, insbesondere den Gelehrten an seinem Hof. Insofern wird man stets Vorsicht walten lassen müssen und die Aufmerksamkeit darauf zu richten haben, inwieweit sich hier nur ein ideales Herrscherbild niedergeschlagen hat. Die Autoren der Quellen brachten ja ihre eigenen Wünsche und Interessen ein oder waren zumindest in kollektive Vorstellungszirkel eingebunden. Aber das sollte uns nicht zu voreiliger Geringschätzung dieser Quellen führen, denn die Bilder Karls, die sie bieten, sind immerhin Ausdruck des ›Zeitgeistes‹.

War die gesellschaftliche Ordnung vor 1200 Jahren etwas gänzlich Andersartiges als die heutige und müssen wir uns deshalb auf die Erkenntnis dieser Andersartigkeit (›Alterität‹) beschränken? Das gilt wohl nur zum Teil.[2] Nicht weniges, was die Menschen heute bewegt, gab es immer. Die Sehnsucht nach Frieden und Friedensräumen ist wahrlich nicht neu. Und selbst die Veränderung an sich verbindet uns mit dem Mittelalter, denn: »Nichts Beständigeres gibt es als den Wandel«, so stellte der Chronist Otto von Freising im zwölften Jahrhundert fest. Wir sollten uns jedenfalls darum bemühen, mit den alten Zeiten und ihren Menschen ›fair‹ umzugehen. Aus einem späteren Wissensvorsprung heraus ist es immer einfach, sich von ihnen abzugrenzen oder sich gar über sie zu erheben und sie als ›unterentwickelte‹« Kulturen des Mittelalters zu belächeln. Aber damit sollten wir vorsichtig sein. Dasselbe könnte uns in künftigen Zeiten ebenso widerfahren. Vor allem: Unsere eigene Kultur, unser Wissen und unsere gesellschaftliche und politische Ordnung sind nicht aus dem Nichts entstanden. Alles, was unser kulturelles Profil ausmacht, mitsamt den Einschnitten, Wandlungen und Veränderungen steht auf den Fundamenten von Jahrhunderten.

So gesehen, sollten wir die ›Andersartigkeit‹ früherer, mittelalterlicher Zeiten nicht zu sehr betonen, etwa in dem Sinn, dass wir damit gar nichts mehr zu tun hätten. Dies trifft sogar in ganz besonderer Weise auf die Zeit um 800 zu. Dass hier in der Tat die Grundlagen für die weitere Entwicklung Europas gelegt wurden, wird von niemandem bestritten. Diese Zeit war in verschiedener Hinsicht eine Schlüsselepoche europäischer Geschichte. Das liegt vor allem daran, dass nach dem Zusammenbruch des weströmischen Reiches erstmals wieder große Teile Europas unter einer Herrschaft vereint wurden. Dieser Vorgang veränderte zwangsläufig die Anforderungen, die an einen Herrscher gestellt wurden. Wie konnte man einen Raum, der vom Ebro in Spanien bis an den Ärmelkanal, von der dänischen Grenze bis nach Rom, vom Atlantik bis an die Elbe reichte, ordnen, befrieden, gestalten? Ein Herrscher, so hat einmal der frühere Direktor des Deutschen Historischen Instituts in Paris, Karl Ferdinand Werner, formuliert, musste darüber informiert sein, was in dem Land, das er regierte, geschah. Er musste die Macht haben, seine Anweisungen bekannt zu machen und umzusetzen. Er musste in der Lage sein, Ungehorsam und Missbrauch zu bestrafen, und schließlich über die Ressourcen verfügen, um seine Aktionen finanzieren und Belohnungen verteilen zu können.[3]

Vor diesen Aufgaben und Anforderungen stand Karl der Große, dessen Reich eine Vielzahl von Völkern und Kulturen Europas umfasste und einen für damalige Verhältnisse gewaltig großen Raum umschloss. Wie ging er damit um? In welchem Maße konnte er die Veränderungen steuern? Welche Modelle der Verwaltung und der Organisation entwickelte er und was entstand daraus? Und nicht zuletzt: Können wir bei diesen Vorgängen Maßnahmen, Einrichtungen und Ordnungsentwürfe erkennen, die in der Geschichte weitergewirkt haben?

Von fundamentaler Bedeutung war gewiss die Verchristlichung des ›Staatswesens‹ um 800. Karl und seine Berater verfolgten das Ziel, die Grundlagen und die gesamte Legitimation der ›staatlichen‹ Ordnung aus den christlichen Normen und Vorgaben heraus zu entwickeln und zu gestalten. Die theoretische Vorlage dafür lieferte das Werk von Augustinus ›Über den Gottesstaat‹ (›De civitate Dei‹). In diesem Buch, in dem zum ersten Mal in der europäischen Geschichte das Ineinanderwirken von

Christentum und Staatlichkeit in einem großen theoretischen Wurf entwickelt wurde, fand Karl das gesamte Programm für den Umbau seines Reiches zu einem ›Gottesstaat‹. Es ist wahrlich kein Zufall, dass Einhart (gest. 840), der intime Kenner und Biograf des karolingischen Kaisers, eigens betonte, Karl habe die größte Freude an diesem Buch von Augustinus gehabt.[4] Hier konnte er geradezu die Anleitung für sein Handeln finden, wie wir noch sehen werden. Auf dieser Grundlage schuf Karl einen ganz neuen Typus der staatlichen Ordnung, den ›christlichen Gottesstaat‹ – und er bereitete damit zugleich den Mythos vor, der ihn später zum heiligen Kaiser werden ließ.

Noch nachhaltiger waren die geistigen und wissenschaftlichen Impulse, die sich in seiner Zeit voll ausformten. Vieles, was wir heute als selbstverständlich hinnehmen, hat seinen Ausgang in der Zeit um 800. Ein sinnfälliges Beispiel ist unsere heutige Schrift. Sie entwickelte sich – auf der Grundlage spätantiker Schriftformen – in der zweiten Hälfte des achten Jahrhunderts und wird ›Karolingische Minuskel‹ genannt. Unsere Schrift, vor allem die viel gebrauchte Computerschrift Times New Roman, ist also keineswegs eine ›lateinische‹ Schrift. Als solche wurde sie erst von den Humanisten bezeichnet, die sich nicht vorstellen konnten, dass eine so schöne und hocheffiziente Schrift aus dem barbarischen Mittelalter stammen könnte.

Dieser Hinweis sollte uns neugierig machen: Was war das für eine Zeit, in der eine Schrift entstand, die so perfekt gestaltet war, dass wir sie heute noch verwenden? Welches Verständnis von Wissen, von Texten, ja von Wissenschaft stand hinter einem solchen Vorgang? Wir werden sehen, dass die neue Schrift nur ein Segment einer großen Wissens- und Bildungsoffensive darstellte, die mit einem gewaltigen Aufwand verbunden war und den kulturellen Nährboden für Jahrhunderte schuf.

Aber auch mit dieser Feststellung erreichen wir noch keineswegs den Kern der Vorgänge. Die eigentliche Kraft der Neuorientierung entsprang einer faszinierenden Idee: der Idee der Eindeutigkeit. Es ging um die ›Vereindeutigung‹ in möglichst vielen Lebensbereichen, es ging um die Deutungshoheit im religiösen und moralischen Verhalten, um die Eindeutigkeit der Sprache, der Argumentation und der zeitlichen Ordnung, es ging um die Eindeutigkeit in der politischen, militärischen und kirchlichen Organisation.

Eindeutigkeit wurde zur Voraussetzung für richtiges und gerechtes Handeln und damit auch für die Wahrheit an sich. Schon Alkuin, der herausragende Gelehrte am Hof Karls des Großen, nannte die Erkenntnis der Wahrheit das vornehmste Ziel aller Studien und Wissenschaften. Letztlich war die Wahrheit Gott selbst. In einem Brief an Abt Rado von Saint-Vaast bei Arras (790–808) legte er diesem ans Herz: »Halte die Brüder dazu an, dass sie die heiligen Schriften sehr sorgfältig lesen! Sie sollen nicht auf den Klang der Zunge vertrauen, sondern auf das Verständnis der Wahrheit, damit sie denen, die der Wahrheit widersprechen, Widerstand leisten können!«[5] Die Kirche benötige gegen die vielen falschen Gelehrten *(multi pseudodoctores)* viele Verteidiger, die durch die Lehre der Wahrheit die Burg Gottes tapfer zu verteidigen wissen.[6] Ganz ähnlich hat dreihundert Jahre später der Theologe und Gelehrte Anselm von Canterbury (gest. 1109) in seinem Buch ›Über die Wahrheit‹ (›De veritate‹) argumentiert: Eindeutigkeit *(norma)* sei die Grundlage für Gerechtigkeit und damit für die Wahrheit.[7]

Diese tief greifenden Prozesse, die auf eine ›Wahrheitsordnung‹ und eine ›Wahrheitsgesellschaft‹ abzielten, wurden in der Zeit selbst stark empfunden und reflektiert. Die Gedanken, Argumente, Konzeptionen und Anordnungen wurden schriftlich festgehalten. Die Epoche Karls des Großen brachte daher eine Flut von Texten hervor. Schriftlichkeit ist ein typisches Zeichen für Zeiten, in denen es um die »Durchsetzung von Erneuerung« geht.[8] Natürlich kann man den Wissensaustausch um 800 nicht im Entferntesten mit unserer Kommunikationsfülle vergleichen, aber man sollte die Möglichkeiten und Leistungen der karolingischen Welt auf diesem Gebiet nicht unterschätzen. Dem ›Schreibrausch‹ vor 1200 Jahren ist es immerhin zu verdanken, dass die klassischen Autoren und frühchristlichen Väterschriften erhalten blieben, weil sie damals in vielen Tausenden von Exemplaren auf haltbares Pergament übertragen wurden. Ein Beispiel von ungewöhnlicher Nachhaltigkeit, würde man heute sagen. Auch diese Texte dienten dem Studium der Wahrheit und dem Streben nach Eindeutigkeit.

Die Eindeutigkeit der Wahrheit wurde zum alles bestimmenden Programm. So begann um 800 der Prozess, der im Lauf des Mittelalters die Methoden zur Erforschung der Wahrheit immer mehr verfeinerte und der im Prinzip bis weit in das 20. Jahrhundert hinein noch den Anspruch der Wissenschaft bestimmte. Man sollte in diesem Zusammenhang daran denken, dass die europäischen Universitäten, die Keimzellen der Wissenschaften und der Wahrheitssuche, im zwölften Jahrhundert entstanden sind. Wissenschaft und Wahrheitssuche sind eine Leistung des europäischen Mittelalters.

Um hier gleich einem möglichen Missverständnis vorzubeugen: Eindeutigkeit gibt es in der Lebenspraxis der Menschen nie und kann es auch nicht geben. Aber es gibt Epochen und Kulturen, in denen um Eindeutigkeit gerungen wurde. Dazu gehörte das Zeitalter Karls des Großen in ganz besonderem Ausmaß.

Es gibt andere frühe Kulturen, in denen gerade das Gegenteil angestrebt wurde, nämlich die Vieldeutigkeit von Aussagen, von Schrift und Begriffen. Ein Beispiel dafür ist die altorientalisch-assyrische Welt. Der Heidelberger Assyriologe Markus Hilgert hat gezeigt, dass die mesopotamischen Keilschriftzeichen dafür eingesetzt wurden, möglichst breite Wissens- und Bedeutungsfelder abzudecken.[9] Jedes Zeichen konnte in verschiedener Weise, in verschiedener Zuordnung und auch mit der Möglichkeit eines Bedeutungswandels benutzt werden. Diese Schrift stellte ganze ›Cluster‹ von Wissensgeflechten zur Verfügung. Für den Sinn, den sie transportierte, war gerade die Mehrdeutigkeit kennzeichnend. Mit ihr konnte Wissen nicht nur gespeichert, sondern auch in ganz unterschiedlichen Kontexten abgerufen und verwendet werden. Eine der frühen und bedeutendsten Hochkulturen der Menschheit hat sich demnach also gerade nicht für die Eindeutigkeit der Sprache und der Schrift entschieden, sondern für Multidimensionalität, Variabilität, Instabilität und Offenheit von vielfältig verflochtenen, aber nicht linearen Wissensinhalten und Wissensobjekten.

Es kommt also darauf an, ob eine Gesellschaft Eindeutigkeit anstrebt oder nicht. Heute scheinen wir uns eher den Vorstellungen der altorientalischen Kulturen zu nähern. Unter uns hat längst die Überzeugung um sich gegriffen, dass es ebenso viele Wahrheiten gibt wie Kulturen und deren Traditionen in der Welt, denen man sich öffnen möchte. Ein Pochen auf Eindeutigkeit wäre dabei störend. Ganz im Gegenteil, man will »der Vereindeutigung entkommen«.[10] Auf wissenschaftlichen Kongressen wird es derzeit gewöhnlich als »ausgesprochen horizonterweiternd« empfunden, wenn sich am Ende möglichst viele Mehrdeutigkeiten einstellen und eindeutige Antworten vermieden werden.[11] In den Geisteswissenschaften spricht man schon von einer »Ontologie-Angst«[12]. Ob die Forderung nach »Genauigkeit«, die neuerdings in die Diskussion eingebracht wurde, einen Ausweg bietet, wird sich erweisen.[13]

Auch den Anspruch, Wahrheit innerhalb eines Wissenschaftssystems zu erlangen oder wenigstens zu fordern, hat man weitgehend aufgegeben – trotz gelegentlicher Ankündigung einer »Rückkehr der Wahrheit«.[14] Wahrheit, so lautet die längst dominierende Überzeugung unserer ›postmodernen‹ Zeit, sei – ebenso wie Eindeutigkeit – nicht nur niemals erreichbar, sondern auch gar nicht erstrebenswert. Nur wenn wir heute den »essentialistischen Wahrheitsbegriff« aufgeben, so lautet die Position der jungen Forschung, können wir die Voraussetzung dafür schaffen, »dass verschiedene, kulturell spezifische Formen epistemischer Praxis als prinzipiell gleichwertige Alternativen gelten können«.[15]

An die Stelle der Eindeutigkeit ist die Offenheit für die Vielfalt wissenschaftlicher Methoden getreten, für die Vielfalt kultureller Bewegungen, Begegnungen, Transfers und Wechselwirkungen. Sie ist das neue Ideal, sei es in der Gesellschaft, in der Politik oder in der Wissenschaft. Das heutige Signalwort dafür lautet »Unbestimmtheit«.[16] Diese Vorgänge und die Rolle der ›Unbestimmtheit‹ in unserer Wissenschaft und im gesamten ethischen Verhalten werden in der modernen Geschichtsforschung, in der

Philosophie und in den Gesellschafts- und Lebenswissenschaften intensiv diskutiert, gewiss zu Recht, denn dieser Wandel greift an die Substanz unseres gesamten überkommenen Denk- und Wissenschaftssystems. Auch der Blick der Forschung auf das Mittelalter konzentriert sich längst auf ›Ambiguität‹, also auf die Vielfalt der Ordnungen und Wertestrukturen. Sie ist hier ohne Frage reichlich anzutreffen und hat die Lebenswirklichkeit des Mittelalters im Ganzen gesehen geprägt.

Diese Veränderungen unserer modernen Zeit oder gar ein Werturteil darüber sollen aber nicht Gegenstand dieses Buches sein. Hier soll vielmehr gezeigt werden, dass es Phasen in der europäischen Geschichte gab, in denen ein gegenteiliges Konzept angestrebt wurde, ein Konzept, das auch das Handeln des Herrschers und der politischen und intellektuellen Elite in höchstem Maße bestimmte: das Bemühen um Eindeutigkeit. Genau dies ist das besondere Kennzeichen der Epoche Karls des Großen. Sehr treffend ist diese Grundhaltung eingefangen worden von Einhart, dem Gelehrten am Hof Karls, der uns noch mehrfach begegnen wird. Er bezeichnete das Bemühen Karls als »Beseitigung jeder Unbestimmtheit« *(omni ambiguitate remota)*.[17]

Es ist gar nicht anders denkbar, als dass der Herrscher einer solchen gesellschaftlichen Konzeption selbst von dieser Idee geleitet war, dass er folglich selbst die vielfältigen Impulse, Anregungen, theoretischen Reflexionen und sonstigen Anstöße aufnahm, bündelte und ihnen auch von seiner Seite weitere Impulse gab. Karl der Große erscheint aus dieser Perspektive nicht nur als ein barbarischer oder christlich-heiliger Kaiser, sondern auch als ein Herrscher, der höchsten Anspruch auf Deutungshoheit entwickelte, um Eindeutigkeit zu schaffen. Die weiteren Überlegungen und Darstellungen sollen zeigen, welche Konsequenzen dieses Streben nach ›Vereindeutigung‹ für die Menschen, die Organisationen und die Strukturen seines Reiches hatte, welche Instrumentarien, Methoden und Kommunikationsformen – wie die Schrift – dafür eingesetzt wurden oder daraus entstanden sind und was dies alles für das politische Handeln und schließlich die Formung einer bestimmten Gesellschaftsordnung bedeutete.

KAPITEL 2

Die Vita Karls des Großen und andere Quellen

Welche Nachrichten gibt es, die uns über Karl den Großen und seine Zeit berichten? Über welches ›Arbeitsmaterial‹ verfügen wir? Im Mittelpunkt steht eine ganz einzigartige Quelle, nämlich seine Lebensbeschreibung, die ›Vita Karoli Magni‹. Geschrieben hat sie der Gelehrte Einhart. Dieser gilt bis heute als »der berühmteste Biograph des 9. Jahrhunderts«.[1] Um 770 wurde er – vielleicht in Seligenstadt am Main – geboren. Er entstammte einer ostfränkischen Adelsfamilie aus dem »Maingau« *(Moingeuui)*, einem Gebiet, das sich von Hanau über Aschaffenburg und Dieburg bis in den Odenwald erstreckte. Wegen seiner Abstammung nannte sich Einhart einen »Barbaren« *(homo barbarus)*, weil er als »Nichtromane« in der »römischen Sprache« *(Romana locutio)* wenig geübt sei. Aber ganz so schlecht, so fügte er hinzu, sei sein Latein auch wieder nicht gewesen.[2] Dennoch: So wie in der Antike galt demnach im Gelehrtenkreis dieser Zeit derjenige, der nicht Romane war, als Barbar – und das trifft auch auf den Franken Karl den Großen zu.

Die Ostfranken, die rechts des Rheins lebten, zählte Einhart zu den Germanen.[3] Das ist ein nicht unwichtiger Hinweis, denn in der jüngeren Forschung glaubte man lange Zeit, das Wort ›Germanen‹ als Bezeichnung für die Völker im fränkischen Reich ganz vermeiden zu müssen. Das Bewusstsein einer solchen Gruppenzugehörigkeit habe es gar nicht gegeben, vielmehr handle es sich um eine Fremdbezeichnung durch die Römer. Der Begriff Germanen galt außerdem durch den Missbrauch im

Nationalsozialismus als belastet. Erst vor wenigen Jahren hat der Wiener Historiker und Frühmittelalterforscher Herwig Wolfram eine Ehrenrettung für die Sammelbezeichnung »Germanen« formuliert: Es gebe eben keinen ordentlichen Ersatz dafür.[4] In der Zeit um 800 hatte man damit offensichtlich keine Probleme.

Seine Ausbildung erhielt Einhart seit dem Ende der 770er-Jahre im Kloster Fulda, wo er an christlichen Texten der Kirchenväter, aber auch antiken Autoren, Grammatikern und Rhetorikern geschult wurde (unter anderen Origenes, Gregor der Große, Augustinus). Auch Griechischkenntnisse hat er sich dort erworben. Fulda besaß damals zwar noch keine große Bibliothek, aber immerhin die ›Handbibliothek‹ des großen angelsächsischen Missionars Bonifatius (gest. 754), der sich in dem vom ihm gegründeten Kloster Fulda hatte begraben lassen. Einharts in der Klosterschule erworbene Fertigkeiten im Schreiben waren so gut, dass man ihm schon 780 oder kurz danach die Ausfertigung von Urkunden anvertraute. Auch die Schenkung seiner Eltern, Einhart und Engelfrida, an das Kloster Fulda, hat er selbst geschrieben.[5]

Aber Einhart trat nicht als Mönch in das Kloster ein. Er wurde auch nicht Kleriker, sondern blieb zeitlebens Laie und war mit Imma (gest. 836) aus einer hochgestellten Familie verheiratet. Einen niederen kirchlichen Weihegrad kann man bei ihm nicht ausschließen, aber auch das würde an der Tatsache, dass er ein Leben als Laie führte, im Grunde nichts ändern. Das ist eine bemerkenswerte Beobachtung, denn Quellentexte und Nachrichten, die von Laien stammen, sind für diese Zeit eher selten. Sein Laienstatus hinderte ihn im Übrigen nicht daran, als »Laienabt« die Leitung von sieben Klöstern in den verschiedensten Teilen des karolingischen Reiches zu übernehmen. Am Ende gründete er in Seligenstadt noch ein eigenes Kloster, in dem er nach seinem Tod am 14. März 840 bestattet wurde.

Noch vor 796 schickte der Abt von Fulda, Baugulf (779–802), den jungen Adligen, der durch »Auffassungsgabe und Intelligenz herausragte«[6], an den Hof Karls des Großen. Dort befreundete sich dieser mit Alkuin von York (gest. 804), dem wohl größten

Gelehrten seiner Zeit, der wegen seiner Gelehrsamkeit in den Hofkreisen den Namen Flaccus nach dem römischen Dichter Horaz führte. Bei ihm lernte er gleichsam die letzten Feinheiten der Wissenschaften und der Weisheit – und in diesem Sinne kann man durchaus davon sprechen, dass Alkuin sein Lehrer war. Einhart verehrte ihn zeitlebens. In seiner ›Vita Karoli Magni‹ hob er ihn als einen in jeder Hinsicht überaus gelehrten »Meister« hervor.[7]

Am Hof Karls erwarb sich Einhart rasch hohes Ansehen. Man bewunderte seine Schaffenskraft. Sein Gelehrtenkollege Theodulf von Orléans (gest. 821) nannte ihn emsig »wie eine Ameise«.[8] Vor allem war er vielseitig. Alkuin erkannte seine Fähigkeiten auf dem Gebiet der Mathematik und empfahl ihn Karl dem Großen als Lehrer für mathematische und astronomische Themen. Doch ebenso großartig waren seine Leistungen als Baumeister. Der Bau der »fünfhundert Schritte« langen, hölzernen Rheinbrücke bei Mainz stand unter seiner Aufsicht, »ein herrliches Werk«, wie Einhart selbst schwärmte.[9] In zehn Jahren sei es mit unendlicher Mühe und wunderbarer Kunst so fest aus Holz gebaut worden, als würde es ewig halten. Dass die Brücke einige Jahre später abbrannte – und der Rhein dann über Jahrhunderte keine Brücke mehr hatte –, war freilich ein Desaster. Auch bei den Pfalzbauten in Ingelheim und Aachen wirkte er an vorderster Stelle mit. Am Hof übernahm er überdies die Leitung der Kunstwerkstätten. Alle diese Fertigkeiten haben ihm am Hof den Namen Beseleel *(Bezalel)* eingebracht, den Namen des Baumeisters im Alten Testament. Dieser war von Moses auserwählt worden, das »Heiligtum«, eine Wohnstätte für den Herrn aus zehn Zelttüchern und in kunstvollster Ausgestaltung, zu errichten (Exodus 35 – 38). Beseleel sei »durch Weisheit, Klugheit und Kenntnis für jegliche Arbeit« (Exodus 35,31) ausgezeichnet gewesen – und mit diesen ungewöhnlichen und reichen Anlagen war offenbar auch Einhart gesegnet. Sein zweiter ›Spitzname‹ war Nardulus, weil er klein, aber wirkungsvoll gewesen sei wie eine Narde.

Noch wichtiger ist in unserem Zusammenhang, dass Einhart in seiner Zeit in Aachen – wo in den 90er-Jahren des achten Jahrhunderts die Hauptresidenz des karolingischen Reiches entstand – ein enger Vertrauter Karls des Großen wurde. Ihn begleitete er, wann immer es möglich war, auf seinen Reisen, für ihn übernahm er diplomatische Missionen und ihm diente er als Ratgeber. Im Vorwort seiner ›Vita Karoli Magni‹ betonte Einhart selbst die Freundschaft, die ihn mit Karl und dessen Kindern verbunden habe. Niemand, so war er überzeugt, wäre deshalb in der Lage, wahrheitsgetreuer als er diese Vita zu schreiben und aufzuzeichnen, »was ich selbst miterlebt und persönlich mit der Gewissenhaftigkeit eines Augenzeugen erfahren habe«. Der Hof *(aula)* in Aachen, wo er sich bis 830 aufhielt, wurde zu seiner zweiten Heimat. Hier befand er sich im Zentrum der politischen Vorgänge und Entscheidungen und hier konnte er aus nächster Nähe das herrscherliche Programm seines großen Förderers aufnehmen und begleiten.

Diese Einordnung Einharts ist wichtig, denn sie bietet uns die Voraussetzung dafür, seine ›Vita Karoli Magni‹ in ihrem Aussagewert einzuschätzen. Das Werk ist zweifellos vom Geist der Aachener Reichselite und der dortigen ›Höflinge‹ durchdrungen. Es spiegelt die Auffassung und das Bild, das man im Gelehrtenkreis um Karl entwickelte, und es dürfte auch der Selbsteinschätzung Karls keineswegs widersprochen haben. Schon an scheinbaren Kleinigkeiten ist das zu erkennen. So ist es auffällig, dass Einhart in seinen Schriften niemals das Wort »Adliger« *(nobilis)* als Standesbezeichnung gebrauchte. Das entsprach ganz dem Programm Karls, für den alle, die nicht Unfreie *(servi)* waren, vor dem König gleich sein sollten.

Trotz dieser ungewöhnlich guten Informationen, über die Einhart verfügte, ist in der Forschung am Quellenwert der Vita Kritik geäußert worden. Sie sei angeblich erst spät entstanden, etwa um 830, als die Regierung von Karls Sohn und Nachfolger, Ludwig dem Frommen (814–840), in eine tiefe Krise stürzte. Diesem sollte daher mit der Lebensgeschichte seines Vaters ein Beispiel erfolgreicher Herrschaft vor Augen geführt werden, damit sich der Sohn ein Beispiel daran nehmen könne. Zuletzt hat man in der Forschung die Entstehungszeit etwas vordatiert in die Jahre

825–829, weil in den Synoden, den großen kirchlichen Versammlungen dieser Zeit, die eigene (unerfreuliche) Gegenwart mit der (glanzvollen) Herrschaft Karls des Großen verglichen worden sei und somit eine allgemeine Sehnsucht nach der »guten alten Zeit« spürbar werde.[10]

Diesen Überlegungen kann man entgegenhalten, dass die Vita selbst keine Hinweise auf eine solche Intention enthält. Nichts ist zu erkennen von Spannungen oder Gegensätzen, die den Hof und das Reich um 830 erschütterten. Die einzige Stelle, die darauf hinzudeuten scheint, findet sich im Prolog. Einhart, so heißt es da, wolle »das ruhmvolle Leben des hoch erhabenen und größten Königs seiner Epoche und seine herausragenden Taten, die von den Menschen der modernen Zeit *(moderni temporis hominibus)* kaum erreichbar sind, nicht in die Nacht des Vergessens absinken lassen«. Bedeutet der Ausdruck »moderne Zeit« *(modernum tempus)*, dass seit dem Tod Karls ein größerer Zeitabschnitt vergangen sein muss? Nicht unbedingt. Der Begriff *modernus* bezeichnet im Mittelalter ganz einfach den »Zeitgenossen«.[11] Im Satz davor wird von Einhart sogar betont, dass doch gerade das »gegenwärtige Zeitalter« *(aevum praesens)* es verdiene, in Schriften aufgenommen zu werden – und damit meinte er nichts anderes als die Zeit Karls des Großen.[12]

Das heißt, die ›Vita Karoli Magni‹ könnte schon früher, vielleicht schon um 817, entstanden sein. Eine solche Datierung würde sich gut in die Schilderung einfügen, die in der Vita über die letzten Tage Karls zu lesen ist. Sie liefert uns eine Reihe von präzisen Tages- und Stundenangaben und genaue Hinweise auf die Abläufe. Auch der Schlusssatz der Vita, Ludwig der Fromme habe das Testament Karls »so schnell er konnte nach seinem Tod mit der größten Gewissenhaftigkeit ausführen lassen«[13], erweckt eher den Eindruck einer Nähe zu den Vorgängen.

Diese Überlegungen machen deutlich, wie hoch der Quellenwert der von Einhart verfassten Vita ist und wie unmittelbar sie uns – trotz des lobenden Grundtons – zu dem Denken und dem ganzen Ambiente am Hof Karls des Großen und auch zu diesem selbst hinführt. Aber, so lautet immer wieder ein Einwand: Einhart habe für seine Vita die Kaiserbiografien von Sueton als Vorlage benutzt. Er sei also nichts anderes als ein Plagiator, und seine Darstellung habe daher mit der Wirklichkeit wenig zu tun. In der Tat, Einhart hat Formulierungen klassischer Autoren verwendet – etwa gleich zu Beginn Cicero. Vor allem für die Komposition seiner Vita hat er das biografische Werk von Sueton (gest. nach 122) ›Über das Leben der Cäsaren‹ (›De vita Caesarum‹) herangezogen. Darin werden die römischen Kaiser von Caesar (100 – 44 v. Chr.) bis Domitian (51 – 96 n. Chr.) beschrieben. Sueton setzte für die einzelnen Kaiserbiografien ein bestimmtes Schema ein: Herkunft, Jugend, Erziehung, Kriege, Privatleben, Vorzeichen für den Tod sowie Tod und Testament. Auch Einhart gliederte seine Vita in ähnliche Abschnitte: Kriege, Beziehungen nach außen, Aussehen und Lebensweise, Reichsverwaltung, Tod und Testament. Überdies dürfte er die Biografie über den Heerführer Gaius Julius Agricola von Tacitus (58 – 120 n. Chr.) benutzt haben. Tacitus und Einhart betonen gleichermaßen in ihrer Vorrede, dass sie die Sitten und Taten der von ihnen beschriebenen Männer für die Nachwelt schriftlich festhalten wollten.

Aber welch ein Unterschied, wenn man den Inhalt, die Stilkunst und die konzise Fokussierung bei Einhart mit den ausufernden Geschichten bei Sueton vergleicht! An manchen Stellen wirkt die Darstellung des antiken Autors geradezu geschwätzig. Auch der Grundton ist bei Sueton völlig anders. Sein Werk ist durchzogen von einer stets abwertenden, mitunter sarkastischen Distanz. Die ›Vita Karoli Magni‹ kann man demgegenüber geradezu als einen Gegenentwurf von höchster Qualität bezeichnen. Es ist ein Werk von geschlossener und konzentrierter Gestaltung und, so gesehen, von diesen Vorlagen ganz unabhängig.

Weshalb hat Einhart aber dennoch Suetons Kaiserbiografien und andere Autoren so intensiv benutzt und durch Zitate in sein Werk einfließen lassen? Weil er – so die maßgebende Forschungsmeinung – damit den imperialen Rang Karls schon von der Anlage des Werkes her deutlich machen wollte.[14] Niemand, so die Überzeugung Einharts, werde an die Einzigartigkeit Karls heranreichen. So entstand eine einzigartige »Kaiserbiografie« – und genau so könnte auch der ursprüngliche Titel des Werks gelautet haben: ›Vita Caroli imperatoris‹.[15]

Im Übrigen war die Benutzung von Texten anderer Autoren – auch ohne »Fußnoten« – im Mittelalter keineswegs ungewöhnlich. Damit wollte man Gelehrsamkeit nachweisen und zeigen, dass man sich in einer bestimmten Wissenstradition bewegte. Die Vorlagen schöpfte man gezielt aus, um das eigene Vorhaben in eine bestimmte literarische Gattung einzuordnen. Mit einem Plagiat im modernen Sinne hatte das nichts zu tun, ganz im Gegenteil: Nur Fleiß und Nachahmung *(studium et imitatio)* könnten zur Perfektion führen, so hatte schon Cicero bemerkt.[16] Nach seinem eigenen Verständnis schuf Einhart – wie er in der Vorrede schrieb – trotz seiner Anleihen ein »neues Werk« *(nova scriptio)*, für das er sich geeigneter Anregungen und Formeln früherer Autoren bediente. Die Art und Weise, wie er sie einsetzte, unterstreicht allerdings die Eigenständigkeit der ›Vita Karoli Magni‹ und hebt den authentischen Ton des Werkes hervor.

Zu den Eigenschaften Karls zählte Einhart die »Hochherzigkeit« beziehungsweise die »Seelengröße« *(magnanimitas)*. Sie gehörte zu den vier Kardinaltugenden und galt schon in antiker Zeit als das Herrscherideal schlechthin. Cicero hat sich darüber in seinem Werk ›De officiis‹ geäußert: »Diejenigen, die von Natur aus die erforderlichen Eigenschaften für die politische Tätigkeit haben, müssen, wenn sie alles Zögern abgelegt haben, politische Ämter übernehmen und den Staat lenken; denn anders kann eine Bürgerschaft nicht geleitet und Großmut nicht bewiesen werden. Diejenigen aber, welche die politische Laufbahn einschlagen, müssen ebenso wie die Philosophen, vielleicht sogar noch mehr, die oft genannte Hochherzigkeit *(animi magnitudo)* und Verachtung äußerlicher Werte aufbringen sowie Seelenruhe und Gelassenheit, insofern sie nicht besorgt sein, sondern mit Würde und Charakterfestigkeit leben wollen.«[17] Ohne »Hochherzigkeit« war gute Herrschaft demnach gar nicht möglich. Angesichts des engen, geradezu intimen Zusammenwirkens zwischen Karl und seinen Gelehrten, ganz besonders mit Alkuin und Einhart, muss man davon ausgehen, dass auch der große Karolinger von solchen Gedanken geleitet war. Der gesamte Hof stilisierte offenbar dieses Bild.

Zum anderen erscheint Karl der Große in Einharts ›Vita‹ als Mann der imperialen Größe und des konsequenten Handelns. Immer wieder wird betont, der Herrscher habe keine halben Sachen gemacht. Habe er etwas begonnen, dann sei dies auch durchgeführt worden, unter Umständen bis zum bitteren Ende: »Der König, der alle Fürsten seiner Zeit an Klugheit und Hochherzigkeit überragte, ließ sich durch nichts von dem, was zu unternehmen und auszuführen war, abhalten, weder durch Mühen noch durch Gefahren.«[18] Erst der endgültige Abschluss einer Unternehmung – so könnte man diese Hinweise deuten – schaffte dauerhafte Klarheit, oder besser: Eindeutigkeit.

So erweist sich die ›Vita Karoli Magni‹ aus verschiedenen Perspektiven als ein einzigartiges, ungemein wertvolles, kunstvolles und eben auch selbstständiges Zeugnis für die Geschichte Karls des Großen, seiner Herrschaft und seines Reiches. Mit ihm kommen wir nahe an das Bild heran, das Karl der Große selbst von sich gehabt hat oder von dem er zumindest wollte, dass es in seiner Umgebung gepflegt wurde. Dass es aus diesem Grunde zwangsläufig auch einseitig ist und so manche ›dunklere Seite‹ bei Karl unter den Tisch fällt, liegt auf der Hand.

Richten wir den Blick auf weitere Quellen. Es gibt noch eine zweite Lebensbeschreibung Karls aus karolingischer Zeit. Dabei handelt es sich um die ›Taten Karls‹ (›Gesta Karoli‹), verfasst von dem Mönch und Lehrer Notker »dem Stammler« (lateinisch *Balbulus*) (gest. 912) aus dem Kloster St. Gallen. Notker wurde um 840 geboren, kannte Karl den Großen also nur noch aus Erzählungen. Im Dezember 883 wurde er von Kaiser Karl III. (gest. 888), einem Urenkel des Kaisers, aufgefordert, die erheiternden Anekdoten, die er über Karl den Großen zu erzählen wusste, aufzuschreiben. Im Jahr darauf ist das Werk, das nur fragmentarisch erhalten ist, entstanden. Es hat kaum historischen Wert, ist aber höchst unterhaltsam und voller witziger Geschichten. Vor allem wird Karl der Große in höchsten Tönen gerühmt: Er ist der

Schrecken erregende Herr für alle Völker Europas, zugleich ist er weise und milde, unbesiegbar, einzigartig und »unvergleichlich« *(incomparabilis)*. »Fast ganz Europa« *(cuncta pene Europa)* habe ihn verehrt.[19] Der ›Mythos Karl‹ hatte sich also schon bald nach dem Tod des Kaisers im neunten Jahrhundert mächtig entfaltet. Jeder Mythos hat freilich seine Wurzeln im Gegenstand selbst, und das heißt nichts anderes, als dass eben auch Karl seinen eigenen Mythos vorbereitet hatte.

Ein demgegenüber grundlegendes und hoch informatives Quellenwerk für die Zeit Karls des Großen liegt uns mit den ›Fränkischen Reichsannalen‹ (›Annales regni Francorum‹) vor. Dabei handelt es sich um Jahresberichte, die offenkundig am Hof Karls des Großen selbst angefertigt wurden. Durch vielfältige und enge Beziehungen zu bedeutenden Reichsklöstern kam es auch dort zu unterschiedlichen Fassungen der Annalen mit Erweiterungen und Zusätzen. Die Gelehrten dieser Zeit versammelten sich nicht nur am Hof, sondern lebten auch in den Reichsklöstern. Das Kloster Lorsch an der Bergstraße, aus dem die älteste Handschrift der ›Reichsannalen‹ überliefert ist, spielte dabei eine besonders wichtige Rolle.

Wie die verschiedenen Fassungen der karolingischen Annalenwerke voneinander abhängen und wie die Zusammenhänge im Einzelnen aussehen, hat die Forschung bisher nicht zufriedenstellend aufdecken können.[20] Sicher ist, dass die ›Reichsannalen‹ einen deutlich offiziösen Charakter aufweisen und dass bei den Nachrichten, die sie überliefern, sehr selektiv vorgegangen wurde: Der Glanz Karls und des Frankenreichs sollte möglichst ungetrübt erstrahlen. Negative Ereignisse wie Aufstände, Konflikte und Verschwörungen gegen Karl wurden einfach verschwiegen. Vor allem wurden die Wertungen der Abfassungszeit, also der 790er-Jahre, auf frühere Jahrzehnte übertragen. Insofern werden die ›Reichsannalen‹ gewöhnlich als ein problematisches Konstrukt bezeichnet.

Dennoch wird man die Frage stellen müssen, inwieweit von einer bewussten Fälschung historischer Ereignisse auszugehen ist. Mit einer solchen Unterstellung muss man vorsichtig sein. Es ging eher um die Darstellung der fränkischen Selbstwahrnehmung. Der Sinn der Annalen war es, einen autorisierten Rahmen kollektiver Erinnerung zu schaffen: So sind wir Franken und so ist unser Frankenreich! Und es war das erklärte Ziel, dem Leser das rechtmäßige und gerechte Handeln des Herrschers und seiner Franken vor Augen zu führen. Gerechtigkeit und »Rechtheit« *(rectitudo)* waren Kernelemente des fränkischen Selbstverständnisses. In diesem Sinne wurde jedes Handeln zum Guten verwandelt. Die Beschreibung des Vorgehens Karls des Großen gegen Herzog Tassilo III. von Bayern – auf das wir noch zu sprechen kommen – kann als Muster dafür gelten. Nur so konnten die Franken die »Guten« sein, und dies sollte durch die Geschichtsschreibung festgehalten werden.

Es scheint, als hätten die Verfasser der ›Reichsannalen‹ über große Vertrautheit mit der Rechts- und Urkundensprache verfügt, weshalb man sie in der Forschung zur Hofkapelle Karls des Großen rechnet. Diese Hofkapelle war nicht nur für die Abhaltung der Gottesdienste und sonstiger liturgischer Handlungen zuständig. Die »Kapelläne« *(capellani)* waren auch die Hüter der am Hof vereinten Heiligenreliquien, des ›Reliquienschatzes‹. Das wertvollste Stück darunter war der Mantel des heiligen Martin, den die Franken »zu ihrem Schutz und zur Überwältigung ihrer Feinde stets mit in den Krieg nahmen«.[21] Dieser Mantel hieß lateinisch *cappa*, wovon sich die Bezeichnung Kapelle für den Aufbewahrungsort ableitet. Die Kapelläne hatten ihn stets »mit sich zu führen und zu bewachen«, wie es bei Walahfrid Strabo heißt.[22] Sie waren aber auch für die Ausfertigung von Urkunden und Briefen und für diplomatische Aktionen zuständig. Dadurch flossen ihnen stets reiche Informationen über die politischen Vorgänge, Vorhaben und Vorstellungen des Herrschers und seiner Leute zu, die sie für ihre Amtsgeschäfte benötigten. Aus diesem Grund hat man in der Forschung auch schon die Vermutung geäußert, die ›Reichsannalen‹ könnten zunächst speziell für den ›Dienstgebrauch‹ verfasst worden sein. Doch bald wurden sie vielfach und in verschiedenen Variationen abgeschrieben, ergänzt und ausgeschmückt. In kurzer Zeit waren sie weitverbreitet und konnten so die öffentliche Meinung über den Herrscher, seine Herrschaftsführung und seinen Anspruch beeinflussen und steuern.

Man geht davon aus, dass es eine erste Fassung gab, die zwischen 787 und 793 entstanden ist und im Rückblick den Zeitraum von 741 an – dem Tod Karl Martells (714–741) – bis 793 darstellte. Der Verfasser und auch andere Autoren haben dann die folgenden Jahresberichte eingetragen. Eine bis 801 fortgeführte und überarbeitete Fassung wollte man früher Einhart als Verfasser zuweisen, doch diese Zuordnung hat man längst aufgegeben. Einen eigenen Abschnitt bilden die Berichte für die Jahre von 808 bis 829. Auffallend ist, dass der Stil der ›Reichsannalen‹ für die Jahre zwischen 794 und 807 eine höhere Qualität erreicht. Man hat vermutet, dass dies mit Hildebald, dem gebildeten Bischof von Köln (787–818) zusammenhängen könnte, der 791 das Amt des obersten Kapellan am Hof übernahm.

Weshalb wurde für diese so wichtige, geradezu amtliche Hofgeschichtsschreibung das Format der Jahresberichte gewählt? Diese Gattung, bei der die Ereignisse Jahr für Jahr einfach chronologisch aneinandergereiht werden, wirkt eher bescheiden, was die gestalterische Kraft betrifft. Diese etwas simple Anlage passt auf den ersten Blick so gar nicht zusammen mit der hohen Bildungskultur am Hof dieser Zeit, die uns noch beschäftigen wird. Am Niveau der Autoren dürfte es nicht gelegen haben.

Man weiß seit Langem, dass die Jahresberichte sich aus den Notizen entwickelt haben, die man in den Klöstern in die Kalender eintrug. Schon frühzeitig waren in England die sogenannten ›Ostertafeln‹ entstanden und von dort auf das Festland gekommen. Mit ihnen berechnete man die kirchlichen Festtage, vor allem das ständig variierende Osterfest, mehr oder weniger weit im Voraus. Am Rand der jeweiligen Ostereinträge war Platz für weitere, kurze Notizen, die sich dann ausgeweitet haben zu umfangreicheren Berichten – bis hin zu einer Geschichte des fränkischen Reiches. Das ist die gültige und sicherlich überzeugende Erklärung für die Entstehung der ›Reichsannalen‹.

Aber vielleicht muss man noch einen Schritt weitergehen. Wir werden noch sehen, dass die Mathematik für den Gelehrtenkreis und für Karl den Großen selbst von außerordentlicher Bedeutung war. Das Rechnen ordnete, erklärte und präzisierte die Abläufe der Zeit, der Kirchenfeste, der Bewegungen der Himmelskörper einschließlich der Mond- und Sonnenfinsternis, ja das System des gesamten Kosmos und damit der Heilsgeschichte. Computistik wurde Ende des achten Jahrhunderts zur vornehmsten Wissenschaft. Genau diesem Denken und diesem Ordnungsbestreben entsprach die mathematisch begründete Gliederung der historischen Ereignisse in Jahre. Damit war der Überblick gewährleistet. Die Vorgänge konnten präzise – oder besser: eindeutig – verortet werden.

Nur kurz sei noch auf weitere Bereiche hingewiesen, aus denen uns wichtige Quellen zur Verfügung stehen. Dies sind zum einen die Urkunden Karls des Großen selbst. Durch den Titel, den Karl in seinen Urkunden führte, aber auch durch die Begründung der Rechtsgeschäfte, die in den Urkunden dargestellt werden, können wir uns ein Bild von seinem Selbstverständnis machen. Zudem öffnet sich ein Weg, um Abläufe von Rechtshandlungen genauer zu bestimmen. Auch die Mitglieder der königlichen Kanzlei kann man, wenigstens teilweise, erkennen.

Zum zweiten sind die Beschlüsse (Dekrete) der zahlreichen Konzilien zu erwähnen, die in der Zeit Karls des Großen abgehalten wurden. Er selbst berief die Konzilien ein und führte zusammen mit dem Erzbischof von Metz oder von Mainz den Vorsitz. Die Themen, die dort behandelt wurden, bezogen sich nicht nur auf kirchliche Angelegenheiten, vielmehr wird stets deutlich, dass in dem von Karl angestrebten ›Gottesstaat‹ Kirchliches und Weltliches kaum zu unterscheiden waren.

In diesem Zusammenhang ist eine große Sammlung von Synodalbeschlüssen und Kommentaren hervorzuheben, die von 792 bis 794 entstanden ist. Es handelt sich um die ›Karolinischen Bücher‹ (›Libri Carolini‹), die von Karl in Auftrag gegeben wurden, um seine Position im sogenannten Bilderstreit deutlich zu machen und zu festigen.[23] Der Gelehrte und Bischof Theodulf von Orléans war der Hauptautor, der die Texte in vier Büchern zusammenstellte und damit eine Gegenschrift gegen die byzantinische Bilderverehrung formulierte. Auf der Synode von Frankfurt am Main 794 sollte das Thema auf der Grundlage dieser Schrift behandelt und geklärt werden. Karl der Große hat sich dann aber doch für eine gewisse Zurückhaltung in dieser Frage entschieden, um einen Konflikt mit dem Papst, der die Bilderverehrung befürwortete, zu vermeiden. Dennoch vermittelt uns dieses Werk einen sehr authentischen Eindruck von der Werkstatt der Gelehrten am Hof und eben auch vom Mitwirken Karls des Großen selbst. Das Redaktionsexemplar ist uns nämlich erhalten (Biblioteca Apostolica Vaticana Cod. Vat. lat. 7207), und darin finden sich als Randnotizen die Stellungnahmen des Königs in Kurzschrift angegeben: »gut«, »ganz ausgezeichnet«, »klug« oder »richtig« *(bene, optime, prudenter, recte)* – eine einmalige Quelle!

Ebenfalls in den Bereich der kirchlichen Rechtstexte gehört die sogenannte ›Collectio Dionysio-Hadriana‹, eine Kirchenrechtssammlung, die Papst Hadrian I. im Jahre 774 in Rom Karl dem Großen überreichte. Sie enthält Briefe Papst Gregors des Großen (590–604), das Glaubenbekenntnis und die Beschlüsse der Ökumenischen Konzilien von Nizäa (325), Konstantinopel (381) und Chalcedon (451). In ihnen sind die Grundsätze der frühen Kirche enthalten. Man muss davon ausgehen, dass diese Sammlung trotz der kirchlichen Themen als eine Art Grundgesetz für die gesamte Ordnung im fränkischen Reich gedacht war. In ihnen wurden die Normen und Werte auch der Gesellschaft insgesamt definiert. Zur rascheren Orientierung war neben dieser »historisch« ausgerichteten Quellensammlung noch eine systematische Aufbereitung sinnvoll. Sie stand in der sogenannten ›Collectio Vetus Gallica‹ zur Verfügung – und beide Sammlungen erscheinen nicht selten in einem Werk zusammengefügt. Erwähnt werden muss schließlich noch die damals im Frankenreich ebenfalls an Einfluss gewinnende ›Irische Sammlung des Kirchenrechts‹ (›Collectio Canonum Hibernensis‹), die besonders strenge Regeln setzte.

Aus der Kommunikation zwischen Karl und seinen Bischöfen,

Äbten und anderen Amtsträgern, vor allem mit den Päpsten, ist uns eine beträchtliche Anzahl an Briefen überliefert. Sie führen uns mitten hinein in das politische Geschehen und in die Gedankenwelt der Zeit. Dass wir heute noch den Briefwechsel mit den Päpsten vorliegen haben, ist einem einzigartigen Umstand zu verdanken: Karl der Große selbst ließ eine Sammlung mit neunundneunzig – fast ausschließlich päpstlichen – Briefen an die Karolinger von 739 bis 791 zusammenstellen. Grund war seine Sorge, dass die fast durchgängig auf brüchigem Papyrus geschriebenen Mitteilungen allzu rasch zerfallen könnten. Die Themen der Briefe sind vielfältig. Es geht um das päpstlich-karolingische Bündnis und um aktuelle theologische und kirchenpolitische Fragen. Nur noch in einer einzigen Handschrift ist uns diese so überaus wertvolle Quelle überliefert (Wien, Österreichische Nationalbibliothek, Cod. 499).

Nicht weniger wichtig für die Beurteilung von Karls Herrschaft waren seine Erlasse, die sogenannten ›Kapitularien‹ – so benannt nach ihrer Einteilung in Kapitel. Mit ihnen machte er Befehle, Anweisungen und Entscheidungen im gesamten Reich oder in Teilen seines Reiches bekannt. Es ist in der Forschung umstritten, ob diese herrscherlichen Anordnungen angesichts der gesellschaftlichen, kulturellen und rechtlichen Vielfalt im Reich überhaupt große Wirkung erzielen konnten. Dennoch bleibt die Tatsache bestehen, dass Karl der Große mit seinen Rechtserlassen ein Instrument auszuformen suchte, das auf vielen Gebieten der staatlichen, kirchlichen und privaten Ordnung klare Regeln, Normen und Vorgaben schaffen sollte. Die Kapitularien waren eines seiner stärksten Mittel in seinem Bemühen, Eindeutigkeit in seinem Reich zu schaffen.

Ebenfalls dem Rechtsbereich gehören die ›Volksrechte‹ (›Leges‹) an. Unter ihnen ragen die beiden Rechtsbücher der Franken für die Salier (im Gebiet Belgiens und im Raum Arras, Cambrai und Tournai) und die Ripuarier (um Köln und am Rhein) heraus. Aber auch die Rechte der Alemannen und der Bayern sind aufschlussreich, auch wenn sie in der Hauptsache schon in der Zeit vor Karl dem Großen entstanden waren. Auf diesem Gebiet war

Karl allerdings bei seinen Versuchen, die Rechtslage zu vereinheitlichen, kein besonderer Erfolg beschieden.

Schließlich seien – neben den Heiligenviten – noch Quellenbereiche genannt, welche die Epoche Karls des Großen in besonderer Weise kennzeichnen: Es sind zum einen die vielen Gedichte der Gelehrten, die meist für den Vortrag am Hof geschrieben wurden. Sie eignen sich bestens dazu, uns das Milieu des höfischen Lebens zu vermitteln. Zum anderen sind die wissenschaftlichen und theologischen Erörterungen zu nennen, die Lehrbücher und Forschungsarbeiten der geistigen Elite im damaligen Europa. Wir blicken mit ihnen in die Zentren der Wissenschaft und in die Labore eines neuen Gesellschafts- und Wertesystems. Vieles, was wir hier antreffen, ist über die Theorie nicht hinausgekommen, aber anderes war in höchstem Maße wirksam. Die beeindruckenden neuen mathematischen Erkenntnisse etwa, die Wiederbelebung der »trivialen« Künste der Rhetorik, der Grammatik und der Dialektik, die Beherrschung also des Schreibens, Redens und Argumentierens, und die Beschäftigung mit der Antike auf ganz unterschiedlichen Feldern waren wegweisend für die Zukunft. Hier treffen wir unentwegt auf das Bemühen, Eindeutigkeit zu schaffen und Deutungshoheit zu entwickeln.

Die Quellennachrichten, die uns zur Verfügung stehen – so wird mit diesem Überblick deutlich –, strömen für die Zeit Karls des Großen ungewöhnlich reichlich. Mitunter bekommt man den Eindruck, als habe eine regelrechte ›Schreib-Euphorie‹ um sich gegriffen. Dass dies wiederum mit einer groß angelegten Bildungsoffensive und auch mit dem Bestreben nach Regulierung und Vereindeutigung in den verschiedensten Lebensbereichen und schließlich nach ›Deutungshoheit‹ grundsätzlich zusammenhängt, wird uns bei den weiteren Betrachtungen immer wieder auffallen.

KAPITEL 3

Heiliger Karl – Heiliges Reich

Karl der Große ist bis heute ein Mythos. Nicht die Vita von Einhart oder die vielen Quellen aus seiner Zeit prägten sein Bild in der kollektiven Erinnerung. Vielmehr wurde seine »Unvergleichlichkeit«, von der schon Notker »der Stammler« im ausgehenden neunten Jahrhundert sprach, Schritt um Schritt immer noch großartiger ausgestaltet. Schließlich mündete die Entwicklung sogar in die Heiligsprechung Karls des Großen.

Vieles deutet darauf hin, dass ein erster Schritt in Richtung Heiligkeit im Jahre 1000 erfolgte.[1] Damals, zu Pfingsten des Jahres, ließ Kaiser Otto III. (983–1002) zum ersten Mal das Grab Karls des Großen in Aachen öffnen, ein höchst bemerkenswerter Vorgang. Der Ort der Grabesstätte sei gar nicht so leicht zu finden gewesen, versicherte Thietmar von Merseburg, ein Zeitgenosse der Ereignisse. Der italienische Pfalzgraf Otto von Lomello, ein enger Vertrauter Ottos III., soll dabei gewesen sein. Jedenfalls wird das in der Chronik von Novalese von ca. 1030 behauptet. Sein Bericht ist in der Chronik festgehalten:

»Wir traten also bei Karl ein. Er lag nicht, wie das bei Körpern anderer Verstorbener üblich ist, sondern saß auf einem Thron, als würde er noch leben. Mit einer goldenen Krone war er gekrönt, das Szepter aber hielt er in Händen, die mit Handschuhen überzogen waren, bei denen bereits die Fingernägel, die sich hindurchgebohrt hatten, herausstanden. Über ihm befand sich eine Decke, fest gebaut aus Kalk und Marmorstein. Durch sie schlugen wir zuerst ein Loch, um zu ihm zu gelangen. Als wir dann zu ihm gekommen waren, empfanden wir einen intensiven Wohlgeruch. Sogleich verehrten wir ihn mit gebeugten Knien. Dann bekleidete ihn Kaiser Otto mit weißen Gewändern, schnitt ihm die Nägel und stellte alles, was um ihn herum fehlte, wieder her. Von seinen Gliedern war noch nichts durch Verwesung vernichtet, außer dass von seiner Nasenspitze etwas fehlte. Dies ließ der Kaiser aus Gold ersetzen. Aus seinem Mund zog er einen Zahn, dann ließ er die Decke wieder herstellen und ging weg.«[2] So also soll die Grabesöffnung fast zwei Jahrhunderte nach Karls Tod abgelaufen sein.

Ist diese Geschichte wahr? Die Schilderung besticht in der Tat durch die Details. Manches wird durch den Mönch Adémar von Chabannes aus Aquitanien, der ebenfalls um 1030 schrieb und für phantasiereiche Schilderungen bekannt ist, bestätigt[3]: Karls Körper sei in einer gewölbten Gruft *(arcuata spelunca)* in der Aachener Marienkirche gefunden worden. Er sei noch ganz unverwest gewesen und habe auf einem goldenen Thron gesessen. Auf seinen Knien habe ein goldenes Evangelienbuch gelegen. Die goldene Krone auf seinem Haupt sei mit einem Kreuz geschmückt gewesen. Außerdem habe Karl ein Szepter und ein Schwert aus purem Gold *(ex auro purissimo)* gehalten. Das goldene Szepter Karls taucht auch in Erzählungen anderer Quellen auf. Schon Notker »der Stammler« aus St. Gallen erwähnte es im späteren neunten Jahrhundert in seinen ›Gesta Karoli‹. Der Thron wiederum, auf dem sich das Skelett Karls befunden haben soll, wird auch in der Chronik Thietmars von Merseburg erwähnt: »Die Gebeine Kaiser Karls … wurden auf dem königlichen Thron aufgefunden«[4], heißt es da. Wahre Geschichte oder Phantasie? Adémar von Chabannes will auch wissen, dass der goldene Thronsitz aus dem Grab Karls von Otto III. an den polnischen Herzog Bolesław Chrobry nach Gnesen geschickt worden sei, der ihm dafür eine Armreliquie des heiligen Adalbert für Aachen überlassen habe.

Alles erfunden? Heute ist man in der Forschung der Meinung, Karl sei nach seinem Tod 814 in den berühmten Proserpina-Sarkophag – den wir noch näher betrachten werden – gelegt worden. Ist das Bild von dem auf dem goldenen Thron sitzenden

Leichnam Karls lediglich Ausdruck dessen, dass man sich diesen Kaiser nur so vorstellen konnte? Man muss diese Frage so stehen lassen. Über Spekulationen kommen wir nicht hinaus.

Diese Berichte jedenfalls, darauf hat der Münchener Historiker Knut Görich aufmerksam gemacht, weisen auf wichtige Begleiterscheinungen für eine geplante Heiligsprechung hin: Die Unversehrtheit des Leichnams, vor allem der Wohlgeruch, aber auch die geheim (*clam*) ablaufende Aktion, wie sie der Chronist Thietmar betonte. An der Öffnung des Grabes auf Veranlassung Ottos III. ist jedenfalls nicht zu zweifeln. Aber was war damit bezweckt? Wollte er damit den Kaiser Augustus nachahmen, der das Grab Alexanders des Großen hatte öffnen lassen? Belege gibt es auch dafür nicht. Fest steht, dass sich Otto III., ebenso wie sein Großvater Otto der Große (936 – 973), als Kaiser ostentativ in die Tradition Karls des Großen gestellt hat, ja mehr noch: Er wollte wie Karl eine enge Verbindung mit dem Papst im Sinne einer gemeinsamen, gottgewollten Ordnung in einem Universalreich herstellen. Hinzu kam noch die hoch gesteigerte Endzeitstimmung um die erste Jahrtausendwende.[5] Sie verlangte vom Herrscher ein besonderes Bemühen um die Fürsprache heiliger und höherer Mächte. Karl, der kraftvolle Verbreiter der christlichen Wahrheit, wurde ganz ohne Zweifel bereits zu diesen höheren Mächten gerechnet. Er war damit nicht mehr weit davon entfernt, in den Kreis der Heiligen aufzusteigen.

Aber es war auch wieder nicht so einfach, jemanden in die Sphäre der Heiligkeit zu erheben. Vor allem mussten Wunder geschehen sein und Wunderberichte vorliegen. Adémar von Chabannes erwähnt Wunder am Grab *(multis signis et miraculis clarescere cepit),* aber diese Bemerkungen sind ganz allgemein und daher unbrauchbar. Näheres ist nicht bekannt. Außerdem war die Erhebung der Gebeine, die für die Heiligenverehrung in damaliger Zeit die Hauptaktion darstellte, eine Angelegenheit des zuständigen Bischofs – im Falle von Aachen wäre das der Bischof von Lüttich gewesen, denn die Aachener Pfalz lag in seinem Bistum. Der Papst war dafür noch nicht notwendigerweise erforderlich, auch wenn seine Zustimmung eine Heiligsprechung fördern konnte, wie das zum ersten Mal im Falle des Bischofs Ulrich von Augsburg wenige Jahre zuvor, 993, der Fall gewesen war. Alle weiteren denkbaren Schritte aber wurden durch den frühzeitigen Tod Ottos III. eineinhalb Jahre später (Januar 1002) jäh beendet. Dennoch, der Stein war ins Rollen gebracht worden.

Es vergingen freilich weitere eineinhalb Jahrhunderte, bis es endlich so weit war. Unter Kaiser Friedrich I. Barbarossa (1152–1190) wurde das Werk vollendet. Am 29. Dezember 1165, dem Fest des biblischen Königs David, des Stammvaters Christi, wurde Karl der Große schließlich heiliggesprochen. Wir besitzen dazu eine erstrangige Quelle, nämlich eine Urkunde Barbarossas vom 8. Januar 1166. Darin schildert er ausführlich, wie der Akt abgelaufen ist[6]: »Veranlasst durch die ruhmreichen Taten und Verdienste des allerheiligsten Kaisers Karl und infolge der nachdrücklichen Bitten unseres lieben Freundes, des Königs Heinrich von England, und mit Zustimmung und Autorität des Papstes Paschalis sowie auf Rat aller unserer Fürsten, der weltlichen wie der geistlichen, haben wir für die Auffindung, Erhebung und Heiligsprechung einen feierlichen Hoftag zu Weihnachten in Aachen veranstaltet. Dort haben wir dessen [Karls] heiligsten Leichnam, der aus Furcht vor äußeren und inneren Feinden sorgfältig verborgen war, aber durch göttliche Offenbarung wieder gefunden wurde, zum Lob und Ruhm des Namens Christi, zur Festigung des Römischen Imperiums, zum Heil unserer geliebten Gemahlin, der Kaiserin Beatrix, und unserer Söhne Friedrich und Heinrich, in Anwesenheit zahlreicher Fürsten und einer großen Menge von Geistlichen und Laien unter Hymnen und frommen Gesängen mit Furcht und Ehrerbietung am 29. Dezember erhoben und erhöht.« »Wir haben erhoben«: *elevavimus et exaltavimus!* Hat der Kaiser mit eigenen Händen die Gebeine des großen Karl aus seiner Gruft erhoben – oder wahrscheinlicher: aus dem Proserpina-Sarkophag – und in ein neues Reliquiar gelegt? Es scheint so gewesen zu sein. Den entscheidenden Akt für die Erhebung Karls in den Himmel der Heiligen vollzog Kaiser Rotbart in eigener Person! Ein wahrlich sensationeller Vorgang – auch wenn Papst Paschalis III. (1164–1168), der sich damals nur mithilfe des Kaisers auf dem Stuhl Petri halten konnte, seine Zustimmung gegeben hatte. Immerhin konnte sich Barbarossa auf ein Beispiel berufen: Nur kurz zuvor, 1163, hatte schon König Heinrich II. von England in Westminster Abbey die Gebeine König Edwards des Bekenners erhoben, der freilich bereits zwei Jahre zuvor vom Papst heiliggesprochen worden war.[7]

Was waren Barbarossas Motive für diese aufsehenerregende Aktion? Dafür muss man den Blick auf das politische Umfeld richten. Barbarossa stand in diesen Jahren in einem heftigen Kampf gegen den anderen Papst, den es damals gab, Alexander III. (1159–1181). Dabei ging es um eine Frage von grundlegender Bedeutung, nämlich darum, wie sich die beiden Gewalten Kaisertum und Papsttum zueinander verhalten. Wer stand über dem anderen? Barbarossa war zunächst auf Gleichrangigkeit aus. In seiner Wahlanzeige von 1152 an den damaligen Papst Eugen III. (1145–1153) schlug er vor, sie beide seien doch wie die zwei Schwerter, die – gemäß der Bibel – Jesus gezeigt wurden und von denen dieser sagte: »Das ist genug« *(satis est)* (Lukas 22,38). Daraus entstand die Lehre, dass es auf Erden zwei Gewalten gebe, die geistliche und die weltliche bzw. die päpstliche und die kaiserliche (Zweigewaltenlehre), dass beide unmittelbar von Christus kämen und daher keine der anderen untergeordnet sei.[8]

Aber das Papsttum war seit dem Investiturstreit, der insbesondere mit dem großen Reformpapst Gregor VII. (1073–1085) verbunden ist, auf dem Weg, den Vorrang in Kirche und Welt für sich zu beanspruchen.[9] Auch der Kaiser habe dem ›Stellvertreter Christi‹, als der sich nun der Papst betrachtete, zu gehorchen – wie ein Sohn dem Vater oder sogar, wie um 1160 diskutiert wurde, wie ein Lehnsmann dem Lehnsherrn.[10] Als es 1159 zu einer schismatischen Wahl kam, aus der zwei Päpste hervorgingen – eben Alexander III. und auf der anderen Seite Viktor IV. (1159–1164) –, wollte Barbarossa als oberste Autorität für die christliche und kirchliche Einheit auftreten und das Schisma beenden. Ganz so hatten es die römischen Kaiser in der Spätantike gemacht – und an diesen wollte er sich orientieren.

Doch Alexander III. dachte nicht im Entferntesten daran, die päpstliche Gehorsamsforderung aufzugeben oder sich gar dem Urteil einer vom Kaiser dominierten Synode in Pavia (1160) zu unterwerfen. Schon seit Längerem pflegte er eine enge und vertraute Verbindung zum König von Frankreich, der sich Schritt um Schritt – in Konfrontation zum Kaiser – zum ›eigentlichen‹ Beschützer des Papstes aufschwang. In diesem Zusammenhang waren in Saint-Denis Texte entstanden, die Karl den Großen als Stammvater der französischen Monarchie und Vorbild für die Beschützerrolle des Königs von Frankreich beschrieben. Mit Frankreich lag aber wiederum der König von England im Streit, und so ist es verständlich, dass auch König Heinrich II. von England (1154 – 1189) dem Erhebungsakt am 29. Dezember 1165 zugestimmt hatte.

Damit deutet sich an, gegen wen die Heiligsprechung Karls des Großen gerichtet war: gegen den König von Frankreich und gegen Alexander III., also gegen denjenigen der beiden Päpste, der die Heiligkeit der Kirche *(sancta ecclesia)* und des heiligen Stuhls *(sancta sedes apostolica)* über die Autorität des Kaisertums erhob. Mit dem heiligen Karl aber gab es seit 1165 auch einen heiligen Kaiser – und damit war auf diesem Gebiet Gleichrangigkeit erreicht. Die eine Heiligkeit wurde gegen die andere gestellt, ein bemerkenswerter Vorgang!

Diese Politik Barbarossas hatte eigentlich schon 1157 begonnen. Damals wurde in seiner Kanzlei zum ersten Mal der Ausdruck »heiliges Reich« *(sacrum imperium)* in einer offiziellen Verlautbarung verwendet. Das »heilige Reich« war, so ist zu erkennen, aus einer Kampfsituation gegen das Papsttum heraus entstanden. Der »heiligen Kirche« wurde ein von ihr unabhängiges Gegenstück, das »heilige Reich«, gegenübergestellt. Unsere heutige landläufige Meinung, das »heilige Reich« des Mittelalters sei ein Produkt der Kirche, trifft also nur bedingt zu.[11] Eher wird man sagen können, dass Friedrich I. Barbarossa den Kampf um die Gleichrangigkeit von Kaiser und Papst mit den Mitteln der Kirche führte.

Damit wird deutlich erkennbar, in welche Zusammenhänge Karl der Große damals geraten war. Ein »heiliges Reich« benötigte eine heilige Symbolfigur. Zu diesem Zweck waren kurz zuvor auch schon die heiligen drei Könige eingesetzt worden. 1162 hatte Barbarossa gegen die ungehorsamen lombardischen Städte gekämpft und dabei Mailand erobert. Bei dieser Gelegenheit fand man dort die Gebeine der heiligen drei Könige – eine Sensation, denn nicht einmal die Mailänder wussten bis dahin, dass die drei Weisen aus dem Morgenland in ihrer Stadt lagen. Wer auch immer sie ›gefunden‹ hat: Diese Könige besaßen einen großen Vorteil gegenüber dem Papst und der Kirche, denn sie waren bereits von Anfang an heilig. Sie hatten zu einer Zeit gelebt, in der es das Papsttum noch gar nicht gegeben hatte. Die höchste weltliche Gewalt konnte sich auf diese Weise in eine eigene Tradition stellen. Ihre Heiligkeit war sogar älter als die der Kirche.

1164 ließ Erzbischof Rainald von Dassel in Absprache mit Barbarossa die kostbaren heiligen Gebeine nach Köln bringen. Dort wurden sie sogleich zum Mittelpunkt einer großen und überaus wirkungsvollen Verehrung in der Stadt und im ganzen Reich. Der um 1200 entstandene goldene, reich mit Edelsteinen geschmückte Schrein, der heute noch im Kölner Dom zu sehen ist, zählt zu den prächtigsten Goldschmiedearbeiten des Mittelalters. Die drei Könige waren seither nicht mehr wegzudenken aus dem symbolischen Repertoire des Reiches.

Aber sie reichten noch nicht aus. Ein Jahr später, 1165, kam Karl, der große Kaiser des Abendlandes, hinzu und trat in eine enge Verbindung mit ihnen. Anders als diese, die irgendwoher aus dem Morgenland kamen, symbolisierte Karl ganz konkret die weltlich-kaiserliche Autorität im Abendland. Mit ihm hatte das »heilige Reich« als eine eigenständige politische Größe einen konkreten ›Spitzenahn‹ erhalten. Mit dem Gesamtensemble von Karl und den drei heiligen Königen wurde die Legitimation des Imperiums auf eine neue Grundlage gestellt.

Dieser Aufstieg Karls in die Sphäre der Heiligkeit war durch eine ganze Reihe neuer ›Karlsbilder‹ vorbereitet worden. Schon vor 1165 waren Texte entstanden, mit denen der ›neue Karl‹ erfunden und konstruiert wurde – allerdings nicht im Reich, sondern in Frankreich. Den Beginn machte die sogenannte ›Beschreibung des Nagels und der Dornenkrone des Herrn‹ (›Descriptio clavi et corone domini‹). Sie wurde von Mönchen des Klosters Saint-Denis verfasst, wahrscheinlich 1053/1054.[12] Um die etwas im Sinken begriffene Bedeutung des Klosters wieder zum Glänzen zu bringen, erdichtete man die Geschichte von einer Byzanzreise Karls des Großen. Dieser habe von dort ein Stück der Dornenkrone Christi mit acht Dornen sowie einen Nagel und einen Splitter vom Kreuz Christi sowie das Schweißtuch mitgebracht. Auf diese Weise wurde Karl der Große in unmittelbare Beziehung zum Heiligen Land und zu Jerusalem gesetzt.

Diese unsagbar wertvollen Heiligtümer, so die ›Descriptio‹ weiter, seien zuerst nach Aachen in die dortige Pfalzkapelle gekommen. Doch später habe sie Karl der Kahle (840/843–877), einer der Enkel Karls des Großen, dem Kloster Saint-Denis geschenkt. Der eigentliche Hüter des Erbes Karls des Großen, so wurde damit zum Ausdruck gebracht, sei gar nicht Aachen, sondern Saint-Denis. Der große Kaiser des Frankenreichs sollte fortan zum Gründungsvater des damals entstehenden Frankreichs werden. Und an den damaligen französischen König, Heinrich I. (1031–1060), erging damit die Aufforderung, dass er die Anknüpfung an Karl den Großen nur über Saint-Denis erreichen könne.

Wiederum ein anderes Bild von Karl entwarf die ›Geschichte Karls des Großen und Rolands‹ (›Historia Karoli Magni et Rotholandi‹).[13] Sie wird auch ›Pseudoturpin‹ genannt, weil sie angeblich von Erzbischof Turpin von Reims (748–794) stammen soll. In Wirklichkeit ist sie erst um 1130/1140 entstanden. Der Autor ist unbekannt. Nur darin, dass er Franzose war, ist sich die Forschung einig. Die Quellen, aus denen die ›Historia‹ schöpfte, sind gut bekannt. Es war vor allem der ›Königszyklus‹ aus den altfranzösischen ›Chansons de geste‹, zu dem auch das Rolandslied gehörte. Das waren Lieder, die von Spielleuten vor allem entlang der Pilgerstraße nach Santiago de Compostela gesungen wurden. Meist handelten sie von großen Siegen fränkischer Könige und Kaiser gegen die maurischen Heiden in Spanien. Ihre Entstehung ist schwer zu bestimmen, im elften Jahrhundert muss man aber mit ihnen rechnen.

Der Stoff solcher Lieder also wurde in der ›Historia Karoli Magni et Rotholandi‹ verarbeitet. Damit entstand ein spannendes, geradezu mitreißendes Epos, das große Verbreitung fand. Karl, der so viele Länder besiegt hatte, habe eine nächtliche Erscheinung gehabt: Der Apostel Jakob sei zu ihm gekommen und habe sich beklagt: »Ich wundere mich sehr darüber, dass du mein Land noch nicht von den Sarazenen befreit hast, wo du doch so viele Städte und Länder erobert hast« (cap. 1). Das habe sich Karl nicht zweimal sagen lassen. Sogleich sei er mit seinem Heer nach Spanien aufgebrochen, um das Land von den Ungläubigen zu befreien.

Von da an wird der Leser oder Hörer der ›Historia‹ nun in die Welt der Ritter, ihrer Kämpfe, ihrer Heldentaten und ihres Sterbens geführt: Stadt um Stadt sei erobert worden, und diejenigen, die nicht in den wahren Glauben hätten eintreten wollen, habe Karl entweder durch das Schwert hinrichten lassen oder sie als Gefangene dem Befehl der Christen überantwortet (cap. 2). Mehrmals sei es vorgekommen, dass Krieger ihre Lanzen am Vorabend einer Schlacht senkrecht in den Boden gesteckt hätten. Am nächsten Morgen seien bei manchen die Lanzen mit Rinde und Laub geschmückt gewesen: sie hätten geblüht. Das sei das Zeichen dafür gewesen, dass ihre Besitzer im folgenden Kampf den Märtyrertod – die Krone des Himmels – empfangen würden. Eine solche Szene ist auf einem der berühmten Fenster der Kathedrale von Chartres dargestellt worden.

Als Hauptgegner Karls bei diesen Kämpfen wird Agolant *(Aigolandus)*, der »heidnische König aus Afrika«, genannt.[14] Mit ihm, so die ›Historia‹, habe Karl ein Streitgespräch geführt, und zwar in arabischer Sprache, denn die »sarazenische Sprache« *(lingua sarracenica)*[15] habe Karl als junger Mann in Toledo gelernt. Agolant habe Karl gefragt: »Warum hast du meinem Volk ein Land geraubt, das weder du noch dein Vater noch dein Großvater oder Urgroßvater jemals nach Erbrecht besessen habt?« Darauf die Antwort Karls: »Weil unser Herr Jesus Christus, Schöpfer des Himmels und der Erde, unser Volk, nämlich die Christen, unter allen Völkern auserwählt und über alle Völker der ganzen Welt als Herren eingesetzt hat.«[16] Das war die Argumentation, die dem Hochgefühl der aufstrebenden Ritterorden und der siegreichen Kirche des zwölften Jahrhunderts entsprach.

Noch eine Geschichte liefert die ›Historia‹, die das besondere Interesse des Publikums hervorgerufen haben dürfte. Es war der Kampf des treuen Roland mit dem Riesen Ferraú *(Ferracutus)* – gewissermaßen eine Wiederholung des Kampfes zwischen David und Goliath. Roland wird als der engste Vertraute Karls dargestellt, der den Kampf gegen den unbesiegbaren Riesen aufnahm. Bei einer Erholungspause führten Roland und Ferraú einen ausführlichen Disput über die Religionen. Für den Riesen stellte die Dreieinigkeit des Christengottes ein großes Problem dar, denn »wie soll drei eins sein?«[17] Überdies, so der Riese, mache es ihm zu schaffen, dass der Sohn Gottes »ohne menschlichen Samen aus dem Leib einer Jungfrau geboren werden konnte«.[18] Zu seinem Unglück verriet er dem Christen, dass er am ganzen Körper unverletzbar sei, außer am Bauchnabel. Dann wurde der Kampf mit eisernen Waffen fortgesetzt. Am Ende gelang es Roland, sein Schwert in den Bauchnabel von Ferraú zu stoßen: Der christliche Glaube hatte gesiegt.

Noch ausführlicher ist der Bericht über den tapferen Roland in der Schlacht bei Roncesvalles, wo Karls Nachhut, angeführt von Roland, in einen verräterischen Hinterhalt gerät und völlig aufgerieben wird. Da viele der christlichen Ritter das trügerische Angebot der sarazenischen Heerführer angenommen und die ihnen zugeführten »tausend schönen Sarazeninnen zum Beischlaf« *(ad stuprum)* nicht zurückgewiesen hätten[19], sei es zu einer schrecklichen Niederlage des Christenheeres gekommen. Niemals dürfe man eine Frau im Heer mit sich führen, so ermahnte an dieser Stelle der Autor den Leser, »denn sie ist eine Last für Seele und Leib«.[20] In seiner Not habe der getreue Roland in sein Horn, den »Olifant« *(tuba eburnea)*, so kräftig geblasen, dass zwar das elfenbeinerne Horn zersprang, aber der Hilferuf, »von Engeln getragen«, doch bis zu Karl gelangte.[21] Dieser war aber mit dem Hauptheer schon vorausgeeilt und konnte am Ende nur noch seinen toten Roland betrauern. Das waren Geschichten vom Einsatz des treuen Ritters bis zum Tod für den Glauben und für seinen Herrn, und Karl der Große stand stets im Mittelpunkt.

Alle diese Geschichten waren reine Erfindung. Gerade der Krieg gegen die Mauren in Spanien hatte in Wirklichkeit zur einzigen großen Niederlage Karls des Großen geführt. Jetzt wurde Karl unter Umkehrung der Tatsachen zum Heidenbezwinger in Spanien stilisiert, der unter Einsatz seines Lebens unermüdlich für den christlichen Glauben kämpfte und der für die Kreuzritter des zwölften Jahrhunderts zur leuchtenden Lichtgestalt aufstieg: Dieses Bild wurde jetzt verbreitet, und wir sehen, dass genau diese Vorstellungen auch in die Urkunde Barbarossas vom 8. Januar 1166 eingeflossen sind, in der die Aufnahme Karls unter die Heiligen beschrieben wird.

Aber diese Texte genügten Barbarossa nicht. Es musste eine ganz neue ›Vita‹ Karls des Großen geschrieben werden, und der Kaiser selbst gab sie in Auftrag. In einer der überlieferten Handschriften heißt es programmatisch: »Die neue Lebensgeschichte Kaiser Karls des Großen, die auf den Befehl Kaiser Friedrichs hin geschrieben wurde« (Beginn des Buches I)[22]. Die neue ›Vita‹ entstand um 1170, wahrscheinlich schon kurz nach der Heiligsprechung selbst, verfasst von einem Aachener Kanoniker. Sowohl die ›Descriptio‹ von 1053/1054 als auch die ›Historia‹ von 1130/1140 wurden ausgiebig ausgeschöpft; auch die erste ›Vita Karoli magni‹ von Einhart fand Beachtung. Was nun entstand, war eine regelrechte Heiligenvita, bestehend aus drei Büchern, von denen das dritte die für die Heiligkeit erforderlichen Wunderberichte enthält.

All die Geschichten, die wir nun bereits kennen, tauchen wieder auf: die Erwerbung der Dornenkrone Jesu, die wunderbare Erscheinung des Apostels Jakob, die blühenden Lanzen, der Großmut und die Gerechtigkeitsliebe Karls. Einen großen Unterschied zum bisherigen Karlskult gibt es allerdings: Es werden keine Kriege mehr geschildert. Die Andeutung, Karl sei ein stets erfolgreicher Feldherr gewesen, genügt. Die Heiligenvita verlangte nach Gottesliebe, Errichtung vieler Klöster, Förderung der Kirche und zahlreichen Wundern, über die berichtet wird. So entstand das Bild eines heiligen und wahren Bekenners, der im Himmel die Krone des ewigen Lebens erhalten habe.

Auch ein Abschnitt über die besondere Rolle Aachens fehlt nicht. Gleichsam im Windschatten des heiligen Karl konnte sich auch sein Lieblingsort die Aura eines besonderen und auserwählten Mittelpunkts zulegen.[23] Karl, so wird in der neuen ›Vita‹ ausgeführt, habe den Beschluss gefasst, Aachen »zum Sitz des Reiches jenseits der Alpen« (von Rom aus gesehen) und »zum Haupt aller Städte und Provinzen Galliens« zu machen. Den »Tempel« der Aachener Pfalz habe er mit wundervollem »Mosaikschmuck« *(musivum opus)*[24] ausgestalten lassen – dies ist im Übrigen die früheste mittelalterliche Schriftquelle, die uns von den Mosaiken in der Aachener Marienkirche Nachricht gibt. In diesem Tempel habe er einen Thron aufstellen lassen. Auf ihm sollten alle nachfolgenden Könige eingesetzt werden, und zwar so, dass sie »danach rechtmäßig die kaiserliche Majestät in Rom ohne irgendeinen Widerspruch und ohne weitere Schwierigkeiten erhalten sollen«.[25] Hinzu kam noch eine Reihe weiterer Vergünstigungen für die Stadt, darunter die volle Freiheit für die Einwohner.

Für diese Vergünstigungen, die Aachen angeblich erhalten hat, konnte der Verfasser der neuen ›Vita‹ auf eine prominente Vorlage zurückgreifen, nämlich auf eine Urkunde, die angeblich von Karl dem Großen ausgestellt worden war. In Wirklichkeit aber war sie in Aachen im Vorfeld der Heiligsprechung Karls gefälscht worden.[26] Im Überschwang der Feierlichkeiten übernahm Barbarossa die Fälschung als ›Transsumpt‹ – also als wörtliche Wiederholung des gesamten Textes – in seine eigene Urkunde vom 8. Januar 1166 und bestätigte damit ihre Echtheit. In einem eigenen Zusatz betonte auch er, dass Aachen das Haupt aller Städte im »deutschen Reich« sei *(caput et sedes regni Theutonici)*, und befreite die Bürger der Stadt von Zöllen und Abgaben im gesamten Reich.

Diese neu inszenierte Rolle Aachens wurde auch visualisiert, und zwar durch prächtige Behälter für die heiligen Gebeine Karls. Zugleich mit der Heiligsprechung schenkte Barbarossa an das Marienmünster ein goldenes Armreliquiar, das sich heute im

Louvre in Paris befindet. In diesen Behälter wurde ein separierter Arm Karls des Großen gelegt. Auf der Vorderseite ist die Gottesmutter Maria zu sehen, umgeben von zwei Erzengeln sowie Kaiser Barbarossa mit seiner Gemahlin Beatrix. Auf der Innenseite des Deckels sind die Worte eingraviert: *Brachium sancti et gloriosissimi imperatoris Karoli* (»Arm des heiligen und glorreichsten Kaisers Karl«). Auf der rechten Schmalseite ist Kaiser Otto III. in Halbfigur mit der Umschrift *Otto mirabilia mundi* (»Otto, Wunder der Welt«) zu sehen: Ein deutliches Zeichen dafür, in welche Tradition sich Barbarossa mit seiner Karlsverehrung stellte. Er vollendete das Werk, das Otto III. begonnen hatte. Die großen Kaiser des Mittelalters vereinten sich in der Heiligkeit Karls.

Das prächtigste Stück im Gefolge der Heiligsprechung Karls des Großen war freilich der neue, ungemein aufwendig gearbeitete und prunkvolle Schrein. In ihn wurden die Gebeine 1215 im Beisein König Friedrichs II. gelegt. Dieser soll am 27. Juli 1215 den Schrein sogar eigenhändig verschlossen haben. Der Chronist Reiner von Lüttich schilderte das Ereignis: »Am Montag, nachdem die Messefeiern zelebriert waren, ließ der König den Leib des heiligen Karl, den sein Großvater Kaiser Friedrich aus dem Staub erhoben hatte, in einen prachtvollen Sarkophag, den die Aachener aus Gold und Silber hergestellt hatten, einschließen. Nachdem er einen Hammer genommen und den Königsmantel abgelegt hatte, bestieg er mit dem Handwerker das Gerüst und klopfte vor aller Augen mit dem Werkmeister die in den Schrein gesteckten Nägel fest.«[27] Damit war ein großartiges Kunstwerk zum Abschluss gebracht worden, dessen Herstellung sich über mehrere Jahrzehnte erstreckt hatte. Manches deutet nämlich darauf hin, dass der Schrein schon in der Zeit Barbarossas begonnen wurde. Dendrochronologische Untersuchungen – das heißt, der Vergleich der Jahresringe – haben ergeben, dass das am Schrein verarbeitete Eichenholz im Jahre 1182 geschlagen und als frisches Holz verwendet worden war.

Der Kasten des Schreins ist mehr als zwei Meter lang. Diese Größe war wohl erforderlich, um das vollständige Skelett des großen Karl aufzunehmen. Schon Einhart gab in seiner ›Vita

Karoli Magni‹ an, der Kaiser sei sieben seiner (!) Füße *(septem suorum pedum)* groß gewesen.[28] Mit einer Fußgröße von 27 bis 28 Zentimetern wird man bei Karl wohl rechnen können. womit wir bei einer Körpergröße von 1,89 bis 1,96 Meter ankämen. Einhart scheint gar nicht übertrieben zu haben, denn die Untersuchungen, die am 27. Februar 1861 bei der Beschau der Gebeine Karls vorgenommen wurden, ergaben eine Größe von 1,92 Meter. 1988 hat man bei der letzten Untersuchung der Gebeine immerhin noch eine Größe zwischen 1,80 und 1,90 Meter erkennen wollen. Die heute noch vorhandenen 90 Knochen und Knochenfragmente sind die Gebeine eines Greises, sodass man den einen oder anderen Zentimeter für den jungen Karl vielleicht noch hinzurechnen darf.

Der Schrein ist in Form einer Kirche gestaltet und mit vergoldetem Silber, mit Edelsteinen und Emails geschmückt. Auf den beiden Längsseiten sind jeweils acht Arkaden eingearbeitet. In ihnen thronen Kaiser und Könige, beginnend mit Ludwig dem Frommen (814–840) und endend mit Friedrich II. (1212–1250). Auf der einen Stirnseite ist Karl selbst auf dem Thron sitzend und mit einem Modell der Aachener Marienkirche dargestellt. Über ihm befindet sich ein Medaillon mit Christus als Weltenherrscher. Neben Karl steht Papst Leo III., auf der anderen Seite Bischof Turpin von Reims, dem, wenn auch fälschlich, die ›Historia‹ von 1130/1140 (›Pseudoturpin‹) zugeschrieben wurde. Aus diesem Grund hält er in seiner Linken ein Buch. Die andere Giebelwand wird von der heiligen Maria eingenommen, gemeinsam mit den Erzengeln Michael und Gabriel. Darüber sind Personifikationen von Glaube, Liebe und Hoffnung angebracht. Auf den Dachflächen schließlich finden sich Darstellungen aus der ›Historia‹ sowie aus der ›Descriptio‹ von 1053/1054. Zu sehen sind die Berufung durch den heiligen Jakob, die Eroberung Pamplonas, das Wunder der blühenden Lanzen, das Kreuzwunder und eine Reiterschlacht. Hinzu kommen die Erwerbung der Dornenkrone und das Widmungsrelief mit Bischof Turpin vor der Gottesmutter Maria. Ihr überreicht er die Marienkirche, die er nach der Legende zusammen mit Karl dem Großen gegründet hat.

Ein weiteres Relief auf der Dachfläche verdient besondere Aufmerksamkeit. Es handelt sich um die Darstellung von Karls Sünde und Beichte, die auf die Aegidiuslegende Bezug nimmt. Der ca. 720 verstorbene Eremit Aegidius war der Gründerabt des nach ihm benannten Klosters Saint-Gilles (westlich von Arles). Im zehnten Jahrhundert kam folgende Geschichte auf: Aegidius – dessen Lebenszeit man einfach verlegte – sei der Beichtvater Karls des Großen gewesen. Der Kaiser sei sich seines sündigen Treibens sehr wohl bewusst gewesen. Aber er habe seine ›mysteriöse‹ Schuld bei der Beichte nicht bekennen wollen. Dennoch sei er zur heiligen Kommunion erschienen. Natürlich habe Aegidius gezögert, dem Kaiser die Kommunion zu reichen, und – um Zeit zu gewinnen – habe er sich erst einmal in ein Gebet vertieft. Da sei ihm ein Engel erschienen und habe ihm ein Schreiben des Himmels überreicht, in dem versichert wurde, dass Karl seine Sünden vergeben seien.[29]

Diese himmlische Hilfe hatte Karl bitter nötig. Dies war jedenfalls der Kern einer Tradition, die sich schon frühzeitig mit dem sündigen Karl beschäftigte. Den Beginn machte bereits zehn Jahre nach Karls Tod der Mönch Wetti vom Kloster auf der Reichenau, der Leiter der dortigen Klosterschule, der am 4. November 824 starb. In der Nacht auf den 3. November hatte er eine Vision, die der frühere, von seinem Amt zurückgetretene Abt Heito (806–823), der bei ihm weilte, aufschrieb. Kurze Zeit später, wohl noch 824, wurde der Bericht von Wettis Schüler Walahfrid Strabo (gest. 849) in lateinische Hexameter-Verse übertragen.[30] Wetti sah in seinem Traumgesicht einen Engel, der ihn auf einer Wanderung zum Ort der Verdammten geleitet. Sie gelangen zu einem Marmorgebirge und zu einem feurigen Fluss, in dem die Verdammten leiden. Es ist eine gewaltige Zahl an Verdammten, unter denen Wetti auch Bekannte entdeckt. Eine Gruppe besteht aus Priestern, die wegen ihrer Unzucht bestraft werden. Sie sind an Pfähle gefesselt und werden an den Körperteilen gegeißelt, mit denen sie gesündigt hatten. Und schließlich erblickt Wetti auch Karl den Großen:

»Nun sah Wetti auf jenen Gefilden einen, der einstmals
König Italiens war, des erhabenen römischen Volkes,
An seinem Platze stehn – er wich keinen Schritt von der Stelle –;
Ihm gegenüber ein Tier, das die Teile der Scham ihm zerfleischte;
Sonst aber war sein strahlender Leib verschont von der Folter.
Ehe er dies begriff, sprach Wetti voller Entsetzen:
›Recht und Gerechtigkeit hat dieser Herrscher gemäß seiner Stellung
Kraftvoll, solange er lebte, gefördert, in unseren Zeiten
Auch gestärkt im Dienste des Herrn die Lehre des Glaubens;
Redlich und fromm gewährte er Schutz dem heiligen Volke,
Leuchtend stand er in dieser Welt auf ragendem Gipfel;
Recht war sein Ziel, beglückender Ruhm aber trug seinen Namen
Überall hin. Doch hier, welch schweres Los drückt ihn nieder!
Und so grässlich leidend muss harte Strafe er dulden!
Sag mir, weshalb?‹ Der Geleiter sprach: ›Diese Qual muss er leiden,
Weil er durch schändliche Wollust die guten Taten besudelt
Und geglaubt hat, es tilge die Menge des Guten die Lüste;
Deshalb gedachte er so in gewohnter Sünde zu leben
Bis an sein Ende. Doch wird er das selige Leben erlangen;
Freudig wird er empfangen die Ehre, die Gott ihm bestimmt hat.‹«

(Übersetzung von Hermann Knittel)

Karl der Große musste demnach Strafe und Pein nach dem ›Talionsprinzip‹ erleiden, das heißt, Strafe an dem Organ, mit dem er gesündigt hat. Genauer wird das Vergehen nicht ausgeführt, aber es sind ganz eindeutig die sexuellen Ausschweifungen gemeint, für die sich Karl Nebenfrauen und Konkubinen zugelegt hatte. Die Leistung eines Menschen, so will diese Schilderung den Leser belehren, kann noch so großartig sein und seine Stellung in der irdischen Welt noch so bedeutend: Vor Gott hat dies alles keinen Eigenwert. Da erhält auch ein großer Kaiser seine Strafen wie die kleinen sündigen Priester.

Diese Kritik zieht sich wie ein roter Faden durch das Mittelalter. Der Wiener Dichter und Geschichtsschreiber Jans Enikel hat die Geschichte in seiner Weltchronik um 1280 weiter ausgeschmückt und erstmals von Karls Liebe zu einer toten Frau fabuliert. Doch kein Geringerer als Francesco Petrarca, der auf seiner Reise durch Frankreich und die Rheinlande 1333 in Aachen Station machte, hat in einem Brief vom 21. Juni dieses Jahres die Sünde Karls des Großen, die ihm in Aachen durch die Priester der Stiftskirche selbst zu Ohren gekommen sei, dann sehr präzise beschrieben[31]: unmäßige Liebe zu einer Konkubine, sodass er sogar die verstorbene Geliebte nicht verlassen wollte. Was Karl mit der toten Frau angestellt habe, dürfe er, Petrarca, gar nicht erzählen.[32] Erst als der Kölner Erzbischof einen versteckten Talisman bei der toten Frau fand, habe Karl von ihr abgelassen und seine Liebe jetzt dem Kirchenmann zugewandt. Dieser habe schließlich in seiner Verzweiflung den Talisman in die Sümpfe von Aachen geworfen, woraufhin Karl von Liebe zu diesem Ort ergriffen worden sei. Ein abartig veranlagter Mann, der Magie verfallen und zur Nekrophilie und Homosexualität neigend, so könnte man diese Aachener Geschichten auf den Punkt bringen.[33]

Aber es war schließlich doch nicht dieses düstere Bild von Karl, das sich durchsetzte. Die »Sehnsucht nach Karl«[34] war stärker. Seine Legitimierungskraft ertönt in der Nationalhymne von Andorra. »Der erhabene Karl der Große befreite mich von den Mauren«! So beginnt ihr Text noch heute. Ebenso hatte man in Frankreich längst den eigenen Karl entdeckt. Im aufkeimenden nationalen Selbstverständnis war es nicht der Kaiser des römischen Imperiums, sondern Karl, ›der König der Franken‹, den die französischen Herrscher für sich reklamierten, und schon im frühen 13. Jahrhundert kamen Gedanken auf, das Reich der Franken dereinst im Umfang der Zeit Karls des Großen wieder herzustellen: frühnationale Sehnsucht nach Größe – gemessen an Karl.

Im mittelalterlichen Reich war es die Sehnsucht nach Orientierung im christlichen Verhalten, die den Blick auf den großen Karl lenkte. Noch wichtiger war die Orientierung im politischen

System mit seiner Vielfalt der Herrschaften und Stände. Karl, die Symbolfigur des ›Heiligen Reiches‹, wurde zum virtuellen Hüter der gerechten und festen Ordnung. Deshalb haben die Fürsten- und Adelshäuser Verwandtschaften mit Karl konstruiert und ihre Linien bis zu ihm zurückerfunden. Deshalb wurden unzählige Urkunden, Erlasse und Verlautbarungen auf seinen Namen gefälscht, von der Kleiderordnung bis zur Einrichtung des Kurfürstenkollegs. Deshalb auch haben die Bürger der Reichsstädte häufig Karl als Quelle ihrer Rechtsbücher dargestellt. Überdies wurden Bildnisse Karls neben denen Ottos und Barbarossas als Zeichen städtischer Reichsunmittelbarkeit an den Fronten der Rathäuser oder an sonstigen exponierten Orten angebracht.

Ein treffliches Beispiel dafür ist die Gestaltung des Südportals an der Bartholomäuskirche in Frankfurt, einer Stadt, die im Laufe des Mittelalters zu großer Bedeutung aufgestiegen war.[35] Hier hatte 794 die berühmte Frankfurter Synode stattgefunden, die uns noch beschäftigen wird. Ungefähr um 1353 gestalteten die Frankfurter das Portal in bezeichnender Weise: Im Zentrum ist die heilige Maria mit dem Kind dargestellt. Vom Betrachter aus gesehen links von ihr befinden sich die heiligen drei Könige, rechts stehen Josef, Petrus mit dem Schlüssel und am Rand ein Prophet. Über dieser Personengruppe, auf der höchsten Ebene, aber ist Christus am Kreuz zu sehen. Links von ihm befindet sich Bartholomäus, der Kirchenpatron, und rechts steht als die größte Figur von allen der heilige Karl der Große. Er trägt in seiner Linken ein Modell der Bartholomäus-Kirche und erscheint damit als Gründer des Gotteshauses. Der Kaiser, so bringt das Bildensemble zum Ausdruck, war selbst neben Bartholomäus zum Patron der Hauptkirche von Frankfurt und damit der ganzen Stadt aufgestiegen. Ebenso ist Karl in vielen anderen Städten anzutreffen. In Bremen schmückt er seit dem frühen 15. Jahrhundert die Wand des Rathauses; nicht weit von ihm entfernt steht die Figur Rolands, seines treuen christlichen Ritters.

In der Forschung wird gern die Vielfalt, ja Beliebigkeit hervorgehoben, mit der Karl der Große für alle möglichen Zwecke eingesetzt werden konnte. Es scheint aber gerade das Gegenteil zuzutreffen. Durchwegs ist zu erkennen, dass Karls Autorität ganz speziell für Schutz und höchstmögliche Legitimation sorgen sollte. Er diente als Zeichen und Inbegriff einer erstrebten Verfassungs- und Rechtssicherheit für Jahrhunderte. Die Menschen suchten in seiner Gestalt den Garanten einer eindeutigen und dauerhaften Ordnung. Karl der Heilige, der mit Karl dem Kaiser verschmolzen war, wurde selbst zum Symbol für Eindeutigkeit und Dauerhaftigkeit in der politischen und rechtlichen Regulierung der Reichsgemeinschaft. Heiligkeit – das ist ein grundsätzliches Phänomen – verleiht nicht nur einer moralischen, sondern auch einer politischen oder rechtlichen Ordnung den Impuls von Nachhaltigkeit.

Es liegt auf der Hand, dass diese Entwicklung hin zum ›Mythos Karl der Große‹ den Blick auf den historischen Karl mehr und mehr verschleierte. Nicht nur das Vergessen war am Werk, sondern auch die Funktion, in die sich der große Kaiser gestellt sah. Daran können wir, am Ende dieser Überlegungen, die Frage anknüpfen: Hatte Karl durch seine Politik, seine Konzeption von Herrschaft, seine Entscheidungen und Weichenstellungen nicht doch selbst die Grundlagen dafür gelegt, dass ihm diese Rolle zugeordnet wurde?

Kapitel 4

Karls Kindheit und Persönlichkeit und die Wurzeln seiner Herrschaft

Wie können wir uns dem historischen Karl nähern? Für alle Zeiten gilt: Die Menschen werden in ihrer Kindheit geprägt. Doch über die frühen Jahre Karls wissen wir nicht viel – so heißt es gewöhnlich in der Literatur. Hier lässt uns sogar sein Biograf Einhart im Stich, der meint: »Ich halte es für unangebracht, über dessen Geburt, Kindheit und Knabenjahre etwas zu schreiben, weil nirgends etwas dazu aufgeschrieben wurde und keiner mehr unter den Lebenden gefunden wird, der darüber etwas wissen könnte.«[1] Bei diesem Thema, so fährt er fort, möchte er sich deshalb nicht aufhalten, sondern gleich zu den Taten, Sitten und sonstigen wichtigen Dingen im Leben Karls übergehen.

Gab es dunkle Stellen in Karls Kindheit, die Einhart lieber verschweigen wollte? Immerhin konnte er der Vorlage, die er für seine Vita benutzte, also den Kaiserbiografien Suetons, entnehmen, dass ein Abschnitt über »Kindheit« eigentlich dazugehörte. In der Forschung wurde viel über diese Lücke bei Einhart gerätselt, aber eine überzeugende Erklärung hat man nicht gefunden. Möglicherweise ist die Erklärung einfach die, dass seine Rechtfertigung zutrifft: Als er die Vita verfasste, waren etwa siebzig Jahre seit Karls Geburt vergangen. Längst waren die Anfänge im ›Schleier der Erinnerung‹ versunken. Karl erreichte ein ungewöhnlich hohes Alter für diese Zeit, und in der Tat dürfte es kaum mehr jemanden gegeben haben, der zuverlässige Angaben über den frühen Karl machen konnte. Im Übrigen ist es nicht ungewöhnlich, dass in Herrscherbiografien des Mittelalters die

Kindheit weitgehend ausgeblendet ist. Besonders hintergründige oder gar düstere Absichten braucht man Einhart also nicht zu unterstellen, wenn er meinte, dass er über keine sicheren Nachrichten darüber verfüge. Man darf an diesem Punkt nicht übersehen, dass Einhart in einem Wissenschaftsklima groß geworden war, in dem im Prinzip korrekte Angaben gefordert waren.

Aber so ganz wörtlich wird man Einharts Nachrichten doch nicht immer nehmen dürfen. Das zeigt sich an seiner Angabe über das Geburtsdatum Karls des Großen. Dieser, so schrieb der Biograf, habe bei seinem Tod »im zweiundsiebzigsten Jahr« gestanden *(anno aetatis septuagesimo secundo)* und »im siebenundvierzigsten seiner Herrschaft« *(quadragesimo septimo)*.[2] Was die Herrscherjahre betrifft, stimmt diese Mitteilung. Da Karl am 28. Januar des Jahres 814 starb, befand er sich zwar erst im sechsundvierzigsten Jahr seiner Herrschaft. Aber rechnet man nach Kalenderjahren, so ist die Zahl korrekt.

Anders steht es um die Angabe zu Karls Alter. Diese muss man doch um einiges korrigieren. Der Bonner Mittelalterforscher Matthias Becher hat diese Frage in einer scharfsinnigen Studie geklärt.[3] Sein Ergebnis: Das Geburtsdatum Karls des Großen fällt auf den 2. April 748. Der Tag steht fest. Er wurde im Kloster Lorsch im neunten Jahrhundert in einem »Kalendarium« festgehalten, in das die Mönche die Förderer und Gönner des Klosters eintrugen, um für sie zu beten. Das Jahr wiederum überliefern die ›Annales Petaviani‹ (benannt nach Denis Pétau, einem früheren Besitzer der Handschrift). Dort wird zwar 747 als das Geburtsjahr Karls angegeben *(Et ipso anno fuit natus Karolus rex)*, aber Matthias Becher konnte nachweisen, dass der Schreiber der Annalen den sogenannten Osterstil benutzt hat. Das heißt, für ihn wechselte der Jahresbeginn nicht am Weihnachtstag – wie meist im Mittelalter –, sondern mit dem Osterfest. Ostern fiel im Jahr 748 auf den 21. April – und bis zum 20. April reichte deshalb das Jahr 747. Somit gehörte der 2. April für den Schreiber eben noch zum Jahr 747. Für uns dagegen ist es das Jahr 748.

Weshalb aber dann die Zahl zweiundsiebzig bei Einhart? Hinzu kommt, dass in den ›Reichsannalen‹ behauptet wird, Karl sei mit »ungefähr einundsiebzig Jahren« gestorben? Konnte man damals nicht rechnen? Dies zu glauben wäre absurd, denn gerade die Computistik, also die Wissenschaft des Rechnens, war eine Domäne der Hofgelehrten und besonders Einharts. Und noch bedenklicher wird die Sache, wenn wir in der authentischen Grabinschrift Karls des Großen lesen: »Siebzig Jahre des Lebens hat er als Greis vollendet.«[4] Die Erklärung für diese ›offizielle‹ Altersbestimmung hat der Bremer Mediävist Dieter Hägermann geliefert[5]: Damit sei auf Psalm 89 angespielt worden, in dem es heißt: »Unser Leben währet siebzig Jahre, und wenn es hoch kommt, so sind es achtzig Jahre, und wenn es köstlich gewesen ist, so ist es Mühe und Arbeit gewesen, denn es fährt schneller dahin, als würden wir fliegen.« Der »Siebziger« also hat sein Leben vollendet, ganz nach den biblischen Vorgaben. Karl war, so konnte dies verstanden werden, auch in dieser Hinsicht ein Vollender der Worte der Heiligen Schrift. Siebzig, einundsiebzig, zweiundsiebzig – es waren allesamt Zahlen mit demselben symbolischen Wert. Das tatsächlich erreichte Alter – 65 Jahre – hätte für diese Symbolik allerdings nicht ausgereicht.

Den Geburtsort Karls kennen wir nicht. Pippin selbst war in diesem Jahr mit Kriegen gegen die Sachsen und die Bayern beschäftigt. Wo sich seine Gemahlin Bertrada bei der Niederkunft aufhielt, darüber gibt es noch nicht einmal Andeutungen. Es könnte das Kloster Prüm gewesen sein oder die Pfalz Düren zwischen Aachen und Köln oder Quierzy nördlich von Soissons, der Sterbeort Karl Martells – alles Spekulation. So kommt es, dass sich bis heute zahlreiche Orte, wie etwa die Reismühle bei Gauting südlich von München, damit rühmen können und man überall fest davon überzeugt ist, Karl der Große sei bei ihnen zur Welt gekommen.

Karls Mutter Bertrada (gest. 783) war eine Tochter des Grafen Charibert von Laon, der zusammen mit seiner Frau das bedeutende Kloster Prüm in der Eifel gegründet hatte. Bertrada, die Tochter, war eine außerordentlich tatkräftige Gefährtin an der Seite ihres Mannes, des karolingischen Hausmeiers (741–751) und dann Königs Pippin (751–768). In späteren Legenden hat man ihr besonders große Füße angedichtet: »Bertrada mit den großen Füßen.« Das könnte ein Reflex darauf sein, dass sie sich in ungewöhnlicher Weise in die große Politik am Hof einmischte. 744 jedenfalls wurde die Ehe geschlossen, und endlich, nach vier Jahren, kam der erste Nachwuchs zur Welt. Die verhältnismäßig lange Zeit der Kinderlosigkeit hatte bereits große Unruhe am Hof hervorgerufen.

Wie hat Karl seine Kindheit verbracht? Einen kleinen Eindruck vermittelt eine Geschichte, die er selbst erzählt haben soll und von der man heute meint, dass sie authentisch sein dürfte.[6] Festgehalten ist sie in einem Bericht, der die Überführung (Translation) der Gebeine des heiligen Germanus von einer Seitenkappelle in den Chor des Klosters Saint-Germain-des-Prés (auf den »Wiesen« von Paris) schildert. Niedergeschrieben wurde sie wahrscheinlich von einem engen Vertrauten Karls, nämlich von Abt Irmino dieses Klosters (ca. 800–826). Bei dem feierlichen Akt, so die Erzählung Karls des Großen, seien er, sein Vater Pippin und sein Bruder Karlmann zugegen gewesen. Der Vorgang habe am 25. Juli 755 stattgefunden. Karl sei, wie er selbst erzählt habe, damals sieben Jahre alt gewesen, sein kleiner Bruder, 751 geboren, demnach vier Jahre alt. Als sich die Erwachsenen vergeblich damit abmühten, den neuen Sarg mit den erhobenen Gebeinen des Germanus in die neue Grablege hinabzusenken, sei das zuerst auf keine Weise gelungen, doch dann habe sich der Sarg von ganz allein in die Grube hineinbewegt. Da hätten die Erwachsenen gestaunt. Er aber, Karl, sei – ein spielendes Kind eben – in das ausgehobene Loch gehüpft und habe dabei seinen ersten Milchzahn verloren.[7]

Der siebenjährige Karl und sein vierjähriger Bruder Karlmann, so dürfen wir daraus schließen, hielten sich bei ihrem Vater auf, wenn er regierte und repräsentierte. Sie wurden natürlich auch in die Künste des Reitens und Kämpfens eingewiesen, und Pippin legte, wie wir noch sehen werden, großen Wert auf die Bildung seiner Kinder. Aber sie sollten ebenso frühzeitig lernen, wie man sich als Herrscher zu bewegen und zu verhalten hatte, und dafür wurden sie zu den ›offiziellen‹ Auftritten des

Königs mitgenommen. Dass der Siebenjährige dabei seinem Spieltrieb freien Lauf ließ, kann wenig verwundern.

Die Zeit, in der wir uns mit dieser Geschichte bewegen, war in höchstem Maße turbulent. Wir beobachten wahrlich Weichen stellende Vorgänge, die Karl in seinen ersten Lebensjahren begleiteten. Im Grunde ereignete sich ein politischer ›Umsturz‹ größten Ausmaßes, als Karls Vater, Pippin, das jahrhundertelang regierende Königshaus der Merowinger ausschaltete und 750/751 daranging, sich der Königswürde zu bemächtigen.

Schon vorher hatte er als »Hausmeier« *(maior domus)* im Frankenreich die faktische Macht besessen. Er war Vorsteher des Hofes, leitete die politischen Geschäfte und übte den Befehl über das Heer aus, das heißt, er war im Grunde schon im Besitz der königlichen Gewalt. Dieser Zustand hatte sich über eine längere Zeit hin entwickelt. In der Frühzeit der Merowingerherrschaft, im sechsten Jahrhundert und zeitweise auch noch im siebten, lag die Befehlsgewalt noch beim König. Die Merowinger verfügten über ihren ›Fiskus‹, das heißt über das Krongut, das um Paris und Soissons herum besonders dicht war. Sie erhoben Steuern für das Heer und die Verwaltung, eine Einrichtung, die sie aus römischer Zeit übernahmen. Die freien Franken zahlten allerdings keine Steuer, und als im sechsten Jahrhundert der oberste Minister von König Theudebert I. den Vorschlag machte, die Steuer auch auf die Franken auszudehnen, wurde er erschlagen. Die römische Ordnung und Organisation wirkte am Hof der Merowinger noch lange fort. Die königlichen Gefolgsleute leisteten dem König einen Treueid *(trustis dominica)*, ähnlich wie einst die Mitglieder der kaiserlichen Leibgarde dem Kaiser in der römischen Zeit. Im Zentrum der Verwaltung standen die Inhaber der Hofämter: Seneschall bzw. Hausmeier, Marschall, Schenk und Kämmerer. Auch für diese Ämter nimmt man heute römische Vorbilder an. Beim Hausmeier jedenfalls lag schon frühzeitig die Kontrolle über das Hofgesinde. Als das Merowingerreich in Teilreiche zerfiel und die Macht der merowingischen Herrscher immer mehr dahinschwand, weil die Könige häufig noch unmündig waren, übernahmen die Hausmeier Schritt um Schritt das Regiment. Eine der Hausmeierfamilien im östlichen Reich (Austrasien), die wir als Pippiniden bezeichnen, verband sich mit der mächtigen Familie der ›Arnulfinger‹ von Metz und setzte sich in der Schlacht bei Tertry 687 gegen die Hausmeier der anderen Teilreiche durch.

Die Pippiniden – benannt nach dem Leitnamen Pippin – aber sind nichts anderes als die Karolinger. Eine entscheidende Rolle für den Aufstieg spielte dabei Karl Martell, der erste Träger des Namens Karl, von dem später die Bezeichnung »Karolinger« abgeleitet wurde. Da er von der Zweitfrau seines Vaters geboren wurde, hat man in ihm lange einen unehelichen Sohn gesehen, einen Bastard, der eigentlich kein Recht auf die Herrschaft im Frankenreich gehabt habe. Heute wird die Ehepraxis dieser Zeit anders beurteilt. Auch mehrere Frauen zu haben war in dieser Zeit nicht unüblich, führte jedenfalls nicht zu einem rechtlichen Problem für die Erbfolge.[8]

Karl Martell setzte sich zwischen 715 und 717 gegen andere Familienmitglieder durch und übte schließlich eine königsgleiche Herrschaft aus. Auch sonst führte er erfolgreiche Kämpfe, insbesondere gegen die Araber, die er bei Poitiers im Jahre 732 zurückschlug. 720 hatten die Araber von Spanien aus die Pyrenäen überschritten und den westgotischen Südstreifen, das Gebiet von Septimanien mit Narbonne als festem Stützpunkt, besetzt. Von dort griffen sie in den Norden aus nach Autun in Burgund (725) und nach Bordeaux in Aquitanien (732). Heute ist man in der Forschung geneigt, die arabischen Angriffe etwas herunterzuspielen und als einfache Raubzüge anzusehen. Dennoch, die Wirkung, die von Karl Martells Sieg 732 in der Folgezeit ausging, war gewaltig. Noch über zwei Jahrhunderte später hat der Chronist Widukind von Corvey den Sieg über die Ungarn auf dem Lechfeld von 955 mit dem Sieg Karl Martells gleichgesetzt[9] – beides Vorgänge, die sich tief in das kollektive Gedächtnis eingegraben haben. Auch der Beiname »der Hammer« (Martell), der im neunten Jahrhundert aufkam, ist darauf zurückzuführen. Karl Martells Ansehen stieg auch dadurch in höchste Höhen, dass er den Kriegern seines Heeres ausgiebige Beute zur Verfügung stellen konnte. Ein merowingischer König schien eigentlich gar nicht mehr erforderlich zu sein, und in der Tat gab es nun für einige Jahre überhaupt keinen König mehr.

Bis zu seinem Tod 741 hatte Karl Martell die beiden Hauptteile des fränkischen Reichs, Neustrien und Austrasien, wieder zusammengeführt. Neustrien (›Neuland‹?) umfasste den Raum um Paris und Soissons bis Tours und Nantes. Austrasien, auch Austrien genannt (›Ostland‹), bildete östlich davon ein Gebiet zwischen Tournai, Köln, Fulda und Metz. Im Prinzip markierte die Maas die Grenze zwischen den beiden Reichen, die unter Karl Martell wieder zur Einheit wurden. Das Kernland der Pippiniden bzw. Karolinger lag in Austrasien zwischen Aachen und Metz.

Unter Karl Martells Söhnen kam es allerdings wieder zu heftigen Auseinandersetzungen um die Herrschaftsanteile und den Vorrang. Aus der ersten Ehe Karl Martells mit Chrodtrud stammten Karlmann und Pippin (»der Jüngere«), aus der zweiten Ehe mit Swanahild (aus dem bayerischen Herzogshaus der Agilolfinger) ging Grifo hervor. Die beiden älteren Brüder setzten alles daran, um Grifo auszuschalten. Um für ihre Ansprüche eine bessere Legitimation zu erlangen, erhoben sie 743 nochmals einen merowingischen König, Childerich III., gleichsam eine machtlose Marionette der karolingischen Hausmeier. Außerdem gingen die Brüder daran, die großen Länder Aquitanien, Alemannien und Bayern, deren Herzöge sich der Unterordnung zu entziehen suchten, dem Frankenreich erneut zu unterwerfen. In den Augen der Hausmeier waren sie »untreu« geworden und mussten bekämpft werden, bis sie ihre Treue dadurch zeigten, dass sie sich wieder »in den Dienst begaben« *(servitio se mancipavit)*.[10]

Karlmann hatte sich speziell der Unterwerfung der Alemannen gewidmet. Nach seinem Sieg 746 versammelte er die rebellischen Großen dieses Herzogtums in Cannstatt und ließ sie dort allesamt töten (Blutgericht von Cannstatt).[11] Ein Jahr später entsagte er der Welt. Er gab seine Herrschaft auf und zog sich nach Rom (Monte Soratte) und Montecassino zurück. In der Forschung wird über die Motive gerätselt. Aber die Erklärung scheint einfach: Es war offensichtlich das Schuldgefühl nach der Massenhinrichtung, das ihn, der eng mit dem Missionar Bonifatius und dessen Kreisen zusammengearbeitet hatte, zur Abkehr von der Welt veranlasste. In den Quellen wird »brennendes Verlangen nach frommer Hingabe« als Grund für seine Resignation angegeben[12]. Vielleicht erfolgte der Schritt aber auch erst auf den massiven Druck Pippins hin.

Jetzt war Pippin allein. Allerdings verlangte Karlmann trotz seiner Abdankung, dass seinen Söhnen ihre Herrschaftsanteile bewahrt blieben. Dies führte sogleich zu Problemen. Und Grifo, der jüngere Halbbruder, war ebenfalls wieder zur Stelle. 748 organisierte er von Bayern aus den Widerstand, wurde aber ein Jahr später von Pippin besiegt. Grifos Ansprüche wurden offensichtlich nicht als unberechtigt angesehen. Um ihn zufriedenzustellen, übertrug ihm Pippin zwölf Grafschaften im Dukat Le Mans, einer Region, die zu den Zentren karolingischer Macht gehörte. Aber Grifo wollte eine vollständige Beteiligung an der Herrschaft und begab sich nach Aquitanien, wo er sich mit Herzog Waifar (745–768), einem ebenfalls heftigen Gegner Pippins, verbündete.

So war um 750 eine gefährliche Situation für Pippin entstanden. In dieser Lage entschloss er sich zu einem radikalen Schritt: Er griff selbst nach der Königswürde, um damit eine Sonderstellung gegenüber all seinen Widersachern im Reich zu erlangen.[13] Zur Vorbereitung schickte er Gesandte nach Rom, den Bischof Burchard von Würzburg (gest. 755), einen Angelsachsen, und Fulrad (gest. 784) aus der Moselgegend, den späteren Abt von Saint-Denis (seit 750) und Vorsteher der Hofkapelle – eine Art Minister der fränkischen Reichskirche und der Hofverwaltung. Sie sollten von Papst Zacharias (741–752) die Entscheidung einholen zu der Frage, ob es gut sei oder nicht, dass die Merowinger, die doch gar keine Macht hätten, Könige seien.[14] Später fügte Einhart hinzu: Diese säßen nur mit dem bloßen Königsnamen, mit langen Haaren und ungeschorenem Bart auf dem Thron, spielten den Herrscher und würden die ihnen anbefohlenen Antworten von sich geben.[15]

Ob dieser Vorgang wirklich so abgelaufen ist, ist zweifelhaft. Der Bericht stammt aus den 90er-Jahren des achten Jahrhunderts und könnte aus der damaligen Diskussion um den angemessenen Namen des Herrschers (›Nomentheorie‹) heraus konstruiert und in die Vergangenheit zurückprojiziert worden sein. Falls er eine wahre Grundlage besitzt, war die Frage der Gesandten in Rom gut gestellt. Natürlich konnte die Antwort des Papstes nur lauten: »Es sei besser, denjenigen als König zu bezeichnen, der die Macht habe, statt den, der ohne königliche Macht sei.« Nur so werde die göttliche Ordnung nicht in Verwirrung gebracht.[16]

Wie auch immer Papst Zacharias die Ablösung im Königtum kommentiert hat, entscheidend für die Königserhebung Pippins war die Wahl durch die Großen des Frankenreiches Ende 751 in Soissons. Ohne ihre Zustimmung, das Zeichen der Folgebereitschaft, wäre Pippin machtlos geblieben. Ebenso darf man davon ausgehen, dass für die Legitimation an Pippin 751 die Salbung vollzogen wurde – möglicherweise durch Bonifatius. Schließlich war es erforderlich, Childerich, den letzten Merowingerkönig, förmlich abzusetzen. Er wurde geschoren und ins Kloster verwiesen, vielleicht nach Saint-Bertin im Norden des Frankenreichs (südlich von Calais).

Nicht weniger wichtig für das neue Königtum Pippins war freilich die Salbung durch Papst Stephan II. am 28. Juli 754 in der Kathedrale von Saint-Denis. Dieser Akt war das Zeichen dafür, dass nunmehr der göttliche Wille erfüllt sei. Das Königtum, so kann man sagen, wurde damit von Pippin geradezu neu erfunden. Durch die höchste kirchliche Autorität wurde die neue Legitimation des Königs bestätigt.[17] Gegen ihn zu handeln bedeutete fortan, sich gegen Gottes Willen zu stellen – eine der schlimmsten Sünden.

Mit Pippin entstand somit die Konzeption der Herrschaft »von Gottes Gnaden« *(gratia dei rex)*. So hat sich Pippin als erster fränkischer Herrscher in seinen Urkunden genannt.[18] Diesen Vorgängen und Ideen müssen wir besondere Beachtung widmen, denn sie spielten sich eben in der Kindheit Karls des Großen ab. Davon war er in seinen frühen Jahren umgeben. In dieser Lebensphase konnte Karl das Kernelement seiner eigenen, künftigen Herrschaftskonzeption gleichsam »spielerisch« aufnehmen.

Eine Voraussetzung für die neue Konzeption des Königtums war, dass die Autorität des Papstes im Frankenreich Anerkennung fand. Das war keineswegs selbstverständlich. In der fränkischen Kirche um 700 war der Papst noch weit entfernt gewesen. Man dachte gar nicht daran, päpstliche Weisungen für die Begründung von Herrschaft einzuholen. Überdies waren in dieser Zeit zahlreiche irische Missionare unterwegs, die kaum eine Bindung an den römischen Bischof hatten. Aber dies änderte sich grundlegend mit Bonifatius.[19] Winfrid, wie sein ursprünglicher Name lautete, kam aus Südengland. Geboren wurde er 672/673 nahe Exeter. Mit sieben Jahren wurde er dem Kloster Nursling in der Nähe von Southampton übergeben, wo er bis zum Leiter der Klosterschule aufstieg. Im fortgeschrittenen Alter von gut vierzig Jahren wurde er vom Ideal der Peregrinatio erfasst. Damit war gemeint, dass die wirkliche Gottesnähe nur erreicht werden könne, wenn man die Heimat und das ganze Sicherheitsnetz, in dem man lebte, verließ – am besten getrennt durch ein großes Wasser. Ganz auf sich gestellt, trat man mit Gott in ein besonderes Verhältnis. Diese Vorstellung war um 700 sowohl in Irland als auch in England unter religiösen Menschen weitverbreitet.

Winfrid überquerte den Ärmelkanal und ging auf das Festland. Das bedeutete einen radikalen Schritt und ein mutiges Unterfangen. Er wollte das Wort Gottes und die Lehre der Kirche verkünden, zuerst bei den Friesen, wo bereits sein Landsmann Willibrord wirkte. Dieser erste Anlauf missglückte schon nach kurzer Zeit. Den zweiten Versuch bereitete Winfrid besser vor. Er machte sich auf den Weg nach Rom zu Papst Gregor II., um von ihm Instruktionen einzuholen. Die angelsächsische Kirche hatte sich schon im siebenten Jahrhundert für Petrus und seine Nachfolger als die einzig maßgebliche Autorität entschieden. Das hing damit zusammen, dass dort die Mission von der unmittelbaren Initiative Papst Gregors des Großen (590 – 604) ausgegangen war. Dieser hatte 596 Augustinus, den Prior des römischen St. Andreas-Klosters in Rom, mit einer Gruppe benediktinischer

Mönche nach England geschickt und damit von Beginn an eine enge Bindung an die Kirche von Rom hergestellt. Ganz in diesem Geist erblickte nun auch Winfrid im Papst, dem Nachfolger des Apostels Petrus, das Haupt der Kirche, dem er sich zu unterstellen hatte und das ihm Weisungen erteilte. Genauso lautet auch das Schreiben, das ihm Papst Gregor II. (715–731) am 15. Mai 719 an die Hand gab.[20] Gleichzeitig teilte er ihm einen neuen Namen zu: Bonifatius. Das war der Name eines römischen Märtyrers, dessen Reliquien in einer Kirche auf dem Aventin verehrt wurden. Sein Festtag fällt auf den 14. Mai, auf den Tag also vor der Ausfertigung des päpstlichen Auftrags. Demütig habe sich Bonifatius der Leitung des Papstes unterstellt, so wird in diesem Schreiben betont, und Papst Gregor II. wünschte, »dass du auf die Vorschriften unseres heiligen apostolischen Stuhls achtest«.[21]

Damit begann ein Unterfangen, das in seiner Wirkung kaum zu überschätzen ist. Der Aktionsraum von Bonifatius lag vor allem im rechtsrheinischen Gebiet, in Thüringen, Friesland, Hessen und Bayern. 722 bedurfte er nochmals der päpstlichen Instruktionen, vor allem aber ließ er sich in den Rang eines Bischofs erheben, um seiner Mission höheres Ansehen zu verleihen. Er begab sich deshalb ein weiteres Mal nach Rom. Dieses Mal legte er einen klar formulierten Gehorsamseid ab: »Ich, Bonifatius, durch Gottes Gnade Bischof, verspreche euch, dem seligen Apostelfürsten Petrus und deinem Stellvertreter …, stets die Einheit der Kirche zu beachten … und, falls jemand gegen diese Einheit der gemeinsamen und allgemeinen Kirche etwas unternimmt, dies nicht hinzunehmen …«[22] Damit war der Auftrag eindeutig umschrieben: Künftig ging es bei der Arbeit von Bonifatius um die Ausrichtung der fränkischen Kirche an den Vorgaben, Richtlinien und Gesetzen der römischen Kirche. Alles, was davon abwich, war auszuschalten. Zusätzlich erhielt Bonifatius nach seiner Rückkehr von Karl Martell einen Schutzbrief. Nun war er gewappnet und mit allen Instrumenten versehen, um sein großes Vorhaben ins Werk zu setzen.

Was Bonifatius in der Kirche des Frankenreichs antraf, versetzte ihn, gemessen an den römischen Anweisungen, in Schrecken. Immer wieder sah er sich veranlasst, Briefe oder Boten nach Rom zu schicken, um Instruktionen zu erhalten, wie er sich angesichts dieser heillosen Zustände verhalten sollte. Heidnische Bräuche waren noch weitverbreitet. Ein besonderes Problem stellte die Ehe dar. Es war gang und gäbe, dass Verwandte untereinander heirateten. Eheschließungen wurden unter Familien oder Sippen ausgehandelt, und da kam es darauf an, dass Besitzungen zusammengehalten wurden. Nach außen zu heiraten konnte leicht zu großen Verlusten führen. Eine Heirat war keineswegs nur die Sache von zwei Menschen, sondern die Angelegenheit einer ganzen Verwandtengemeinschaft, die auf ihre Zukunftsfähigkeit achten musste. Aber Bonifatius pochte auf die kirchlichen Regeln, und diese sahen ein Verbot der Verwandtenehe vor.[23] Der Kampf gegen die Inzest-Ehe wurde von nun an von der Kirche mit aller Kraft geführt. Ab welchem Grad der Verwandtschaft aber war sie verboten? Das blieb auch in der Kirche umstritten. Auf die erste Anfrage erhielt Bonifatius 726 die Auskunft aus Rom, dass bis zur vierten Generation nicht geheiratet werden dürfe.[24] Später, 732, erhöhte der nachfolgende Papst, Gregor III. (731–741), wiederum auf die Bitte um Auskunft durch Bonifatius, das Verbot bis zur siebten Generation.[25] Man kann sich vorstellen, welchen Unwillen diese Vorschriften unter den Menschen hervorriefen.

Aber es gab noch vieles mehr. Was beispielsweise durfte ein Mann tun, dessen Frau erkrankt war und ihre ehelichen Pflichten nicht mehr erfüllen konnte? Antwort aus Rom: Er dürfe eine neue Frau heiraten, müsse aber der bisherigen Ehefrau Unterhalt leisten. Beim Opfermahl, so ein weiteres Problemfeld, dürfe nur ein einziger Kelch benutzt werden und nicht zwei oder drei, wie Bonifatius das antraf. Ob Menschen, die im Kindesalter in ein Kloster gegeben wurden, als Erwachsene wieder austreten und heiraten dürften, so lautete eine weitere Frage von Bonifatius. Die Antwort war: Nein, auf keinen Fall. Aus dem Jahre 732 stammt ein päpstlicher Brief[26], in dem folgende Fragen beantwortet wurden: Durften Christen ihre Sklaven an Heiden verkaufen? Durften sie Pferdefleisch essen? Mussten von Heiden Getaufte nochmals getauft werden? Alle Fragen wurden mit Nein beantwortet. Vor allem Pferdefleisch dürfe ein Christ unter keinen Umständen zu sich nehmen, denn es sei unrein und abscheulich.

Im Jahre 742 war Bonifatius entschlossen, die Ausrichtung der fränkischen Kirche auf die römischen Vorgaben in ganz großem Stil anzugehen. Zur Vorbereitung schickte er einen Brief an Papst Zacharias (741–752). Er wolle, so kündigte er an, in Zusammenarbeit mit dem Hausmeier Karlmann eine große Synode einberufen.[27] Schon seit achtzig Jahren habe es eine derartige Bischofsversammlung im Frankenreich nicht mehr gegeben. Aber jetzt führe kein Weg mehr daran vorbei angesichts der grauenhaften Missstände. Viele Bischofssitze seien mit Laien besetzt, die nur nach Besitz trachteten und der Unzucht frönten. Jetzt sollte es also gegen die fränkischen Bischöfe selbst gehen, und dafür benötigte Bonfatius ein päpstlichen Machtwort: »Wenn ich auf Ersuchen des genannten Herzogs (Karlmann) durch Euer Wort diese Sache in Gang bringen und anfassen soll, möchte ich eine Anweisung und Entscheidung des apostolischen Stuhles und die kirchenrechtlichen Bestimmungen haben.«

Auch im übrigen Klerus, so Bonifatius weiter, sehe es erbärmlich aus. Es werde ihm von Diakonen berichtet, die mit vier oder fünf Frauen gleichzeitig im Bett lägen. Diese Kirchenvertreter würden dann trotzdem Priester oder sogar Bischöfe. Auch gebe es trunk- und streitsüchtige Bischöfe oder Bischöfe, die auf die Jagd gingen oder im Heer kämpften, die Menschenblut vergossen hätten von Heiden und von Christen. Er, Bonifatius, sei doch der Sendbote des apostolischen Stuhls. Deshalb wolle er klare Anweisungen, damit »mein Wort hier und das Wort von Euch dort ein und dasselbe seien« *(unum sit verbum et meum hic et vestrum ibi).*[28]

In diesem Brief fügt Bonifatius etwas hinzu, was im Grunde als Kritik am Papst aufzufassen ist und was deutlich macht, dass er schon päpstlicher als der Papst geworden war. Er habe zu seinem Schrecken gehört, so schreibt er, dass in Rom in der Nähe der Peterskirche am 1. Januar, wenn das neue Jahr komme, bei Tag und Nacht nach heidnischer Sitte auf den Plätzen getanzt werde, dass nach Heidenart gotteslästerliche Lieder angestimmt und üppige Speisen aufgetischt würden. Er könne gar nicht glauben, dass der Papst solch liederliche Silvesterfeiern zulasse.[29] Folgsam, so könnte man hier sagen, teilte Zacharias in seiner Antwort mit, er habe dieses ausschweifende Treiben sofort verbieten lassen.[30]

Noch 742 kam es dann tatsächlich zur ersten fränkischen Synode seit langer Zeit, zum sogenannten ›Germanischen Konzil‹ (›Concilium Germanicum‹), wie es in der Forschung genannt wird.[31] Der Ort, an dem das Konzil zusammentrat, ist unbekannt. Bonifatius wird hier erstmals als Erzbischof angesprochen, er war somit der Leiter der Bischofsversammlung. Weitere Teilnehmer waren die angelsächsischen Bischöfe Burchard von Würzburg, Witta von Büraburg und Willibald (von Eichstätt oder damals noch von Erfurt), außerdem Reginfred von Köln, Heddo von Straßburg und Dadanus von Speyer.

Die Beschlüsse dieser Synode waren zwar nicht alle neu, suggerieren aber in diesem Gesamtpaket doch eine bemerkenswerte Entschlossenheit. Am Anfang stand der Beschluss, eine römische Kirchenverfassung einzurichten. In der fränkischen Kirche gab es im Prinzip nur gleichrangige Bischofssitze. Das Kennzeichen des römischen Modells war ein ganz anderes: Hier herrschte die hierarchische Rangfolge von Erzbischof und Bischof vor. Der Erzbischof, so erfahren wir aus einem Kommentar des Bonifatius, sollte die Bischöfe seines Erzbistums kontrollieren und überwachen, notfalls zurechtweisen *(investigare mores et sollicitudinem circa populos)*.[32] Den Bischöfen wiederum – auch das eine Forderung des römisch-kirchlichen Rechts – sollten sämtliche Priester untergeben und gehorsamspflichtig sein. Ferner sollte entfremdetes Kirchengut zurückgegeben werden. Besonders umfangreich war die Bestimmung, dass Geistliche keine Waffen tragen und nicht mit Frauen im selben Haus wohnen dürften, vor allem aber: dass Geistliche, Mönche und Nonnen absolut keusch leben müssten. Andernfalls seien sie bis aufs Blut zu züchtigen. Unkeusche Nonnen sollten kahl geschoren und ein Jahr lang eingekerkert werden. Schließlich wurde noch verfügt, dass Mönche und Nonnen nach der Benediktregel leben müssten.

Hatten solche Bestimmungen überhaupt Aussicht darauf, umgesetzt zu werden? Auch diese Frage, so muss man annehmen, wurde auf dem Konzil diskutiert. Die Folge war, dass die Beschlüsse als Erlass und Befehl des Hausmeiers Karlmann verkündet wurden.[33] Damit stand die höchste politische Macht hinter dem Programm, die fränkische Kirche an den eindeutigen Vorgaben und Leitlinien Roms auszurichten. Solche Befehle und Erlasse der karolingischen Herrscher – auch in kirchlichen Angelegenheiten – wurden dann ein besonderes Kennzeichen auch der Herrschaft Karls des Großen, wie wir noch sehen werden. Hier begegnen wir zum ersten Mal diesem neuen Instrument für die Verklammerung von Herrscher und Kirche.

Das ›Concilium Germanicum‹ signalisierte einen programmatischen Auftakt. Ihm folgte eine Reihe von weiteren Konzilien, 743 oder 744 in Les Estinnes im Hennegau – also wieder im Herrschaftsgebiet Karlmanns –, dann folgte eine Synode unter Pippin 744 in Soissons mit 23 Bischöfen. Weitere Synoden fanden 745 und 747 statt. Ungehorsame Bischöfe wie Gewilip von Mainz wurden abgesetzt, und die Pläne für die Einrichtung von Metropolitanverbänden erhielten deutlichere Konturen. Vor allem wurde immer wieder die enge Bindung an Rom herausgestellt und die Notwendigkeit betont, das Kirchenrecht in die Lebenspraxis der fränkischen Kirche einzuführen.

Pippin war kein Freund von Bonifatius als Person. Vielmehr hinderte er diesen auf jede Weise daran, im neustrischen Reichsteil Fuß zu fassen. Aber der Wirkung der bonifatianischen Reformen konnte er sich dennoch nicht entziehen. So begann auch er damit, die römischen Normen für seinen Herrschaftsbereich zu übernehmen. Den Kontakt zum Papst stellte er direkt und unmittelbar her und gewann so auch für seine Aktionen die päpstliche Autorität. Nach dem Tod des Bonifatius 754 berief er selbst für das Gesamtreich Konzilien ein, deren Leitung er seinem Jugendfreund aus dem Moselgebiet, Bischof Chrodegang von Metz (742–766), anvertraute. Mit ihm an der Spitze entwickelte sich eine kraftvolle Kirchenreform, mit der zum ersten Mal auch die Lebensweise der in Gemeinschaft lebenden Kleriker (Kanoniker) geregelt werden sollte. Die Konzilien Pippins und Chrodegangs – 755 in Ver, 756 in Verberie, 757 in Compiègne, 762 in Attigny und 767 in Gentilly – setzten im Grunde die Linie des Bonifatius fort. Bei den Beschlüssen von 755 kam das Verbot der Sonntagsarbeit hinzu, eine Bestimmung, die zwar schon 538 auf dem Konzil von Orléans formuliert worden war, die aber erst jetzt unter Pippin zur vollen Wirkung gebracht wurde.

Das Konzil von Attigny von 762 nimmt in dieser Reihe eine besondere Stellung ein.[34] Denn: Der Kreis der Konzilsteilnehmer war groß. Vor allem aber ging es um ein ganz neues Instrument der inneren Festigung des Reiches. Es waren dieses Mal nicht die römischen Vorschriften und Normen, die im Vordergrund standen. Vielmehr schlossen sich die Teilnehmer zu einem umfassend großen Gebetsbund zusammen. Das bedeutete, dass sich alle Bischöfe und Äbte verpflichteten, für ein verstorbenes Mitglied des Bundes 100 Psalter singen und ebenfalls 100 Messen lesen zu lassen. Hinzu kamen 30 Messen, die jeder in einem solchen Fall persönlich zu feiern hatte. Der Bund wurde also über die ›Absicherung‹ des Seelenheils im Jenseits geschlossen. Durch diese ›transzendentale‹ Verankerung erlangte er einen hohen Grad an gegenseitiger Verpflichtung. Die Förderung der Aussicht auf das ewige Leben sollte auch den Zusammenhalt im irdischen Reich fördern. Diese vollkommen neuartige Vereinigung in der Kirche bedeutete einen enormen Schub in der Verklammerung des Reiches insgesamt.

Bemerkenswert ist, dass an dieser Synode von Attigny 762 kein Bischof aus Bayern teilnahm. Es kann keinen Zweifel darüber geben, dass dies mit den Spannungen zusammenhängt, die zu jener Zeit zwischen König Pippin und Herzog Tassilo III. von Bayern geherrscht haben. Das Fehlen der bayerischen Bischöfe zeigt schlaglichtartig, wie tief dieser Riss bereits gegangen sein muss, zumal die Bischöfe und Äbte in Bayern kurze Zeit später nach dem Vorbild von Attigny einen eigenen Gebetsbund schlossen.[35] Diese Ereignisse muss man besonders beachten, weil sie im Zusammenhang mit dem Sturz des Bayernherzogs Tassilo III. unter Karl dem Großen 788 noch eine wichtige Rolle spielen werden.

Eingeleitet durch Bonifatius war die Rom-Orientierung um 750 somit auch auf Pippin übergegangen. Damit wird noch sehr viel verständlicher, weshalb Pippin 750 die Anfrage über die Voraussetzungen für einen Wechsel im Königtum an Papst Zacharias gerichtet hat – und dass er dafür neben Fulrad, seinem besonderen Vertrauten, den Angelsachen Burchard von Würzburg als einen der Gesandten auswählte. Man könnte sagen, der Zeitgeist war angelsächsisch-römisch geworden – just in den Jahren, in denen Karl der Große seine Kindheit verbrachte.

Dem kleinen Karl wurde diese neue Ausrichtung nachdrücklich vermittelt. Als Kind erlebte er einen Auftritt des Papstes im Frankenreich, und er, Karl, spielte eine besondere Rolle dabei. Die Vorgeschichte war, dass sich Papst Stephan II. (752–757) vom Langobardenkönig Aistulf (749–756) bedroht sah, der 751 Ravenna und das Exarchat, das heißt den Raum um Ravenna, erobert hatte. Die Not wurde so groß, dass sich der Papst im Spätherbst 753 auf die Reise über die Alpen begab, um von Pippin Hilfe zu erbitten. Der König befand sich zu diesem Zeitpunkt mit seiner Gemahlin und seinen beiden Söhnen in Thionville (Diedenhofen) an der Mosel, erholte sich vom Kampf gegen die Sachsen und feierte hier das Weihnachtsfest. Hier erreichte ihn die Nachricht, dass der Papst den Großen St. Bernhard überquert habe und auf dem Wege zu ihm sei.

Das war in der Tat ein sensationeller Vorgang: Zum ersten Mal in der Geschichte kam ein Papst persönlich ins Frankenreich. Rasch wurden Vorbereitungen dafür getroffen, um diesen in der Pfalz Ponthion, westlich von Metz zwischen Bar-le-Duc und Vitry gelegen, ehrenvoll zu empfangen. Der kleine, sechs Jahre alte Karl wurde mitten im Winter mit einer ausgewählten Gefolgschaft dem Papst entgegengeschickt. Die Vita des Papstes überliefert, es seien 100 Meilen gewesen, was einer Strecke von etwa 150 Kilometern entsprochen hätte.[36] Man kann sich vorstellen, welch aufregende Mission da dem kleinen Karl anvertraut wurde: Er vertrat im Auftrag des Vaters die königliche Majestät, um die höchste Autorität der Kirche zu begrüßen und zur Pfalz zu geleiten. Wie prägend ist ein solches Ereignis für ein Kind?

Gemeinsam näherte man sich sodann der Pfalz Ponthion. Pippin selbst war mit seinem Gefolge von der anderen Seite eine Stunde Weges den Ankommenden entgegengeritten. Beim Zusammentreffen stieg er vom Pferd, kniete vor dem Papst nieder und führte dann dessen Pferd wie ein Marschall *(vice stratoris)* am Zügel.[37] Diese Handlung war keineswegs neu und galt als große Ehrbezeugung bereits in der älteren römischen Kaiserzeit. Hier ist das Ritual nun erstmals im fränkischen Reich vollzogen worden – in Anwesenheit des kleinen Karl. Unter allgemeinen Lobgesängen, Hymnen und geistlichen Liedern zog man schließlich in Ponthion ein.

Doch der Bittsteller war trotz allem der Papst. Auch das lernte Karl als Kind. Ob sich Stephan II. wirklich im härenen Gewand und mit aschebedecktem Haupt vor Pippin in Ponthion auf den Boden warf und nicht eher aufstand, bis ihm der König und seine Söhne Karl und Karlmann die Hand reichten[38], mag dahingestellt bleiben. Dass ihm Pippin Hilfe zusagte, steht außer Frage. Das Papsttum, seine Sicherheit und sein Schutz waren mit diesem und den folgenden Ereignissen mit einem Schlag zu einer Sache des fränkischen Königs geworden – und all dies spielte sich ab vor den Augen des kleinen Karl.

Der Papst blieb für einige Monate im Frankenreich und verbrachte den Winter beim heiligen Dionysius in Saint-Denis, dem Lieblingskloster Pippins, dem Fulrad als Abt vorstand. In der Pfalz von Quierzy, wo Papst und König das Osterfest feierten, wurden die Gespräche weitergeführt. Dort kam es schließlich zum »Versprechen« *(promissio)* Pippins, dem heiligen Petrus die von den Langobarden in Italien okkupierten Gebiete wieder zu verschaffen.[39] Es ging um die Herrschaften, die eigentlich dem Kaiser in Byzanz unterstanden, nämlich das Exarchat von Ravenna, der Dukat von Rom, die Pentapolis, das heißt das Gebiet der fünf Städte entlang der Adria (Rimini, Pesaro, Fano, Sinigaglia, Ancona) sowie kleinere Patrimonien. Der Langobardenkönig Aistulf (749–756) und seine Vorgänger hatten sich diese Gebiete angeeignet, und Pippin sollte dies nun wieder rückgängig machen.

Die Forschung betont heute, dass es sich dabei nicht eigentlich um eine »Schenkung« handelte. Vielmehr war eine Restitution von Besitzungen vorgesehen, die vom Langobardenkönig zurückgegeben werden sollten.[40] Pippin bemühte sich in den folgenden Jahren, durch Kriegszüge gegen die Langobarden und Verhandlungen mit ihnen dieses Versprechen einzulösen, auch wenn es immer wieder Rückschläge gab. Karl der Große dürfte als Kind auch diese Vorgänge sehr genau verfolgt haben. Zwanzig Jahre später hat er diese Linie jedenfalls bruchlos weitergeführt und die Restitution der von den Langobarden entfremdeten Güter 774 bestätigt. Aus den Zusagen Pippins und Karls konstruierte der Schreiber des amtlichen ›Papstbuches‹ (›Liber pontificalis‹) 775 dann die sogenannte ›Pippinische Schenkung‹ *(donatio)*[41]. Mit ihr, so wurde schließlich am päpstlichen Hof behauptet, hätten die fränkischen Könige dem heiligen Petrus angeblich ausgedehnte Ländereien und Herrschaften in fast ganz Italien – darunter auch die Herzogtümer Spoleto und Benevent – vermacht.

Man sieht, wie die Päpste in diesen Jahren aus einer ursprünglichen Notlage heraus in kurzer Zeit einen gewaltigen Besitzanspruch aufbauten. Schon wenige Jahre später flossen diese Vorstellungen in die gefälschte ›Konstantinische Schenkung‹ ein[42]: Kaiser Konstantin, so hieß es nunmehr, der seine Residenz nach Konstantinopel verlegte, habe den größten Teil Italiens mitsamt den Inseln dem Papst übertragen. Damit erwuchs die Legende, aus welcher am Ende die Legitimation des Kirchenstaates entstehen sollte.

Aber auch Pippin zog seine Vorteile aus der neuartigen Kooperation mit dem Papsttum. Für die innere Festigung des Reiches war es gewiss von Vorteil, dass beide Seiten dazu beitragen wollten, im Frankenreich die römische Liturgie und den gregorianischen Gesang einzuführen. Der Gottesdienst und die gesamte kirchliche Ordnung sollten auf eindeutigen Riten, Texten und Normen gegründet sein. Dazu gehörte wie unter Bonifatius die Klärung von Fragen nach Ehehindernissen oder der korrekten Verabreichung der Taufe. Berechtigte körperliches Unvermögen zur Lösung einer Ehe? Durfte bei der Taufe in Ermangelung von

Wasser auch Wein verwendet werden? Musste Wasser in der Schale oder mit den Händen über das Haupt des Kindes gegossen werden? Durften Mönche und Geistliche lange Haare tragen? Viele der hier getroffenen Entscheidungen wurden dann in königlichen Kapitularien zu Reichsgesetzen erklärt.

Die entscheidende Gegenleistung des Papstes bestand darin, dass Stephan II. am 28. Juli 754, dem letzten Sonntag des Monats, in Saint-Denis an Pippin die Königsweihe vollzog. Auch die Söhne, Karl und Karlmann, wurden im Namen der Trinität zu Königen gesalbt und geweiht. Außerdem erhielten sie alle vom Papst die Würde eines *Patricius Romanorum* übertragen. Das bedeutete erneut eine Weichen stellende Handlung. Der *Patricius Romanorum* war ja ursprünglich der eigentliche Herrscher im Exarchat Ravenna, der Bevollmächtigte des Kaisers von Konstantinopel und damit auch der Vertreter der kaiserlichen Gewalt in ganz Italien. Er war verantwortlich für den Schutz der Kirche und verfügte auch sonst über die höchste Gewalt.

Als Geweihter des Herrn und als *Patricius Romanorum* überragte der König der Franken von nun an alle anderen Könige. Er war in einzigartiger Weise durch Gottes Auftrag emporgehoben. Abt Fulrad von Saint-Denis ließ 767 einen Bericht über diese Vorgänge anfertigen, eine Art politisches Vermächtnis für die Begründung des neues Königtums. Ganz ähnlich erläuterte Papst Paul I. (757–767), der Bruder und Nachfolger Stephans II., den Söhnen Pippins, Karl und Karlmann, in einem Brief von 762/766 die Bedeutung der neuen Königswürde[43]: Gott habe sich einst seines Volkes erbarmt und Moses, Josua und andere geschickt. An keinem aber habe er solches Wohlgefallen gehabt wie an David, dem König und Propheten. Von ihm habe Gott gesagt: »Gefunden habe ich meinen Knecht David und ihn mit meinem heiligen Öl gesalbt«, und seinem Geschlecht habe er in alle Ewigkeit den Besitz des Königtums übertragen (Ps. 88, 21 u. 30). Genauso habe Gott auch an den beiden von Gott eingesetzten Königen, Karl und Karlmann, Gefallen gefunden. Indem er seinen Apostel Petrus in Gestalt seines Nachfolgers aussandte, die beiden zusammen mit ihrem Vater mit dem heiligen Öl zu salben, habe sie

Gott »zu diesem einzigartigen Gipfel der königlichen Würde erhoben« und mit himmlischem Segen erfüllt.[44] Der junge Karl war also nicht nur Beobachter der Geburt eines neuen Königtums, sondern wurde auch von Beginn an in das neue Programm des auserwählten und einzigartigen gottgewollten Herrschers einbezogen. Er gehörte zum ›Stamme David‹, war gleichsam ein neuer David.

So ist es doch möglich, trotz spärlicher Nachrichten – wie Einhart schrieb – ein recht deutliches Bild von den Einflüssen zu gewinnen, die auf den jungen Karl einwirkten. Dass er auch für das Kriegshandwerk und die Jagd »nach Art der Franken« *(more Francorum)*[45] vorbereitet und überdies in der christlichen Lehre und in den Grundlagen der Wissenschaften unterrichtet wurde, steht außer Frage. Der Vermerk Alkuins, Karl sei von Kindesalter an *(ab ineunte aetate)* »von allerchristlichsten Eltern und rechtgläubigen Lehrern erzogen worden«, stammt zwar erst aus dem Jahre 800, dürfte aber zutreffend sein.[46] Die *magistri,* die Karl Unterricht erteilten, sollen dieselben gewesen sein, die auch Adalhard, den späteren Abt von Corbie (780 – 814 und 821 – 826) und Vetter Karls des Großen, »in jeder Klugheit der Welt« *(omni mundi prudentia)* erzogen haben.[47]

Vom 10. Juni 760 ist sodann eine Nachricht überliefert, die einen neuen Lebensabschnitt Karls markiert. In der Urkunde, die sein Vater an diesem Tag für die Abtei Saint-Calais ausstellte[48], wird er als »erlauchter Herr« *(illustris vir)* bezeichnet, und mehr noch: Karl übernahm den Schutz und die Rechtsangelegenheiten des Klosters[49]. Von ihm sollten in Stellvertretung des Vaters die Urteile gefällt werden. Zwei Monate zuvor war Karl zwölf Jahre alt geworden und hatte damit nach salischem Recht die Volljährigkeit erreicht. Damit war er alt genug, um nun erstmals herrschaftliche Handlungen auszuüben. Ein Jahr später, 761, wurde er von seinem Vater auf den Kriegszug gegen Herzog Waifar von Aquitanien mitgenommen. Auch auf diesem Gebiet sollte sich Karl frühzeitig bewähren.[50] Und 763 schließlich wurden ihm Grafschaften zur Verwaltung übertragen, um hier Erfahrung vor Ort zu gewinnen.

Mit 15 Jahren, so ist zu sehen, war Karl vollends in das Regierungsgeschäft des Vaters einbezogen. Fünf Jahre später musste er beweisen, dass er für das Regieren vorbereitet war. Pippin, von tödlicher Krankheit ergriffen, hatte in Saint-Denis noch kurz vor seinem Tod (24. September 768) das Reich zwischen seinen beiden Söhnen aufgeteilt. Leider sind wir über die Gebiete, die jeder erhielt, nur sehr ungenau unterrichtet. Seinen älteren Sohn Karl machte er, wie der Fortsetzer der Fredegarchronik schreibt[51], »zum König über das Reich von Austrasien«. In der Forschung geht man aber davon aus, dass auch Neustrien ganz oder zum großen Teil an ihn gelangte. Damit wäre jedenfalls das karolingische Kernland zu Karl gekommen. Der Jüngere, Karlmann, bekam das Gebiet von Burgund, die Provence, das »Gotenland« (*Gotia* = Septimanien), das Elsass und Alemannien, und auch Hessen und Thüringen wird man hinzurechnen müssen. Die Provinz Aquitanien scheint zwischen beiden aufgeteilt worden zu sein. Möglicherweise fiel Aquitanien aber auch durch Losentscheid ganz an Karl. Bayern hingegen blieb für sich. Es hatte unter seinem Herzog Tassilo III. inzwischen eine beachtliche Selbstständigkeit erreicht, die noch nicht angetastet wurde.

Die beiden Söhne Pippins ließen sich am selben Tag, dem 9. Oktober 768, auf den Thron erheben, Karlmann in Soissons – die Pfalz, obwohl von seinem Reichsteil entfernt, war ihm offenbar reserviert worden – und Karl in Noyon.[52] Es war der Festtag des heiligen Dionysios, des Heiligen des Frankenreichs, in dessen Kloster Saint-Denis der erste karolingische König, Pippin, seine letzte Ruhe fand und wo auch die früheren Merowingerkönige begraben waren. Im Tod, so könnte man diese Grablege deuten, sippten sich die Karolinger an ihre Vorgänger an.

Karl, 768 zwanzig Jahre alt, war inzwischen zu einer »außerordentlichen Gestalt« *(statura eminens)*[53] herangewachsen und zeigte sich »kräftig gebaut«. Von seiner Körpergröße, die um die 1,90 Meter betragen haben dürfte, war schon die Rede. Auch in dem 799 verfassten »Paderborner Epos« wird die herausragende Größe angesprochen: »Endlich tritt er hervor, umdrängt von dichtem Gefolge, Europas ehrwürdiger Leuchtturm *(Europae ve-*

neranda pharus)..., König Karl, alle überragt er mit seinem hohen Wuchs.«[54] Auffallend – so erfahren wir wieder von Einhart – sei sein kurzer, dicker Nacken gewesen, auch sein hervorspringender Bauch. Aber ansonsten habe er ein »freundliches und heiteres Gesicht« *(facie laeta et hilari)* getragen.[55] Im Stehen wie im Sitzen seien von ihm Autorität und Würde ausgegangen. Sein Gang sei fest und seine Haltung männlich gewesen. Nur seine helle Stimme *(vox clara)* habe nicht recht dazu gepasst, was angesichts seiner »Geschwätzigkeit« *(dicaculus)* auch störend sein konnte.[56] Diese gern zitierten und im Großen und Ganzen gewiss eindrucksvollen äußerlichen Kennzeichen haben wohl auch dazu beigetragen, dass man ihn schon frühzeitig mit dem Beinamen »der Große« versah. Aber natürlich war damit vor allem seine gesamte Persönlichkeit gemeint. Kein Geringerer als Papst Hadrian I. schrieb schon 774 in einem Gedicht: »Auf diesem heiligen Thron glänzt der große König Karl.«[57] Und ein Jahr später, 775, nannte er ihn in einem Brief erneut »König Karl der Große« *(Carolus magnus rex)*.[58]

Schon frühzeitig dürfte erkennbar gewesen sein, wie sehr Karl die Geselligkeit schätzte. Er musste Menschen um sich haben. Seine Kinder, seine Freunde und sein Gefolge bedeuteten ihm alles. Er liebte es, wenn am Hof Betrieb herrschte und die Jagd mit großem Getöse vonstatten ging. Im ›Paderborner Epos‹ wird der Ablauf einer Jagd Karls beschrieben: »Lärm erhebt sich (...), die Rosse wiehern einander zu, laut schreit die Schar des Fußvolks (...). Laut schallen die Jagdhörner, gewaltiger Lärm erfüllt den Hof.«[59] Stets wollte Karl dabei Mittelpunkt sein, auch wenn es um wissenschaftliche Fragen ging. Besonders zugetan war er der Astronomie, einer der sieben freien Künste. Aufmerksam beobachtete er den Lauf der Gestirne und ließ sich zu diesem Zweck in die Künste der Computistik einführen. Die exakte Berechnung der Himmelsbewegungen sollte möglichst eindeutige Entscheidungsgrundlagen liefern. Es war wichtig zu wissen, ob die Sterne günstig standen. Mitten im Sachsenkrieg sandte Karl daher einmal eine Anfrage an Alkuin, wie der beschleunigte Lauf des Mars zu deuten sei.[60]

Auch die Bezeichnung »Karl der Weise« *(sapiens)* ist in zahlreichen den Kaiser verehrenden Texten anzutreffen.[61] Theodulf von Orléans, einer der großen Gelehrten am Hof, konnte sich allerdings eines leicht ironischen Tones nicht enthalten, als er die Weisheit Karls rühmte. Keiner stehe über ihm und sein scharfsinniger Verstand sei so berühmt, dass er keine Grenzen habe. Er sei »breiter als der Nil, größer als die eisbedeckte Donau, größer auch als der Euphrat und mindestens so mächtig wie der Ganges«.[62] Solche Sätze – so wie viele andere Bemerkungen dieser Art – signalisieren jedenfalls mit Nachdruck, dass sich Karl nicht nur mit Krieg, sondern auch mit Wissen und Wissenschaft beschäftigt hat.

Dass er sich als Spross einer von Gott auserwählten und begünstigten Dynastie erachtete, unterstreicht sehr deutlich die Geschichte, die von Paulus Diaconus berichtet wird.[63] Karls Urahn, der Bischof Arnulf von Metz, habe mitten auf der Moselbrücke gestanden und an einige seiner »Ausschreitungen« *(pro aliquibus excessibus)* gedacht. Zur Sühne habe er sich einen Ring vom Finger gestreift und ihn in das gurgelnde Wasser geworfen. Doch einige Jahre später sei just dieser Ring vom Koch, der das Essen zubereitete, im Magen eines Fisches entdeckt und dem Bischof gebracht worden. Gott selbst, so habe Arnulf nun erkannt, habe ihn ausgezeichnet und ihm damit zu verstehen gegeben, dass er mit göttlicher Zustimmung den Sieg auch über die mächtigsten Feinde davontragen werde. »Dies habe ich nicht von irgendjemandem gehört«, so versicherte Paulus Diaconus, »sondern von dem Verfechter der reinen Wahrheit, von dem erhabenen König Karl, der mir davon erzählte.« Er, der große Karl, gehörte eben zu diesem Stamm des Auserwählten Gottes. Das göttliche Wohlwollen, dessen durfte er gewiss sein, strömte auch auf ihn über, den Urenkel Arnulfs »in fünfter Generation« *(in generatione linea trinepos)*.[64]

KAPITEL 5

Das Ende der konkurrierenden Mitregenten

Am Beginn von Einharts Bericht über das Leben Karls des Großen stehen die Kriege (cap. 5 ff.). In der Forschung hat man daraus geschlossen, dass der Autor dem Sohn und Nachfolger Karls, dem frommen Ludwig, die kriegerische Tüchtigkeit des Vaters als Vorbild vor Augen stellen wollte. Zwingend ist diese Interpretation aber nicht. Auch die Lebensbeschreibung, die Sueton von Kaiser Tiberius verfasst hat, beginnt mit den kriegerischen Aktionen – und hiervon könnte Einhart in der Gliederung seiner Darstellung bestimmt worden sein.

Aber so weit muss man gar nicht gehen. Natürlich war der kriegerische Erfolg das Markenzeichen des großen Karl. In einer Welt, in der das Kämpfen das tägliche Handwerk einer Kriegergesellschaft bestimmte, stand dieses Thema von vornherein im Vordergrund. Wohl und Wehe des ganzen Volkes hingen davon ab, ob ein Herrscher im Krieg erfolgreich war. Dabei dirigierte er nicht aus sicherer Warte seine Truppen, sondern warf sich stets persönlich ins Kampfgetümmel. Ein König musste zuallererst ein unüberwindbarer, siegreicher Kämpfer und Anführer seiner Krieger sein. Davon hing seine Autorität ab, denn nur der siegreiche König hatte Gott auf seiner Seite. Königsherrschaft in karolingischer Zeit – diesem Standpunkt in der jüngeren Forschung wird man gewiss zustimmen – wurde in erster Linie durch erfolgreiche Konfliktaustragung faktisch durchgesetzt.[1]

Die Art der Bewaffnung, die Organisation der Truppen und des Nachschubs, die Strategien und Taktiken im Kampf oder bei der Belagerung, all das stand an vorderster Stelle herrscherlicher Planung und Entscheidung. Dementsprechend war am Hof des karolingischen Königs selbst der militärische Schutz professionell eingerichtet.[2] Es gab eine Leibwache des Königs und der Hofgesellschaft, Elitekrieger, die sich durch einen besonderen Eid verpflichteten: Sie schworen im Palast des Königs in dessen Hand Gefolgschaft und Treue *(trustis et fidelitas)* und bildeten mit ihren Kommandanten eine enge Schwurgemeinschaft – ganz nach römischem Vorbild. Diese königlichen Schutztruppen waren aus Franken, Romanen und anderen ethnischen Gruppen zusammengesetzt. Ihr Training erfolgte in verschiedenen Abteilungen, *scholae* genannt. Ebenfalls ganz nach römischem Muster wurden die »Offiziere«, junge Söhne hoher Adliger, am Hof auf ihre Führungsaufgaben vorbereitet, die sie später als »Kapitäne« *(capitanei)* zu erbringen hatten. Auch Lesen und Schreiben gehörte zur Ausbildung dieser »Knaben« *(pueri)*. Die »Offiziere« hatten gegebenenfalls auch die Königin zu bewachen, wie der Grafensohn Witiza[3], ein Westgote, der dann im Kampf gegen das Langobardenreich 773/774 mit seiner Truppe große Leistungen vollbrachte. Witiza wurde allerdings später Mönch und machte unter seinem neuen Namen »Benedikt von Aniane« eine große Karriere.

Neben den am Hof stationierten Eliteeinheiten gab es königliche Truppen in der Provinz. Diese Krieger, in der Regel *vassi* oder *vassalli* genannt, wurden mit dem Privileg ausgestattet, bestimmte Ländereien zu nutzen. Dafür mussten sie nur geringe Abgaben bezahlen, weshalb diese Güter als »Wohltaten« *(beneficia)* bezeichnet wurden.[4] Die Hauptkontingente des Heeres freilich wurden von den Magnaten gestellt, von den großen Grundherren, den Bischöfen und den Äbten. Sie mussten auf Befehl des Königs Krieger aufbieten, und zwar je nachdem, wie groß ihr Besitz war. Zu einem voll ausgerüsteten Panzerreiter gehörte neben dem Pferd vor allem das Kettenhemd mit dem Helm, also die »Brünne« *(brunia* oder *lorica)*, die nach damaligem Gesetz niemand nach außerhalb des Reiches verkaufen durfte.[5] Ferner waren Beinschienen, Schild, Schwert, Lanze, Bogen und Pfeile und ausreichende Verpflegung für drei Monate oder länger erforderlich.[6] Um sich dergestalt ausstatten zu können, benötigte man den Besitz von mindestens zwölf »Mansen«. Das waren je nach Qualität des Bodens einhundertzwanzig bis zweihundertzehn Hektar. Vier Mansen reichten nur für einen Krieger zu Fuß oder ein Mitglied der leichten Reiterei. Jeder Freie, der über solchen Besitz von vier Mansen verfügte, war zum Kriegsdienst verpflichtet[7], wenn auch nicht jedes Jahr. Wer weniger besaß, musste sich mit anderen zusammenschließen. Freie waren in den Augen Karls alle, die nicht zu den Unfreien gehörten. *Quia non est amplius nisi liber et servus,* so ließ er kurz nach 800 auf Anfrage eines Königsboten verlauten.[8]

Aber es gab auch Freie, die sich in den Schutz eines Herrn, eines Klosters oder einer Kirche begeben hatten. Auch sie verfügten über ein *beneficium,* hatten aber ihre Freiheit teilweise verloren. Der Sog, der die Freien in die Abhängigkeit mächtiger Familien zog, verstärkte sich in den letzten Jahren Karls des Großen erheblich. Jedenfalls wurden auch sie, die wie die freien Krieger als Vasallen auftreten konnten, für den militärischen Dienst verpflichtet. Karl der Große hat sie in einem Kapitular von 792/793 eigens in das Heeresaufgebot einbezogen mit der Kennzeichnung: »Knechte, die als Bevorzugte Benefizien und Ämter haben oder durch die Vasallität geehrt sind und sich wie ihre Herren Pferde und Waffen mit Schild, Speer, zweischneidigem Schwert und Kurzschwert leisten können.«[9]

Man hat im Zusammenhang mit dem Auftreten der Vasallen in der älteren Forschung schon ein weit ausgebildetes Lehnswesen in Verbindung bringen wollen. Heute spricht man eher von verschiedenen Formen der Abhängigkeit oder der Treuebeziehung und lehnt ein festes System eines Lehnswesens für die Zeit Karls des Großen ab.[10] Immerhin hat Karl der Große der um sich greifenden »Vasallisierung« Rechnung getragen, indem er 807 die Verordnung ausgab, dass »diejenigen, die bekanntermaßen über Benefizien verfügten, alle gegen den Feind anzutreten« hätten.[11]

Aus all diesen Männern verschiedenen Standes und verschiedener Volkszugehörigkeit setzte sich das fränkische Heer zusammen. Das Aufgebot musste jeder Grundherr aus dem Kreis seiner Halbfreien und Knechte zusammenstellen. Der jeweilige Graf aber, der die übergreifende öffentliche Gewalt in seinem Distrikt ausübte, hatte das Kontingent dann aus der Gruppe der Freien in seiner Grafschaft oder seinem Gau aufzubieten. Wer sich weigerte, dem Gestellungsbefehl nachzukommen, musste 60 Solidi (Schillinge) an Strafe zahlen, was den Gegenwert von etwa dreißig Kühen bedeutete. Konnte oder wollte jemand nicht bezahlen, so wurde er versklavt. Das System war extrem hart.

Am 1. März eines jeden Jahres, seit 756 am 1. Mai, hatten sich die Truppen zu versammeln (»Märzfeld« = *campus martius* bzw. »Maifeld« = *magis campus*). Man geht für das Frankenreich Karls des Großen nördlich der Alpen von etwa sechshundert Grafschaften bzw. Gauen aus und rechnet mit etwa acht Millionen Einwohnern. Von diesen befanden sich etwa zwei bis zweieinhalb Millionen im wehrhaften Alter. Etwa vier Prozent von ihnen dürften für den Kriegsdienst zur Verfügung gestanden haben, so dass ein Gesamtheer Karls – jedenfalls in der Theorie – eine Stärke von annähernd 100 000 Mann erreichen konnte. Hinzu konnten noch viele Tausende von ›Fußsoldaten‹ kommen. Während man früher annahm, dass die Heereskontingente Karls kaum mehr als etwa 3000 Reiterkrieger und 6000 bis 10 000 Mann starke Fußtruppen umfassten, hat die französische und amerikanische Forschung[12] inzwischen ganz andere Größenordnungen wahrscheinlich gemacht. Heute geht man davon aus, dass Karl der Große über Heere von 30 000 bis 60 000 Mann verfügte. Allein durch die gewaltigen Massen habe er den Feinden Schrecken eingejagt, und seine militärische Strategie sei die »erdrückende Übermacht« (»overwhelming force«)[13] gewesen.

Wichtig ist, dass alle diese militärischen Gruppen zwar als Franken bezeichnet wurden, dass sie aber aus allen möglichen ethnischen Gruppen zusammengesetzt waren. Das Militärwesen entwickelte sich zu einem wichtigen Instrument für die Integration des fränkischen Reiches, und das Wort ›Franke‹ wurde zu einem kriegerischen Qualitätsbegriff, dem sich Angehörige anderer Völker problemlos zuordneten. Trainiert wurde nach den Lehrbüchern der Antike, insbesondere dem Buch ›Über das Militärwesen‹ (›De re militari‹) des Vegetius aus dem vierten Jahrhundert, das hundertfach abgeschrieben und verbreitet wurde. Es beschreibt auch die Belagerungstechniken und die dafür erforderlichen Geräte. Daran konnte sich Karl der Große orientieren, wenn er den Einsatz von Steinschleudern *(fundibulae)* und die Bereitstellung von geeigneten Steinen anforderte.[14]

Die militärischen Angelegenheiten bestimmten das öffentlich-staatliche Leben im Frankenreich in höchstem Maße. Krieg war demnach auch das erste, was 768 auf die beiden neuen Könige zukam. Aquitanien war noch von Pippin, dem Vater Karls des Großen, in einem zermürbenden neunjährigen Krieg niedergeworfen worden. Als Herzog Waifar, der Gegner des Karolingers, am 2. Juni 768 ermordet wurde, schien die Eingliederung Aquitaniens in das Frankenreich abgeschlossen zu sein. Grafen wurden eingesetzt, und König Pippin erließ ein Kapitular mit den wichtigsten Anordnungen für seine Amtsträger.[15] Der Vater Waifars, Hunoald, der sich schon zurückgezogen hatte, suchte nach dem Tod Pippins den Regierungsübergang im Frankenreich zu nutzen, um die Selbstständigkeit Aquitaniens wieder herzustellen. Daher unternahm, wie Einhart schrieb, Karl der Große 769 »zuerst den aquitanischen Krieg« (cap. 5) mit entschlossenem Handeln und raschem Erfolg. Nach wenigen Monaten war der Widerstand gebrochen, Hunoald und seine Frau gerieten in Gefangenschaft, Aquitanien war von nun an fest in das Frankenreich eingegliedert. Die gewaltige militärische Überlegenheit des neuen Frankenkönigs hatte sich zum ersten Mal bewährt.

Die nächste Aktion war bedeutend schwieriger und komplexer. Nach der Regelung der Verhältnisse in Aquitanien, so Einhart, musste Karl nämlich den Krieg gegen die Langobarden führen. Um die Ursachen hierfür zu verstehen, muss man etwas ausholen. Die Langobarden hatten im nördlichen Italien bis in die erste Hälfte des achten Jahrhunderts hinein ein selbstständiges und florierendes Reich errichtet – auch wenn Byzanz den Anspruch auf ganz Italien nicht aufgab. Südlich schlossen sich noch die langobardischen Herzogtümer Spoleto und Benevent an, die eine gewisse Unabhängigkeit erlangten.

Unter König Liutprand (712–744) stand das Langobardenreich im Norden und in der Mitte Italiens auf dem Höhepunkt. Pavia war die Hauptstadt. Die Herrschaft ruhte vor allem auf einer breit akzeptierten und immer wieder fortgeführten Gesetzgebung. Jeder der langobardischen Könige ergänzte die Gesetze, und unter Liutprand fanden jährlich Volksversammlungen statt, bei denen neue Zusätze beschlossen wurden. Dazu gehörten etwa Bestimmungen über ein weitgehendes Erbrecht der Frauen. Das rechtliche wie das kulturelle Leben dieses Reichs befanden sich auf hohem Niveau. Die Romanen und Germanen, die hier zusammenlebten, hatten sich arrangiert, und die Langobarden waren dazu übergegangen, sich – so wie die Romanen – der römischen Kirche anzuschließen.

Liutprand erwarb sich auch bei den Franken hohes Ansehen. Der Hausmeier Karl Martell erbat seine Hilfe bei der Abwehr der Araber in Südfrankreich (Arles), und Liutprand stand ihm zur Seite. Etwa 734 wurde das Bündnis zwischen beiden vertieft, als Karl Martell seinen etwa zwanzigjährigen Sohn Pippin an den Hof nach Pavia sandte. Dort hat ihm Liutprand nach langobardischer Sitte das Haupthaar geschnitten. Das war ein hohes Ritual und das Zeichen dafür, dass Pippin von Liutprand wie ein Sohn angenommen wurde.[16] Der Vorgang ist auch deshalb bemerkenswert, weil Pippin auf diese Weise mit langobardischer Autorität lange vor seiner eigentlichen Königserhebung 751 schon in die königliche Sphäre eingetreten war.

So entstand in diesen frühen Jahren eine enge Freundschaft zwischen den Karolingern und dem langobardischen Königshaus, und so manches konnten die aufsteigenden fränkischen Hausmeier vom Königshaus in Italien lernen. Insbesondere die Wissenschaften wurden am Hof in Pavia gepflegt. Paulus Diaconus – einer der herausragenden Gelehrten des achten Jahrhunderts (geb. 720/730, gest. 797/799), der uns noch mehrmals begegnen wird – erfuhr dort seine Ausbildung unter König Ratchis (744–749), dem Nachfolger Liutprands. Sein Lehrer Flavianus war einer der romanischen Grammatiker, der ihm Sprach- und Literaturunterricht erteilte. Wie sehr die Wissenschaft am Hof in Blüte stand, überliefert Alkuin, der auf einer Romreise in jungen Jahren um 760 in Pavia Station machte. Er erlebte dort eine Disputatio zwischen einem Juden namens Lullus und dem Gelehrten Petrus von Pisa – und Petrus habe den Sieg davongetragen.[17] Der Grammatiker Felix sowie dessen Neffe Flavianus, der Lehrer von Paulus Diaconus, standen bei König Ratchis in hohem Ansehen und wurden reich beschenkt. Paulus Diaconus selbst übernahm dann den Unterricht für Adelperga (gest. nach 788), die Tochter von König Desiderius (757–774).

Durch alle diese Entwicklungen sah sich das Papsttum in Rom zunehmend bedroht. In der Tat zielte die langobardische Politik darauf ab, die byzantinischen Hauptorte und Regionen, vor allem das Exarchat Ravenna und den Dukat von Rom, der eigenen Herrschaft einzugliedern. Der Kaiser in Byzanz war weit entfernt und vermochte kaum einzugreifen. Schon Papst Gregor II. (715–731) schrieb an Kaiser Leon III., er habe keine Hoffnung mehr darauf, von diesem Hilfe zu erhalten: »weil du uns überhaupt nicht verteidigen kannst!«[18] Der römische Bischof benötigte neue Helfer. Schon die Erhebung Pippins in das Königtum hing, wie wir gesehen haben, mit dieser päpstlichen Notlage und einem Hilferuf des Papstes zusammen. Nun aber, um 770 spitzte sich die Situation für den Nachfolger Petri dramatisch zu.

Mit den neuen Königen im Frankenreich konnte er noch nicht fest rechnen. Man gewinnt den Eindruck, als habe insbesondere Karl der Große in seinen ersten Jahren zunächst eine klare Linie für seine Politik suchen müssen. Es ging um die Führungsrolle zwischen ihm und seinem Bruder Karlmann. Karlmanns 770 erstgeborener Sohn erhielt demonstrativ den Namen Pippin. Mit ihm sollte sich die Dynastie fortsetzen. Es ist bezeichnend für das päpstliche Bedürfnis nach Koalitionen, dass sich Stephan III. (768–772) sogar anbot, den Kleinen zu taufen und damit dessen hohen Rang zu bestätigen. Aber auch Karl war nur wenige Monate zuvor von Himiltrud ein Sohn geboren worden. Auch dieser hatte den Namen Pippin (gest. 811) erhalten. Allerdings scheint er ein körperliches Gebrechen gehabt zu haben, was zu seinem Beinamen »der Bucklige« geführt hat. Dennoch: An der Namensgebung ist zu erkennen, dass die Konkurrenz zwischen den beiden Brüdern sofort entflammt war.

Zum zweiten hatte die Tradition der fränkisch-langobardischen Verbundenheit durchaus noch ihre Kraft behalten. Die Kriege, die Pippin 754 und 756 zur Beruhigung des Papstes gegen König Aistulf II. (749–756) geführt hatte, waren jeweils in ein friedliches diplomatisches Abkommen gemündet. Nun, 769/770, schien sich diese Kooperation zwischen dem karolingischen Hof und dem langobardischen König sogar noch zu verstärken – sehr zum Schrecken des Papstes. Das Gerücht ging um, dass eine Eheverbindung zwischen einer Tochter des Desiderius und einem der beiden karolingischen Brüder bevorstünde. Dies kommentierte Papst Stephan III. mit übelsten Beschimpfungen der Langobarden: Dieses Unterfangen sei vom Teufel bestimmt, ein Bündnis bösester Machenschaften.[19]

Zum dritten versuchte die Königinwitwe Bertrada (gest. 783) in einer Art Friedensmission ein umfassendes Bündnissystem aufzubauen, in dem ihre beiden Söhne zusammen mit dem König Desiderius, dem Herzog Tassilo III. von Bayern und dem Papst eine friedliche Koexistenz der Gleichrangigkeit entwickeln sollten. Die Politik Karls des Großen wirkt in dieser Phase unentschlossen. Zunächst spielte er mit. Er nahm sogar eine Tochter des Desiderius zur Frau, jedenfalls berichtet Einhart fünfzig Jahre später davon. Auch der Bayernherzog Tassilo III. war mit einer Tochter des langobardischen Königs verheiratet. Eine dritte Tochter, die einst von Paulus Diaconus unterrichtete Adelperga, wurde Herzog Arichis II. von Benevent zur Frau gegeben. Karlmanns Gemahlin wiederum, Gerberga, könnte mit König Desiderius in Verwandtschaft gestanden haben. Eine von dessen Töchtern scheint diesen Namen getragen zu haben – und Karlmanns Frau sollte sich wenige Jahre später zu Desiderius flüchten.

Dieses ganze, etwas unüberschaubare System war Karl schon im Frühjahr des Jahres 771 zu unbestimmt. Es drängte ihn nach politischer Eindeutigkeit. Spätestens im April 771 muss er sein politisches Konzept völlig neu aufgestellt haben. Seine langobardische Frau, so erfahren wir von Einhart, schickte er an den Vater zurück. Überdies vermählte er sich mit der Alemannin Hildegard aus dem Herrschaftsschwerpunkt seines Bruders. Das bedeutete eine scharfe Kampfansage. Von Beginn des Jahres 771 an betrieb Karl eine Politik, die vollständig von eigenen Vorstellungen und Zielen geprägt war. Diese neue Linie verstärkte sich noch, als sein Bruder Karlmann am 4. Dezember 771, gerade 20 Jahre alt, überraschend und aus unbekannten Gründen in der Pfalz Samoussy (westlich von Laon) starb. Es ist naheliegend, dass die Vermutung aufkam, es sei bei seinem Ableben nicht mit rechten Dingen zugegangen. Die Quellen aber schweigen darüber.

Karl übernahm unverzüglich die Reichsgebiete des Bruders. Die Großen des verstorbenen Karlmann erschienen noch 771 in Corbeny (nördlich von Reims) vor Karl und erkannten seine Herrschaft an. Karl seinerseits übernahm die politische Elite der neuen Gebiete in seine Reihen. Unter ihnen befanden sich hohe Persönlichkeiten wie Abt Fulrad von Saint-Denis, Erzbischof Wilchar von Sens und Karlmanns Notar und Kanzleichef Maginarius. Manche wie Adalhard, der Vetter und einstige Mitschüler Karls, verweigerten sich allerdings. Dieser zog sich in das Kloster Corbie zurück. Überall ist nun der Einschnitt zu erkennen. Auch Gerberga, die Gemahlin des toten Karlmann, reagierte auf den Wandel. Sie befürchtete ganz offensichtlich einen unheilvollen Zugriff ihres Schwagers und brachte sich mit ihren Kindern bei Desiderius in Sicherheit. So erscheint das Jahr 771 als tief greifende Wende und als eigentlicher Auftakt von Karls eigenständiger Politik.

Das deutlichste Zeichen dafür war der Krieg gegen den Langobardenkönig. Wieder hatte es Beschwerden des Papstes gegeben. Der neue Papst, Hadrian I. (772–795), sah sich in seinen Versuchen, Gebiete aus den Händen der Langobarden wiederzugewinnen, von Desiderius behindert. Zu Beginn des Jahres 773 schickte er eine Gesandtschaft zu Karl, um ihn zum Eingreifen zu bewegen. Karl versuchte zunächst, auf diplomatischem Weg eine Lösung zu finden. Aber Desiderius verweigerte sich jedem Vergleich. Daraufhin reagierte Karl mit großer Entschlossenheit und ebenso großem Einsatz. In kürzester Zeit, noch im Spätsommer des Jahres, versammelte er ein Heer von etwa 30 000 bis 40 000 Mann. So gerüstet, überquerte er die Alpen.[20]

Von nun an verfolgte er absolut konsequent sein Ziel, und das lautete: alleinige Herrschaft über die Völker Galliens, Germaniens und Italiens zum Schutz und im Dienst der römischen Kirche. Ganz entsprechend der Aufforderung des Augustinus in seinem Buch ›Über den Gottesstaat‹ (›De civitate Dei‹) setzte Karl alles daran, keine gleichrangigen oder konkurrierenden Mitregenten neben sich zu haben (Buch V, cap. 24). So ist auch der Titel zu verstehen, den er sich in der Einleitung der ›Libri Carolini‹, der Gedenkschrift über die Rechtgläubigkeit in der Kirche von 792/794, zulegte: »König der Franken sowie Gallien, Germanien, Italien und die benachbarten Gebiete mit Gottes Hilfe regierend.«[21]

In der Forschung wird bisweilen der Standpunkt vertreten, Karl sei in seinen kriegerischen Aktionen eher zufällig, spontan und ohne besondere Konzeption gewesen. Improvisationsgeschick habe ihn ausgezeichnet. Auch bei diesem Krieg habe Karl gar nicht die Absicht gehabt, die autonome Existenz des Langobardenreiches zu beenden. Einhart sah das – freilich aus der Rückschau – anders. Pippin und Karl, so resümierte er, hätten zwar denselben Grund für ihre Langobardenkriege gehabt. Aber Pippin sei rasch bereit gewesen, sich friedlich zu einigen. Karl dagegen habe erst mit dem Krieg aufgehört, »als er den König Desiderius in langer Belagerung zermürbt und zur völligen ›Unterwerfung‹ gezwungen« habe. Der Begriff dafür in der ›Vita‹ lautet *deditio*.[22] Dies – so wissen wir seit den grundlegenden Forschungen des Münsteraner Mittelalterforschers Gerd Althoff[23] – ist der spezielle Ausdruck für die vollständige und rückhaltlose Selbstauslieferung an den Sieger, auch wenn bestimmte Vereinbarungen vorher abgesprochen sein konnten. Im Falle von Desiderius lautete das Diktat des Siegers, dass sowohl der Langobardenherrscher als auch sein Sohn Adelchis ihre Rechte auf das Königtum vollständig aufgeben mussten. Auf diesen totalen

Herrschaftsverzicht sei besonders hingewiesen, weil wir hier ein ähnliches Vorgehen antreffen wie 15 Jahre später bei der Entmachtung Herzog Tassilos III. von Bayern. Erst als ganz Italien unterworfen war, so Einhart, und als Karl seinen dritten Sohn – den er, so wie den ältesten Sohn, in Pippin (gest. 810) umbenannt hatte – als König eingesetzt hatte, war für ihn der Kriegszug endgültig abgeschlossen (cap. 6).

Dass Karl von dem Moment an, als Desiderius jedes Entgegenkommen verweigerte, entschlossen war, das langobardische Königshaus auszulöschen, zeigt sich daran, dass er sogar den Winter 773/774 über mit seinem Heer vor Pavia stationiert blieb. Das war das erste Mal, dass ein fränkisches Heer auch im Winter im Krieg stand. Hinzu kommt, dass Karl in dieser Zeit eine Reihe weiterer Burgen und Städte des langobardischen Reiches eroberte. Das Königreich Italien sollte flächendeckend besetzt werden. Ivrea, Vercelli, Novara, Piacenza, Mailand, Parma, Tortona, Turin wurden erobert – vor allem aber Verona, wo er Gerberga und ihre Söhne, die sich dorthin geflüchtet hatten, in seine Gewalt brachte. Von diesem Moment an verschwanden sie aus der Geschichte. Von ihnen ging künftig keine Gefahr mehr für Karls Alleinherrschaft aus.

Im Übrigen hat offenbar auch Papst Hadrian I. mit der völligen Vernichtung des langobardischen Königshauses gerechnet, wahrscheinlich hat er Karl in dieser Absicht sogar bestärkt. Von Pavia aus, während der Belagerung der Stadt, war der Frankenkönig im April 774 nämlich nach Rom gezogen, um mit dem Papst das Osterfest zu feiern und den ›Pakt‹ mit ihm zu festigen. Zum ersten Mal in der Geschichte besuchte ein fränkischer König Rom – die Wirkung der Eindrücke wird man hoch veranschlagen müssen. Der »Schutzherr der Römer« *(Patricius Romanorum)* mit seinen kaiserähnlichen Befugnissen wurde von ›seiner‹ Stadt mit allen Ehren aufgenommen. Hadrian schickte ihm Vertreter sämtlicher Stände und Behörden 30 Meilen entgegen. Eine Meile vor Rom hatten sich sodann die Scholen der Miliz mit ihren Befehlshabern und den Schulknaben mit Palmzweigen und Ölzweigen postiert. Jauchzend empfingen sie den König wie einen Exarchen, der gleichsam die kaiserliche Autorität selbst personifizierte. Auf den Stufen von St. Peter wartete der Papst auf Karl. Sie umarmten sich, hielten sich an der Hand und traten mit Lobgesängen auf Gott und den König in die Peterskirche ein. Der ganze Klerus und alle Diener Gottes hätten mit lauter Stimme gerufen: »Gelobet sei, der da kommt im Namen des Herrn!«[24]

All das waren Rituale für die Anerkennung einer Autorität, die sich von der kaiserlichen nicht mehr weit unterschied. Karl war jetzt in Italien und in Rom präsent und befand sich auf dem Weg, der alleinige Herrscher zu werden. In diesem Sinne reagierte auch Papst Hadrian I. In einem Widmungsgedicht, das er damals an Karl richtete, heißt es: Der Frankenkönig werde die hochmütigen Völker mit seinen »göttlichen Waffen« *(arma divina)* niederwerfen. Petrus und Paulus würden ihm zum Sieg verhelfen; er selbst werde siegreich in Pavia einziehen, den Nacken des treulosen Desiderius zertreten *(nefa perfidi regis calcabis Desiderii colla)* und das Langobardenreich übernehmen.[25]

Der Papst gab sich bestens instruiert. Als Richtschnur künftiger Herrscherentscheidungen überreichte er Karl eine Sammlung des Kirchenrechts, die ›Collectio Dionysio-Hadriana‹. Sie sollte Karl offenbar als Leitlinie für den von ihm angestrebten ›Gottes-Staat‹ dienen, in dem Kirche und Welt miteinander verschmelzen sollten. Am Königshof wurde sie mit einer älteren, merowingischen Sammlung kombiniert, der ›Collectio Vetus Gallica‹, und in dieser Version fand sie im ganzen Reich weite Verbreitung. Das Kirchenrecht stärkte die Autorität des Herrschers, weil es seine Handlungen und Anordnungen mit der kirchlich-göttlichen Legitimation versah.

Der Papst seinerseits erhielt bei diesem großen, geradezu programmatischen Zusammentreffen mit Karl in Rom 774 die Zusicherung, dass der Frankenherrscher die 754 von König Pippin gegebene Versprechung *(promissio)* erfüllen und die durch die Langobarden entfremdeten Gebiete zurückgeben wolle. In den folgenden Jahren ist in der Tat zu erkennen, dass Karl die vom Papst beanspruchten Gebiete nicht der neuen fränkischen Verwaltung unterwarf. Er respektierte, jedenfalls für eine gewisse

Zeit, die päpstlichen Interessen. Der gesamte Vorgang wirkt wie ein Pakt für eine neue Epoche. Das Zusammenwirken von geistlicher und weltlicher Gewalt strebte einem neuen Höhepunkt zu.

Dann kehrte Karl vor die Tore des belagerten Pavia zurück. Rasch folgte Anfang Juni 774 das Ende der Stadt. Die Bewohner waren derart ausgehungert, geschwächt und von Krankheiten geplagt, dass sie sich ergaben. Als Karl der Große in Pavia einzog, folgten ihm in einer Art Prozession »die Bischöfe, die Äbte und die geistlichen Kapelläne mit ihren Gefolgschaften«.[26] Der langobardische König Desiderius wurde mit seiner Frau Ansa und einer Tochter fortgeführt und wahrscheinlich dem Kloster Corbie zu lebenslanger Haft übergeben. Wie üblich, wurde die Stadt geplündert. Der Königsschatz ging in den Besitz Karls über. Als Eroberer dehnte er seinen Königstitel einfach auf das Langobardenreich aus. Eine besondere Krönung war nicht erforderlich, und die berühmte ›Eiserne Krone‹ von Monza für den König von Italien gab es damals noch gar nicht. In einer Urkunde vom 5. Juni 774 erscheint Karl erstmals als »König der Franken und Langobarden« *(rex Francorum et Langobardorum)*.[27] Wenige Wochen später, am 16. Juli 774, fand auch sein neuer vollständiger Titel in einer Urkunde Verwendung: »König der Franken und Langobarden und Patricius der Römer« *(rex Francorum et Langobardorum atque patricius Romanorum)*.[28]

Nach seinem vollständigen Sieg ging Karl nicht sogleich an einen völligen Wechsel der Herrschaftselite in Italien. Manche der langobardischen Amtsträger *(duces)* blieben noch im Amt – eine Maßnahme, mit der Karl vielleicht ihre Erfahrung nutzen wollte. Aber als 775/776 ein Aufstand aufflackerte, war diese Strategie beendet. Alle langobardischen Königsgüter, der gesamte ›Fiskus‹ Oberitaliens, gingen in den Besitz Karls des Großen über. Die Herzogtümer wurden in Grafschaften umgewandelt. Von nun an übten die Franken in den Klöstern und Städten Oberitaliens die Kontrolle aus. Die langobardische Führungsschicht wurde in weiten Teilen ausgelöscht. Dieser Aktion fielen beispielsweise die Bischöfe Andreas von Pisa, Apollinaris von Reggio und Peredeo von Lucca zum Opfer, auch der Herzog von

Friaul, der durch einen anderen ersetzt wurde. Bischof Theodor von Pavia wurde ins Frankenreich deportiert.

Manche konnten sich in die südlichen Herzogtümer flüchten. Benevent wurde zum Sammelplatz der Exilanten. Einer unter ihnen war Paulus Diaconus, der aus einer hochadligen Familie stammte und in seinen Gedichten das Entsetzen über die Vorgänge zum Ausdruck brachte. In Benevent oder in Montecassino verfasste er seine ›Römische Geschichte‹ (›Historia Romana‹) in sechzehn Büchern für Adelperga (gest. nach Februar 788), die beneventanische Herzogin. Darin beschrieb er die Geschichte des ruhmvollen Römischen Reiches, das vom Langobardenreich fortgesetzt worden sei. Aber nun sei alles vorbei. Adelpergas Gemahl, Herzog Arichis II. (gest. 787), so stellte Paulus Diaconus betrübt fest, sei »in dieser Zeit fast als Einziger übrig geblieben, der noch die Palme der Weisheit hält«.[29] Auch die ›Geschichte der Langobarden‹ (›Historia Langobardorum‹) stammt von Paulus, mit der er gleichsam aus der Rückschau das untergegangene Reich beschrieb und an der er noch nach 787 arbeitete.

Paulus Diaconus verließ 781 seine langobardische Heimat und folgte Karl in das Frankenreich. Sein Bruder war wie viele andere in die Gefangenschaft der Franken geraten. In einem Gedicht betrauerte er dessen Schicksal:

> »*Es ist nun das siebte Jahr, seit die Umwälzung vielfältige*
> *Schmerzen hervorruft und mein Herz martert.*
> *Seitdem ist mein Bruder gefangen in Euren Landen,*
> *mit traurigem Herzen, nackt und mittellos.*«[30]

Paulus Diaconus hoffte, die Freilassung seines Bruders zu erwirken, indem er sich selbst und seine Dicht- und Schreibkunst in den Dienst Karls stellte. Er besitze weder Gold noch Silber und auch sonst kein Geld, er könne nur mit Texten bezahlen, so beteuerte er.[31] Am Hof des Frankenkönigs übernahm er diverse Auftragsarbeiten. Dazu gehört auch das von Bischof Angilram von Metz in Auftrag gegebene ›Buch über die Bischöfe von Metz‹ (›Liber de episcopis Mettensibus‹) aus dem Jahre 784, in dem der

Stammvater der Karolinger, Bischof Arnulf von Metz, und seine Nachkommen gefeiert werden. Vermutlich 785/786 erreichte der Dichter dann endlich sein Ziel, Karl der Große ließ sich erweichen und vergab, wie es scheint, dem Bruder. Paulus Diaconus kehrte nach Benevent und in sein Kloster Montecassino zurück: Gewiss ein Einzelschicksal, das dennoch den Untergang des Langobardenreichs eindringlich illustriert.

Nun gab es nur noch einen ›Mitregenten‹ im Reich, der als gleichrangig oder konkurrierend erscheinen konnte: Herzog Tassilo III. von Bayern (748–788). Man ist fast erstaunt, dass Karl der Große das Herrschaftsmodell des bayerischen Herzogs so lange toleriert hat. Denn Tassilo erlangte in den Sechziger- und Siebzigerjahren in Bayern eine Stellung, die ihn wahrlich königsähnlich erscheinen ließ.

Die Grundlage dafür bot seine edle Herkunft. Er, 741 geboren, war über seine Mutter Hiltrud, die Tante Karls des Großen, ein Karolinger. Sein Vater Odilo stammte aus dem schwäbischen Zweig der Agilolfinger. Das war ein altehrwürdiges Fürstenhaus, das seit dem sechsten Jahrhundert Herzöge in Bayern und später auch in Alemannien stellte. Bereits seit über zweihundert Jahren spielte diese Familie – mal im Zusammenwirken mit den Franken, mal in Gegnerschaft zu ihnen – nicht nur im eigenen Volk, sondern auch in der großen Politik eine bedeutsame Rolle. Man muss diese Jahrhunderte zurückreichende Legitimation der agilolfingischen Herrschaft berücksichtigen, um das hohe Selbstbewusstsein einordnen zu können. In der ›Lex Baiuwariorum‹ heißt es dementsprechend: »Der Herzog, der dem Volke vorsteht, kam immer aus dem Geschlecht der Agilolfinger und wird es immer sein« (III, 1).

Als Tassilos Vater 748 starb, war der Junge sieben Jahre alt. Seine Mutter, die Karolingerin Hiltrud, führte für ihn die Regierungsgeschäfte bis zu ihrem Tod 754, offenbar mit Unterstützung des Hausmeiers Pippin. 755 sehen wir Tassilo auf der Heeresversammlung, dem »Märzfeld«, König Pippins. Ein Jahr später beteiligte er sich an dessen Kriegszug gegen die Langobarden. Auf der Reichsversammlung von 757 in Compiègne, so wollen es die

›Fränkischen Reichsannalen‹, habe er sich dem König Pippin als Vasall unterstellt und viele Eide geleistet.[32] Zu 763 erfahren wir dann, ebenfalls aus den ›Fränkischen Reichsannalen‹, dass Tassilo auf einem Kriegszug König Pippins gegen Aquitanien das Heer in arglistiger Weise einfach verlassen hätte. Er sei zurück nach Bayern gezogen und habe versichert, niemals mehr den König sehen zu wollen.[33] Dann verstummen die Nachrichten im Hinblick auf das Verhältnis zwischen Tassilo und Karl für einige Zeit. Wir erfahren nur, dass der Bayernherzog 778 einen Heereszug Karls nach Spanien mit Truppen unterstützt haben soll, an dem er sich allerdings nicht persönlich beteiligte.

781 aber kam Dynamik in die Angelegenheit. Papst Hadrian I., bei dem sich Karl der Große in diesen Tagen in Rom aufhielt, habe Boten zum Bayernherzog geschickt. Sie sollten Tassilo eine Warnung überbringen: Er solle sich an die Eide halten, die er einst Pippin und Karl dem Großen geschworen habe. Der Bayernherzog reagierte unverzüglich und traf sich noch im selben Jahr mit Karl in Worms. Dort habe er die Eide erneuert und zwölf auserlesene Geiseln gestellt. Doch, so bedauern die ›Reichsannalen‹, er habe sich nicht lange an die Versprechungen gehalten.[34] Nähere Hinweise werden dazu allerdings nicht gegeben.

Anfang 787 dann hielt sich Karl ein weiteres Mal in Rom auf. Von dort aus unternahm er mit seinem Heer einen kurzzeitigen Einfall in das Herzogtum Benevent, nachdem der dortige Herzog, Arichis II., ihn am Betreten seines Landes hindern wollte. Vor Angst in seinem Versteck zitternd habe der langobardische Herzog daraufhin dem Frankenkönig seine beiden Söhne als Geiseln angeboten und versprochen, jeden Wunsch des Königs zu erfüllen. Durch solches Verhalten wurde Karl zufriedengestellt. Als Gehorsamer durfte Arichis II. im Amt bleiben.

Damit war endlich die Zeit gekommen, auch die Angelegenheit mit Tassilo einer eindeutigen Klärung zuzuführen. Immerhin waren die Gemahlinnen von Arichis II. und Tassilo Schwestern – nämlich Töchter des entmachteten und inhaftierten Desiderius. Über diese spielte die langobardische Königsfamilie also immer noch eine Rolle im politischen Leben. Tassilo muss von den Absichten Karls informiert worden sein, denn er schickte hochgestellte Boten – Bischof Arn von Salzburg (785–821) und Abt Hunrich von Mondsee (781–804) – nach Rom mit der Bitte, der Papst möge vermitteln. Doch die Antwort, die sie erhielten, bedeutete für den Bayernherzog einen herben Schlag: Tassilo müsse König Karl und seinen Söhnen und dem ganzen Volk der Franken gehorsam *(oboediens)* sein. Verweigere der Bayernherzog aber den Gehorsam, könne Karl mit ihm machen, was er wolle, und Tassilo und sein Land müssten »mit Brand, Mord und sonstigem Unheil« rechnen.[35] Völliger »Gehorsam«, das war die Forderung Karls des Großen, die nunmehr durch die päpstliche Autorität bekräftigt wurde.

Noch im selben Jahr behandelte Karl dieses Thema auf einer Reichsversammlung, die er nach Worms einberufen hatte. Der Beschluss lautete auch hier: Tassilo habe »in allem dem König, seinen Söhnen und den Franken treu und gehorsam zu sein«. Boten überbrachten das Urteil nach Bayern und forderten den Herzog auf, in Worms zu erscheinen. Dieser aber »weigerte sich und lehnte es ab zu kommen«, wie die ›Reichsannalen‹ es formulieren. Da machte Karl, der »Widersetzlichkeit« *(contumacia)* nicht ertragen konnte[36], kurzen Prozess. Mit seiner bewährten Taktik der überfallartigen Übermacht ließ er in Windeseile drei Heereskontingente an den Grenzen Bayerns aufmarschieren, eines bei Augsburg, das zweite bei Pförring an der Donau und das dritte an der Grenze zu Italien. Wieder müssen wir uns große Heere vorstellen, die jeden Widerstand des Herzogs im Keim erstickten. Auch die bayerischen Adligen erkannten die Aussichtslosigkeit und resignierten. So sah sich Tassilo gezwungen, »sich mit seinen Händen in die Hände des Herrn Königs zu begeben«.[37] Er bekannte sich schuldig, musste Geiseln stellen, darunter seinen Sohn Theodo, und gab das Herzogtum zurück: *reddens ducatum.*

Im Grunde war damit sein Ende eingeläutet. Entgegen mancher Forschungsmeinung ist nicht zu erkennen, dass der Herzog wieder in sein Amt eingesetzt worden wäre. Vielmehr gehen die Vorgänge von 787 nahtlos in das Gerichtsverfahren von 788 in der Pfalz Ingelheim über. Dort, in der so majestätisch ausgebauten Herrscherpfalz, die mit ihrem Säulenatrium eine kaiserliche Aura ausstrahlte, wurde die Vernichtung Tassilos und seiner ganzen Familie vollzogen.

Nach dem Bericht der ›Reichsannalen‹ wurde Tassilo vorgeworfen, er habe – obwohl er seinen Sohn Theodo als Geisel gestellt hatte – seinen Eid gebrochen, habe seine Leute zum Meineid aufgefordert und Kontakt mit den feindlichen Awaren aufgenommen. Er habe sogar gesagt, »auch wenn er zehn Söhne hätte, wollte er sie alle verderben lassen, bevor er die Abmachungen einhalte und fest zu dem stehe, was er beschworen habe«.[38] Und er habe hinzugefügt, »lieber wolle er tot sein, als so zu leben«.[39] Ein notorischer Eidbrecher also, für den es keine Rettung geben konnte?

Dies alles sei auf der großen Gerichtssitzung in der Pfalz in Ingelheim erwiesen worden. Außerdem habe man sich daran erinnert, dass Tassilo seinerzeit, 763, beim Heereszug den König Pippin verlassen und damit *harisliz*, Fahnenflucht und also Hochverrat, begangen habe – ein todwürdiges Verbrechen. Die in Ingelheim anwesenden Franken, Bayern, Langobarden und Sachsen hätten ihn daher zum Tode verurteilt. Karl aber habe, weil er sein Vetter war, ihm das Leben geschenkt. Tassilo und seine Söhne Theodo und Theotpert seien daraufhin in lebenslange Klosterhaft genommen worden.[40] Der Herzog kam in das Kloster Jumièges. Sein Land aber, so Einhart, »stand hinfort nicht mehr unter einem Herzog, sondern wurde von Grafen regiert« (cap. 11). 794 zeigte sich Tassilo ein letztes Mal in der Öffentlichkeit, als er gezwungen wurde, auf dem Konzil von Frankfurt für sich und seine Nachkommen auf jedes Herrschaftsrecht zu verzichten. Auf diese Weise wollte Karl eine eindeutige Rechtslage herbeiführen.

Diese Ereignisse sind in der Forschung sorgfältig untersucht und diskutiert worden. Eine wichtige Rolle spielt dabei der Bericht der ›Murbacher Annalen‹ (= ›Annales Nazariani‹), entstanden um 800. Hier wird im Bericht zum Jahr 788 der Eindruck erweckt, als sei Tassilo ohne Argwohn nach Ingelheim gekommen.[41] Karl der Große aber habe hinter seinem Rücken seine ganze Familie, Frau und Kinder, aus Bayern holen lassen. Auch seinen Herzogsschatz habe man nach Ingelheim transportiert. Angesichts der Gefangennahme seiner Familie, so suggeriert dieser Bericht, brach Tassilo, der von den Franken entwaffnet und gefangen gesetzt worden sei, zusammen und bekannte alle ihm vorgeworfenen Verbrechen.

Diese heimtückisch wirkende Gefangennahme von Tassilos Familie wird durch einen in der Salzburger Kirche überlieferten Brief an die Herzogstochter Cotani bestätigt. Darin wurde ihr befohlen, nach Ingelheim zu kommen.[42] Es lohnt sich, diesen Brief in seinem ganzen Wortlaut wirken zu lassen: »Durch die Gnade des allmächtigen Gottes überaus geschätzte Frau und hochberühmtes Mädchen, das unter Adligen adliger ist als die übrigen, das unter den Gleichaltrigen die anderen übertrifft, das unter den Weisesten, den anderen ähnlich, die Rede wie Honig hervorbringt, eine Freude im Anblick, noch erfreulicher in seinem Sinn, innerlich und äußerlich mit Schmuck geziert, mit Namen Cotani genannt, oh Tochter des angesehensten Fürsten, liebenswürdige Freundin und geliebte Herrin, euch sende ich, N.N., der ich durch die Ehre des apostolischen Namens ausgezeichnet bin, durch diesen Brief Heil im Herrn. Des weiteren tue ich euch kund, zusammen mit meinem Kollegen, dessen Name Liutprand ist, dass er gut und behutsam und nach dem Willen unseres Herrn sein Anliegen vor dem König dargelegt hat, und über die unnennbaren Probleme, über die ihr früher gesprochen habt, hat mein genannter Kollege vor dem König gesprochen, ganz in eurem Sinne. Nun aber wisset, dass ihr auf die Reise gehen sollt und dass gleichzeitig der genannte Presbyter jetzt mit euch nach dem Westen gehen wird, um den König aufzusuchen, und bereite für deinen Diener, der dich begleitet, alles vor, was zur Sache notwendig ist. Dies teile ich dir durch diesen Brief als Befehl, nicht als Bitte mit!«

Zwei hochgestellte Geistliche aus Bayern – so wird man diesen Brief kommentieren können – brachten die junge Frau mit einem Schwall von infamen Schmeicheleien in ihre Gewalt. Der Verfasser des Briefes, der sich brüstet, mit dem »apostolischen Namen« ausgezeichnet zu sein, könnte ein Bischof gewesen sein – vielleicht der Erzbischof Arn von Salzburg (785–821) selbst? Die beiden waren jedenfalls zu Gehilfen des fränkischen Königs geworden und zwangen die Herzogstochter, sich zur Königspfalz Karls des Großen zu begeben. Damit war ihre Freiheit beendet. Auch Cotani verschwand, wie ihre Mutter Liutpirg und ihre Schwester Hrodrud, anschließend für immer hinter Klostermauern – vielleicht im Königskloster Chelles an der Marne bei Paris.

Die heute gängige Meinung ist, dass es sich 788 in Ingelheim um einen ›Schauprozess‹ gehandelt habe und dass der Vorwurf der *harisliz*, der gegen Tassilo erhoben wurde, eine reine Erfindung gewesen sei. Auch die Treueide, die Tassilo angeblich 757 geleistet haben soll, hätten gar nicht stattgefunden. All dies habe man erdacht, um die Vernichtung Tassilos auf ein scheinbar rechtlich integres Fundament zu stellen. Die ›Fränkischen Reichsannalen‹ hätten somit die Funktion einer offiziösen Verlautbarung gehabt, mit der die Vergangenheit den Bedürfnissen des Hofes entsprechend umgeschrieben wurde. Damit habe Karl der Große sein »kaltblütiges Handeln« rechtfertigen können.

Eine solche Einschätzung ist gut begründet, und man wird nicht bestreiten können, dass hier die Geschichte der Sieger erzählt wird. Ob Tassilo 757 wirklich Pippins Vasall wurde und sich in dessen Hände »kommendierte«, also wie ein Knecht sich in den Schutz des Herrn begab, ist gewiss zweifelhaft. Aber einen Treueid kann man nicht ausschließen, im Gegenteil, eine Art von Treuebindung zwischen König und Herzog muss es gegeben haben. Auch das Verlassen des Heeres 763 scheint mir nicht ganz unwahrscheinlich zu sein. Die Eide von 781 sodann lagen bei der Abfassung der Reichsannalen noch nicht so weit zurück, als dass man sie als reine Erfindung glaubhaft hätte vertreten können. Und die Vorgänge von 787/788 waren sogar ganz aktuell. In Worms muss es tatsächlich zu einer vasallitischen Unterwerfung Tassilos gekommen sein. Damit wurde die Rechtsgrundlage gelegt, mit der seine Vernichtung eingeleitet werden konnte.

Die Frage ist aber, ob wir uns mit dieser Feststellung begnügen wollen. Wir müssen heute nicht mehr klären, ob Tassilo wirklich schuldig war. Entscheidend ist, dass er als schuldig angesehen wurde. Und es kommt darauf an zu erkennen, wie konsequent Karl der Große sein Konzept verfolgte, in einem ›Gottesstaat‹, wie er einst von Augustinus dargestellt worden war, der unangefochtene und einzige Herrscher zu sein. Karl verlangte unbedingten Gehorsam von allen, auch von den Herzögen Benevents und Bayerns. Andernfalls wurden sie ausgelöscht.

War Tassilo also in einem für Karl den Großen unerträglichen Maß ungehorsam? Das wird man durchaus annehmen dürfen. Er herrschte in seinem Herzogtum wie ein König. So kann man den herrscherlichen Rang, den er sich zulegte, gewiss umschreiben. Die Kirche Bayerns, sowohl die Bischöfe als auch die Klöster, waren gänzlich seinen Anweisungen unterstellt.[43] Kein Kloster konnte ohne seine Zustimmung gegründet werden. Synoden wurden in Bayern vom Herzog einberufen und geleitet. An der großen Gebetsverbrüderung von 762 in Attigny, mit welcher der innere Zusammenschluss des Frankenreichs verstärkt werden sollte, nahm dagegen kein bayerischer Bischof teil – eine ungeheure Missachtung des fränkischen Herrscherwillens.

Hiermit kündigte sich der bayerische Sonderweg an – und hier kann sich das eigenwillige Verlassen des fränkischen Heeres im Jahr danach durch Herzog Tassilo ohne weiteres einfügen. Und mehr noch: Einige Jahre später, auf der Synode in Dingolfing um 770, wurde eine eigene Gebetsverbrüderung eingerichtet, eigens für die Bischöfe und Äbte des »bayerischen Stammes« *(gentis Baiuvariorum)*. Bayern betrieb seine eigene Integrationspolitik.

Der Affront gegenüber dem fränkischen König wurde noch dadurch verstärkt, dass die Beschlüsse der bayerischen Konzilien unter Tassilo nicht nur die der fränkischen Konzilien wiederholten, sondern auch eigene, spezielle für den bayerischen Adel formulierten. So sollten Schenkungen an die Kirche stets in der Verfügungsgewalt des Adels bleiben. Auch der adlige Besitz wurde besonders geschützt. Auf der Synode in Neuching 771 wurden ausschließlich weltliche Angelegenheiten behandelt, um damit das eigene bayerische Recht, die *Lex Baiuwariorum,* zu ergänzen und abzurunden. Tassilo nahm bei all diesen Vorgängen die Stelle des Königs ein, denn im übrigen Frankenreich war es Karl der Große, der den Synoden, die in der Regel mit Reichsversammlungen verbunden waren, vorstand. Im Frankenreich wurden sie »Generalversammlungen des Volkes« *(conventus generalis populi)* genannt, weil sie das gesamte Reich repräsentierten – außer Bayern, das seine eigenen Versammlungen hatte.

Hinzu kommt, dass sich Tassilo III. auch in seinen Repräsentationsformen dem königlichen Rang annäherte. Bayerische Bischöfe datierten ihre Urkunden nach der Regierungszeit des Herzogs, eine Hervorhebung, die eigentlich dem König vorbehalten war. In den Urkunden erscheint Tassilo als *precellentissimus, gloriosissimus* oder *inlustrissimus,* alles Auszeichnungen für einen König. Seine wichtigste Residenz richtete er in Salzburg ein, wo unter Bischof Virgil 774 ein gewaltig großer Dom eingeweiht wurde. Er gehörte zu den größten Kirchenbauten nördlich der Alpen in dieser Zeit und konnte ohne Weiteres mit der fränkischen Königskirche von Saint-Denis konkurrieren. Tassilos Ehe mit einer Königstochter – Liutpirg, der Tochter des Langobardenkönigs Desiderius – unterstreicht diesen Anspruch auf königlichen Status. Auf dem berühmten, aufwendig gestalteten und vergoldeten ›Tassilokelch‹, den der Herzog für das von ihm gegründete Kloster Kremsmünster anfertigen ließ, hat diese königliche Aufwertung durch seine Gemahlin Niederschlag gefunden. Die Inschrift auf dem Kelch lautet: »Tassilo, starker Herzog – Liutpirg, königlicher Spross« *(Tassilo dux fortis Liutpirc virga regalis).*

Dieser königliche Herzog, das wird damit deutlich, konnte für Karl und seine Herrschaftskonzeption nicht tragbar sein. Warum hat er ihn dennoch so lange gewähren lassen? Dies dürfte in erster Linie damit zusammenhängen, dass Karl jahrelang durch andere Kriege in Beschlag genommen war, vor allem diejenigen gegen die Sachsen. Die Bedrohung, die Karl durch Tassilo III. und seine Familie empfunden hat, scheint sich aber auch erst mit den Jahren verstärkt zu haben. Einhart nannte als Grund, dass Liutpirg, die Gemahlin Tassilos, die Haft ihres Vaters nicht ertragen und ihn rächen wollte. Desiderius, der noch lange am Leben war (vermutlich über 786 hinaus), wurde, wie erwähnt, wahrscheinlich im Kloster Corbie gefangen gehalten.[44] Der Abt des Klosters aber war Adalhard (781–814), der einstige Vertraute Karlmanns, des Bruders Karls des Großen. Adalhard gehörte anfangs zu den Gegnern Karls. Seine Kontakte hingegen zur Familie des Desiderius, zu dem sich Jahre zuvor die Witwe Karlmanns geflüchtet hatte, sind vielleicht nie ganz abgerissen. 781 kam es zur Aussöhnung Adalhards mit Karl. Im selben Jahr übernahm er sogar für den noch unmündigen Pippin, den sein Vater, Karl der Große, zum König von Italien ernannt hatte, die Regentschaft. So ergab sich für Adalhard eine ungewöhnliche Situation: Den früheren Langobardenkönig in Gewahrsam, führte er die Geschäfte für den neuen König in Italien. Vielleicht gelang es Liutpirg über dieses Beziehungsgeflecht, gerade in den 780er-Jahren den Kontakt mit ihrem Vater herzustellen. Jetzt könnten auch ihre Racheabsichten, auf die Einhart anspielte, hervorgetreten sein. Sogar an ein Bündnis mit den Awaren, den Feinden Karls im Osten, soll sie gedacht haben. All dies könnte bedeuten, dass sich die Bedrohung für Karl erst seit 781 deutlicher abgezeichnet hätte – aber dies bleibt bestenfalls eine ansprechende Vermutung.

Mit der völligen Entmachtung Tassilos am 6. Juli 788 sah sich Karl vollkommen im Recht. Diese Überzeugung floss in die Einleitung (›Narratio‹) der ersten Urkunde ein, die der Frankenkönig nach der Beseitigung des Bayernherzogs am 25. Oktober 788 ausstellte: Weil das Herzogtum Bayern durch die bösen Menschen, Herzog Odilo und dessen Sohn Tassilo, in treubrüchiger Weise *(infideliter)* über eine geraume Zeit hin dem Reich der Franken und Karl dem Großen entzogen und in fremde Gewalt gebracht worden sei, habe er dieses jetzt mithilfe Gottes, des Lenkers der Gerechtigkeit *(moderatore iusticiarum deo)*, in seine eigene Gewalt zurückgeholt.[45] Damit war unter der Lenkung Gottes die »Gerechtigkeit« in seinen Augen wiederhergestellt. Gerechtigkeit spielte, wie noch zu sehen sein wird, eine zentrale Rolle im Denken und Handeln Karls, und es gibt für uns keinen Anlass, diese hier formulierte Überzeugung Karls in Zweifel zu ziehen.

Mit dem Sturz Tassilos waren zudem alle ernst zu nehmenden ›Mitherrscher‹ beseitigt. Eine reine Machtfrage? Bei dieser Kategorie von Kriegen ging es gewiss um mehr als die Durchsetzung eines »robusten Machtwillens«, wie in der Forschung erwogen wird. Das Konzept des Alleinherrschers in dem von Augustinus beschriebenen Modell vom Staate Gottes beruhte letztlich auf der Idee des metaphysischen Kampfes zwischen Gut und Böse. Dadurch wurden Eindeutigkeiten geschaffen. In diesem Sinne hat der zeitgenössische ›Hibernicus exul‹, ein irischer Dichter, dessen Namen wir nicht kennen (vielleicht Dungal), am Hof Karls des Großen den »Alleinherrscher« gepriesen: »Einer ist es, der von oben Donnernde, der im Palast des Himmels thront: So gehört es sich, dass unter ihm auf Erden auch nur ein einziger herrscht, der mit Recht allen Sterblichen vorgesetzt ist.«[46] Dann erst sei die harmonische Unter- und Überordnung hergestellt, dann erst befinde sich die Welt im Gleichgewicht.

Derselbe Dichter hat auch die Vorgänge um Tassilo gedeutet und eingeordnet. Er schrieb einen ›Dialogus‹ zwischen dem Dichter und der Muse und erläuterte den Konflikt Karls mit dem Bayernherzog. Tassilo sei es gewesen, der durch sein Verhalten die »Bande des vollkommenen Friedens« *(perfectae foedera pacis)* gewaltsam zerstört habe. Den höchsten Frieden *(eximia pax)*, und das bedeutet: den göttlichen Frieden, habe er zu vernichten versucht, getrieben von der Schlange des Bösen: Diese strebe danach,

»Dass keiner mehr Christus im Erdkreis würdig dient.
Mit todbringenden Worten wiegelt sie auf zum Streit,
Sät auch Streitigkeiten, wo nur die Bündnisse des Friedens
Befohlen werden, durch die der Lohn des ewigen Reichs
gegeben wird.«[47]

Tassilo, der die königlichen Befehle missachtet und die Verträge des Dienstes nicht eingelöst habe, sei daher zum Sünder geworden. Sein Vergehen wurde als Sünde eingestuft: *peccavit.*[48] Das meint, dass politisches Verhalten von vornherein nach den Normen der christlich-kirchlichen Ordnung beurteilt und verurteilt wurde. Ungehorsam gegenüber dem König war zu einem Vergehen gegen Gott selbst geworden. So gesehen, konnte Karl gar nicht anders handeln, als die Ursache des Übels mit der Wurzel zu entfernen. Das war seine ›Wahrheit‹, um die es hier ging, die ›Wahrheit‹ zu der Zeit, als die ›Reichsannalen‹ verfasst wurden. Alle Konstrukte oder Fiktionen aber, die in die offizielle Beschreibung dieses Konflikts einflossen, dienten der Verdeutlichung dieser ›Wahrheit‹.

Kapitel 6

Kriege für den Glauben und die Sache der »Guten«

Zu Anfang des Jahres 786 schrieb Papst Hadrian I. (772–795) einen Brief an Karl den Großen, seinen »Sohn und geistlichen Gevatter« *(filio nostroque spiritali compatri)*. Schon diese Anrede ist bemerkenswert: Als »geistlicher Gevatter« oder »Mitvater« leitete Karl an der Seite des Papstes, des eigentlichen Vaters, die Kirche. In diesem Brief beglückwünschte ihn der Papst zum endgültigen Sieg über den »wilden und widerspenstigen Stamm der Sachsen«, der nun unter der Gewalt des Frankenkönigs stünde. Insbesondere sei er glücklich, dass die Sachsen endlich »dem Glauben nach der Richtschnur der apostolischen Kirche« *(apostolicae ecclesiae rectitudinis fidei)* zugeführt worden seien.[1] Gern komme er der Bitte Karls nach und verfüge ein dreitägiges allgemeines Dankesfest in der gesamten Christenheit, bei der überall Litaneien und Dankgebete zum Himmel gerichtet werden. Der Christenjubel sollte um das Fest Johannes des Täufers herum stattfinden, am 23., 26. und 28. Juni 786. Eine kollektive Dankesfeier überall in der römischen Kirche! Ein derartiges Ereignis hatte es niemals zuvor gegeben. Die gesamte Christenheit, auf dem Festland wie auf den Inseln, frohlockte tagelang über diesen Zugewinn für den christlichen Glauben.

Angesichts dieser Nachricht muss man die Frage stellen, weshalb der Christianisierung der Sachsen und ihrer Eingliederung in das Frankenreich eine so außerordentliche Bedeutung beigemessen wurde. Diese Frage stellt sich umso mehr, als in der Forschung die Auffassung überwiegt, der Krieg gegen die Sachsen sei eigentlich eher zufällig entstanden und mit ihm sei zunächst gar kein Programm verbunden gewesen. Karl habe sich zumindest am Anfang als ein »konzeptloser« Herrscher gezeigt. Seine Kriegszüge gegen die Sachsen seien demnach eher situative Reaktionen als geplante Aktionen gewesen.

Eines fällt jedenfalls sofort auf: Die Kämpfe gegen die Sachsen gehören in eine ganz andere Kategorie von Krieg als diejenigen, die Karl gegen die ›konkurrierenden Mitregenten‹ führte. Einen Hilferuf des Papstes gab es nicht, auch keinen König oder königsähnlichen Herzog, der zu beseitigen gewesen wäre. Und eine zweite Besonderheit gilt es zu beachten: den ungeheuren Einsatz an Material und Menschen, den Karl über einen Zeitraum von mehr als drei Jahrzehnten aufzubieten bereit war. Ein »dreißigjähriger Krieg«, in dem fast jedes Jahr ein Kriegszug gegen die Sachsen unternommen wurde, ist geeignet, ein jedes Reich an den Rand der Erschöpfung zu bringen. Dennoch wurde er unerbittlich weitergeführt.

Am Anfang stand ein Einfall Karls in das Sachsenland im Sommer 772. Die vom Münsterland bis an die Elbe, im Norden sogar noch darüber hinaus siedelnden Sachsen waren bis dahin vom Christentum weitestgehend unberührt geblieben. Sie standen eher in einem Kultverbund mit den Völkern Skandinaviens. Schon vor Karls Herrschaft war es immer wieder zu Konflikten zwischen Franken und Sachsen gekommen. Einhart erinnerte in der ›Vita Karoli Magni‹ daran, wie im Grenzbereich, der sich etwas östlich des Rheins durch die Ebene zog, »Totschlag, Raub und Brandstiftung auf beiden Seiten kein Ende nahmen« (cap. 7). Das habe die Franken dermaßen erbittert, dass sie den offenen Krieg gesucht hätten.

Dieser Bericht Einharts scheint anzudeuten, dass der Kriegszug von 772 als eine reine Strafexpedition der Franken aufzufassen ist. Mit diesem Urteil muss man freilich vorsichtig sein. Immerhin wurde bei dieser Aktion die Irminsul zerstört, ein herausragendes Kultzentrum der Sachsen, von dem wir bis heute nicht sicher wissen, wie es eigentlich aussah und wo es sich befunden hat. Der Name deutet auf eine große Säule. Vielleicht stand sie nahe der Eresburg, im heutigen Marsberg (südlich von Paderborn). Wichtig für das Verständnis der Vorgänge ist, dass die Heiligtümer die eigentlichen Mittelpunkte der gesamten sächsischen Lebensordnung waren. Hier traf man sie gleichsam an ihrer empfindlichsten Stelle.

Die Sachsen bekannten sich zu Göttern wie Donar (Thor, der Donnernde), Wodan (Odin, der Wütende), Saxnot (der Schwertgenosse) und Freya (die Förderin der Fruchtbarkeit). Die Zerstörung der Irminsul sollte sie ganz offensichtlich demütigen und ihnen demonstrieren, wie schwach ihre heidnischen Götter waren, da sie dies nicht verhindern konnten. Das erinnert sehr an die Aktion, die der Missionar Bonifatius schon 723 bei den Hessen veranstaltet hatte. Unter dem Schutz fränkischer Krieger hatte dieser vor den Augen der hessischen Heiden demonstrativ deren heilige Eiche (»Donareiche«) in Geismar (bei Eschwege) fällen lassen.[2] Später zerstörte er auch die Götzenbilder der Friesen *(numine confracto)*[3], um sie von der Kraft des Christengottes zu überzeugen. Angesichts dieser Parallelen ist es keineswegs ausgeschlossen, dass schon 772 von Karl dem Großen der Beginn einer Unterwerfungs- und gleichzeitigen Missionsoffensive bei den Sachsen geplant war. Immerhin behauptet – wenn auch zwei bis drei Jahrzehnte später – Eigil (gest. 822), der Verfasser der Vita des Abtes Sturmi von Fulda (gest. 779), schon an diesem ersten Sachsenzug Karls hätten Geistliche teilgenommen, um die Sachsen zu bekehren (cap. 23).

Dass dieses Vorhaben zunächst nicht weiter verfolgt werden konnte, lag ganz einfach an den Langobardenkriegen der Jahre 773 und 774. Sie beanspruchten weitgehend das militärische Potenzial der Franken. Erst 775 konnte sich Karl wieder den Sachsen zuwenden. Diese hatten inzwischen Einfälle in das Grenzgebiet des Frankenreiches als Vergeltungsmaßnahmen unternommen. Im Winter 774/775, so erfahren wir aus den sogenannten ›Einhardsannalen‹, einer Überarbeitung der ›Fränkischen Reichsannalen‹ kurz nach 800, habe sich Karl in der Königspfalz Quierzy aufgehalten und dort einen Grundsatzbeschluss gefasst *(consilium iniit):* Der ungläubige und vertragsbrüchige Stamm der

Sachsen sollte so lange mit Krieg überzogen werden, bis diese entweder besiegt und dem christlichen Glauben unterworfen oder vollständig vernichtet wären.[4]

Wir erschrecken heute über einen solchen Satz und noch mehr über die Absicht, die damit ausgedrückt wurde. Sollte sich Karl wirklich so geäußert haben? Dem Sinn nach, so wird man zumindest feststellen müssen, hat er so gehandelt. Damit wurde der erste groß angelegte Missionskrieg in der Geschichte von christlicher Seite aus in Gang gesetzt, ein Unternehmen, das in unserer Zeit als eine ›grauenvolle Alternative‹ für die Sachsen empfunden wird. Sogleich erhebt sich das Bild von Karl als ›Sachsenschlächter‹, ja vom Völkermord, und es drängt sich die Frage auf: »Darf man religiöse Gewalt verstehen wollen?«[5]

Der Historiker muss zumindest die Abläufe kennen. Die Sachsen wehrten sich tapfer, stärker, als Karl und seine Mannen es für möglich gehalten haben. Der sächsische Krieg war nach Einhart »der langwierigste, grausamste und für das Volk der Franken der mühsamste« (cap. 7). Das Gebiet der Sachsen war groß. Es habe, so wieder Einhart, »keinen kleinen Teil von Germanien ausgemacht« und sei doppelt so breit gewesen »wie das von den Franken bewohnte Gebiet, während es ihm in der Länge gleichkommen mag« (cap. 15). Die Besiedelung dürfte nicht besonders dicht gewesen sein, man spricht in der Forschung gern von ›Siedlungskammern‹. Es gab keinen König bei den Sachsen, aber sehr bewegliche kleinere Kriegergemeinschaften. Der Adel hatte einen herausragenden Status; darunter gab es noch die Stände der Freien, der ›Halbfreien‹ (Liten oder Laten) und Unfreien. Über die Standesgrenzen hinweg durfte nicht geheiratet werden. Man organisierte sich in Gauen, vor allem aber in den drei sogenannten »Herrschaften« *(herescephe)* Westfalen, Engern und Ostfalen. Zwischen ihnen bestand weitgehende Unabhängigkeit, aber im Kriegsfall konnten sie sich zu einem großen Bündnis zusammenschließen: Alles in allem eine eher kleinräumig festgefügte Gesellschaft, die aber in militärischer Hinsicht überaus flexibel sein konnte. Da es keine Städte und auch keinen Herrschaftsmittelpunkt gab, war es für die Franken immer wieder schwer, mitunter aussichtslos, die sächsischen Kriegerscharen an den verschiedenen Orten überhaupt zu fassen.

Im Frühjahr 775 zog Karl mit seinem Heer in das Sachsenland über die Eresburg in Richtung Weser. Dabei gelangen ihm durchaus Erfolge, obgleich sich insbesondere die Westfalen mit ihrem Anführer Widukind gut organisierten und den Franken erhebliche Verluste zufügten. Die ostfälischen Sachsen dagegen zeigten sich anfangs eher zur Unterwerfung bereit und auch die Engern wurden geschlagen. Dass dieser Kriegszug von Karl mit ungeheurer Wucht und Grausamkeit geführt worden sein muss, deutet eine gut unterrichtete Quelle aus Northumbrien an. Karl, der kriegerischste König der Franken, sei mit seinem gesamten Heer über das Volk der Sachsen hergefallen. Die ganze Region habe er in schwersten und geradezu unsagbaren Gemetzeln verwüstet und »mit Feuer und Schwert gewütet, weil er außer sich war vor Wut«.[6] Und die ›Fränkischen Reichsannalen‹ fügten hinzu: »Nachdem er Geiseln erhalten, reiche Beute an sich genommen und dreimal ein Blutbad unter den Sachsen angerichtet hatte *(per ter stragia Saxonum facta),* kehrte König Karl mit Gottes Hilfe heim ins Frankenreich« (zu 775). Karl, der brutale Barbar, so wird man ihn in diesem Zusammenhang bezeichnen wollen. Die »Widersetzlichkeit« *(contumacia)* an sich, so haben wir schon bei der Vernichtung Tassilos III. gesehen, brachte ihn in Rage.[7]

Am Ende dieser Aktion hatten die Franken das Gebiet vom Rhein entlang der Lippe bis in die Gegend von Paderborn besetzt. Mit den Befestigungen von Hohensyburg (südlich von Dortmund) und der Eresburg (in Obermarsberg) waren starke Stützpunkte errichtet worden. Nach erneuten Unruhen drang Karl mit seinem Heer im folgenden Jahr, 776, »mit enormer Schnelligkeit« *(celeritate et nimia festinatione)*[8] in Sachsen ein und verbreitete großen Schrecken. Nun seien die Sachsen mit Frauen und Kindern in endloser Zahl vor ihm erschienen, um sich taufen zu lassen und Geiseln zu stellen. In Paderborn wurde ein neuer fränkischer Mittelpunkt geschaffen. Dieser Ort wurde auch ›Karlsburg‹ genannt, was man so deuten kann, als habe Karl damit ein neues christliches Zentrum errichten wollen wie einst

Kaiser Konstantin mit Konstantinopel. Der Vergleich Karls mit Kaiser Konstantin wurde in diesen Jahren auch sonst hergestellt. In einem Brief Papst Hadrians I. von Mai 778 heißt es, alle Völker sollten ausrufen: »Siehe, hier ist uns ein neuer allerchristlichster Kaiser Konstantin in unseren Tagen erstanden!«[9] Wenn man den Namen ›Karlsburg‹ in diesem Sinne deuten will, kann es keinen Zweifel daran geben, dass Karl von nun an ganz Sachsen christianisieren wollte.

Nach Paderborn berief Karl für den August des Jahres 777 eine große Reichsversammlung ein – ein sensationeller Vorgang, denn bis dahin hatten diese Zusammenkünfte ausschließlich auf fränkischem Boden stattgefunden. Natürlich sollte damit die neue Herrschaft der Franken über die Sachsen demonstriert werden, aber es war auch ein Signal dafür, dass das Sachsenland fortan in das Frankenreich eingegliedert sein sollte. Es war die erste Demonstration dafür, dass – wie es Einhart später formulierte – nach Karls Willen Franken und Sachsen zu »einem Volk« vereint würden.[10]

Aus allen Teilen Sachsens seien nun die Menschen dorthin gekommen, hätten sich taufen lassen und Garantien aller Art für ihre Treue abgeliefert. Missionsbevollmächtigte wurden eingesetzt, Gotteshäuser sollten gebaut und so die Grundlagen für die weitere Eingliederung Sachsens in das Frankenreich vorbereitet werden. Auf diesem Paderborner Hoftag fiel ein Beschluss mit großer Tragweite: Das eroberte Sachsen sollte kirchenrechtlich gegliedert, das heißt in Bistümer aufgeteilt werden. Bis es so weit war, sollte es zwar noch einige Zeit dauern, aber das Ziel war klar vorgegeben.

Ein damals entstandenes ›Gedicht über die Bekehrung der Sachsen‹ (›Carmen de conversione Saxonum‹) bestätigt diesen Zustand der Zufriedenheit auf fränkischer Seite.[11] Der Autor war mit hoher Wahrscheinlichkeit Paulinus von Aquileja, einer der großen Gelehrten am Hof Karls des Großen, der von 776 bis 802 auch Patriarch von Aquileja war. Der aus bösem Blut entstandene Stamm der Sachsen, so heißt es in dem Gedicht, habe es endlich verdient, den höchsten König im Himmel zu erkennen. Ihren nichtswürdigen Götzenkult habe Karl niedergebeugt, ihren Stamm mit funkelnden Waffen in verschiedenen Schlachten gezähmt und »mit blinkendem Schwert seiner Gewalt unterworfen« *(sibimet gladio vibrante subegit)*.[12] Diese Hochstimmung belegt, dass Karl das Ziel schon erreicht sah. Daher konnte er die weiteren Maßnahmen in dieser Angelegenheit anderen übertragen. Er selbst richtete den Blick nunmehr darauf, den Kriegszug gegen die Muslime in Spanien vorzubereiten.

Allerdings hat Karl einen der Anführer unter den Sachsen zunächst völlig unterschätzt: Widukind. Dieser habe, so die ›Reichsannalen‹, »mit ein paar anderen« *(cum paucis aliis)* den Widerstand fortgesetzt. Wer war Widukind? Wir wissen nicht viel über ihn, aber er war der große Gegenspieler Karls. Auf militärischem Gebiet hat sich kein anderer am Ende so großen Respekt beim Frankenherrscher selbst erworben. Widukind war ein westfälischer Adliger, der spätestens 775 die Führung in der Verteidigung übernahm. 778 begann er mit Vergeltungsmaßnahmen gegen die Franken. Mit seinen westfälisch-sächsischen Mannen überfiel er das rechtsrheinische fränkische Gebiet und gelangte bis Deutz am Rheinufer gegenüber von Köln. Überall wurden Kirchen in Brand gesteckt, wurde geplündert und Beute gemacht.

Diese Aktion wirkte wie ein Fanal. Von nun an stand Widukind mit seinen Gefolgsleuten jedes Jahr mit den Franken in einem Kampf, der beide Seiten zermürbte. Immer wenn sich Karl durchzusetzen schien – wie 779 und 780 – und viele der Sachsen dazu zwang, sich erneut zu unterwerfen, hatten Widukind und seine Sachsenkrieger schon wieder zum nächsten Gegenschlag gerüstet. Die Brutalität nahm zu. 782 schließlich soll Karl nach dem Bericht der ›Reichsannalen‹ an der Mündung der Aller in die Weser in der Nähe des Ortes Verden die Hinrichtung von 4500 aufständischen Sachsen befohlen haben: das sogenannte ›Blutgericht bei Verden an der Aller‹. In der Forschung wird gern betont, dass die Zahl »eine maßlose Übertreibung« sei – aber wenn es auch nur 1000 waren, würde dies die Sache für unser Empfinden kaum in milderes Licht rücken. Die Hinrichtungsaktion ist auch sonst mehrfach belegt, und die Zahl bringt jedenfalls eine große Menge an Getöteten zum Ausdruck. Grabungen im Juni 1934 sollen 40 Massengräber zum Vorschein gebracht haben. Für die NS-Regierung war das Anlass, am 21. Juni 1934 an der vermuteten Stelle des Geschehens den Grundstein für den »Sachsenhain« zu legen, der am 23./24. Juni 1935 eingeweiht wurde.[13] Auch wurde erwogen, den Frankenherrscher in ›Karl den Schlächter‹ umzubenennen – während andererseits in der NS-Zeit Bemühungen unternommen wurden, ihn zum germanischen Herrscher über Europa zu stilisieren.

Zum ersten Mal hören wir 782 auch davon, dass Sachsen deportiert wurden: »Es erschlugen die Franken eine Menge Sachsen, und sie führten viele der besiegten Sachsen ins Frankenreich«.[14] In diesem Zusammenhang dürfte auch die ›Verordnung über die Gebiete Sachsens‹ (›Capitulatio de partibus Saxoniae‹) durch Karl den Großen erlassen worden sein. Sie lässt erkennen, dass der Frankenkönig fortan mit drakonischen Strafen gegen die Sachsen vorzugehen gedachte. So sollte jeder, der eine Kirche plünderte, in ihr einen Diebstahl beging oder sie anzündete, hingerichtet werden. Dieses Urteil sollte auch über jeden verhängt werden, der das vierzigtägige Fasten vor Ostern nicht einhielt und Fleisch aß. Einen Bischof, Priester oder Diakon zu töten führte zur selben Strafe. Weitere Bestimmungen lauteten: »Die Todesstrafe erleidet der, der nach heidnischem Brauch Leichen bestattet, indem er den Körper den Flammen preisgibt. Sterben soll, wer Heide bleiben will und unter den Sachsen sich versteckt, um nicht getauft zu werden.« Sterben sollte schließlich ein jeder, der nach heidnischer Art den Götzen Menschenopfer darbrächte, aber auch ein jeder, der als Feind der Christen erkannt werde. Die neue Organisation, bei der ein Graf einen bestimmten Sprengel leitete, wurde bekräftigt und die Zahlung des Zehnten eingeschärft. All das bedeutete nicht nur einen radikalen Einschnitt in die sächsische Lebensordnung, sondern auch eine unglaubliche Demütigung und Unterjochung.

Diese Anordnungen scheinen mit harter Hand umgesetzt worden zu sein. Die Missionare, junge Mönche aus den großen Klöstern Echternach und Fulda, aber auch aus kleineren Konventen wie Meppen, Visbeck oder Osterwieck, waren offenbar rigoros in ihrem Vorgehen. Sie forderten, dass die Sachsen eigenhändig ihre alten Heiligtümer zerstören müssten. Und ihre alten Götter sollten sie in ihrem ›Altsächsischen Taufgelöbnis‹ namentlich als »Teufel« und »Unholde« verurteilen: »Ich widersage allen Teufeln in Werken und Worten, dem Donar, dem Wodan und dem Saxnot und allen Unholden, die ihre Genossen sind«[15]. Für die Sachsen ging eine Welt unter.

Aber selbst der harte Zugriff von 782 brachte nicht das Ende. Widukind hielt zäh am Widerstand fest, und Karl musste seine Kriegerheere auch in den folgenden Jahren immer wieder nach Sachsen schicken. Auch seinen zweitgeborenen Sohn, Karl den Jüngeren (gest. 811), beauftragte er mit militärischen Aktionen gegen die Westfalen. Er selbst kämpfte sich bis über die Elbe vor. Aber dann nahm die Erschöpfung auf beiden Seiten zu. 785 ergaben sich schließlich die Sachsen des Bardengaus, die sich zuletzt am heftigsten gewehrt hatten, und endlich konnte Karl durch Verhandlungen erreichen, dass Widukind die Waffen streckte – allerdings bei ehrenvoller Behandlung. Freilich, die Taufe musste er annehmen. Sie fand zu Weihnachten 785 in der Pfalz von Attigny statt. Karl selbst übernahm die Rolle des Taufpaten. »Nun war ganz Sachsen unterworfen«, so zog der Autor der ›Reichsannalen‹ das Resümee. Widukind durfte sich wahrscheinlich auf seine Güter zurückziehen, verschwand aber schlagartig aus der Geschichte. Dass er wirklich in der Stiftskirche von Enger – wo sich ein ›Widukindsgrabmal‹ befindet – bestattet ist, ist nicht ausgeschlossen. Seine Kinder und weiteren Nachkommen sind noch über viele Generationen in der Geschichte zu verfolgen.

Die Unterwerfung Widukinds schien das Schicksal Sachsens besiegelt zu haben. Die Missionsarbeit konnte fortan intensiv in Gang gesetzt werden. Die Forschung ist heute sogar der Meinung, dass die missionarisch-kirchliche Arbeit am Anfang sehr viel stärker betrieben wurde als die Einführung einer neuen weltlichen Verwaltungsstruktur.[16] Nach Westfalen wurde vom Kloster Fulda aus Erkanbert als Missionsbischof gesandt. Weiter im Norden übernahm Willehad die Missionsleitung mit dem späteren Zentrum Bremen. Im Gebiet um Münster brachte Liudger das Missionswerk in Gang.

Karl der Große und seine Leute sind ob dieses Aufschwungs geradezu in einen Siegesrausch verfallen. Damit ist die euphorische Aufforderung des Frankenkönigs an den Papst zu erklären, 786 zum Jubeljahr zu erklären. Jetzt sollte die gesamte Christenheit diesen Erfolg feiern. Es war ein Sieg für die Sache Gottes und den christlichen Glauben – über das Frankenreich hinaus! Es war ein Sieg für die Sache der »Guten«, ein Sieg für die richtige Ordnung *(rectitudo),* wie der Papst es nannte, und für die Lebensweise, die nach der Überzeugung Karls und seiner Franken allein zur Erlösung führen konnte. In den Augen der Sieger war damit die Rettung der Sachsen verbunden, die Rettung nämlich ihrer Seelen. Jetzt konnte das Frankenreich und damit der Friedensraum des Glaubens, des Vertrauens und der Treue auf Sachsen ausgedehnt werden.

Aber die Sachsen bäumten sich noch einmal auf. Als Karl mit den Awaren beschäftigt war, wagte man in Sachsen erneut den Widerstand. Von 793 an musste Karl, unterstützt von seinem Sohn Karl dem Jüngeren, seine Heere weit in den Osten des Landes führen. Wieder wurde äußerste Gewalt eingesetzt, sodass 795 in den ›Reichsannalen‹ Sachsen als ein »verwüstetes Land« *(terra vastata)* bezeichnet wurde. Nun begann Karl auch damit, Deportationen in größerem Ausmaß durchzuführen. Tausende von Sachsen wurden mit Frauen und Kindern weggeführt, und man muss davon ausgehen, dass in den entvölkerten Gebieten Franken angesiedelt wurden.

Vielleicht gehört in diese Zusammenhänge das sogenannte ›Mainzer Geiselverzeichnis‹, das in eine Handschrift des Klosters auf der Reichenau von 805/806 eingetragen wurde (St. Paul, Cod. 6/1). Auf zwei Blättern stehen die Namen von 37 sächsischen Adligen, geordnet nach Westfalen, Ostfalen und Engern. Sie waren von Karl in die Obhut von Abt Waldo von Reichenau (gest. 786/806) übergeben worden.

Die neue harte Welle im Vorgehen Karls blieb nicht unkommentiert. »Man sagt«, so schrieben die spanischen Bischöfe 792/793 an Karl den Großen, »dass du viele durch den Schrecken der Gewalt, aber nicht durch Gerechtigkeit überzeugst.«[17] War damit auch die ›Sachsenmission‹ gemeint? Noch Jahrzehnte später erinnerte man sich in Paderborn daran, dass Karl »gleichsam mit eiserner Zunge gepredigt habe«.[18] Alkuin, der große Gelehrte am Hof Karls des Großen, warnte davor, den Glauben mit Gewalt zu erzwingen. Im Spätsommer 796 legte er dem Schatzmeister Meginfrid ans Herz, er möge Karl ermahnen, nicht mit Gewalt die Sachsen bekehren zu wollen. Der Glaube sei nach Augustinus eine freiwillige Sache[19], und der Mensch könne nicht zum Glauben gezwungen werden. Den Neubekehrten sollte man auch nicht gleich den vollen Zehnt auflasten, um nicht als Räuber zu erscheinen.[20]

Aber andererseits sah Alkuin in Karl auch den neuen David: »Das Schwert der triumphierenden Macht blinkt in seiner rechten Hand *(gladium triumphalis potentiae vibrat in dextera)* und die Trompete der katholischen Lobpreisung erschallt in seiner Rede. So hat auch David einst als von Gott erwählter König des vorangehenden Volkes und als von Gott geliebter und herausragender Psalmendichter überall die Völker mit siegreichem Schwert Israel unterworfen und sich zugleich als ausgezeichneter Prediger des Gesetzes Gottes in seinem Volk erwiesen (...). Unter seinem Schutz ruht in himmlischem Frieden das christliche Volk, und überall verbreitet er Schrecken unter den heidnischen Völkern«, so heißt es in einem Brief von 794/795.[21] Damit war das Vorgehen Karls alttestamentarisch unterlegt und legitimiert. Wie schon bei Paulinus von Aquileja erscheint das Bild vom »blinkenden Schwert«. Überhaupt scheint der Eifer für den Glauben auch im Heer Karls des Großen stark gewirkt zu haben. Trotz gewisser Bedenken gab es im Umfeld Karls keine grundsätzliche Ablehnung seiner ›Schwertmission‹, eher im Gegenteil.

Dennoch erkannte Karl, dass er die Zwangsmaßnahmen lockern musste, um einen dauerhaften Erfolg zu erreichen. 797 unterwarf sich wieder einmal »das ganze Sachsenvolk« *(tota Saxonum gens)* und stellte Geiseln, so viele wie noch nie.[22] Vielleicht ging es auf einen Kompromiss zurück, dass im Winter 797/798 Sachsen neu geordnet wurde. Karl erließ zu diesem Zweck im Herbst 797 eine ›Sächsische Verordnung‹ (›Capitulare Saxonicum‹)[23], mit der die so überaus strenge ›Capitulatio de partibus Saxoniae‹ abgelöst wurde. Um dieser neuen Rechtsgrundlage eine möglichst große Akzeptanz zu verschaffen, wurden Vertreter der Sachsen aus den »Herrschaften« Westfalen, Engern und Ostfalen hinzugezogen. Der ›Terror‹ sollte ganz offensichtlich gemildert werden durch einen konsensualen Akt. Ein paar Jahre später ließ Karl das Sachsenrecht insgesamt aufschreiben, und auch hieran ist zu erkennen, dass die Rechtstradition des Volkes bestehen blieb.

Doch immer noch war nur ein Teil der Sachsen gewonnen. Das Land zwischen Weser und Elbe blieb weiterhin ein Unruheherd. 804 griff Karl erneut zum Mittel der Zwangsumsiedelung. Jeden dritten Einwohner soll es betroffen haben. Einhart spricht in der ›Vita Karoli Magni‹ von 10 000 Sachsen, die Karl »da und dort in Germanien und Gallien«, also diesseits und jenseits des Rheins, angesiedelt habe (cap. 7). In der Tat trifft man vertriebene Sachsen an verschiedenen Orten des Frankenreichs an, etwa in der Region der Picardie mit der Diözese Amiens, vor allem um das Kloster Corbie oder auch in Würzburg. Heutige Ortsnamen wie Sachsenhausen (Frankfurt am Main) – vermutlich eine Ableitung von Sassenhusen, dem Siedlungsort städtischer »Beisassen« ohne volle Bürgerrechte – sind allerdings kein Indiz für konzentrierte Ansiedlungen.

Nach über 30 Jahren war damit die Eingliederung abgeschlossen. Die Sachsen mit ihren zu Fuß kämpfenden Kriegern hatten sich am Ende gegen die gepanzerten Reiterschwadronen und die übermächtigen Heereskontingente der Franken doch nicht behaupten können. Um die Oberschicht zu gewinnen, wurden die Grafschaften als die neuen Verwaltungseinheiten in der Hauptsache sächsischen Adligen übertragen, die sich damit der fränkischen Oberschicht anglichen. Heiratsverbindungen zwischen Sachsen und Franken führten bald zu einer festen Integration. Um 800 kam auch die kirchliche Organisation Sachsens voran. Nach der Einrichtung des Bistums Bremen (787/789) festigten sich auch die Bischofssitze Osnabrück (ca. 803), Münster (805), Minden (805), Paderborn (806/807), Verden (um 810) und Halberstadt (vor 814).

Nochmals sei die Frage gestellt: Reicht für einen solch einschneidenden Vorgang eine eher zufällig in Gang gesetzte und dann sich stufenweise steigernde Eskalation als Erklärung aus? Der Krieg hätte niemals so lange gedauert, wenn nicht die Treulosigkeit der Sachsen *(Saxonum perfidia)* dies immer wieder erfordert hätte, so beurteilte Einhart rückblickend die Ereignisse (cap. 7). In diesem Sinne hat Karl der Große also in der Tat immer wieder auf das Verhalten der Sachsen reagiert.

Aber wenn wir uns mit dieser Feststellung begnügten, würden wir nur die Oberfläche der Aktionen erfassen. Dahinter stand eine Grundkonzeption, von der Karl wie von einer ständigen Quelle angetrieben wurde. Die Dimension der Geschehnisse, der gewaltige Einsatz über einen so langen Zeitraum und nicht zuletzt die »Beständigkeit in der Absicht« *(mentis constantia)* Karls des Großen, von der Einhart spricht (cap. 7), deuten auf große Zielstrebigkeit hin, mit der eine Grundidee verfolgt wurde. Es ging um die Durchsetzung des wahren Glaubens in der Welt durch die ›Macht des Guten‹. Der Frühmittelalterforscher Gerhard Schmitz hat dies auf die prägnante Formel gebracht: »Die Expansion des Reiches war essentiell verbunden mit Mission.«[24]

Mit der Unterwerfung und der Christianisierung der Sachsen war in den Augen der Zeitgenossen zugleich die Grundlage für den künftigen Frieden geschaffen. Besonders ausgiebig feierte der Dichter Modoin (770–840/843, Bischof von Autun seit 815) in seiner Ekloge auf Karl den Großen den Friedenbringer.[25] Modoin war ein enger Freund Theodulfs von Orléans und wurde in Anspielung auf Ovid im Hofkreis auch Naso genannt. Der ganze Erdkreis, so schrieb er nach 800, sei nun besänftigt, den wilden Völkern habe Karl Zügel angelegt und sie den Gesetzen unterworfen. Nun gebe es keinen mörderischen Aufstand mehr und keine traurigen Tumulte. Alle Völker seien endlich in der einmütigen Eintracht des Friedens vereint.[26] Die Idee von Frieden, Vertrauen und Treue durch gleichen Glauben bestimmte nicht nur die Erklärungen der Gelehrten am karolingischen Hof, sondern auch das Handeln Karls – so grausam und unmenschlich es sich für uns heute auch darstellt. Wir sollten aber nicht vergessen, dass die ›Macht des Guten‹, die sich selbst als Verkünder einer erstrebenswerten Ordnung sah, auch in moderneren Zeiten in Revolutionen, Umstürzen oder Kriegen ihre Opfer fand.

Auf einem anderen Feld, auf dem für den christlichen Glauben gekämpft wurde, hatte Karl der Große weniger Erfolg. Es handelt sich um seine Kriegszüge gegen die muslimischen Reiche in Spanien. Die politischen Verhältnisse waren dort außerordentlich instabil, seitdem 710 der Berber Tārif ibn Mallūk mit einem Heer von Berbern und Arabern die Meerenge erstmals überquerte. Ein Jahr später, im Juli 711, setzte der berberische muslimische Feldherr Tārik ibn Ziyād bei Gibraltar (Fels des Tarik) über und schlug in der Schlacht am Fluss Guadalete das Heer des Westgotenkönigs vernichtend. Das in hoher Blüte stehende Westgotenreich hörte auf zu bestehen. Die Muslime setzten sich rasch in weiten Teilen Spaniens durch, Gebiete, für die sich bald der Sammelname al-Andalus einbürgerte. Nur das Königreich Asturien im Norden blieb christlich.

Die muslimischen Gebiete bildeten allerdings keine einheitliche Herrschaft. Die Spannungen zwischen Berbern und Arabern hielten das ganze Jahrhundert über an, und als 740/741 vom Kalifen Hischām noch ein großes Syrerheer nach Spanien geführt wurde, nahmen die Konflikte zwischen den muslimischen Völkern, vor allem zwischen den Berbern des Maghreb und den Arabern, weiter zu. König Alfons I. von Asturien (739–757) leitete erste Schritte für eine Rückeroberung (Reconquista) der einst christlichen Gebiete ein. Eine gewisse Konsolidierung brachte die Herrschaftsepoche der Omayyadendynastie, die mit Abd ar-Rahmān I., dem Emir von Córdoba (756–788), begann. Dieser konnte sich insbesondere auf die Syrer stützen, aber auch auf ehemalige Christen, die zum Islam konvertiert waren (›Muwallads‹) und ihren neuen Glauben mit großem Einsatz vertraten. Sie schlossen sich als ›Klienten‹ den Arabern in engen persönlichen

Bindungen an und machten nicht selten Karriere im Militärwesen. Die Christen dagegen, die bei ihrem Glauben blieben, mussten eine besonders hohe Steuer zahlen. Aber auch sie glichen sich in Sprache und Kleidung den neuen Herren an. Daher wurden sie von ihren christlichen Zeitgenossen ›Mozaraber‹ genannt, was so viel wie ›die Arabisierten‹ bedeutete.

Abd ar-Rahmān sah sich trotz seiner Erfolge immer wieder mit Aufständen konfrontiert. 777 bildete sich eine ernst zu nehmende Opposition gegen ihn, die sich um Kasem, den Sohn Jusufs *(latine Joseph)*, des ehemaligen arabischen Befehlshabers von Narbonne, sammelte. Gemeinsam mit zwei weiteren hochgestellten »Sarazenen« kam dieser zu Karl dem Großen auf die Reichsversammlung in Paderborn, wo der Frankenkönig gerade die Sachsenfrage gelöst zu haben glaubte. Die drei begaben sich in seinen Schutz und lieferten ihm ihre Städte aus, offenbar verbunden mit der Forderung, dass er sie beim Kampf gegen den Emir von Córdoba unterstütze.[27]

Karl ging auf den Vorschlag ein. Laut Einhart stellte er ein so großes Heereskontingent auf, wie er nur konnte.[28] 778 zog er über die Pyrenäen und eroberte Pamplona, die Hauptstadt der Basken. Die Stadt war in der Hauptsache christlich besiedelt, aber mit einer muslimischen Garnison belegt. Diese war es, die geschlagen werden musste. Der Eindruck, der vielfach in der Forschung erweckt wird, als habe Karl hier christliche Glaubensgenossen unterdrückt, wird den Vorgängen kaum gerecht. Dann rückte der Frankenkönig weiter vor über den Ebro bis nach Saragossa. Doch in der Zwischenzeit war das Bündnis der Rebellen, die mit ihm zusammenarbeiten wollten, schon wieder zerfallen. Die Gegenwehr formierte sich, und an eine rasche Eroberung Saragossas war kaum mehr zu denken. Vor allem aber hatte Karl Kunde erhalten vom großen Aufstand der Sachsen. Diese wagten sich zu erheben, weil die fränkischen Kriegerkontingente nun überwiegend in Spanien eingesetzt waren. Karl war also zu einem raschen Wechsel seines militärischen Einsatzes gezwungen. Bei der Frage Spanien oder Sachsen entschied er sich für die östlichen Nachbarn.

Bei der Rückkehr, so die ›Reichsannalen‹, kam Karl erneut nach Pamplona und ließ dort die Stadtmauern bis auf den Erdboden schleifen, »damit keine Rebellion entstehen könne« *(ne rebellare posset)*. Das heißt nichts anderes, als dass die baskische Bevölkerung sich gegen eine fränkische Besatzung zur Wehr zu setzen versuchte. In der Tat folgte daraufhin der Überfall der Basken auf die Nachhut des fränkischen Heeres, das sich auf den engen Gebirgspfaden des Pyrenäenpasses bei Roncesvalles weit auseinanderzog. Die fränkische Abteilung wurde – nach Einhart – von den »treulosen« Basken »bis auf den letzten Mann niedergemacht« (cap. 9). Von der Legende des treuen Roland und seinem »Olifant« war schon die Rede. Bei Einhart wird er »Hruodland, der Befehlshaber im bretonischen Grenzbezirk«, genannt (cap. 9).

Wie ist dieser Kriegzug einzuschätzen? Haben wir es etwa mit einem situationsbezogenen Beutezug Karls zu tun? Auch in diesem Fall treffen wir in der Forschung auf diese Ansicht. Aber das gewaltige Heer, das Karl aufbot, deutet doch eher darauf hin, dass er auch ein entsprechend großes Ziel verfolgte. Zumindest dürfte dahinter der Entschluss gestanden haben, einen nachhaltigen »Verteidigungskrieg« zu führen.[29] Vielleicht hat Karl nach seinem vermeintlichen Erfolg in Sachsen 777/778 sogar eine Chance gesehen, in einem groß angelegten Unternehmen auch die Halbinsel unter seine Kontrolle zu bekommen und die Muslime zu unterwerfen. Das rasche Scheitern seines Unternehmens bedeutet keineswegs, dass es auch nur als kurzzeitiges Unternehmen geplant war. Überdies setzte Karl seine Bemühungen fort, die spanischen Christen vom muslimischen »Joch« *(servitium)* zu befreien. 794 schrieb er an die Bischöfe Spaniens mit der dringenden Mahnung, sie sollten ihrerseits die römische Rechtgläubigkeit befolgen, denn er wolle sie aus der Knechtschaft und ihrer weltlichen Not befreien.[30]

Allerdings musste Karl auch erkennen, dass er seine militärischen Ressourcen überspannt hatte. Nach dem Tod Abd ar-Rahmāns 788 folgte Hischām I. jenem im Emirat von Córdoba nach. Dieser verschärfte die Offensive gegen die Franken und rief zum Heiligen Krieg gegen das christliche Asturien auf. Sein Heer überquerte unter der Führung von Abdelmelek ben Abd el Wahid 793 die Pyrenäen, verwüstete Septimanien – ein Territorium ganz im Süden des Frankenreichs – und ging, wenn auch vergebens, daran, die Städte Narbonne und Carcassonne zu erobern. Das fränkische Heer erlitt fürchterliche Verluste, und die arabischen Krieger kehrten mit reicher Beute nach Spanien zurück.[31]

Karl sah sich gezwungen, seine Strategie zu ändern, eine Reaktion, die man von einem umsichtigen Feldherrn durchaus erwarten kann. Nicht mehr mit geballter militärischer Gewalt, sondern unter Nutzung günstiger Umstände *(secundum temporis oportunitatem)* wollte er künftig vorgehen.[32] Mit dieser Taktik gelangen ihm schrittweise Teilerfolge. Das nördliche Grenzland der Halbinsel, die ›Spanische Mark‹ bis zum Ebro mit dem Zentrum Barcelona, konnten er und sein Sohn Ludwig nach mehreren Unternehmungen der fränkischen Kontrolle unterwerfen. Die eigentliche Rückeroberung aber wurde vor allem von König Alfons II. von Galicien und Asturien (791–842) vorangetrieben.

Auf eine Reihe weiterer Kriegshändel – wie gegen die Bretonen, die Normannen oder gegen die Slaven – sei hier nur pauschal verwiesen. Immerhin ist es bemerkenswert, dass Karl auch eine Flotte ausrüsten ließ, um die Normannen und die Seeräuber an den verschiedenen Küsten seines Reiches abzuwehren.[33] 807 wurde sogar eine ganze Sarazenenflotte bei Korsika geschlagen.[34] Insbesondere ist zu beachten, dass es auch bei Karls Kriegsaktionen gegen slawische Völker keineswegs nur um Beutezüge ging – als solche werden sie gern in der Forschung dargestellt. Als sich ihm die Wilzen unter ihrem Stammesführer Dragowit im Sommer 789 unterwarfen, folgten sogleich Versuche, unter ihnen das Christentum auszubreiten. Einem beteiligten Abt schrieb Alkuin, dieser solle ihn umgehend informieren, wenn die Wilzen und die Wenden den Glauben Christi angenommen hätten.[35] Eine solche Erwartung ist nur sinnvoll, wenn sie von einem Programm der Christianisierung ausgehen konnte.

Ein großes Kampfgeschehen muss jedoch noch näher betrachtet werden: der Krieg gegen die Awaren, die in den Quellen auch als Hunnen erscheinen. Schon Einhart hat ihn an vorderster Stelle eingeordnet: »Der bedeutendste Krieg von allen, die er [Karl] führte, vom sächsischen einmal abgesehen, (...) war der gegen die Awaren. Er führte ihn mit mehr Eifer als die anderen und mit weit größeren Zurüstungen« (cap. 13). Was war die Ursache für diese Wahrnehmung in den Hofkreisen um Karl den Großen?

Die Awaren, ursprünglich ein zentralasiatisches Nomadenvolk, hatten im Verlauf des sechsten Jahrhunderts den Raum von Pannonien und das Banat erobert. Ihr Kerngebiet befand sich beiderseits der Donau von Wien über Bratislava und Budapest bis Belgrad. Ihr Einflussbereich griff noch weit darüber hinaus, im Osten bis an das Schwarze Meer und im Westen bis an die Enns im heutigen Österreich. Auch die Flussläufe der Drau und der Save und die Gebiete von Kärnten und Slowenien standen um 600 unter ihrer Kontrolle: flächenmäßig ein gewaltiges Reich.

Die Organisation eines Steppenvolkes war auf die Nutzung von Weideflächen ausgerichtet, auf denen Viehherden gehalten wurden. Die Folge war, dass sich eher kleinere Einheiten von Familien- und Stammesgruppen bildeten. Sie lebten in Lagern, die sich mehrere Familien, Sippen und Sklaven teilten. Das gesamte System war damit sehr fluktuierend. Die Kontrolle über die Ressourcen ging mit der Zeit auf aristokratische Schichten über. Daneben bestimmten räuberische Expansion, Kriege und Überfälle das Leben und die Ordnung. Im siebten Jahrhundert ist aus Byzanz der Spruch überliefert: Die Awaren seien wilde Völker, deren Leben in Krieg bestünde.[36]

Im späten achten Jahrhundert gab es zwei awarische Könige nebeneinander, den Khagan (oder Khan) und den Iugurrus. Was die beiden unterschied, ist nicht bekannt. Beide pflegten zusammen mit den Fürsten ihres Reiches im sogenannten »Ring« zu residieren, wie die ›Lorscher Annalen‹ berichten.[37] Von dort aus leiteten sie gemeinsam die ›Außenpolitik‹ ihres Reiches. Über diesen »Ring« ist viel gerätselt worden. War damit ein groß angelegter Wallgürtel in mehreren zentrischen Kreisen gemeint? Heute vermutet man ganz einfach »eine feste, kreisförmig angelegte Palastsiedlung aus Zelten oder Holzbauten«.[38] Dass dort auch ein gewaltiger Schatz angesammelt war, ist vielfach belegt. Unterhalb der Könige gab es noch weitere Würdenträger, den Tudun, den Tarkhan und den Kapkhan. Und zu erwähnen ist auch die Hauptfrau des Khagan, die den Titel Katun trug. Eine Tochter Herzog Tassilos III. von Bayern hieß Cotani, sodass man in der Forschung schon erwogen hat, ob sich darin nicht eine Beziehung zwischen der bayerischen und der awarischen Herrscherfamilie niedergeschlagen haben könnte.

Das Heer der Awaren galt lange Zeit als unbezwingbar. Das byzantinische Reich konnte sich nur mit Mühe ihrer Einfälle erwehren und musste mehrmals gewaltig hohe Tributzahlungen leisten. Die Awaren waren gut gerüstet mit Panzerhemden, Schwert, Bogen und Lanze. Auch ihre Pferde trugen einen Brustschutz aus Eisen oder Filz. Ihre große Schlagkraft kam nicht zuletzt durch den eisernen Steigbügel zustande, der heute als eine Erfindung der Awaren gilt.

Im späten achten Jahrhundert hatte das Awarenreich freilich seinen Zenit überschritten. Konkurrenz zwischen den Stammesführern und Amtsträgern schwächte den Zusammenhalt, die innere Ordnung begann auseinanderzubrechen. Hinzu kam, dass Herzog Tassilo III. und der bayerische Adel auf dem Weg waren, das Kärntner Gebiet (Carantanien) zu erobern und zu besetzen. Außerdem muss es am Fluss Enns, der als »feste Grenze« zwischen Bayern und dem Awarenreich bezeichnet wird *(certus duorum regnorum limes)*[39], zu ständigen gegenseitigen Übergriffen gekommen sein. Dieser Spannungszustand entlud sich 788, als unmittelbar nach der Entmachtung Tassilos III. Kriegszüge gegen die Awaren unternommen wurden. An ihnen haben sich hauptsächlich Bayern beteiligt. Ihre Anführer Graman *(Grahamannus)* und Otakar *(Audaccrus)* kamen aus dem bayerischen Hochadel. Auch im Friaul kam es zu Gefechten. Überall wurden die Awaren geschlagen.

Zwei Jahre später, 790, erschien eine awarische Gesandtschaft bei Karl dem Großen in Worms, und auch umgekehrt verhandelten Gesandte Karls mit awarischen Fürsten. Es ging um die Grenzen der Reiche *(agebatur inter eos de confiniis regnorum suorum)*[40]. Aber es kam keine Einigung zustande. Das sei die Ursache für den nun folgenden Krieg gewesen, so lesen wir in den ›Einhardsannalen‹.[41]

Karl der Große machte diesen Krieg zur ›Chefsache‹, so würde man heute sagen. Es ist überaus bemerkenswert, mit welch großem Einsatz er fortan die Zerschlagung des awarischen Reiches verfolgte, vorbereitete und durchführte. Schon die Tatsache, dass er in den folgenden Jahren seinen Hauptsitz in Regensburg nahm und die meiste Zeit in Bayern verbrachte, ist höchst ungewöhnlich. Mit einer wahrlich gewaltigen Truppenmacht brach er Mitte August 791 auf und zog entlang der Donau und mit Schiffen auf der Donau flussabwärts. Tausende von Pferden seien mitgeführt worden – wohl um gegen die Reiterverbände der Awaren gewappnet zu sein. Mächtige Fürsten waren dabei: der Graf Theoderich, ein Verwandter Karls, der das Kontingent nördlich der Donau anführte; der Erzbischof Angilram von Metz, der zugleich Leiter der Hofkapelle war; ferner die Bischöfe Sindpert von Regensburg, Arn von Salzburg, Atto von Freising und viele andere. Ein geradezu furchterregender Aufmarsch.

Als man bei Lorch am Grenzfluss Enns das Lager aufschlug, wurden dreitätige Bittgänge angeordnet. Das ganze Heer musste Gott um Hilfe und Segen anflehen. Jeder Priester hatte eine Messe zu halten und fünfzig Psalmen zu singen und in der übrigen Zeit barfüßig herumzugehen. All dies berichtete Karl der Große selbst in einem Brief, den er seiner vierten Frau Fastrada vom Lager aus mit »lieben Grüßen« schrieb.[42] Er sei gesund und wohlauf und war offenbar in guter Stimmung. Von Italien aus, so wusste er zu berichten, habe man schon Siege über die Awaren errungen und sogar deren »Wall« *(uualum)* geplündert. Das eigene Heer aber bereite sich auf den Kampf gegen die Awaren vor, indem der Genuss von Wein und Fleisch verboten worden sei. Wer aber dennoch unbedingt habe Wein trinken wollen, der habe sich eine Lizenz für einen Schilling besorgen müssen. Ärmere seien mit einem Denar davongekommen.

Nach diesen Vorbereitungen überschritt das Heer die Grenze –

und fand so gut wie keine Gegenwehr. Die Awaren flohen, so gut sie konnten, oder ergaben sich kampflos. Bis an den Fluss Raab konnte Karl mit seinen Kriegern durchmarschieren. Mit einer Menge an Gefangenen – Männern, Frauen und Kindern – kehrte man zurück. Es war also gar nicht zu einer Schlacht gekommen. Hatte Karl das militärische Potenzial der Awaren falsch eingeschätzt? War er von Anfang an nur mit »halbherziger Eroberungsabsicht« an die Aktion herangegangen? Oder hatte er gar nicht den Kampf gesucht? Diente der ganze martialische Aufzug nur der Inszenierung seiner inzwischen geradezu gewaltigen Machtstellung? Alle diese Erklärungen findet man in der Forschung.

Vielleicht liegt die Erklärung eben doch darin, dass der Welt mit dieser Aktion der Siegeszug der christlichen Heerscharen vor Augen gestellt werden sollte. Die Awaren waren nach der halbwegs vorangeschrittenen Christianisierung der Sachsen und weiter Teile der Slaven als Inbegriff der vom Teufel besessenen Heiden übrig geblieben. Was der byzantinische Kaiser nicht zuwege brachte, nämlich die Zähmung des Bösen schlechthin, gelang dem Herrscher des Westens, dem Anführer der ›Guten‹! Das könnte die Botschaft gewesen sein. Man sieht an solchen Beobachtungen und Überlegungen, wie sehr Karl bereits in imperiale Dimensionen vorgestoßen war.

Aber dennoch musste man noch mit Gegenwehr der Awaren rechnen. Die letzte Sicherheit, dass ihr Reich zerschlagen war, stand noch aus. Erneut verfolgt man mit Erstaunen, mit welcher Energie und Innovationskraft Karl die Angelegenheit weiter betrieben hat. Um sein gewaltiges Heer rasch und ausreichend mit Nachschub zu versorgen, sollte 793 eine durchgehende Wasserstraße vom Rhein bis zur Donau angelegt werden. Um das zu erreichen, bedurfte es eines Kanals, der die Flüsse Rednitz und Altmühl miteinander verband *(Fossa Carolina)*. »Eine große Menge von Menschen«[43] wurde daher für diese Arbeit in der Gegend zusammengezogen, vermutlich Tausende. Den ganzen Herbst über wurde gegraben. Aber das widrige Wetter zerstörte das Werk. Gewaltige Regengüsse spülten das aufgeworfene Erdreich immer wieder hinab, sodass man nicht vorankam. Schließlich wurde das Unternehmen eingestellt – und erst viele Jahrhunderte später durch König Ludwig I. von Bayern wieder aufgegriffen. Man wird diese Aktion vielleicht als Misserfolg ansehen – aber darauf kommt es nicht an. Vielmehr lässt sich daran die ganz ungewöhnliche Willenskraft Karls ablesen, sein Reich zu steuern und zu lenken und sogar die Flüsse seiner Gestaltung dienstbar zu machen.

Auch ohne Kanal war der Erfolg Karls nicht aufzuhalten. Dabei kam ihm der Umstand zugute, dass in der Führungsschicht des Awarenreichs ein Machtkampf tobte. 795 kamen Gesandte des Tudun, also eines unterhalb des Königs stehenden Fürsten, der wahrscheinlich das westliche Awarenreich leitete, zu Karl. Er wolle sich unterwerfen, so die Botschaft, und das Christentum annehmen.[44] In der Zwischenzeit hatte Markgraf Erich von Friaul ein Heer losgeschickt, das einen glänzenden Sieg errang und den »Ring« der Awaren plünderte. Ein riesiger Schatz fiel den Franken in die Hände, der nun mit 15 vierspännigen Ochsenkarren an den Hof Karls in Aachen transportiert worden sein soll.[45] Das Frankenreich, das man nach den Worten Einharts bis dahin »fast als arm ansehen konnte« (cap. 13), war plötzlich reich. Im Jahr darauf, 796, verteilte der König die wertvollen Gegenstände, Geld, Gold und Edelsteine, an Kirchen und Klöster und übersandte den größten Teil dem Papst in Rom.

Mit diesen Vorgängen war die Kraft des Awarenreiches gebrochen. Karls Sohn, der jüngere Pippin, zog zwar 796 nochmals zum »Ring«, um auch noch die letzten Reste an Wertsachen abzutransportieren und die Bevölkerung niederzumachen, und 799 regte sich sogar nochmals ein awarischer Aufstand. Aber das waren nur noch letzte Zuckungen eines vollständig vernichteten Volkes. 796 war bereits die Christianisierung der restlichen Awaren neu organisiert worden – dazu gehörte auch die Erhebung des Salzburger Bischofs Arn zum Erzbischof im Jahre 798. Alkuin, der Gelehrte am Hof, verfasste sogar ein Handbuch für die Behandlung der Taufwilligen (›Ordo de cathecizandis‹)[46] und legte Wert darauf, dass ein gründlicher Taufunterricht vorauszugehen habe.

Aber es gab am Ende nur noch so wenige Awaren, dass ihr Anführer, der christliche Kapkhan Theodor, sich 805 nach Aachen aufmachte, um den Schutz Karls vor den herandrängenden Slaven zu erbeten. In der Gegend des Neusiedler Sees räumte ihnen Karl daraufhin ein Reservat ein. Das einstige Awarengebiet aber von der Enns bis zum Wienerwald, in den Quellen *Avaria* genannt, wurde zum Pionierland für bayerische Siedler, gleichsam zum ›Wilden Osten‹ des ostfränkischen Reichsteils.[47] Es wurde zur Keimzelle des künftigen Österreich.

Die Awaren dagegen sind wenige Jahre später völlig verschwunden. »Sie waren groß an Körper und stolzen Sinnes, und Gott vertilgte sie, und alle starben, nicht ein einziger Aware ist geblieben«, so heißt es in der altrussischen Nestor-Chronik 300 Jahre später.[48] Ähnlich schilderte schon Einhart in der ›Vita Karoli Magni‹ das Ende der Awaren (cap. 13): Ganz Pannonien sei nach dem Krieg vollkommen unbevölkert gewesen. Die Königsburg des Khagan liege verödet da, keine Spur einer menschlichen Behausung sei zu entdecken, der gesamte awarische Adel sei umgekommen. Nie wieder wurde im Mittelalter ein so mächtiges Reich so vollständig ausradiert. Angesichts dessen fällt es schwer, sich der Forschungsmeinung anzuschließen, wonach der Awarenkrieg »ein reiner Beutekrieg« gewesen sei. Die Vernichtung eines ganzen Volkes hatte ja zur Folge, dass für den Sieger künftig keine Beutezüge oder Tributforderungen mehr möglich waren. Beutemachen gehörte zwar immer zum Krieg, aber der Awarenkrieg ist wie der Missionskrieg gegen die Sachsen doch mit anderen Maßstäben zu messen. Es war der Kampf gegen die Heiden und die Feinde Gottes.

Unserer aufgeklärten Zeit fällt es nicht leicht, sich vorzustellen, welche Energie die Devise ›Gewalt als Gottesdienst‹ im Zeitalter Karls des Großen ausgelöst hat. Wir behelfen uns gern mit säkularisierenden Erklärungen wie persönliches Machtstreben, Geltungssucht und Habgier. Diese menschlichen Eigenschaften wird man gewiss als Motive durchaus mit einbeziehen müssen. Aber man muss ebenso berücksichtigen, dass alle Kriege in diesen Jahrhunderten immer auch den Einsatz des Lebens bedeuteten. Das galt auch für den König selbst, der in der Regel mit in den Kampf zog. Und man muss bedenken, dass für all diese geschilderten Kriege ein so gewaltiger Aufwand erforderlich war, dass sie nur im Konsens mit der politischen Elite möglich waren. Sie durften, wie der Wiener Mittelalterforscher Heinrich Fichtenau zu Recht bemerkte, »nie das Maß des Vernünftigen« überschreiten.[49] Der unbedingte Wille zur Durchsetzung des christlichen Glaubens und seiner moralischen Normen war letztlich die entscheidende Voraussetzung und die treibende Kraft dafür, dass Karl – gleichsam wie ein Besessener – Schwert und Christianisierung miteinander verknüpfte. In diesem Sinne lobte Alkuin den Sieg über die Awaren, mit dem Karl diesem Volk »das Licht der Wahrheit« *(lumen veritatis)* gebracht habe. Dies werde ihm die ewige Seligkeit einbringen.[50]

Man muss also davon ausgehen, dass Karl von einem außerordentlichen Sendungsauftrag erfüllt war, der in ihm den Zwang auslöste, »voller Verlangen nach Wahrheit und Seelenheil für viele« das Böse zu vernichten.[51] Nur dann war es dieser Idee nach möglich, das ›Richtige‹ – in den Quellen als »Rechtheit« *(rectituto)* bezeichnet – zu erkennen, Gerechtigkeit herzustellen, Vertrauen zu schaffen und Frieden zu halten. Alle, die sich diesen Forderungen unterwarfen, sollten geschont werden, so schrieb Alkuin im August 799 an Karl den Großen. Die Hochmütigen aber sollte er mit Krieg überziehen *(debellare superbos)*.[52] Diesen Grundsatz, so fügte Alkuin hinzu, habe Augustinus in seinem Buch über den ›Gottesstaat‹ (I, cap. 6) »mit großem Lob erörtert«. In diesem Werk von Augustinus konnte Karl außerdem lesen, dass Reiche ohne die Gerechtigkeit der christlichen Lehre nichts als große Räuberbanden seien (Buch IV, cap. 4). Friede war mit ihnen nicht zu erreichen. Für »Räuberbanden« konnte es nur die Alternative ›Taufe oder Tod‹ geben.

Widersprach diese Einstellung nicht dem Gebot »Du sollst nicht töten«? Auch zu dieser Frage konnte Karl die Antwort im »Gottesstaat« von Augustinus finden. Dort heißt es in Buch 1, Kapitel 21: Gott selbst habe einige Ausnahmen von der Anordnung, keinen Menschen zu töten, verfügt. »Es versteht sich nämlich, dass, wenn Gott selbst das Töten anordnet, sei es durch Erlass eines Gesetzes, sei es zu bestimmter Zeit durch ausdrücklich an eine Person gerichteten Befehl, solch ein Ausnahmefall vorliegt. Dann tötet nicht der, der dem Befehlenden schuldigen Gehorsam leistet, wie das Schwert dem dient, der es führt. So verstießen diejenigen keineswegs gegen das Gebot ›Du sollst nicht töten‹, die auf Gottes Veranlassung Kriege führten …« Und in Buch V, Kapitel 18, konnte er die Ergänzung finden: Wie hätte das Christentum eine solche Anerkennung erlangt, »wenn nicht das römische Reich sich so gewaltig ausgedehnt und wunderbar erfolgreich vergrößert hätte?« War das römische Reich in diesem Sinne das Vorbild für das von Gott auserwählte Reich der Franken? Das Werk vom »Gottesstaat« jedenfalls gehörte, wie wir inzwischen wissen, zur Lieblingslektüre Karls des Großen.

KAPITEL 7

Herrschaft durch Befehl, Kontrolle und Repräsentation

Karls Kriege verlangten Gefolgschaft und Folgebereitschaft. Nicht weniger erforderlich waren effektive Informationseinrichtungen. Wie konnte man in einem solch großen Reich in möglichst kurzer Zeit Befehle, Gesetze und Verordnungen verbreiten und wie konnte man erreichen, dass sie befolgt wurden? Bei der Beantwortung dieser Fragen müssen wir uns weit von unserer heutigen Zeit und ihrer Informationstechnik entfernen. Grundsätzlich gilt: So gut wie jede Botschaft oder Information, jedes Gerücht und jeder Befehl konnten über längere Entfernungen nur durch Menschen persönlich überbracht werden. Die schnellste Art der Fortbewegung – und damit auch die der Nachrichtenübertragung – war dabei diejenige mit dem Pferd.

Kommunikation konnte über symbolische Handlungen erfolgen. Die Art des Auftretens, der Mimik und Gestik konnte viel dazu beitragen, ob man Zustimmung und Gehorsam erlangte. Es gibt Epochen, in denen die symbolischen Akte das Kommunikationswesen sogar weitgehend bestimmten.[1] Für die Zeit Karls des Großen war aber das Wort entscheidend. Die Sprache bedeutete für ihn wie für seine Vertrauten das Machtmittel, mit dem »Dominanz, Einflussnahme und Souveränität« hergestellt und persönliche Absichten durchgesetzt wurden.[2] Diese Grundeinstellung Karls, das Wort an die erste Stelle des gesamten Ordnungssystems zu setzen, wird sich auch noch in anderen Zusammenhängen zeigen.

Um Entscheidungen und Befehle zu überbringen, waren Boten erforderlich. Wenn man berücksichtigt, dass nicht nur der König und sein Hof Mitteilungen ausschickten, sondern auch Briefe der Gelehrten, der Bischöfe, Äbte und Pröpste sowie gewiss auch der Grafen hin- und hergeschickt wurden, kann man sich ein ungefähres Bild davon machen, wie zahlreich die Boten gewesen sein müssen, die ständig auf Reisen waren. Über ihre Reisegeschwindigkeit sind in der Forschung immer wieder Berechnungen angestellt worden. Je nach Jahreszeit und dem Zustand der Wege konnte man wohl 30 bis 60 Kilometer pro Tag zurücklegen. Bei besonders eiligen Botschaften waren auch 100 Kilometer und mehr möglich, allerdings nur bei gut organisiertem Pferdewechsel.

Karl verfügte über besondere Boten, die »Gesandten des Herrschers«, die in den Quellen *missi dominici* heißen. Solche Königsboten gab es schon unter König Pippin. Aber sie wurden unter Karl immer wichtiger. Welch hohen Rang sie einnahmen, zeigt eine Bestimmung im ›Capitulare Saxonicum‹ von 797.[3] Demnach hatten die Sachsen die dreifache Buße zu leisten, wenn sie einen Gesandten des Königs töteten. Diese waren dreimal so viel wert wie andere Menschen.

Königsboten sollten nicht nur die Befehle im Land verbreiten, sondern auch Abgaben einsammeln oder für Gerechtigkeit sorgen. Sie hatten die »Gewalt, ein Urteil zu fällen« *(potestas iudicandi)* und zu überprüfen, ob die Verordnungen eingehalten wurden. Unter Umständen mussten sie Grafen, die ihrer Pflicht der Rechtsprechung nicht nachkamen, zurechtweisen und notfalls selbst die Gerichtshoheit übernehmen. So ist es im sogenannten ›Kapitular von Herstal‹ von 779 vermerkt: »Wenn ein Graf in seinem Amtsbereich nicht für Gerechtigkeit sorgt, dann muss er für den Unterhalt unseres Gesandten *(missus)* so lange aus seinem eigenen Haushalt aufkommen, bis die Rechtsprechungen erfolgt sind; und wenn unser Vasall nicht Recht spricht, dann sollen sowohl der Graf wie auch unser Gesandter *(missus)* so lange in dessen Haus wohnen und auf seine Kosten leben, bis er für Recht gesorgt hat.«[4] Mit diesem Auftrag war der Königsbote formal eindeutig dem Grafen übergeordnet. Aber war dieser

Anspruch realistischerweise durchsetzbar? Der Graf, so ist an dieser Bestimmung ebenfalls zu erkennen, hatte im Gerichtswesen Beauftragte eingesetzt, die als Vasallen bezeichnet werden. Auch im Hinblick auf diese ›Beamten‹ musste der Königsbote für den ordnungsgemäßen Ablauf sorgen. Nicht selten dürfte er damit überfordert gewesen sein.

Um den Status der Königsboten abzusichern, erhielten diese vom Hof legitimierende Instruktionen. In diesen Handreichungen *(breviaria)* wurden die wesentlichen Auftragspunkte formuliert. Als beispielsweise im Jahre 789 Königsboten nach Aquitanien aufbrachen, empfingen sie kurze und präzise Anweisungen[5], die sich als Karls persönliche Willensbekundung ausgaben: »Wir haben befohlen«. Diese Befehle und Erlasse des Königs wurden schon in ihrer Zeit wegen ihrer Einteilung in Kapitel »Kapitularien« genannt – erstmals im erwähnten ›Kapitular von Herstal‹ von 779. Alle diese Vorgänge machen deutlich, wie eng Königsboten und Kapitularien miteinander verknüpft waren.

Als bedeutendstes Kapitular unter Karl dem Großen hat die ›Allgemeine Ermahnung‹ (›Admonitio generalis‹) von 789 zu gelten.[6] Ihr Text geht in der Hauptsache auf den Gelehrten Alkuin zurück. Doch kann man mit Sicherheit davon ausgehen, dass der Inhalt in enger Abstimmung mit Karl dem Großen zustande kam. Die ›Admonitio generalis‹ bedeutete die große Verkündigung eines umfassenden Programms, nämlich der Einbettung der gesamten Lebensordnung der Menschen seines Reiches in die göttlichen und kirchlichen Richtlinien. Die genannten Regelungen zielten auf möglichst hohe Eindeutigkeit, Exaktheit und Normentreue ab. Ihre Befolgung wurde eindringlich angemahnt. Alle Lebensbereiche wurden angesprochen, ohne dass dabei eine Systematik nach unseren heutigen Kriterien erkennbar wäre. Ein Blick in die Bestimmungen lässt vielmehr die weitgehende Verschmelzung von göttlicher und weltlicher Ordnung erkennen. So heißt es in Kapitel 70, Mönche dürften nicht zu weltlichen Gerichtsverhandlungen gehen. Kapitel 71 führt aus, Kleriker sollten »in jeder Hinsicht kanonisch nach ihrer Regel leben«. Das folgende Kapitel 72 bezieht sich dagegen auf ein völlig anderes Gebiet: »Alle sollen die gleichen und richtigen Maße und gerechte und gleiche Gewichte haben, ob in den Bischofsstädten oder in den Klöstern, ob zum Geben oder Nehmen, wie wir auch im Gesetz des Herrn dieses Gebot haben. Denn bei Salomon spricht der Herr: ›Maß um Maß, Gewicht um Gewicht: das hasst meine Seele‹«. Der Herr selbst, so meint dieses biblische Zitat, verabscheut die Vielfalt von Maß- und Gewichtseinheiten! Dann folgt in Kapitel 73 der Befehl, dass Gäste, Fremde und Arme ordentliche und kanonische Aufnahme finden sollen, weil der Herr bei der Vergeltung des großen Tages, das heißt, beim Jüngsten Gericht, sagen wird: »Ich war ein Fremdling, und ihr habt mich aufgenommen.« Man sieht: Die Welt wurde nach biblischen Grundsätzen geordnet. Dementsprechend nannte Karl die Menschen seines Reiches das »Gottesvolk« *(populus dei)*.[7]

All dies durchzusetzen war ein gewaltiger Auftrag für die Königsboten. Das gesamte Reich sollte auf ein Ordnungs- und Lebensprogramm ausgerichtet werden, das bis in die Geschäfte des täglichen Lebens reichte. An den Sonntagen, so heißt es in Kapitel 79, dürften keine »Knechtsarbeiten« *(opera servilia)* verrichtet werden – eine Anordnung, die schon Karls Vater, Pippin, durchzusetzen suchte, die aber offensichtlich wenig beachtet worden war. Allerdings war damit ein schwieriger Punkt angesprochen. Die Landwirtschaft verlangte nicht selten den Einsatz auch am Sonntag, etwa um das Wetter zu nutzen und die Ernte einzubringen. Kühe mussten ohnehin an allen Tagen gemolken und versorgt werden. Aber von nun an sollte die Vorschrift gelten, »dass die Männer keine Landarbeiten verrichten, weder beim Bestellen des Weinbergs noch in den Feldern beim Pflügen, Ernten oder Heuen oder Umzäunen, noch in den Wäldern roden oder Bäume fällen oder in den Steinen arbeiten, noch Häuser bauen. Sie sollen auch nicht im Garten arbeiten und nicht zu Gerichtsverhandlungen zusammenkommen oder auf die Jagd gehen.« Erlaubt sei nur der Transport von Kriegsgerät und Lebensmitteln oder die Bestattung eines Toten. Der Sonntag sollte ansonsten ganz für den Lobpreis Gottes reserviert sein.

Eine weitere umfassende Verfügung, die Karl der Große etwas

später erließ, betraf die Organisation der königlichen Wirtschaftshöfe. Sie wurde ›Verordnung über die Land- und Krongüter des Reiches‹ (›Capitulare de villis vel curtis imperii‹) genannt.[8] Die genaue Entstehungszeit ist bis heute ungeklärt; die Datierungen reichen von 792/793 bis 812. Eine Frühdatierung dürfte vorzuziehen sein, weil der militärische Aspekt eine wichtige Rolle spielt (cap. 30 und 68). Auch der Autor steht nicht fest – gedacht wurde an Abt Ansegis von Saint-Wandrille (gest. 833) oder Alkuin. Zu den Wirtschaftshöfen, «die den Hofhalt beliefern« (cap. 1), gehörten auch diejenigen von Klöstern. Das erklärt, weshalb auch im Kloster auf der Reichenau unter Abt Walahfrid Strabo (839–849), der sich zuvor viele Jahre am Hof aufgehalten hatte, eine Liste der Pflanzen angefertigt wurde, die im Kapitular aufgeführt sind.

Die insgesamt 70 Kapitel dieser agrarwirtschaftlichen Anordnungen sind erstaunlich präzise und detailliert und zeugen von großer Sachkenntnis. Im gesamten Reich Karls sollten – wie schon in der ›Admonitio generalis‹ gefordert – dieselben Maße gelten (cap. 9). Es folgen genaue Anweisungen über die Viehhaltung, über die Aufgaben der Amtmänner und der Meier, denen es oblag, das System zu überwachen. Die Pferdezucht spielt eine wichtige Rolle, denn Pferde wurden für den Krieg benötigt (cap. 13–15). Über alle Einkünfte und Ausgaben sollte genauestens schriftlich Buch geführt werden (cap. 55). Alle Lebensmittel sollten mit größtmöglicher Sauberkeit und Hygiene hergestellt werden (cap. 34). Niemand solle sich unterstehen, Weintrauben mit den Füßen zu keltern, sondern alles müsse sauber und reinlich zugehen (cap. 48).[9] Im Einzelnen wird aufgeführt, welche Pflanzen und welche Bäume gezogen und gepflanzt werden müssen (cap. 70). Bei den Apfelsorten waren verlangt: Gosmaringer, Geroldinger, Krevedellen, Speieräpfel, süße und saure, durchwegs Daueräpfel, solche, die man bald verbrauchen müsse, und Frühäpfel. Schließlich gibt es eine Reihe von Anordnungen darüber, welche Rechte und Pflichten die »Amtmänner« *(iudices)* und »Vorsteher« *(maiores)* hätten – sie dürften beispielsweise von den Bauern nur kleine Geschenke annehmen, keine Ochsen, Pferde oder

Schweine, sondern lediglich Würstchen, Gemüse, Obst und Eier (cap. 3). Die Königsboten sollten die ordnungsgemäße Einhaltung der königlichen Verordnung regelmäßig kontrollieren.

Weitere wichtige Entscheidungen wurden im Juni 794 auf der »großen Synode« *(magna synodus)*[10] von Frankfurt am Main getroffen. Das Jahr 793 hatte empfindliche Rückschläge gebracht, als die Kämpfe in Septimanien gegen die Muslime mit Niederlagen der Franken geendet hatten. Die Sachsen hatten einen erneuten Aufstand zwischen Unterweser und Unterelbe versucht, und im Süden Italiens konnte sich Karl der Treue des Herzogs von Benevent nicht mehr sicher sein. Mit Byzanz – und auch mit der Kirche in Rom – wurde über die kirchlichen Wahrheiten gestritten. Zu allem Übel war eine bittere Hungersnot hinzugekommen. Das Reich brauchte eine Demonstration der herrscherlichen Entscheidung. Das war die Aufgabe von ›Frankfurt 794‹.

Die damals noch weitgehend unbedeutende Königspfalz am Main tritt hier erstmals in das Licht der karolingischen Herrschergeschichte. Aber sie war doch schon in der Lage, eine große Zahl von Vertretern des gesamten Reiches aufzunehmen. Auch Legaten Papst Hadrians I., die Bischöfe Theophylakt und Stephan, und sogar Gesandte aus England waren anwesend. Das in Frankfurt verabschiedete Kapitular, das von dem Tübinger Mittelalterforscher Wilfried Hartmann grundlegend analysiert wurde, spiegelt das breite Spektrum der Themen.[11] Neben den Entscheidungen über die Bilderverehrung – die uns noch beschäftigen werden – standen ganz konkrete Handlungsanweisungen im Vordergrund. So wurden in Kapitel 4 feste Preise für Getreide und Brot vorgeschrieben, um den schrecklichen Auswüchsen der Hungersnot des vorangegangenen Jahres zu begegnen. Es sollte künftig darauf geachtet werden, dass keiner der Knechte mehr verhungern müsse. In Kapitel 5 wurde angeordnet, dass der neu eingeführte Silberdenar überall als einheitliche Währung angenommen werden sollte. Er war aus reinem Silber und sollte die Wirtschaft stabilisieren. Um die Ordnung zu festigen, sollten laut Kapitel 6 die Bischöfe in ihren Diözesen die Gerichtsbarkeit übernehmen. Ausführlich wurden auch die Bestimmungen der ›Admonitio generalis‹ von 789 in präzisen neuen Formulierungen wiederholt, wodurch sie einen deutlicheren Befehlscharakter erhielten. Der ganze Tenor des ›Kapitulars von Frankfurt‹ geht in Richtung einer eigenständigen, starken Gesetzgebung.

Aber konnten derartige Verfügungen wirklich umgesetzt werden? Die Königsboten, die dafür in erster Linie zuständig waren, sahen sich in den ihnen übertragenen Regionen mächtigen Herren gegenüber, Grafen oder Bischöfen sowie Grundherren oder Amtleuten. Es war nicht leicht, sich gegen diese zu behaupten. Vor allem muss man mit allen Formen der Korruption rechnen. Große und Geringe versuchten es immer wieder mit Bestechungen aller Art, angefangen bei erlesenen Kunstgegenständen bis hin zu einer Mütze oder einem Paar Schuhe. Der Gelehrte Theodulf von Orléans, der selbst als Königsbote unterwegs war, verfasste darüber einen Bericht in Form eines Gedichts.[12] Eine Flut von Geschenken – wertvolle Gläser und Edelsteine, Geld, Silber und Gold – sei ihm schon bei der Ankunft entgegengebracht worden. Als Bischof Arn von Salzburg zum Königsboten ernannt wurde, schrieb ihm Alkuin, er solle von niemandem für Gerichtssachen Geschenke annehmen. »Dieses Übel«, so fügte er hinzu, »ist außerordentlich stark unter den Christen verbreitet, und diejenigen, die ihre eigenen Angelegenheiten gering achten sollen, raffen fremdes Gut in unrechtmäßiger Weise an sich.«[13]

Ein besonders raffgieriger Zeitgenosse scheint Bego gewesen zu sein, Graf von Toulouse, Markgraf von Septimanien und 811–816 Graf von Paris, außerdem Gemahl einer Enkelin Karls des Großen. Er war in Aquitanien einer der mächtigsten Männer. Nach seinem Tod erschien einer alten Frau um 818 eine Vision: Sie sah den Verstorbenen, dem die Teufel flüssiges Gold in den Mund schütteten. Dazu hätten sie gerufen: »Nach solchem Gold hast du zu Lebzeiten stets gedürstet. Nie konntest du deinen Durst stillen. So trink dich jetzt satt!«[14]

In Aquitanien scheinen sich die Großen auch sonst in vielfältiger Weise an fremdem Gut vergriffen zu haben. Dort hatte Karl 781 seinen damals dreijährigen Sohn Ludwig als Unterkönig eingesetzt, der als Kind natürlich keine Möglichkeit hatte, eine starke

Herrschaft aufzubauen. 791 war er mit dem Schwert umgürtet worden und hatte damit die selbstständige Regierung übernommen. Als ihm sein Vater im Winter 794 die Frage stellte, weshalb er immer so ärmlich daherkomme und dem Vater unaufgefordert gar keine Geschenke mache, da musste ihm der 16-jährige Sohn von dem rücksichtslosen Eigennutz der aquitanischen Großen berichten. Diese hätten das öffentliche Eigentum zu Privatbesitz gemacht.[15] Er, Ludwig, sei nur noch dem Namen nach der Herr, in Wahrheit aber arm und fast mittellos. Gegen diese Ungerechtigkeit, so der Biograf, sei Karl sogleich eingeschritten. Er schickte Königsboten nach Aquitanien – Willibert, den späteren Erzbischof von Rouen (799–828), und den Grafen Richard – mit dem Befehl, das Recht wiederherzustellen und die Güter wieder für den königlichen Bedarf einzuziehen – »was auch geschehen ist«.

Jahrzehnte später war die »Gerechtigkeit« immer noch keine selbstverständliche Erscheinung im Frankenreich. Der Brief des Erzbischofs Agobard von Lyon (816–840) an den Grafen Matfred von Orléans (gest. 836) lässt jedenfalls daran Zweifel aufkommen.[16] Kaum einer, so beklagte Agobard, könne gefunden werden, »der die Gerechtigkeit liebt«. Denn jeder könne sich alles erlauben, wenn er nur am Hof Verwandte und Freunde habe, die es schon so einrichteten, den Zorn des Königs zu besänftigen. Gern erzählt wird auch die Geschichte der Witwe, die durch einen Rechtspfleger *(vir iudiciarius),* der eigentlich ihre Rechte vertreten sollte, ihres gesamten Besitztums beraubt wurde. Daraufhin eilte sie an den Hof, um sich dort ihr Recht zu holen. Doch bevor ein Gerichtsspruch erfolgen konnte, hatte der Angeklagte die Klägerin durch gedungene Mörder ins Jenseits befördern lassen.[17] Gewiss, es sind Einzelfälle, aber sie werfen doch ein Licht auf die Realität, die auch damals von den menschlichen Schwächen geprägt war. Die Lebensumstände waren in weiten Bereichen von Not, Härte und Skrupellosigkeit geprägt – ein Thema, das trotz mancher Ansätze noch eingehenderer Forschung bedarf.

Hatten Königsboten unter solchen Umständen überhaupt eine

Chance, das ambitionierte Programm Karls umzusetzen? Diese Frage hat auch Karl selbst beschäftigt. Im Jahre 802 wurde deshalb eine Neuorganisation vorgenommen. Die gesamte Einrichtung der Königsboten wurde auf einem Hoftag in Aachen einer Revision unterzogen. In den ›Lorscher Annalen‹ – vielleicht geschrieben von Abt Richbod von Lorsch, der zugleich Erzbischof von Trier war (gest. 804) – wird der Vorgang zusammengefasst: Der König sei erfüllt gewesen von seiner Sorge für die Armen, die in seinem Reich nicht zu ihrem Recht gekommen waren. Deshalb habe er nicht mehr die »ärmeren Vasallen aus seiner Hofgefolgschaft« *(de infra palatio pauperiores vassos)* als Königsboten einsetzen wollen, die der Gefahr der Bestechung ausgesetzt seien *(propter munera)*. Künftig sollten Erzbischöfe, Bischöfe, Äbte, Herzöge und Grafen eingesetzt werden, die auf Bestechungen nicht angewiesen wären, und diese habe er nun ausgesandt, damit sie den Kirchen, den Witwen, Waisen und Armen und dem ganzen Volk zu ihrem Recht verhelfen sollten.[18]

Die Kontrolle über Recht und Ordnung, über korrektes Leben und Handeln, über Frieden und Moral wurde in die Hände der mächtigsten Amtsträger gelegt. Das war ein Akt von fundamentaler Bedeutung, denn er führte dazu, dass die kirchliche und politische Elite sich nun in hohem Maße die Prinzipien von Karls Herrschaftskonzeption zu eigen machte. Das Reich erhielt einen neuen Integrationsschub. Für den Herrscher konnte dies allerdings auch bedeuten, dass seine Autorität relativiert wurde und sich die Leitungselite sogar als Kontrollinstanz ihm gegenüber aufschwingen konnte. Unter Karl dem Großen ist das noch nicht eingetreten, aber die Herrschaft seines Sohnes, Ludwigs des Frommen (814–840), wurde tatsächlich in diesen Sog gezogen.[19]

Von der Neuregelung des Königsbotenamtes im Jahre 802 ist eine umfangreiche Beschlussfassung in Form eines Kapitulars überliefert.[20] Dort heißt es im ersten Kapitel, Karl der Große habe aus dem Kreis seiner »Optimaten« die Klügsten und Weisesten ausgewählt, nämlich Erzbischöfe, Bischöfe, Äbte und gottesfürchtige Laienfürsten. Diese habe er überallhin in sein ganzes Reich geschickt. All den Menschen, die in den folgenden Abschnitten des Kapitulars genannt werden, sollten sie die Möglichkeit verschaffen, nach dem richtigen Gesetz zu leben *(secundum rectam legem vivere)*. Wenn aber irgendwo etwas anderes gelte als das, was richtig und gerecht sei *(aliter quam recte et iuste)*, dann müsse dies sorgfältig aufgedeckt und ihm gemeldet werden.

Dann folgen zahlreiche Vorschriften für geistliche wie auch für weltliche Angelegenheiten. Alle Menschen seines Reiches sollten sich in den Dienst Gottes stellen. Bischöfen wurde aufgetragen, nach den kirchlichen Gesetzen zu leben. Grafen sollten nach dem »geschriebenen Gesetz« *(secundum scriptam legem)* Urteile fällen und nicht nach eigenem Gutdünken (cap. 26). Dieser Passus darf freilich nicht so aufgefasst werden, als hätte es für jedes Vergehen einen schriftlich fixierten Urteilsspruch gegeben. Gemeint ist der durch die Kapitularien vorgegebene Rahmen, innerhalb dessen Rechtsfälle behandelt und durchaus flexibel jeweils für sich entschieden werden sollten.[21] Inzestverbindungen wurden grundsätzlich – und auch in anderen Kapitularien immer wieder – verboten (cap. 33). Schließlich sollten alle dem Befehl Karls gehorchen und gut vorbereitet sein, wenn sie für den Kriegszug gerufen würden (cap. 34). Es sind insgesamt 40 Kapitel, in denen Weltliches und Kirchliches nebeneinander behandelt werden und auch ständig ineinandergreifen: Laien wurden zu christlicher Lebensweise ermahnt und Kleriker und Mönche auf die römischen Vorschriften, die Konzilsbeschlüsse (Kanones) und die »römische« Benediktregel festgelegt.

Auf den nachfolgenden Hoftagen in Mainz im Oktober 802 und im Frühjahr 803 wurde die Thematik noch vertieft. Alle Menschen des Reiches sollten das ›Vaterunser‹ beten können, Priester dürften nur mit Erlaubnis des Bischofs ernannt werden, Kirchen sollten Asylrecht besitzen, Betrunkene dürften nicht vor Gericht als Zeugen auftreten – scheinbar ein bunter Reigen von Anordnungen, die sich aber alle in dem Rechtsgebäude einer guten christlichen Ordnung vereinten. »Das sittliche Verhalten eines jeden Bewohners des Frankenreichs sollte an der Richtschnur der Bibel ausgerichtet werden.«[22]

Diese Anordnungen von 802 betrafen also keineswegs nur die

Administration, wie in der Forschung bisweilen erwogen wird, sondern sind als eine Bündelung der programmatischen Zielsetzung Karls zu verstehen. Sie zeigen im Kern das Bemühen um eine Rechts- und Friedensgemeinschaft, in der eindeutige Regeln und Verhaltensnormen gelten sollen. Um die Kontrolle darüber zu gewährleisten, wurden für die Königsboten bestimmte Sprengel gebildet, sogenannte ›Missatica‹. Dieser Vorgang diente der Eindeutigkeit im Hinblick auf die Verantwortlichkeit. Klare Grenzen: Das war auch ein Prinzip der römischen Kirche. Schon Bonifatius hatte versucht, die in seinen Augen ungeordnete bayerische Kirche samt ihrem ›fluiden‹ Charakter mit eindeutigen Diözesanabgrenzungen zu versehen. Diesem Prinzip folgend, ging Karl der Große in den Jahren um 800 daran, die fränkische Kirche in sogenannte Metropolitanverbände zu gliedern. Das bedeutete, dass Kirchenprovinzen geschaffen und unter die Leitung eines Erzbischofs gestellt wurden. Ihm wiederum waren einfache Bischöfe als sogenannte Suffragane zugeordnet. Unter anderen wurden Sens, Reims, Tarentaise, Embrun, Bourges, Bordeaux, Rouen, Paris, Mainz, Köln, Trier und Salzburg Mittelpunkte solcher Kirchenmetropolen. Andere wie Arles, Aix en Provence, Vienne, Narbonne oder Lyon wurden neu organisiert. Besonders umfangreich geriet die Metropole Tours. An dieser neuen kirchlichen Ordnung orientierte sich jetzt auch der Zuschnitt der Amtsbezirke für die Königsboten. Nicht die Gaue, Sippen- oder Herrschaftsverbände waren der Maßstab für die Abgrenzung der Kontrollsprengel, sondern – jedenfalls vorwiegend – die kirchlichen Amtsbezirke.

Die Regelungsoffensive nach 800 lässt noch ein Weiteres erkennen: Das Bestreben Karls, Recht zu schaffen, wurde noch stärker und wirkungsvoller als zuvor. Schon in der Vorrede der grundlegenden ›Admonitio generalis‹ von 789 hatte sich der Frankenherrscher auf den alttestamentarischen König Josias bezogen, der sein Reich persönlich bereist habe, um es durch Zurechtweisung zur Verehrung des wahren Gottes zu führen. Das war noch sehr allgemein formuliert. Im ›Kapitular für Italien‹ von 801 führte Karl sodann in der Einleitung schon viel konkreter aus, dass das Recht vernachlässigt und in manchen Punkten unzureichend sei.[23] Diese Lücken wolle er nun entsprechend den Bedürfnissen der Zeit füllen. In strittigen Fällen dürfe künftig nicht mehr die Willkür der Richter entscheiden, sondern nur noch »die Satzung unserer königlichen Autorität«.[24] Dann folgen Bestimmungen über die Behandlung von Räubern und über die Strafsummen für die Nichtbefolgung königlicher Befehle. Das unerlaubte Verlassen des Heeres *(herisliz)* sollte als Majestätsverbrechen *(reus maiestatis)* bewertet und mit der Todesstrafe geahndet werden – dies erinnert an den Prozess gegen Tassilo III. Römische Rechtstraditionen flossen ein und zeigen, wie sehr sich Karl der Große als Gesetzgeber den römischen Kaisern anzugleichen suchte.

Diese Instruktionen in Form der Kapitularien sind für uns von größtem Wert, denn sie führen uns, wie die Cambridger Historikerin Rosamond McKitterick zu Recht betont, nahe an die Vorstellungen und Interessen Karls des Großen selbst heran.[25] Dies gilt insbesondere deshalb, weil in einzelnen Fällen der Nachweis gelungen ist, dass Karl persönlich in die Debatten eingegriffen hat und Entscheidungen, die in die Kapitularien Eingang gefunden haben, von ihm festgelegt wurden.[26]

In einem Kapitular von 808 wird erwähnt, dass jeweils vier Exemplare am Hof ausgefertigt werden sollten: jeweils eines für die Königsboten, für die Grafen und die militärischen Führer und ein viertes für den Kanzler am Hof.[27] Manche Bestimmungen sind in der ersten Person Plural verfasst, als verkünde sie Karl persönlich. Man muss sich vor Augen halten, dass die Kapitularien von den Königsboten öffentlich verlesen wurden. Dann wurden sie übersetzt, und schließlich wurde die Bevölkerung darauf vereidigt. Das bedeutet, dass durch den Mund der Königsboten gleichsam der Herrscher selbst sprach und somit gegenwärtig war. Dann stellten die Bischöfe oder Grafen Abschriften her, die in dem jeweiligen Amtsbezirk an die beauftragten Vorsteher und Richter gingen. Auf diese Weise überzog Karls Autorität das Reich, auch wenn er in eigener Person nur einen kleinen Teil, vielleicht nur zehn Prozent, bereisen konnte.

Eine der wichtigsten Aufgaben der Königsboten war es, die Treue der Bewohner des großen Reiches zu Karl immer wieder zu überprüfen und den Treueid abzunehmen. Der Bonner Mittelalterforscher Matthias Becher hat die Umstände für die erste umfassende Vereidigung des gesamten Volkes im Jahr 789 eingehend analysiert.[28] Unmittelbarer Anlass war die Verschwörung des Hardrad, eines Thüringer Grafen, im Jahre 786. Er und seine Gefolgsleute rechtfertigten sich damit, sie hätten dem König keinen Treueid geschworen und seien deshalb in keiner Weise an ihn gebunden. Eine derartige Begründung für Ungehorsam sollte fortan ausgeschlossen sein, ein Vorgang, der in engem Konnex mit der ›Admonitio generalis‹, der großen programmatischen Verkündung des Herrschaftsprogramms vom 23. März 789, stand. In Kapitel 4 wurde festgelegt, dass die Königsboten von jedem männlichen Bewohner ab zwölf Jahren bis hin zum Greis den Eid auf den König einzufordern hätten. Außerdem sollten die Namen und die Zahlen derer, die den Schwur leisteten, von den Königsboten aufgeschrieben werden.

In einem weiteren Kapitular (›Duplex legationis edictum‹), das nähere Ausführungsbestimmungen enthielt, hat sich auch der Wortlaut des Eides erhalten: »So schwöre ich [Name] der Seite meines Herrn, des Königs Karl, und seiner Söhne, dass ich treu bin und sein werde alle Tage meines Lebens ohne Betrug und Arglist.«[29]

Ein allgemeiner Treueid der gesamten männlichen Bevölkerung war keine neue Einrichtung, sondern schon bei den Merowingern bekannt. Er bedeutete freilich auch jetzt ein starkes Integrationsinstrument. Die jüngere Forschung (Stefan Esders) hat den Nachweis erbracht, dass es sich hierbei um einen Rückgriff auf das spätrömische Militärrecht handelte.[30] Im alten römischen Reich sollten damit die verschiedenen Völker im römischen Heer zu einem neuen Gemeinwesen zusammengebunden werden. Mit der Übernahme durch die germanischen Völker wurde der aus dem römischen Heer stammende Fahneneid, der gleichzeitig ein Treueid auf den Kaiser war, zu einer Klammer zwischen antiker und mittelalterlicher Welt.

Daran wird erkennbar, dass die Frankenherrscher nicht nur die römische Waffen- und Kriegstechnik aus der Antike übernommen haben, sondern auch das Rechtswesen des Militärapparats. Der fränkische König trat in die Funktion des römischen Kaisers ein und übernahm die Gewalt über den Fiskus – Krongut und Einnahmen –, die oberste Gerichtsgewalt und auch die Hoheitsrechte gegenüber der Kirche. Die militärischen Anführer *(duces, comites, centenarii)* erhielten im Frankenreich, lange vor Karl dem Großen, bestimmte Amtssprengel zugeteilt. Dort übernahmen sie neben der militärischen Aufsicht auch diejenige über das Rechtswesen und die fiskalischen Angelegenheiten. So erwuchs die fränkische Provinzverwaltung gleichsam bruchlos aus der spätantiken Ordnung, und auch das Amt des Grafen *(comes)* darf in der Hauptsache als Weiterführung antiker Administration *(comes civitatis)* gelten. Der Graf war unter Karl dem Großen längst zum wichtigsten Verwaltungsmann im Reich geworden, und die Grafschaft *(comitatus)* bildete den Kern der Verwaltungsstruktur.

So macht uns der Treueid darauf aufmerksam, in welch hohem Maße die politische und administrative Ordnung des Frankenreichs durch die antiken Militärstrukturen beeinflusst war. Mit dem allgemeinen Treueid auf den König im Jahre 789 sollte das Band zwischen dem König und seinen Beauftragten wieder verstärkt werden. Darüber hinaus wurde eine besondere Rechtsbeziehung zwischen dem König und den einzelnen Reichsbewohnern hergestellt. Das ist ein überaus wichtiger Gesichtspunkt, denn damit konnten – wie einst im römischen Reich – die ethnischen Unterschiede überlagert werden. Auch verwandtschaftliche Bindungen wurden der neuen Bindung durch den Eid untergeordnet. Das Königtum – und mit ihm das gesamte Reichsgefüge – erhielt auf diese Weise einen ›supragentilen‹ Charakter. Das damit verbundene neue ›Wir-Gefühl‹ – vereint im Eid für den König – vermittelte auch einen neuen Grad der Eindeutigkeit eines angehenden Staatswesens. Ein weiteres Mal ist in diesen Vorgängen der Versuch zu erkennen, über die reale Vielfalt hinaus Impulse für Einheit und Eindeutigkeit zu schaffen.

Im Jahre 802, nachdem Karl die Kaiserwürde erhalten hatte, ließ er den Treueid wiederholen. Auf der großen Reichsversammlung von Aachen in diesem Jahr erteilte er den Befehl, dass »ein jeder Mann in seinem gesamten Reich, er sei Geistlicher oder Laie, gemäß seinem Gelübde und Versprechen, die er früher auf den Namen des Königs mit seinem Treueid geschworen hat, nun dasselbe Versprechen auf den Namen des Kaisers ablegt«.[31] Diejenigen, die damals noch nicht geschworen hatten und jetzt zwölf Jahre alt waren, hätten dasselbe zu tun. Der Eid selbst lautete 802 folgendermaßen: »Ich verpflichte mich unter religiösem Eid, dass ich von diesem Tag an dem Herrn Karl, dem allermildesten Kaiser, dem Sohn König Pippins und der Königin Berthana [= Bertrada], getreu bin, reinen Sinnes und ohne Trug und Arglist von meiner Seite seiner Seite gegenüber und zur Ehre seines Reiches, mit Recht gehorchend und Folge leistend, so wie es rechtmäßiger Weise ein Mann seinem Herrn schuldet. So mögen mir Gott und diese Heiligenreliquien helfen, die sich an diesem Ort befinden, damit ich zeit meines Lebens durch meinen Willen, so weit mir Gott Vernunft geben wird, mich in dieser Weise bemühe und daran halte.«[32] Dem Treueid folgt noch eine Reihe von Erläuterungen: Ein jeder solle nach den Gesetzen Gottes leben, Gerechtigkeit üben, Frieden und Eintracht fördern, die Schwachen und Hilfsbedürftigen schützen, den kaiserlichen Besitz respektieren und dem Königsbann gehorchen.

Dieser neue ›Kaiser-Eid‹ von 802 war gegenüber dem von 789 umfassender und stärker auf Eigenverantwortung des Einzelnen ausgerichtet. Außerdem brachte er den Zusatz der Treue, die ein Mann *(homo)* seinem Herrn *(dominus)* schuldet. Dies bedeutet – wie die jüngere Forschung nachgewiesen hat – nicht, dass damit so etwas wie ein Lehnswesen über die gesamte Staatsordnung gestülpt worden wäre. Das ›Lehnswesen‹ in seiner klassischen Form gab es unter Karl dem Großen bestenfalls in Ansätzen. Wenn »Vasallen des Königs« oder »Vasallen« anderer Herren auftreten, dann muss man darunter eine Treuebeziehung verstehen, die dadurch verstärkt sein konnte, dass der Vasall eine »Wohltat« *(beneficium)*, meist ein Stück Land, erhielt. Aber auch eine besondere Folge- und Gehorsamspflicht war damit verbunden. Auf diese Weise wurde mit dem ›Reichs-Treueid‹ von 802 die persönliche Bindung intensiver und das gesamte System stärker auf die Person Karls hin ausgerichtet. Seine Söhne werden in der Eidesformel gar nicht mehr erwähnt, denn durch das Kaisertum von 800 hatte sich Karl innerhalb seiner Familie abgehoben. Als Kaiser war er einzigartig.

In der Forschung ist man der Frage nachgegangen, wie sich die neue Treueid-Offensive in der Realität ausgewirkt hat.[33] Tatsächlich ist zu beobachten, dass sich die Bischöfe der neuen Terminologie bedienten, dass die Begriffe *servitium* (»Dienst«) und *deservire* (»dienen«) um 800 immer häufiger mit der Pflicht zur Treue in Verbindung gebracht wurden. In den Quellen des Bistums Freising finden sich unter den Bischöfen Atto (783–811) und Hitto (811–835) jetzt Begriffe wie »treuer Dienst« *(fidele servitium)* oder »mit Dienst und Treue« *(cum servitio et fidelitate)*.[34] Derartige Wortkombinationen gab es unter Herzog Tassilo III. noch nicht. Die bayerischen Adligen wiederum mussten den Karolinger als neuen Herrn anerkennen und ihre ›Lehnsgüter‹ in einer groß angelegten ›Um- bzw. Neuvereidigung‹ entgegennehmen.

Ein gutes Beispiel für das Umdenken hat sich in einer Freisinger Urkunde von 804 niedergeschlagen.[35] Auf einem von Karl dem Großen angeordneten Gerichtstag forderte der Freisinger Bischof verschiedene Pfarrkirchen für seine Diözese zurück. Sie seien der Freisinger Kirche von Herzog Tassilo und dessen Gemahlin Liutpirg auf unrechtmäßige Weise weggenommen worden, und zwar aus Missgunst gegenüber dem damaligen Freisinger Bischof Arbeo (764–783). Dieser, so hätten sie behauptet, sei dem Herrn König Karl und den Franken getreuer gewesen als ihnen.[36] Die langjährige Treue zum Frankenkönig – ob erfunden oder nicht – konnte man also bereits strategisch und diplomatisch einsetzen, um seinen Vorteil zu sichern. ›Treue‹ und ›Dienst‹ waren wesentliche Instrumente der politischen Ordnung geworden. Umgekehrt konnten Königsboten sich auf den Königseid berufen und damit Zeugen zwingen, die Wahrheit zu sagen – dies lesen wir in einer Freisinger Urkunde von 802.[37]

Auch in die Strukturen der Kirche drang der Eid ein. Davon zeugt der sogenannte althochdeutsche Klerikereid aus dem beginnenden neunten Jahrhundert.[38] Der Priester musste dem Bischof versprechen, »dass ich dir, dem Bischof [Name], treu bin, so wie es meine Kräfte und mein Können erlauben, und dass ich mit meinem Willen das Gute fördere und Schaden abwende und mich stets gehorsam und ergeben in seinem Bistum befinde, so wie ich es zu Recht nach dem kanonischen Gesetz halten soll«.[39] Auf allen Ebenen, so ist daran zu erkennen, setzten sich karolingische Ordnungsmodelle und Leitvorstellungen durch. Der Eid sollte Zuverlässigkeit und Eindeutigkeit im Beziehungsgefüge schaffen. Zudem gab er insbesondere auch den Königsboten ein Instrument an die Hand, mit dem sie erheblichen moralischen und rechtlichen Druck ausüben und Folgebereitschaft erreichen konnten.

Wo aber wurden alle diese Regelungen für die Ordnung des Reiches und die dafür erforderlichen Instrumente entwickelt und beschlossen? Wo wurden die Entscheidungen getroffen, die Texte formuliert? Die Antwort lautet: am Hof und auf den Reichsversammlungen. Der Hof des mittelalterlichen Königs, das hat die Forschung immer wieder bestätigt, ist schwer zu definieren. Aber für die Zeit Karls des Großen verfügen wir über eine einzigartige zeitgenössische Beschreibung – ein außerordentlicher Glücksumstand. Es handelt sich um das ›Büchlein über die Ordnung des Hofes‹ (›Libellus de ordine palatii‹) von Abt Adalhard von Corbie (gest. 826). Ihn haben wir schon kennengelernt. Er war der Vetter Karls des Großen und wurde 781 als Regent für König Pippin, den minderjährigen Sohn Karls, in Italien eingesetzt. Später, von 811 bis 814, übernahm er dieselbe Funktion für Pippins kleinen Sohn Bernhard. Sein ›Büchlein‹ schrieb er entweder bald nach 781 oder 811/812. Leider ist es nur in einer überarbeiteten Version auf uns gekommen. Erzbischof Hinkmar von Reims hat es später abgeschrieben und 882 zum Kernbestand seines eigenen Werkes ›Über die Ordnung des Hofes‹ (›De ordine palatii‹) gemacht.[40] Dennoch ist die ursprüngliche Version Adalhards und damit die Situation des Hofes in der Zeit Karls des Großen gut herauszuschälen.[41]

An der Spitze des Hofes standen der König und die Königin, und auch ihre Kinder zählten dazu. Adalhard nannte sodann die Inhaber der höchsten Hofämter: Der Kämmerer hatte für die gesamte Ausstattung und Verwaltung des Hofes zu sorgen. Die jährlichen Geschenke für den König oblagen seiner Aufsicht. Er war es auch, der die Entscheidung traf, wer von denjenigen vorgelassen wurde, die auf Audienz beim König warteten – eine Machtstellung ersten Ranges! Der Pfalzgraf leitete das Hofgericht in Abwesenheit des Königs. Der Seneschall, der Mundschenk, der Stallgraf, der Quartiermeister, die vier Jäger und der Falkner mussten für die Reise des Hofes, die Verpflegung, Unterkunft und die gesamte logistische Durchführung sorgen. Ihnen wiederum waren weitere Amtsträger unterstellt, der Türhüter, der Finanzverwalter, der Zahlmeister und der Kellermeister. Deren Diener und Helfer schließlich hatten die eigentlichen Arbeiten zu erledigen. Diese Amtsinhaber sollten aus den verschiedenen Teilen des Reiches kommen, damit alle Völker und Regionen sich am Hof vertreten sahen.[42]

Neben den weltlichen Amtsträgern befand sich die Gruppe der geistlichen Kapelläne.[43] Seit König Pippin stand ihnen ein »oberster Kapellan« vor. Das war zuerst Abt Fulrad von Saint-Denis, der zu einer der mächtigsten Familien des Maas-Mosel-Raumes gehörte. Ihm folgte 784 (Erz-)Bischof Angilram von Metz (768–791). Auch er entstammte einer mächtigen Familie Austrasiens. Möglicherweise war er ein Neffe des berühmten (Erz-)Bischofs Chrodegang von Metz (742–766). Der Dritte in dieser Reihe war schließlich (Erz-)Bischof Hildebald von Köln (787–818), der das Amt am Hof 791 übernahm. Sie alle waren für die Gesamtheit des herrscherlichen Gottesdienstes zuständig, für die ordnungsgemäße Feier der Messen, das Stundengebet, das Tischgebet an der Tafel des Königs und die Erteilung der Sakramente. Hildebald selbst hat Karl dem Großen am 27. Januar 814 die Sterbesakramente gespendet. Diese obersten Kapelläne konnten starken Einfluss bei der Besetzung von Bischofsstühlen im Reich ausüben, ebenso bei der Zusammensetzung der Geistlichkeit am Hof, also der ›Hofkapelle‹. Um ihnen als Bischöfen den

Aufenthalt am Hof zu ermöglichen, wurde ihnen die Residenzpflicht an ihrem Bischofssitz erlassen. Selbst auf Kriegszügen hatten sie den König zu begleiten.

Zum Kreis der Kapelläne am Hof gehörten auch die Notare, von denen die Urkunden ausgefertigt wurden. Der erste Karolingerkönig Pippin hat die alte Kanzleibehörde der Merowinger, die sich noch auf Laien stützten, aufgelöst und durch Kapelläne ersetzt – eine ›Vergeistlichung‹ also der Kanzlei. Aus ihrem Kreis bildete sich eine Untergruppe von Kapellänen heraus, die für das Urkundenwesen zuständig war. Unter Karl dem Großen erscheint dann ein Leiter dieser Gruppe, nämlich der »Kanzler« *(cancellarius)*. In einem Gedicht Alkuins von 796 wird Erkambald (Spitzname: Zachäus) in einer Umschreibung dieser Funktion erwähnt: Er hatte die »Schar der Schreiber« *(turba scriptorum)* zu beaufsichtigen.[44]

Doch am Hof hielten sich noch viel mehr Personen auf. Zu nennen sind die militärischen Elitetruppen, die stets einsatzbereiten Königsvasallen, die Lohn und Unterhalt in verschiedenster Weise erhielten und von Adalhard als Erste unter den Anwesenden am Hof erwähnt wurden.[45] Dann gab es die Gruppe der »Schüler« *(discipuli)*, junge Adlige, die bei den Amtsinhabern gewissermaßen in die Lehre gingen und »Schulen« *(scholae)* bildeten. Die dritte Gruppe am Hof bestand aus »den Dienern und Vasallen der höheren und geringeren Leute«, je nachdem, wie viele sich ein jeder leisten konnte.[46]

Wurden Angelegenheiten an den Hof getragen, so begutachtete der oberste Hofkapellan diejenigen, die in den geistlichen Bereich fielen, und der Pfalzgraf nahm die Kontrolle bei den weltlichen Dingen vor. Erst wenn die Erlaubnis des einen oder des anderen vorlag, durfte die Sache dem König vorgetragen werden. »Der König sollte nicht belästigt werden, bevor nicht geprüft war, ob das Anliegen zu Recht vor den König gelangen soll.«[47]

Zweimal im Jahre, so Adalhard weiter, hätten Versammlungen der Großen stattgefunden. Auf der ersten seien die Aktionen des laufenden Jahres geklärt und erläutert worden. Auf der zweiten hätte sich nur ein kleiner Kreis von Vertrauten und Ratgebern zusammengefunden, um die Pläne für das kommende Jahr zu besprechen. Die Ergebnisse habe man aber geheim gehalten und erst auf der nächsten allgemeinen Versammlung bekannt gegeben.[48] Alle diese Regelungen und Einrichtungen machen deutlich, dass der Hof möglichst effizient geordnet sein sollte, dass möglichst kompetente Berater und Gefolgsleute anwesend sein sollten und dass insbesondere ein starker Einfluss der kirchlichen Amtsträger auf die Politik einwirkte.

Der Hof und mit ihm die Hofkapelle und alle anderen Abteilungen hatten zunächst keinen festen Ort. Karl der Große war anfangs ein ›Reisekönig‹, auch wenn er bestimmte Pfalzen und Königshöfe zwischen Seine und Rhein bevorzugte. Dazu gehörten vor allem Quierzy, Thionville (Diedenhofen), Herstal, Attigny, Nijmegen (Nimwegen), Düren, Köln, Ingelheim und mit besonderer Vorliebe Aachen und Worms. Auch an Orten östlich des Rheins versammelte er seinen Hof, etwa in Frankfurt am Main, Würzburg, häufiger noch in Regensburg und Paderborn. Selten dagegen hielt er sich in Italien auf und noch seltener im Raum westlich von Saint-Denis. In das südliche Frankenreich ist er fast überhaupt nicht gekommen. In Aquitanien und Italien wirkten seine Söhne Pippin und Ludwig, die er als ›Unterkönige‹ einsetzte. Um den ›Wanderhof‹ möglichst gut zu versorgen, mussten die Inhaber der Hofämter, vor allem der Seneschall und die ihm zugeordneten Amtsinhaber – Mundschenk, Stallgraf und Quartiermeister – rechtzeitig die jeweiligen Pfalzen über Ankunft und Aufenthaltsdauer informieren und darauf achten, dass ein angemessener Empfang und die für den Aufenthalt erforderlichen Dinge vorbereitet wurden.

Auf herrscherliche Repräsentation wurde bei solcher Gelegenheit größter Wert gelegt. »Herrliche Paläste« habe Karl erbauen lassen, so schwärmte Einhart in der ›Vita Karoli Magni‹ (cap. 17). Besonders glanzvoll seien diejenigen von Nijmegen und Ingelheim gewesen. Die intensiven Ausgrabungen in Ingelheim bei Mainz haben diese Einschätzung bestätigt.[49] Die Königshalle (*aula regia*), der Prachtbau der Pfalz, war, wie man heute weiß, 40,5 Meter lang. Vorgesetzt war noch eine Vorhalle (Narthex), sodass das Gesamtgebäude auf eine Länge von 67 Metern kam. Die Breite betrug 16,5 Meter. Auf diese Weise entstand ein gewaltiger Raum, der von einer halbrunden Apsis mit vier Fenstern abgeschlossen wurde. In dieser reich geschmückten Apsis stand auf einem erhöhten Plateau der Thron des Herrschers. Hatte die Palastaula Konstantins des Großen in Trier als Vorbild gedient? Man darf jedenfalls vermuten, dass auch die Aula regia in Paderborn ähnlich gestaltet war.

Über die Ausgestaltung der Königshalle in Ingelheim sind wir durch ein Gedicht des Poeten Ermoldus Nigellus (gest. um 838), das er zum Lobe Ludwigs des Frommen verfasste, unterrichtet.[50] In Buch IV (Verse 181 ff.) beschrieb er die aufwendigen Wandbilder der Königshalle, auf denen Herrschergestalten der Geschichte dargestellt waren: Nimus von Assyrien, Kyros von Persien, Falaris von Sizilien, Romulus und Remus, Hannibal, Alexander der Große, Augustus, Konstantin, Theodosius, Karl Martell, Pippin der Jüngere und Karl der Große selbst. Jeder von ihnen war durch eine typische Handlung gekennzeichnet. So zeigten sich Romulus und Remus als die Gründer Roms, Konstantin als Gründer seiner Stadt Konstantinopel. Karl der Große aber wurde als Sieger über die Sachsen dargestellt (Verse 279 – 282): Mit gekröntem Haupt erschien er als Bändiger der »sächsischen Kohorte«.[51] Die Forschung ist sich heute sicher, dass der Bau und mit ihm wahrscheinlich auch die Bilder um 800 entstanden sind, möglicherweise schon kurz davor.[52] Man erkennt sogleich das Programm einer einzigartigen Herrscherreihe, einer Reihe von Reichsgründern und Kaisern, in die sich Karl einordnete. Ein weiteres Mal wird auch der hohe Stellenwert deutlich, den der Sieg über die Sachsen für Karl bedeutete. Damit erst war sein Reich geschaffen.

Die prächtigste aller Pfalzen aber wurde in Aachen errichtet. Hier befand sich eine karolingische Domäne: *Aquis villa,* das heißt ein »Hofgut bei den Wasserquellen«. Karl der Große ließ es in den 790er-Jahren zu seinem Hauptsitz umgestalten. Hauptgrund für die Wahl dieses Ortes waren sicherlich die warmen Quellen, die den Winter erträglicher machten. Die Dämpfe des warmen Quellwassers habe Karl geliebt, so erfahren wir von Einhart in der ›Vita Karoli Magni‹ (cap. 22). Gern habe er seine Freunde und die Hofgesellschaft ins Bad eingeladen, und bisweilen hätten »hundert oder mehr Menschen mit ihm gebadet«. Ein frühmittelalterliches Erlebnisbad, so könnte man sagen.

Die Gesamtanlage der Pfalz wurde von zwei Bauwerken bestimmt. Das war im Norden die königliche Aula, die sich an der Stelle des heutigen Rathauses befand. Ihre Ausmaße waren gewaltig: 47,42 Meter in der Länge und 20,76 Meter in der Breite. Hinzu kam im Westen eine Apsis für den Thron, die 17,80 Meter nach außen ragte. Damit übertraf die Aula sogar den Thronsaal von Ingelheim und zählte zu den größten Saalbauten des Mittelalters. Von ihr führte eine Verbindung, nämlich ein zweistöckiger Säulengang, nach Süden zur berühmten Aachener Pfalzkirche. Diese ist heute im Wesentlichen noch so erhalten und gilt als eines der eindrucksvollsten Zeugnisse der Epoche.

Das Besondere an der Aachener Pfalzkapelle, die der heiligen Maria geweiht wurde, ist ihre Anlage als Zentralbau. Das war nördlich der Alpen neu. Ein sonst nicht bekannter Baumeister Odo von Metz hat die Bauarbeiten geleitet. Es entstand ein überwölbter, oktogonaler Mittelraum mit einem Durchmesser von annähernd 15 Metern. Um diesen herum wurde ein ebenfalls gewölbter Umgang mit einer darüber umlaufenden Empore angefügt. Dieser Ring bildet nach außen hin ein Sechzehneck. Die Höhe der Kuppel schließlich beträgt etwa 31 Meter. Der bautechnische sowie der künstlerische Rang dürfen als einzigartig gelten, und zwei Jahrhunderte lang wurde nichts Vergleichbares mehr nördlich der Alpen geschaffen.

Das Vorbild für die Aachener Pfalzkapelle war sicherlich die Kirche San Vitale in Ravenna, die Karl der Große 787 kennengelernt hatte. In der Forschung werden mitunter auch andere Vorbilder bemüht, aber das ist nicht überzeugend. »Keine Kirche in Italien gleicht in ihren Gebäuden und kunstvollen Bauten Ravenna«, so beschrieb schon der Ravennater Geschichtsschreiber Agnellus den Glanz seiner Stadt und ihrer Bauwerke in der ersten Hälfte des neunten Jahrhunderts.[53] Die Einzigartigkeit von San Vitale stellte er dabei ganz besonders heraus. Ravenna, die byzantinische Kaiserstadt in Italien und ebenso Hauptstadt des Ostgotenkönigs Theoderich, eröffnete den Zugang zur ›barbarischen‹ Hochkultur der Spätantike. »Die Epoche Karls des Großen betrachtete die römische Welt durch eine gotische Brille.«[54]

Ravenna muss Karl den Großen fasziniert haben. Es war die einzige wirkliche Kaiserstadt, die er jemals gesehen hat. Aus dem Palast Theoderichs des Großen ließ er eigens antike Säulen für seinen Neubau in den Norden transportieren. 801 wurde auch das vergoldete Reiterstandbild Theoderichs von Ravenna nach Aachen gebracht. Dieses, so habe er selbst bezeugt, sei so unglaublich schön, wie er niemals ein ähnliches gesehen habe.[55] In Nachahmung dieses Vorbildes entstanden sogar von Karl selbst hochragende, vergoldete Standbilder[56] – allesamt Zeichen imperialer Selbsteinschätzung.

In diese Richtung weisen der bronzene Pinienzapfen und die römische Wölfin, die Karl nach Aachen bringen und aufstellen ließ. Die Bronzetüren der Pfalzkapelle wurden neu gegossen, eine damals sensationelle Leistung. All dies zeugt von dem Bestreben, antike Herrscherpracht nachzuahmen. In die Kuppel des Rundbaus von Aachen ließ Karl ein Mosaik (heute eine Nachbildung) mit einem vier Meter hohen Christus einfügen, der über den 24 Ältesten der Apokalypse thront. Nicht weit vom thronenden König des Himmels entfernt befand sich Karls eigener Thron. Er stand vermutlich bereits auf der Empore, über einen eigenen erhöhten Zugang erreichbar und wohl an seinem heutigen Standort, von dem aus der Herrscher die Vorgänge in der Kirche überblicken konnte.

In der Forschung denkt man seit Langem darüber nach, welche symbolische Aussage der Anlage von Aachen zugrunde liegt. Sollte die Marienkirche das Sinnbild der Vollkommenheit sein? Wollte Karl der Große einen Tempel Salomons und ein zweites Jerusalem in Aachen errichten? Deutlich ist jedenfalls die noch heute faszinierende geometrische Gestaltung. Zuletzt wurde von der Denkmalforscherin Ulrike Heckner vom Amt für Denkmalpflege im Rheinland darauf hingewiesen, dass dem Bau ein Fußmaß von 32,24 Zentimetern zugrunde liegt, das dem späteren

Pariser Königsfuß sehr nahe kommt. Der Durchmesser der Kuppel und des Oktogons sowie die Höhe der Außenmauern betrügen jeweils exakt 48 Fuß. Bei 24 Fuß sei die Oberkante der Empore angesetzt worden, bei 12 Fuß die Höhe der Erdgeschosspfeiler; 6 Fuß betrage das Maß der Fenster im Achteck. Höhe und Breite des Gesamthauses schließlich würden jeweils 96 Fuß ausmachen.

Alle diese Zahlen sind durch sechs teilbar. Dies führte zu der Vermutung, dass die Zahl sechs oder ein Vielfaches davon die Grundlage für die gesamte Pfalzkapelle sei. In der Tat gibt es Hinweise darauf, dass die Zahl sechs und ihre Bedeutung am Hof Karls des Großen besondere Aufmerksamkeit hervorriefen. 798 führte Alkuin in einem Brief an den König aus, die Zahl sechs bestimme die Zeiten des Jahres und der Schöpfung sowie die Perfektion der Dinge.[57] Gott habe die Welt in sechs Tagen geschaffen, am sechsten Tag sogar den Menschen, perfekt an Leib und Seele. Und schließlich sei Christus, der Sohn Gottes, im sechsten Weltalter auf die Erde gekommen, um die Menschen zu retten. Die edle Sechszahl sei vollkommen in all ihren Teilen. Damit stieg die Zahl sechs zu einem Schlüsselelement für Deutungssicherheit und Eindeutigkeit auf – beruhend auf mathematischer Exaktheit.

So hatte sich der alternde, bald 50-jährige Karl seit 794 mit Aachen eine feste Residenz geschaffen. Das war im Grunde ein sensationeller Vorgang, denn damit erhielt die gesamte Ordnungsstruktur des Reiches einen festen Mittelpunkt. Dort weilte fortan der Hof, dort wurden die Häuser für die Verwaltung, für das Archiv, für die Hofschule und die Hofbibliothek errichtet, dort wohnten die Gelehrten, dort siedelten sich die Vasallen und die Großen an, die sich am Hof aufhielten. Dort wurden die wichtigen Beschlüsse gefasst, und von dort aus eilten die Königsboten in alle Regionen des Reichs. Wie die antiken Kaiser in Rom und die byzantinischen Kaiser in Konstantinopel, so residierte Karl der Große in Aachen, das damit eine Art von »zweitem Rom« *(Roma secunda)* wurde, »das sich in neuer Blüte mit großartiger und gewaltiger Masse zum Himmel erhebt und mit hohen Kuppelbauten bis an die Sterne reicht«.[58] Ein Kaiser benötigt einen eindeutigen und festen Mittelpunkt seiner Herrschaft: Das war die Tradition und die Idee, der sich Karl schon in den Jahren vor 800 öffnete. Möglicherweise weist auch die Bezeichnung »Lateran« in diese Richtung. Das war eigentlich der Name des ursprünglichen Kaiserpalastes Konstantins und dann des Papstpalastes in Rom. Aber er wurde offenbar auch für Aachen, zumindest für bestimmte Gebäude der Aachener Pfalz verwendet.[59] In der zeitgenössischen ›Chronik von Moissac‹ heißt es: »Er erbaute dort [in Aachen] auch einen Palast, den er Lateran nannte, und nachdem er Schätze aus seinen einzelnen Reichen gesammelt hatte, ließ er sie nach Aachen bringen.«[60] So regierte Karl in den letzten Jahren vor 800 schon wie ein Kaiser und nach 800 als Kaiser von Aachen aus sein Reich.

KAPITEL 8

Frauen, Töchter, Söhne und das Problem der Nachfolge

Karl der Große liebte die Geselligkeit und »war für Freundschaften sehr empfänglich«, so erfahren wir aus Einharts ›Vita Karoli Magni‹ (cap. 19). Auch habe er »ohne Wanken« an ihnen festgehalten und treu zu seinen Freunden gestanden. Am wichtigsten aber seien ihm seine Kinder gewesen. Seine Söhne seien schon in ihren ersten Lebensjahren dazu angehalten worden zu reiten, mit den Waffen umzugehen und sich an der Jagd zu beteiligen.

Größer noch sei Karls Liebe zu seinen Töchtern gewesen. In einem persönlich diktierten Brief von 791 nannte er sie seine »allersüßesten Töchter« *(dulicissimae filiae)*.[1] Alle seien sie ungemein schön gewesen, und Karl habe gesagt, »er könne ohne ihre Gesellschaft nicht leben«. Deshalb habe er sie alle bis zu seinem Tod bei sich im Hause behalten. Die Schar war groß: Drei Töchter hatte er von seiner Gemahlin Hildegard (Rodtrud, Bertha und Gisela) – zwei weitere waren schon als Kleinkinder gestorben (Adelheid, Hildegard) –, zwei Töchter (Theodrada und Hildtrud) stammten von der Gemahlin Fastrada und drei weitere (Ruothaid, Ruothild und Adaltrud) von verschiedenen Konkubinen. Später nahm er auch noch die vier Töchter seines 810 gestorbenen Sohnes Pippin, des Königs von Italien, an seinem Hof auf (Adelhaid, Gundrada, Berthaid und Theodrada).

Den eigentlichen Grund für diese Töchtergesellschaft am Hof deutet Einhart an (cap. 19): Man müsse sich wundern, dass Karl keine von ihnen einem seiner Mannen oder einem Auswärtigen *(cuiquam aut suorum aut exterorum)* zur Frau gegeben habe. Das war der Punkt. Keiner aus dem Kreis der mächtigen Adligen seines Reiches sollte sich durch die Heirat mit einer seiner Töchter einen Vorteil verschaffen. Die karolingische Sonderstellung sollte nicht angetastet werden.

Nur dem Antrag des Kaiserhofes in Byzanz stimmte er 781 zu. Damals hielt sich Karl in Rom auf. Hohe kaiserliche Beamte – der Schatzmeister Konstantin und der Primicerius Mamalos – hatten um die Hand seiner ältesten, zu dieser Zeit sechsjährigen Tochter Rodtrud geworben. Sie handelten im Auftrag der Kaiserin Eirene (gest. 803), die eine Gemahlin für ihren elfjährigen Sohn Konstantin VI. (gest. 797) suchte. In der Tat wurde ein Verlobungsvertrag geschlossen.[2] Rodtrud erhielt von nun an Unterricht in griechischer Sprache und Bildung, um sich auf ihre künftige Rolle »entsprechend den Sitten des römischen Kaiserreiches« vorzubereiten.[3] Die geplante Heirat kam dann zwar doch nicht zustande, aber diese Vorgänge muss man im Blick behalten, wenn es um die Frage geht, seit wann sich Karl möglicherweise schon mit der Kaiserwürde beschäftigte.

So blieb auch Rodtrud zusammen mit ihren Schwestern am Hof. Sie nahmen an den wichtigen ›Staatsakten‹ teil, zogen mit ihrem Vater durchs Land, begleiteten ihn zu den Festen, Banketten und waren auch an seiner Seite, als er zu Weihnachten 800 in Rom zum Kaiser gekrönt wurde. Dass sie auch an den Jagdgesellschaften beteiligt waren, wird eindrücklich im Paderborner Epos von 799 geschildert.[4] Wie auf einer Modenschau, so wird hier geschildert, hätten sich die jungen Frauen herausgeputzt: mit Hermelin oder Mänteln aus Maulwurfsfellen *(pallia permixtis talpis)* bekleidet, das Haar mit goldenen Schnüren durchflochten, Edelsteine und kostbare Broschen am Gewand und Ketten am Hals. So seien sie auf »feurigen Pferden« oder »strahlenden Schimmeln« mit in den Wald geritten. Nach der erfolgreichen Jagd hätten sich die »Jungfrauen« mit allen anderen zum fröhlichen Mahl begeben, wo es den »Falerner« – einen bereits seit der Antike bekannten Wein – zu trinken gab.

Karls Töchter bildeten am Hof geradezu den Mittelpunkt. Der

Gelehrte Theodulf von Orléans brachte dies in einem Gedicht an König Karl (›Ad Carolum regem‹) von 796 sehr anschaulich zum Ausdruck.[5] In den 790er-Jahren hatte sich in Aachen der Kreis der Gelehrten aus ganz Westeuropa zusammengefunden. Die dichterische Produktion, ja eigentlich der Wettkampf der Intellektuellen erreichte seinen Höhepunkt. Jeder wollte dabei sein und die Aufmerksamkeit auf sich lenken. Zu diesem Zweck schickte man, wenn man einmal abwesend war, seine Gedichte aus der Ferne an den Hof. Sie sollten dort Beachtung finden, kommentiert werden und »zirkulieren«. Um ein solches »Zirkulargedicht« handelt es sich auch bei diesem Werk Theodulfs. Es sollte am Hof zur literarischen Abendunterhaltung dienen.[6]

In diesem Gedicht wird zuerst Karl der Große selbst gepriesen: Seine Siege und seine Ruhmestaten würden im gesamten Erdkreis besungen. Die großen Erfolge sollten auch in der Pfalz von Aachen mit ihren »wunderschönen Kuppeln« in Festlichkeit begangen werden, so lauten die Eingangsverse. Dann wird der Einzug der Königsfamilie geschildert, in der Mitte der König, neben ihm seine Kinder. Seine Söhne Karl (»der Jüngere«) und Ludwig werden genannt, ausgezeichnet mit einem starken Körper und sehniger Jugendkraft sowie allen Anlagen für fleißiges Studium. Dann wird der Blick auf die »Jungfernschar« *(virgineum chorum)* der Töchter gerichtet, »wie es keine schönere gibt« *(quo non est pulchrior alter)*. Es sind die Töchter Bertha, Rodtrud und Gisela. Ebenso wird Liutgard genannt, »die schöne Jungfrau« *(pulchra virago)*, die damals die Rolle der Lebensgefährtin Karls einnahm. Sie widme sich, so Theodulf, den wissenschaftlichen Studien und besitze hohen Verstand. Gehorsam würden daraufhin die Söhne und Töchter dem Vater zu Diensten sein, ihm seinen Mantel und das Schwert abnehmen und ihm, während er sich auf dem Thron niederlasse, unter liebevollen Küssen Geschenke darbringen. Bertha – die laut Paderborner Epos ihrem Vater sehr ähnlich gesehen haben soll (Verse 220–224) – überreiche Rosen, Rodtrud Veilchen, Gisela Lilien. Dann gesellen sich drei weitere Töchter hinzu, alle reich geschmückt: Ruothaid – Tochter einer Konkubine Karls – biete dem Vater Obst an, Hildtrud – Tochter Fastradas –

bringe das Brot und Theodrada – ebenfalls Tochter Fastradas – den Wein.

Schließlich wird auch Gisela genannt, die Schwester Karls. Sie sei zwar nicht zugegen gewesen, habe aber mit ihrer Kenntnis der Heiligen Schrift der Versammlung gleichsam aus der Ferne noch einen besonderen Glanz verliehen. Gisela – so sei ergänzend vermerkt – hatte sich nach zwei gescheiterten Heiratsprojekten in das Kloster Chelles an der Marne bei Paris zurückgezogen, wo sie als Nonne lebte. Dieser Frauenkonvent, 658/659 von der Merowingerkönigin Balthild gegründet, zählte im achten Jahrhundert neben dem Männerkloster Corbie (an der Somme nahe Amiens) zu den Bildungszentren des Reichs. Ob Gisela auch Äbtissin von Chelles war, wie man in der Forschung gewöhnlich annimmt, ist unsicher.[7]

Dann fährt Theodulf in seinem Hofgedicht fort: Nach der Familie durften die Edlen *(proceres),* die Inhaber der Hofämter und die Dichterkollegen Theodulfs eintreten. Alle werden sie kurz charakterisiert. Dabei werden auch ihre ›Spitznamen‹ verwendet, die Alkuin eingeführt hatte. Dieser selbst erscheint als Flaccus, Angilbert als Homer, Einhart als Nardulus – wieder ein Spiel der Intellektuellen. Wie Einhart, so lesen wir weiter in dem Gedicht, sei auch der Kanzler Erkambald so kleinwüchsig gewesen, dass die beiden gut zusammen mit einem Dritten die Beine eines Tisches hätten abgeben können (Verse 177 f.). In einem vergleichbaren Gedicht von Alkuin aus demselben Jahr 796 werden im übrigen noch die Ärzte *(Hippocratica secta)* hinzugefügt, die ebenfalls zu solchen Festlichkeiten erschienen seien.[8] Das ist eine interessante Information, denn diese Bemerkung signalisiert, für wie wichtig man die medizinische Versorgung am Hof genommen hat.

Am Schluss zog Theodulf in seinem Gedicht noch über seinen irischen Kollegen *(Scottus)* her – wahrscheinlich der gelehrte Cadac-Andreas aus Irland (gest. 814), das »Schottenbürschlein« *(Scotellus).* Ihn, der ihm mit »Gotenmännlein« *(Getulus)* heimzahlte[9], konnte er gar nicht leiden. Er überhäufte ihn mit Schimpfnamen und bezeichnete ihn als »Gespenst, Gottseibeiuns, blödes

Scheusal, Pestbeule, Zankluder, Vogelscheuche, Schandmal und Faulpelz« (Verse 215–218). Er konnte offenbar damit rechnen, dass auch andere Mitglieder der Hofgesellschaft den Iren nicht schätzten und solche Tiraden schallendes Gelächter in der festlichen Abendrunde auslösen würden – zimperlich ging man nicht miteinander um.

Auch die Töchter Karls wurden nicht immer so rücksichtsvoll gepriesen, wie in diesem Gedicht Theodulfs. Sie lebten mehr oder weniger alle in eheähnlichen Verhältnissen, pflegten ihre Beziehungen und hatten Kinder. Um das Jahr 800 brachte Rodtrud einen Sohn namens Ludwig zur Welt, der später Abt von Saint-Denis (gest. 867) wurde. Etwa zur selben Zeit hatte die 20-jährige Bertha ein Verhältnis mit Angilbert (gest. 814), dem alten, damals 50-jährigen Hofkapellan, Dichter und Freund Karls des Großen. Dieser Verbindung entstammten die Zwillinge Nithard und Hardnit. Nithard (gest. 844) tat sich später als Geschichtsschreiber hervor und gab sich als einer der Sprösslinge aus dieser Verbindung zu erkennen.[10] Nicht wenigen galt der Lebenswandel der königlichen Töchter daher als allzu ausschweifend. Alkuin sah sich sogar veranlasst, 801/802 einen Schüler vor den jungen Frauen zu warnen: Er solle sich vor den gekrönten Tauben *(coronatae columbae)* hüten, »die durch die Zimmer des Palastes flatterten«.[11] Und dem Abt Adalhard von Corbie gab Alkuin den guten Rat, den jungen Mönch Bernar vom Hof wieder wegzuberufen. Schon einmal sei dieser dort fast verdorben worden.[12] Aber unter Karl dem Großen änderte sich an diesen Verhältnissen nichts. Erst sein Sohn und Nachfolger, Ludwig der Fromme, verwies seine Schwestern des Hofes.

Karls Ehefrauen kamen dagegen keineswegs alle in den Genuss solcher Privilegien. Noch vor 768 hatte er ein adliges Mädchen namens Himiltrud geheiratet, eine Ehe, die noch sein Vater Pippin in die Wege geleitet hatte. Von ihr bekam er (wohl 769) einen Sohn, den er Pippin nannte. Diese Namenswahl hatte Gewicht. Pippin war der Leitname der Familie und auch derjenige des ersten karolingischen Königs. Ein Sohn mit diesem Namen sollte die junge Königsdynastie fortsetzen. Aber nach einiger Zeit stellte sich heraus, dass der kleine Pippin missgebildet, »bucklig«, war. Konnte so jemand König werden? Körperliche Defizite bedeuteten in der Regel ein absolutes Hindernis. Ohnehin sanken Pippins Chancen, als Karl auf Anraten seiner Mutter seine Frau Himiltrud verstieß. Politische Gründe waren ausschlaggebend. Die Ehe mit einer Tochter des Desiderius sollte Anfang 770 nach den Plänen der Mutter Bertrada eine große Koalition der mächtigen Reiche der Langobarden und der Franken erstehen lassen.

Hier stellte sich freilich die Frage, ob ein König seine Frau so einfach verstoßen konnte. Nicht, wenn es nach der Auffassung des römischen Papstes, Stephans III., gegangen wäre. Er schrieb einen zornigen Brief an die beiden Frankenkönige, Karlmann und Karl: Eine Trennung von der rechtmäßigen Ehefrau könne überhaupt nicht infrage kommen: »Wagt ja nicht, auf irgendeine Weise eure Gemahlinnen zu verstoßen!«[13] Schon ihr Vater, Pippin, habe seine Frau Bertrada verlassen wollen, aber er sei von Stephans damaligem Vorgänger, Papst Stephan II., davon abgebracht worden. Deshalb sei Pippin ein leuchtendes Vorbild eines Königs.[14] Stephan III. war freilich vor allem deshalb so aufgebracht, weil er ein langobardisch-fränkisches Bündnis als große Gefahr für die Ansprüche und Besitzungen des Hl. Petrus fürchtete. Eine »Ausländerin« *(aliene nationis)* dürften die fränkischen Könige gemäß der Heiligen Schrift auf keinen Fall heiraten. Schon gar nicht eine Frau aus dem Volk der Langobarden, denn dieses gelte als stinkender Abschaum der Welt und als Ausgeburt von Aussätzigen.[15]

Es half Himiltrud nichts. Sie musste gehen. Ihr Grab mit ihrem Skelett und einer Inschrift wurde erst Anfang der 1970er-Jahre im karolingischen Kloster Nivelles entdeckt, und der Befund zeigt, dass sie noch etwa 20 Jahre gelebt haben muss.[16] Hatte Karl mit seinem Handeln gegen Recht und Moral verstoßen? Am Hof behalf man sich mit der Konstruktion, dass Himiltrud nur eine Konkubine *(concubina)* gewesen sei. Das jedenfalls behauptet Einhart in der ›Vita Karoli Magni‹ (cap. 20). Auch Paulus Diaconus vertrat diese Meinung in seiner ›Geschichte der Bischöfe von Metz‹: »Vor seiner legalen Ehe« *(ante legale connubium)* habe Karl von dem adligen Mädchen Himiltrud einen Sohn namens Pippin gehabt.[17] So suchte der fränkische Hof das Handeln des Königs nachträglich zu legalisieren und eine eindeutige Unterscheidung von legitimer und ›wilder‹ Ehe zu konstruieren.

Aber in den Augen des Papstes handelte es sich um eine gültige Ehe. Und, wie erwähnt, war auch der Name Pippin für den Sohn ein Zeichen dafür, dass die Verbindung von Karl selbst zunächst als legitim angesehen wurde. Aber was heißt ›legitim‹ in dieser Zeit? Die kirchlichen Vorgaben und Regelungen hatten sich noch längst nicht durchgesetzt. Eher scheint es, als wären die Grenzen zwischen Konkubinen und ›legitimen‹ Ehefrauen fließend gewesen. In der Zeit der merowingischen Könige war das sicher so. Wir wissen, dass Merowingerkönige auch mehrere Frauen nebeneinander haben konnten. Diese Tradition der Polygynie – umgangssprachlich als Vielweiberei bezeichnet – wirkte offenbar weiter.[18] Karls Vater Pippin hatte zwar eine strengere Ehegesetzgebung eingeleitet[19], aber sie fand am Hof seines großen Sohnes noch wenig Wirkung. Trennung und Abwechslung waren jedenfalls nicht gerade geächtet.

Dasselbe Schicksal wie ihre Vorgängerin ereilte auch die junge Frau aus der langobardischen Königsfamilie, die Karl auf Geheiß seiner Mutter geheiratet hatte. Wir kennen von ihr noch nicht einmal den Namen – und in der Forschung sind schon Zweifel geäußert worden, ob es überhaupt zu dieser Ehe gekommen ist.[20] Einhart jedenfalls berichtet von dieser Langobardin, die nach einem Jahr von Karl verstoßen worden sei (cap. 18). Das ist nach jüngsten Forschungen spätestens im Frühjahr 771 geschehen.[21] Karl begann also noch vor dem Tod seines Bruders (4. Dezember 771 in der Königspfalz Samoussy) seine Politik radikal zu ändern. Von nun an ging er auf Konfrontation mit dem Langobardenkönig – ohne dass wir von einem konkreten Auslöser wüssten. Als die langobardische Königstochter den Frankenhof verließ, meldete sich der Papst nicht, er war zufrieden. Auch sonst gibt es keine Stimmen der Kritik. Dennoch schien auch für Einhart die Sache etwas mysteriös gewesen zu sein, denn er fügte hinzu, es sei völlig unklar, weshalb Karl das getan habe.

Nun heiratete Karl der Große, offenbar nach ganz kurzer Zeit, zum dritten Mal, spätestens im April 771. Seine neue Frau, ein 13- oder 14-jähriges Mädchen, hieß Hildegard. Sie stammte »aus hohem Adel aus dem Volk der Schwaben«.[22] Mütterlicherseits war sie mit dem einstigen schwäbischen Herzogshaus der Agilolfinger verwandt. Ihr Vater Gerold besaß in Alemannien, dem Kerngebiet Karlmanns, großen Einfluss. Auch ihr Bruder hieß Gerold (gest. 799) und hatte einen glänzenden Aufstieg vor sich. An der Seite Karls des Großen zeichnete er sich im Krieg gegen die Langobarden durch besondere Tapferkeit aus und stieg zum »Bannerträger« *(signifer)* auf. Nach der Absetzung Herzog Tassilos III. 788 wurde ihm als Präfekten sogar die Verwaltung Bayerns übertragen, die Regierung also des bedeutendsten Teilreichs. Die Ehe mit Hildegard, der Tochter des Grafen Gerold, war für Karl wiederum der beste Weg, um wichtige Gruppen der politischen Elite Schwabens an sich zu ziehen.

Vor allem sollte Hildegard für Nachkommen sorgen. In den zwölf Ehejahren bis zu ihrem Tod am 30. April 783 hatte sie neun Schwangerschaften. Sie brachte drei Söhne zu Welt, die das Kindesalter überlebten: Karl (geb. 772/773), Karlmann (geb. 777), dessen Name 781 in Pippin geändert wurde, und Ludwig (geb. 778). Auch die schon genannten drei Töchter, die das Erwachsenenalter erreichten, stammten von ihr: Rodtrud (geb. 775), Bertha (geb. 779/780) und Gisela (geb. 781). Ihre vornehmste Aufgabe, so muss man wohl sagen, war das Gebären von Kindern. Entsprechend heißt es auf ihrer Grabinschrift: »Es gibt für dich kein größeres Lob, als dass du einem so großen Mann zu Gefallen warst.«[23]

Trotz ihrer Schwangerschaften begleitete sie immer wieder ihren Gemahl Karl auf seinen Reisen. Mitunter befahl er ihr auch aus der Ferne, nachzureisen, so 774 bei der Belagerung von Pavia. Auch damals war sie hochschwanger, und ihre Tochter Adelheid überlebte die rauen Verhältnisse des Kriegsgeschehens nur wenige Monate. Im Rahmen ihrer Möglichkeiten wirkte Hildegard durchaus auch an politischen Geschäften mit und erscheint in den Urkunden Karls als Fürbitterin. Vor allem förderte sie das Kloster Kempten im Allgäu. Dorthin brachte sie die Reliquien der Heiligen Gordian und Epimachus, die fortan zusammen mit der heiligen Maria die Klosterheiligen waren. Auch in der Überlieferung des Klosters Ottobeuren gilt sie als Wohltäterin, und zusammen mit Karl dem Großen beschenkte sie die Abteien Saint-Denis und Saint-Martin in Tours. Kurz nach der Geburt ihres neunten Kindes (Hildegard) starb sie 25-jährig am 30. April 783 in der Königspfalz von Thionville (Diedenhofen) und wurde im nahe gelegenen Kloster St. Arnulf in Metz begraben.[24]

Wenige Monate später, im Sommer 783, wurde Fastrada ihre Nachfolgerin. Die Hochzeit fand in Worms statt, an dem Ort, der für Fastrada zeitlebens so etwas wie ein Hauptsitz war. Sie war die Tochter eines Grafen Radolf, eines »Ostfranken«, der im Raum um Mainz und Worms reich begütert war.[25] Es scheint, als könne man seine Familie der Sippe der ›Mattonen‹ zuordnen, die in Geisenheim im Rheingau einen Besitzschwerpunkt hatten. Über die Gründe, weshalb Karls Wahl auf sie fiel, wissen wir nichts. Vermutlich war sie um einiges jünger als der inzwischen 35-jährige König.

Fastradas erste Aufgabe war es sicherlich, die Kinderschar am Hof zu betreuen. Mit ihren Stieftöchtern und später auch ihren eigenen Töchtern hielt sie sich meist in Worms auf. Wenn sie der König, von seinen Kriegszügen zurückkehrend, dort besuchte, wie im Jahr 787, »war die gemeinsame Freude groß, sie ergötzten sich aneinander und priesen Gottes Erbarmen«.[26] Es scheint ein recht inniges Verhältnis zwischen beiden gewesen zu sein. Jedenfalls achtete Karl offensichtlich darauf, neben seinen Staats- und Kriegsgeschäften immer wieder ›Familienzeiten‹ einzuplanen, die hauptsächlich in Worms stattfanden.

Als einen besonderen Glücksfall der Überlieferung kann man den Brief bezeichnen, den Karl der Große im September 791 persönlich von einem Awarenzug vom Wienerwald aus an Fastrada diktierte. Sie hielt sich damals in Regensburg auf. Es ist das einzige Zeugnis dieser Art, das uns für die Karolingerzeit überliefert ist.[27] Eingangs nannte er sie seine »geliebte und überaus liebenswürdige Gemahlin« *(dilecta nobis et valde amabilis coniunx)* und fügte hinzu, er selbst sei gesund und wohlauf. Dann berichtete er von den Erfolgen gegen die Awaren, vor allem denen seines Sohnes Karl, des Königs von Italien, und schilderte, dass er ein dreitägiges Fasten angeordnet habe. Fastrada möge doch bitte dasselbe auch in Regensburg veranlassen. Sie selbst solle wegen ihrer Krankheit abwägen, ob sie sich dem Fasten anschließen wolle. Schließlich fügte er noch hinzu, dass er auf eine Nachricht von ihr aus Regensburg hoffe, damit er darüber unterrichtet sei, wie es ihr gehe. »Und nochmals grüßen wir Dich vielmals in Gott dem Herrn« *(Iterumque salutamus tibi multum in Domino)*. Das holprige Latein und der vertraulich-intime Ton verleihen dem Text etwa Anrührendes.

Eine »grausame Königin« – wie sie in Einharts ›Vita Karoli Magni‹ genannt wird[28] – kann man sich angesichts dieses liebevollen Tones kaum vorstellen. Fastrada muss freilich in weit höherem Maße als ihre Vorgängerin in die politischen Pläne und Aktionen ihres Mannes eingebunden gewesen sein und hatte ganz offensichtlich auch das Format, in Karls Auftrag politisch zu handeln, ja sogar zeitweise eine Art Regentschaft auszuüben. Das war man von ihrer Vorgängerin nicht gewohnt, die eher in eine Aura verklärter Frömmigkeit eingehüllt blieb. Fastrada löste dagegen, wie es scheint, durch konsequentes Durchgreifen Empörung beim Adel aus, sodass sich in Thüringen eine Verschwörung unter der Führung eines Hardrad bildete. Dieser hatte sich geweigert, seine Tochter zur Heirat nach fränkischem Recht herauszugeben, und sich damit dem Befehl des Königs widersetzt.

Auch ihren Stiefsohn Pippin den Buckligen (gest. 811) soll sie in die Opposition getrieben haben. Er war, offenbar wegen seiner körperlichen Missbildung, zu einem Problemfall in der Frage der künftigen Königsherrschaft geworden. Doch damit wollte sich Pippin nicht abfinden. 792 plante er mit fränkischen Adligen einen Aufstand, ja sogar die Ermordung Karls, doch das Vorhaben wurde vorzeitig verraten.[29] Pippin, inzwischen etwa 23 Jahre alt, wurde gefasst, geschoren und zu lebenslanger Klosterhaft in das Kloster Prüm in der Eifel gegeben. Seine Gefährten erlitten schreckliche Strafen und wurden teils enthauptet, teils erhängt, teils geblendet und des Landes verwiesen.[30] Karl der Große sei –

so kommentierte Einhart diese Vorgänge in der ›Vita Karoli Magni‹ – mit dieser Entscheidung »in entsetzlicher Weise« *(inmaniter)* von seiner angeborenen Milde abgewichen, weil er gegenüber der Grausamkeit seiner Gemahlin allzu nachgiebig gewesen sei.[31] Man kann diese Bemerkung so verstehen, als habe Fastrada noch mehr als Karl – der Pippin vielleicht geschont hätte – für eindeutige Verhältnisse und Regelungen im Herrschaftsgefüge und im Herrscherhaus gesorgt. So gesehen, war sie die ideale Partnerin des großen Karl in seinem Bemühen um ›Vereindeutigung‹.

Ihre Krankheit, von der Karl der Große in seinem Brief von 791 sprach, bestand wahrscheinlich in einer fortgeschrittenen Karies. Der heilige Goar von Goarshausen am Rhein soll Fastrada zwar von ihrem Zahnweh geheilt haben[32], aber das half nur kurze Zeit. Die Entzündungen und die Schmerzen kamen zurück. Am 10. August 794 starb Fastrada nach jahrelangem Leiden in Frankfurt am Main. Bestattet wurde sie im Kloster St. Alban bei Mainz, was auf eine Verwandtschaft mit Erzbischof Richolf von Mainz (787–813) zurückgehen dürfte. Theodulf von Orléans verfasste für sie eine Grabinschrift: »Hier ruhen die Gebeine der berühmten Königin Fastrada, die der Tod mitten aus dem blühenden Leben gerissen hat.«[33]

»König Karl selbst blieb zurück«, so fährt die Inschrift fort. Der nunmehr 46 Jahre alte Herrscher verlegte fortan den Mittelpunkt seines Hofes und seiner Familie nach Aachen. Die dort gepflegte Gesellschaft mit seinen Töchtern erweckt den Eindruck, als wollte er sich zwar mit seiner Familie umgeben, aber gar keine enge eheliche Verbindung mehr eingehen. In der Tat begnügte sich Karl in den nächsten Jahren mit einer Beziehung zu einer adligen alemannischen Frau. Sie hieß Liutgard und wird als ausnehmend schön und anmutig beschrieben. »Herrlich schimmert ihr Hals wie die Farbe der Rose, und vor dem geflochtenen Haar verblasst der leuchtende Purpur. Um ihre hellen Schläfen schlingt sich ein purpurnes Band (…), den herrlichen Hals schmücken bunte Steine …«, so lauten die rühmenden Worte des Paderborner Epos von 799.[34] Auch Theodulf von Orléans besang ihre Schönheit in seinem ›Zirkulargedicht‹ von 796: »Eine herrliche Jungfrau, erstrahlend im Denken und Tun von gottgefälliger Güte, wunderschön im äußeren Schmuck, noch schöner im würdevollen Handeln …«[35] Überdies widmete er ihr ein eigenes Gedicht. Es beginnt mit den Worten: »Oh mächtige Königin, oh Ruhm des großen Königs, oh strahlendes Licht und Zierde des Volkes und des Klerus: Dich behüte der hochthronende Vater auf lange Zeit …«[36]

Alkuin nannte sie auffälligerweise in seinen Briefen nie die Gemahlin Karls, sondern immer nur »edelste Frau« *(femina nobilissima)* oder »fromme Frau« *(femina religiosa)* und empfahl ihr einen sittlichen und heiligmäßigen Lebenswandel.[37] War sie Karls Geliebte, ohne mit ihm je verheiratet zu sein? Dies wird in der Forschung durchaus erwogen.[38] Allerdings habe sie durch die intime Nähe zu ihm und ihre Position am Hof schließlich de facto die Rolle der Königin übernommen. Die schöne Liutgard wusste ganz offenkundig bestens Bescheid über die politischen Aktionen und Absichten Karls. Deshalb bat Alkuin sie 795 um nähere Informationen über das Wohlbefinden Karls und dessen Rückkehr in die Heimat und darüber, in welcher Pfalz Karl zu überwintern gedenke.[39]

Allerdings gibt es auch Quellen, die sie durchaus als Gemahlin Karls bezeichnen. Das Paderborner Epos von 799 gehört dazu. Hier heißt es: »Nun schreitet die Königin *(regina)* aus ihrem stolzen Gemach, lange verweilt sie, umdrängt von großem Gefolge, Liutgard mit Namen, Karls wunderschöne Gemahlin« *(Karoli pulcherrima coniux)*.[40] Ich neige deshalb der Auffassung des Karls-Biografen Dieter Hägermann zu, dass es 799 kurz vor der Ankunft Papst Leos III. in Paderborn doch zu einer förmlichen Eheschließung gekommen sein dürfte.[41] Schon ein Jahr später starb Liutgard am 4. Juni 800 in Saint-Martin in Tours.

Die Vermutung, dass diese Ehe am Ende doch noch förmlich geschlossen wurde, fügt sich auch in die Nachricht Einharts ein, wonach Karl nach dem Tod Liutgards nicht wieder geheiratet habe: »Nach dem Tode der Fastrada (…) heiratete er die Liutgard, eine Alemannin, von der er keine Nachkommen bekam.

Nach deren Tod hatte er drei Beischläferinnen ...« (cap. 18). Namentlich bekannt sind allerdings vier: Madelgard, Gerswind, Regina und Adalind. Sie spielten in der Hofgesellschaft so gut wie keine Rolle. Alle haben sie Kinder von Karl bekommen. Von dreien seiner Kinder kennen wir die Mutter gar nicht. Auch der betagtere Karl liebte die Frauen und blieb diesen Lebensfreuden zugetan – und musste, wie schon geschildert, im Jenseits seine Buße dafür erleiden. Es war sozusagen der dunkle Fleck in seiner Lebensbilanz. Hier achtete er nicht darauf, dass die kirchlichen Regeln, die sonst sein Planen und Handeln so sehr bestimmten, zunehmend ein anderes Verhalten des Herrschers vorsahen.

Im Reigen der Familie, wie sie von den Dichtern gepriesen wurde, fehlten auch die Söhne Karls nicht. Auch sie hat Theodulf von Orléans in seinem Festversammlungs-Gedicht von 796 bedacht[42]: »Karl und Ludwig sollen beieinander stehen, der eine von ihnen noch ein Jüngling, der andere schon mit dem Antlitz eines jungen Mannes geschmückt. In ihrem starken Körper steckt sehnige Jugendkraft, ihr Herz ist empfänglich für eifriges Lernen und guten Rat. Sie blühen an Verstand und Tugend, mit frommer Gesinnung begabt, beide Zierde ihres Geschlechts, beide dem Vater lieb.« Karl war damals 23 Jahre, Ludwig 18 Jahre alt.

Als besonders mutig und tapfer wurde in diesem Jahr ihr 19-jähriger Bruder Pippin gefeiert. Er war im Sommer 796 von Italien aus mit einem Heer aus italienischen, bayerischen und alemannischen Mannschaften in das Land der Awaren eingefallen und bis in den »Ring der Awaren«, also in den herrscherlichen Hauptsitz, vorgedrungen. Es war ein vollkommener Sieg, den er dabei erringen konnte. Der Ring wurde dem Erdboden gleichgemacht, der Rest des Awarenschatzes, der nach der Plünderung durch den Markgrafen Erich von Friaul im vorangegangenen Jahr noch übrig war, wurde mitgenommen. Das damals verfasste Gedicht »Über den Awarensieg König Pippins« beschreibt die Vorgänge und preist den jungen König: »Es lebe hoch der König Pippin!«[43] Auch Angilbert (gest. 814), der Freund Karls des Großen und Hofdichter, verfasste ein Gedicht zum Ruhme des jungen Pippin.[44] Darin wird von einem Treffen des

Dichters mit Pippin in Langres berichtet und davon, dass ihn, den aus Italien Zurückkehrenden, seine Brüder Karl und Ludwig und ebenso der Vater und die Schwestern gewiss sehnlichst am Hof erwarteten. Es werde, so malte es sich Angilbert aus, eine Begrüßung in Freude und Entzücken geben.

Das Verhältnis der drei Brüder untereinander ist trotz dieser freundlichen Ankündigung des Dichters nicht leicht zu bestimmen. Sicherlich hat Karl der Große frühzeitig darauf geachtet, dass seine Söhne für die Aufgaben eines Herrschers gut vorbereitet würden. Dennoch überrascht es, dass er bereits 781 seine beiden Jüngeren zu Unterkönigen bestimmte. Zuerst ging es um Italien. Zu diesem Zweck unternahm Karl der Große Ende 780 mit seiner Frau Hildegard und seinen Kindern von Worms aus eine Reise nach Italien. Die beiden älteren Söhne, Pippin der Bucklige und Karl, blieben allerdings in Worms zurück. In Pavia und Mantua erließ Karl der Große mehrere Regelungen zur Verwaltung und zum Rechtswesen des Landes. Es ging insbesondere um die ordnungsgemäße Amtsführung der Grafen, die künftig dafür zu sorgen hatten, dass Klagen und Gerichtsentscheidungen schriftlich festgehalten würden. Schließlich zog Karl weiter nach Rom und feierte dort 781 mit Papst Hadrian I. das Osterfest am 15. April.

Das Entscheidende war, dass bei diesem Fest der etwa vierjährige Karlmann vom Papst die Taufe empfing und gleichzeitig in Pippin umbenannt wurde. Das bedeutete, dass der Papst nunmehr in eine besonders enge Beziehung zu diesem Sohn und zur Familie Karls eintrat. Es wurde eine Verwandtschaft hergestellt, die geistlich-transzendent verankert war *(propinquitas spiritalis)*. Das neue Verhältnis kam dadurch zum Ausdruck, dass der Papst fortan Karl den Großen »geistlichen Gevatter« *(spiritalis compater)* und dessen Gemahlin Hildegard »geistliche Gevatterin« *(spiritalis commater)* nannte.[45] Nach dem ›Pakt‹ von 774 bedeutete dieser Akt von 781 den zweiten, fundamental bedeutsamen Schritt hin zu einem überaus engen Vertrauensverhältnis – auch dies ein Vorgang, der auf dem Weg zum künftigen Kaisertum zu berücksichtigen ist.

Dieses enge Band wurde noch dadurch verstärkt, dass Hadrian I., ebenfalls zu Ostern 781, sowohl Pippin als auch seinen dreijährigen Bruder Ludwig zu Königen salbte. Pippin wurde damit zum König von Italien eingesetzt, Ludwig zum König von Aquitanien. Es ist müßig, darüber zu spekulieren, ob die »eigentliche« Einsetzung von Karl dem Großen persönlich vorgenommen wurde. Die päpstliche Weihe fügte in jedem Fall die höchstmögliche Garantie hinzu. Beide, Pippin wie auch Ludwig, zählten ihr Königtum vom 15. April 781 an, was die unmittelbare Legitimation durch die Salbung unterstreicht.

Schon wenig später traten sie ihr Königsamt an. Noch auf der Rückreise im Jahr 781 zog der vierjährige Pippin feierlich in den Königspalast in Pavia ein, in das Zentrum des Königs von Italien. Ludwig begab sich ebenfalls noch 781 in sein Reich. Der Dreijährige wurde auf ein Pferd gesetzt und von Orléans aus nach Aquitanien geleitet. Das war ein großes Gebiet, das in etwa durch die Loire, die Rhône, das Meer und die Pyrenäen begrenzt wurde.

All dies waren einschneidende Vorgänge. Sie machen deutlich, dass Karl der Große entschlossen war, die künftigen Rollen im Königshaus festzulegen. Der bucklige Pippin durfte zwar noch ein Jahrzehnt lang am Hof bleiben, aber man erkennt, dass er immer weiter in den Hintergrund trat. Im Grunde war er schon 781 von der Herrschaftsnachfolge ausgeschlossen worden, als er das Privileg seines besonderen Namens verloren hatte. Die beiden Kindkönige, Pippin und Ludwig, wiederum verließen mit ihrer neuen Funktion den engeren Familienkreis. Karl der Große rief sie zwar von Zeit zu Zeit an seinen Hof und hielt ein wachsames Auge auf die Ereignisse in den Teilreichen, aber in der Hauptsache weilten die beiden fortan in der Ferne. Sie wurden zunächst unter die Vormundschaft von weltlichen und geistlichen Großen gestellt, schon bald aber mussten sie sich – immer noch beinahe Kinder – auch persönlich in der Politik und im Krieg bewähren.

Ludwig hatte wohl den schwierigeren Part übernommen. Sein Königreich Aquitanien war aus ganz unterschiedlichen Teilen zusammengesetzt. Außer dem alten Herzogtum Aquitanien gehörten, wie es scheint, auch Septimanien und der Pyrenäenraum dazu. Das Baskenland war nicht leicht zu kontrollieren, und der alte westgotische Adel pochte auf seine Eigenständigkeit. Das Land unterstand dem Frankenherrscher, aber in der Realität blieb es eher eine nominelle Zugehörigkeit. Von der Armut König Ludwigs, der seinem Vater keine Geschenke machen konnte, weil ihm die Großen des Landes kaum etwas beließen, war schon die Rede. Er bedurfte immer wieder der Hilfe seines Vaters. Dieser bestimmte schließlich 793 vier Orte, an denen die Versorgung des aquitanischen Königshofes gesichert sein müsse: Doué im Anjou, Chasseneuil im Poitou, Angeac im Angoulème und Ebreuil im Berry. Zudem suchte sich Ludwig immer stärker auf die Kirche zu stützen. Sein engster Berater wurde Benedikt von Aniane, der Sohn des Grafen von Maguelonne, ein Westgote, der zunächst den Namen Witiza trug. Dieser hatte 782 auf seinen Gütern in Aniane bei Montpellier ein Kloster gegründet, das sich mehr und mehr zur Keimzelle einer kraftvollen Klosterreform entwickelte. Ihr wurde die ›römische‹ Benediktregel zugrunde gelegt, die Bonifatius schon in Fulda eingeführt hatte und die nunmehr eine enorme Wirkung entfaltete.

In Italien wiederum waren die höheren Positionen in der Hauptsache von Franken, Bayern und insbesondere Alemannen aus dem Norden übernommen worden. Sie setzten als Königsboten fränkische Prinzipien, Regeln und Ordnungen durch. Besonders wichtig wurde der hohe fränkische Klerus. Er übernahm Besitzungen, Kirchen und Klöster in Italien und organisierte damit auch die Verwaltung. Saint-Martin in Tours beispielsweise erhielt die Insel Sirmione im Gardasee mit dem kleinen Kloster, das ganze Tal Camonica und mehr. Saint-Denis bekam das Tal Veltlin. Saint-Maurice d'Agaune, Fulda, St. Gallen und das Kloster auf der Reichenau wurden mit verschiedenen anderen Besitzungen ausgestattet. Manche Äbte erhielten Bischofsämter in Italien. Diese fränkische Offensive war so stark, dass sogar Hadrian I. besorgt an Karl die Anfrage richtete, ob – wie er gehört habe – möglicherweise auch er, der Papst, »von einem aus eurem Volk« *(de gente vestra)* ersetzt werden solle.[46]

In größerer Anzahl kamen auch einfache Vasallen *(vassi)*, kleine Grundherren und Siedler ins Land. Sie erscheinen als Bewohner kleinerer Orte oder als Bürger von Städten wie Mailand, Verona oder Asti. Je nach ihrer Herkunft nannten sie sich »aus dem Volk der Franken«, »aus dem Volk der Alemannen« oder »aus dem Volk der Baiuwaren«. In der Regel kamen sie im königlichen Dienst als »Vasallen des Herrn Kaisers« *(vassi domni regis)* nach Italien und standen für den Kriegsdienst bereit. Auf diese Weise versuchte Karl der Große, die Teile seines Reiches nördlich und südlich der Alpen miteinander zu verschmelzen.[47]

Auf diese Bevölkerungsgruppen konnte sich der junge König Pippin stützen. Sie waren »unsere getreuen Franken« *(fideles nostri Franci)*, die eine Ausstattung bekamen *(beneficium)* und sich für ihn bereithielten.[48] Schwerpunkte ihrer Siedlungen waren die Gebiete um Mailand und Pavia, von Como bis Lecco, um Parma, Piacenza und Lucca. Fast ein Drittel der Bevölkerung im Königreich – so schätzt man – dürfte schließlich aus Alemannen bestanden haben. Sie lebten wie die Bayern oder Franken auch in Italien nach ihren jeweiligen Rechtstraditionen. Aus diesem Grund befanden sich in der berühmten Bibliothek des Markgrafen Eberhard von Friaul sämtliche Volksrechte versammelt: die ›Lex Salica‹, die ›Lex Ripuaria‹, die ›Lex Alamannorum‹, die ›Lex Langobardorum‹ und die ›Lex Baiuwariorum‹. Als oberster Gerichtsherr musste er sich über die jeweilige Rechtslage informieren können.

Dieses ›Italien‹ war also das Betätigungsfeld Pippins, der hier heranwuchs und sich, wie geschildert, 796 im Kampf gegen die Awaren ganz besonders bewährte. Ludwig dagegen galt in diesen Jahren offenbar noch nicht als ausreichend durchsetzungsfähig. Jedenfalls war er einige Jahre zuvor, 791, vom Kriegszug Karls des Großen gegen die Awaren zu seiner Stiefmutter Fastrada nach Regensburg zurückgeschickt worden. Auch 796 hielt er sich, wie den geschilderten Gedichten zu entnehmen ist, am sicheren Hof in Aachen auf. Gewisse kriegerische Erfolge stellten sich erst nach 800 im Kampf gegen die Muslime in Spanien ein. 801 gelang es ihm sogar, Barcelona zu erobern. Aber einige Jahre später versagte er als Heerführer auf einer spanischen Expedition erneut.

Und was war mit Karl, dem älteren Bruder der beiden? Er, der schon von den Zeitgenossen »Karl der Jüngere« *(Carolus iunior)* genannt wurde, blieb in der Nähe des Vaters, ohne hier besonders aufzufallen. Im Jahre 784, mit zwölf Jahren, beteiligte er sich erstmals an einem Kriegszug gegen die Sachsen, wie den ›Reichsannalen‹ zu entnehmen ist. Auch er hatte sich auf diese Weise frühzeitig als kampfestüchtig zu erweisen. In den folgenden Jahren wurde er von seinem Vater immer wieder im Sachsenkrieg eingesetzt, in dem er sich offensichtlich bewährte. 794 unterstellte der Vater »seinem hochedlen Sohn Karl« *(Carolus nobilissimus filius suus)* sogar eine ganze Heeresabteilung. Schon 789 hatte er ihm den Dukat Maine mit der Hauptstadt Le Mans und zwölf Grafschaften in Neustrien als eigenen Herrschaftsraum übertragen und ihm damit einen Anteil an der Regierung zugestanden. Aber das war nicht im Geringsten mit den Königreichen zu vergleichen, die seine jüngeren Brüder übernommen hatten. Mit diesem Herzogtum sollte schon Grifo, wie wir gesehen haben, 748/749 abgespeist werden, was diesen damals zu einem erbitterten Aufstand bewogen hat.

Wohin man auch blickt, man gewinnt den Eindruck, als habe Karl der Große lange gezögert, seinen gleichnamigen Sohn unmissverständlich als seinen eigentlichen Nachfolger zu präsentieren. Er soll dem Vater zwar »in Haltung und Gestalt ähnlich« gewesen sein *(more patri et vultu similis)*, wie es im Paderborner Epos (Vers 197) heißt, aber er kam nicht recht zum Zuge. Natürlich muss es über diese Fragen am Hof Diskussionen gegeben haben, denn die Nachfolgeregelung war eines der wichtigsten Themen. Der Gelehrte Theodulf von Orléans war dem jüngeren Karl besonders zugetan und verfasste ein aufmunterndes Gedicht (›Ad Carolum regem‹) auf ihn.[49] Gott möge ihn schützen, damit er dereinst, in Gold funkelnd, »die väterlichen Sitze« besteige und mit Gottes Hilfe die Szepter in Händen halte.[50] Das waren Worte, die Karl den Jüngeren, »die große, heilbringende Hoffnung für das Reich«[51], an die Spitze der Herrschaftsnachfolge stellten. Er erscheint als der eigentliche künftige Herrscher im gesamten Frankenreich und Inhaber aller Herrschersitze.

Freilich, Theodulf bezeichnete ihn auch als »großen Knaben« *(magnus puer)*.[52] Wurde damit Karls jünglingshafter Charakter angesprochen? Die Dichtung dürfte 801 entstanden sein, und damals war der junge Mann 29 Jahre alt. Durch einen sensationellen Neufund bisher unveröffentlichter Verse dieses Gedichts durch den Würzburger Mittelalterforscher Franz Fuchs eröffnet sich eine überraschende Perspektive.[53] Die neuen Texte deuten unverblümt an, dass wir in der engsten Begleitung des jungen Karl mit Homophilie rechnen müssen. Es ist die Rede von einem *Mochanaz*, eine Bezeichnung, die mit großer Wahrscheinlichkeit dem arabischen Wort *muhannat* entspricht. Damit wurde ein Mann bezeichnet, der im sexuellen Bereich die weibliche Rolle übernimmt. Theodulf waren solche Begriffe vertraut. Als Westgote stammte er aus der christlich-arabischen Mischkultur Spaniens oder Septimaniens; vielleicht ist er in Saragossa aufgewachsen. Von Alkuin wurde er »der Spanier« *(Hispanicus)* genannt.[54] Vieles deutet darauf hin, dass mit *Mochanaz* ein enger Vertrauter *(famulus)*[55] Karls des Jüngeren gemeint ist, nämlich Osulf. Dieser wiederum war ein Schüler Alkuins, dem er aus England an den Hof Karls des Großen gefolgt war. Schon lange besteht in der Forschung der Verdacht, dass die von Alkuin propagierte christliche Liebe im Freundeskreis – »Liebet einander!«[56] – von seinen Anhängern nicht nur spirituell verstanden worden sein könnte.[57] Einmal musste er sogar einen seiner Schüler wegen »knabenhafter Befleckungen« *(puerilibus inmunditiis)* heftig ermahnen.[58]

War auch Karl der Jüngere homophil? Es gibt keine Gewissheit für diese Annahme. Aber sie würde viele Fragen lösen. Dies würde erklären, weshalb es bei Karl dem Jüngeren keine Hinweise auf Kontakte zu Frauen oder gar auf eheliche oder außereheliche Kinder gibt. Ganz anders als seine Brüder, die schon im Jünglingsalter mit Frauen verkehrten, mit ihnen Kinder zeugten und auch in jungen Jahren mit adligen Damen aus ihren Reichsgebieten verheiratet wurden, hielt sich Karl der Jüngere offenbar von Frauen fern. Zumindest von einer reservierten Haltung muss man ausgehen.

In den 790er-Jahren dürfte demnach die so grundlegend wichtige Frage im Raum gestanden haben, wie Karl der Große angesichts dieser Neigung des jüngeren Karl die Nachfolge regeln würde. Vermutlich kam es zu gefährlichen Spannungen zwischen den heranwachsenden jungen Königssöhnen. Die Empörung des älteren Pippin ist ein deutliches Zeichen dafür. Sie wurde, wie erwähnt, 792 niedergeschlagen. Aber damit war das Problem keineswegs gelöst. Es ging um die prinzipielle Frage, ob die drei verbliebenen Söhne die Herrschaft und das Reich unter sich teilen sollten oder ob nur einer herrschen dürfe oder einen Vorrang ausüben solle.

Das Prinzip des Alleinherrschers war für Karl den Großen selbst, wie wir gesehen haben, von eminenter Bedeutung gewesen. Jede ›konkurrierende‹ Herrschaft hatte er ausgeschaltet. Am Hof wurde diese Maxime durchaus auch für seine Nachfolge gefordert. Theodulf von Orléans verfasste ein Gedicht mit der Überschrift: »Dass Herrschaftsgewalt keinen gleichen Anteil ertragen dürfe«.[59] Das Teilungsprinzip, so brachte er seine Stellungnahme in knapper und präziser Formulierung auf den Punkt, habe es in früheren Reichen nur selten gegeben, und wenn, dann sei es gescheitert. Deshalb forderte er, »dass nur einer von den Brüdern das Szepter tragen dürfe«.[60]

Karl der Große sah sich einem gewaltigen Problem gegenüber. Das alte fränkische Rechtsprinzip, das allen Königssöhnen einen Anteil an der Herrschaft zuerkannte, hatte keineswegs seine Gültigkeit verloren, auch wenn Karl die Alleinherrschaft so intensiv vorangetrieben hatte. Der frühe Versuch, Karl den Jüngeren 789 mit der Tochter des angelsächsischen Königs Offa von Mercien zu verheiraten, scheiterte. Diese Ehe hätte den Makel von Karl dem Jüngeren nehmen können und ihm als Gemahl einer Königstochter einen Vorsprung verschafft. Es ist bezeichnend, dass Karl der Jüngere selbst diese Heirat »heftig gefordert« haben soll (*expostulabat*).[61] Als der angelsächsische König als Gegenleistung eine Tochter Karls des Großen, Bertha, für seinen

Sohn verlangte, habe der Frankenkönig jedoch »ziemlich ungehalten« reagiert.[62] Es war für ihn offenbar von Anfang an kein akzeptables Verfahren – und ein Sohn ohne Nachkommen hätte dem angelsächsischen König als Schwiegervater möglicherweise das Tor ins Frankenreich geöffnet.

Das Problem blieb daher bestehen. Konnte Karl der Große einem Sohn, der offenkundig nicht für den Weiterbestand der Dynastie sorgen würde, die Herrschergewalt, gar mit einem Vorrang versehen, anvertrauen? Eine derartige Entscheidung konnte Karl der Große schwerlich treffen. Aber vom Königtum konnte er ihn auch nicht ausschließen. Als am 4. Juni 800 seine letzte Gemahlin, Liutgard, in Saint-Martin in Tours starb, war Karl der Große mit seinen drei Söhnen – Karl der Jüngere, Pippin von Italien und Ludwig – bei ihr. Auch Alkuin war anwesend, der inzwischen Abt dieses Klosters geworden war. Dort nun soll Karl der Große »unermüdlich über das Wohl des Reiches verhandelt« haben.[63] Natürlich hat man auch über die Endlichkeit des Lebens gesprochen und darüber, dass rechtzeitig das Erbe geregelt sein sollte. In der Forschung wurde zuletzt überzeugend dargelegt, dass bei diesen Gesprächen die Entscheidung gefallen sei, Karl den Jüngeren nun doch endlich offiziell in den Kreis der Erben aufzunehmen.[64]

Damit war das Konzept der Zukunft – nämlich die Teilung des Reiches – beschlossen. Unmittelbar im Anschluss daran begann die Vorbereitung für den Romzug. Karl der Jüngere machte sich mit seinem Vater auf, um in Rom die neue Regelung durch den Papst bestätigen zu lassen. Am 25. Dezember 800, unmittelbar nach der Kaiserkrönung Karls des Großen, wurde auch sein Sohn von Papst Leo III. gesalbt und gekrönt. Sein Königtum fand mit dieser Handlung die päpstliche Zustimmung. Auch dem jungen Karl wurde – wie schon zwei Jahrzehnte zuvor seinen jüngeren Brüdern – auf diese Weise die göttliche Legitimation vermittelt. Ein paar Monate später schrieb ihm Alkuin einen Brief. Darin beglückwünschte er ihn, den »ehrwürdigen und mit allen Ehren zu nennenden König Karl den Jüngeren«.[65] Er freue sich, dass dieser nunmehr »die Würde des Namens und der Macht« *(honor nominis etiam et potestatis)* erlangt habe. Er hätte noch hinzufügen können: endlich!

Doch die Entscheidung war immer noch nicht eindeutig genug. Welchen Teil genau sollte Karl der Jüngere erhalten? Sollte ihm doch noch ein Vorrang eingeräumt werden? Als Papst Leo III. im November 804 über die Alpen zog, um Karl dem Großen einen Besuch abzustatten, übernahm Karl der Jüngere Anfang 805 das Empfangskomitee – so wie es viele Jahre zuvor Karl der Große selbst beim Besuch Papst Stephans II. getan hatte. War das das Zeichen einer Sonderstellung? Nach Gesprächen mit dem Papst begab sich Karl der Große in das Kloster Chelles zu einer »Beratung« *(colloquium)* mit seiner Schwester Gisela, der gelehrten Nonne. Diese habe er wie eine Mutter verehrt *(quam similiter ut matrem coluit)*, so vermerkte Einhart in seiner ›Vita Karoli Magni‹ (cap. 18). Ganz offensichtlich ist hier erneut die Entscheidung für Karl den Jüngeren gefallen und auch dafür, eine feste Regelung zu treffen, zu verkünden und abzusichern.

Dies geschah endlich Anfang 806 auf einer Reichsversammlung in der Pfalz von Thionville (Diedenhofen). Die Söhne sollten Klarheit haben: »Jeder von ihnen sollte wissen, welchen Teil er künftig schützen und regieren müsse«.[66] Daher ließ Karl der Große am 6. Februar 806 eine Urkunde in mehreren Ausfertigungen erstellen.[67] Sie ist bekannt unter der Bezeichnung ›Teilung der Reiche‹ (›Divisio regnorum‹). Ziel, so heißt es, sei es, »dass jeder mit seinem Teil zufrieden sei gemäß unserer Anordnung sowie die Grenzen nach außen mit Gottes Hilfe zu verteidigen suche und Frieden und Liebe mit dem Bruder erstrebe«.[68] Die Großen des Reiches berieten darüber und stimmten zu.

Die Urkunde enthält ausführliche Beschreibungen der jeweiligen Teile. Ludwig bekam Aquitanien mit der Gascogne, Septimanien und der Provence. Auch die Spanische Mark zwischen den Pyrenäen und dem Ebro wurde ihm zugeordnet – es war mit einigen Erweiterungen sein bisheriges Reich. Für Pippin wurde das alte Langobardenreich, das er schon seit Langem als König verwaltete, um Rätien und Bayern vergrößert. Hinzu kamen auch die südlichen Teile von Alemannien. Für Karl schließlich wurde das Gebiet der Francia vorgesehen, gegliedert in Austrasien und Neustrien und unter Hinzufügung von Thüringen, Sachsen, Friesland, dem bayerischen Nordgau und Teilen von Burgund und Alemannien. Alle drei Brüder sollten Zugang nach Italien haben. Das Kaisertum allerdings blieb vollkommen unerwähnt – obwohl das »Kaiserreich« *(imperium)* geteilt wurde.

Wurde Karl der Jüngere den anderen damit vorgezogen? Diese Frage wird in der Forschung kontrovers beantwortet. Die Teilung sollte, wie erwähnt, alle drei Brüder zufriedenstellen. Die Teile sollten also gleichwertig sein. In der Tat wird man vom kulturellen und wirtschaftlichen Entwicklungsstand her gesehen die südlichen und südwestlichen Reiche, die Pippin und Ludwig erhielten, möglicherweise sogar als höherwertig erachten. Andererseits waren für Karl den Jüngeren die fränkischen Kerngebiete vorgesehen, die bis dahin die Hauptregionen für Karl den Großen selbst gebildet hatten. Hier befanden sich die alten karolingischen Königsgüter und die meisten der Pfalzen und Hausklöster. Dazu gehörte auch der ›Hauptsitz‹ Aachen. Wurde Karl der Jüngere damit sogar »ganz ungewöhnlich bevorzugt«[69]? Dieser in der Forschung vorgebrachten Einschätzung kann man kaum folgen.

Es war wohl, so wird man sagen müssen, am Ende ein überaus subtil angelegter Kompromiss zwischen einem – bestenfalls – latenten Vorrang Karls des Jüngeren und einer absoluten Gleichrangigkeit der drei Söhne. Es war das Höchstmaß an Eindeutigkeit, das vom Vater erreicht und angeordnet werden konnte. Zu dieser Eindeutigkeit gehörte es, dass dieses ›politische Testament‹ in Urkundenform schriftlich fixiert wurde. Das gab es vorher noch nie. Die fränkischen Großen legten einen Eid darauf ab, dieses Vermächtnis zu hüten. Das wiederum war nicht ungewöhnlich. Höchst bemerkenswert dagegen ist, dass Karl der Große durch seinen Boten Einhart ein Exemplar auch nach Rom schickte, um die päpstliche Zustimmung einzuholen und damit für die eindeutige Geltung und künftige Gültigkeit zu sorgen. Eine größere Sicherheit war für dieses politische Testament nicht zu erreichen.

Solche Umsicht war nicht zuletzt deshalb erforderlich, weil Karl seine Entscheidung auch auf die Zukunft richtete. Beim Tod eines der Söhne war in der ›Divisio regnorum‹ genau angegeben, wie sein Reich auf die verbliebenen Brüder aufgeteilt werden sollte. Wenn das Volk es wünschen sollte, konnte aber auch ein Sohn des Verstorbenen als König das Teilreich weiterregieren (cap. 5). Karl selbst setzte diesen Passus in Kraft. Als Pippin von Italien 810 starb, ernannte der Kaiser zwei Jahre später dessen Sohn Bernhard zum König der Langobarden – und bekräftigte mit diesem Vorgang erneut das Teilungsprinzip. Schließlich wurde in der *Divisio regnorum* auch für Karls Töchter gesorgt: Sie sollten nach dem Tod des Vaters denjenigen Bruder wählen dürfen, in dessen Schutz sie sich begeben wollten. Der karolingische Königshof löste sich auf.

So war nunmehr fürs Erste eine Lösung gefunden worden für das Problem, dass Karl der Jüngere offenkundig unfähig war, die Dynastie fortzusetzen und damit den Bestand des Reiches zu sichern. Dessen mutmaßliche homophile Neigung, zumindest seine offenkundige Distanz zu Frauen, zwang den alten Kaiser, in der Frage der Herrschaftsnachfolge sein Testament mit einem gehörigen Spielraum zu versehen. Karl der Jüngere war zwar regulärer König geworden, aber sein Teilreich hatte von Anfang an kaum Aussicht auf Bestand. Es musste mit einer weiteren Aufteilung unter die beiden Brüder oder deren Söhne gerechnet werden – und deshalb mussten alle drei einen gleichberechtigten Status einnehmen. Keiner wurde mit dem exklusiven Titel »König der Franken« *(rex Francorum)* ausgezeichnet. Hier fand das Streben nach Eindeutigkeit also seine Grenzen, aber jede andere Entscheidung hätte den Frieden und das Reich wohl unmittelbar ruiniert.

Mit der ›Divisio regnorum‹ war freilich auch dem Teilungsprinzip grundsätzlich die größtmögliche Bestätigung zuerkannt worden. In der Wahrnehmung der Zeitgenossen hatte Karl sein Reich schlicht »auf drei Könige verteilt« *(inter filios suos tres reges dividit)*.[70] Dieser Sieg der »gerechten Teilung« sollte längerfristig, wie wir wissen, noch erhebliche Konsequenzen mit sich bringen und schließlich doch noch zum Zerfall des Frankenreiches führen.

(1) Albrecht Dürer, Karl der Große, 1511 bis 1513. Nürnberg, Germanisches Nationalmuseum.

(2) Stammbaum der Karolinger mit Bischof Arnulf von Metz als Stammvater. Aus der Chronik des Ekkehard von Aura, 2. Hälfte 12. Jahrhundert, Kopie des Originals (1106 oder später).

(3) Karl der Große als Gesetzgeber, zu seiner Linken Personifikation der Iustitia. Miniatur in einer Sammlung von Gesetzestexten, 1. Hälfte des 9. Jahrhunderts.

(4) Kaiserin Irene von Byzanz, Emaillearbeit auf der Pala d'Oro (goldener Altarvorsatz), wahrscheinlich 12. Jahrhundert. Venedig, Basilica di San Marco.

(5) Ausschnitt aus dem »Karlsfenster« der Kathedrale Notre-Dame von Chartres mit dem Wunder der blühenden Lanzen.

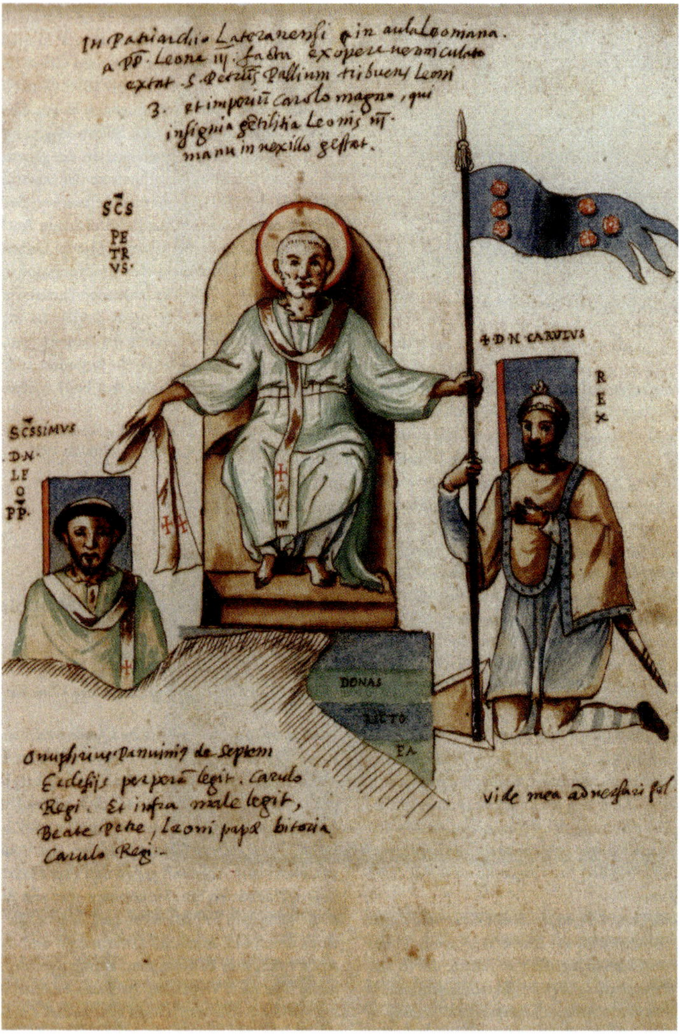

(6) Der heilige Petrus überreicht Karl dem Großen die Fahnenlanze. Kolorierte Federzeichnung von Alfonso Ciacconio (um 1595).

(7) Mosaik mit Christus und den zwölf Aposteln in der Apsis des Tricliniums des alten Lateranpalastes, entstanden unter Papst Leo III. Zustand um 1699, Kupferstich auf Papier von Giovanni Ciampini.

(8) Triclinium-Mosaik, moderne Rekonstruktion nach dem Abriss im 18. Jahrhundert.

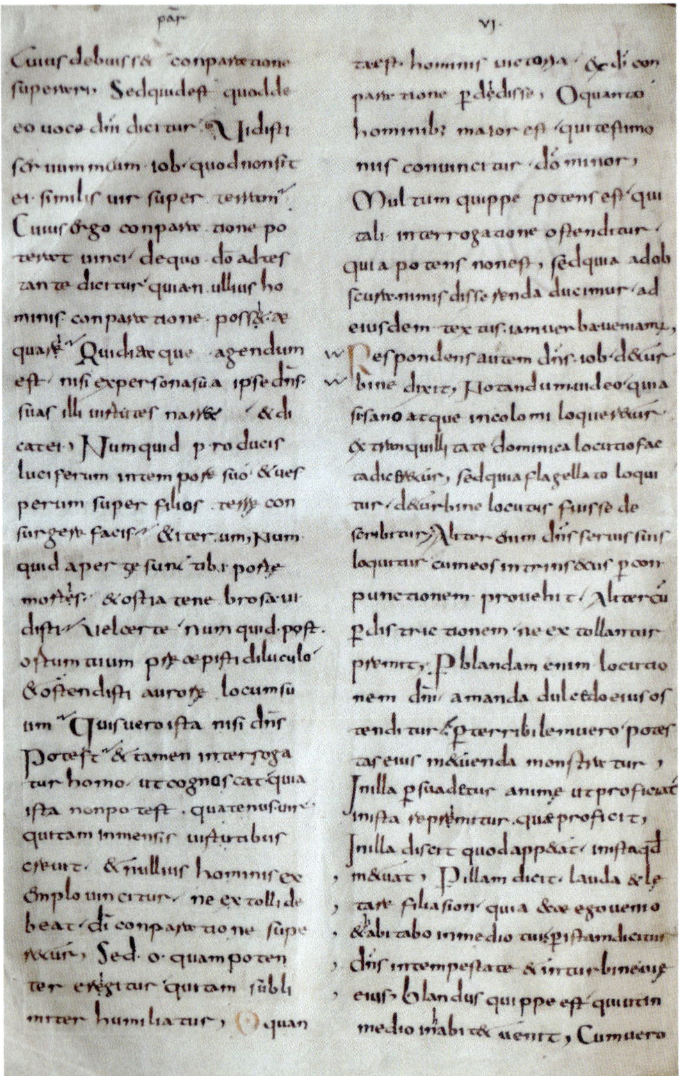

(9) Ältestes Zeugnis der karolingischen Minuskel aus dem Königskloster Corbie an der Somme, um 765.

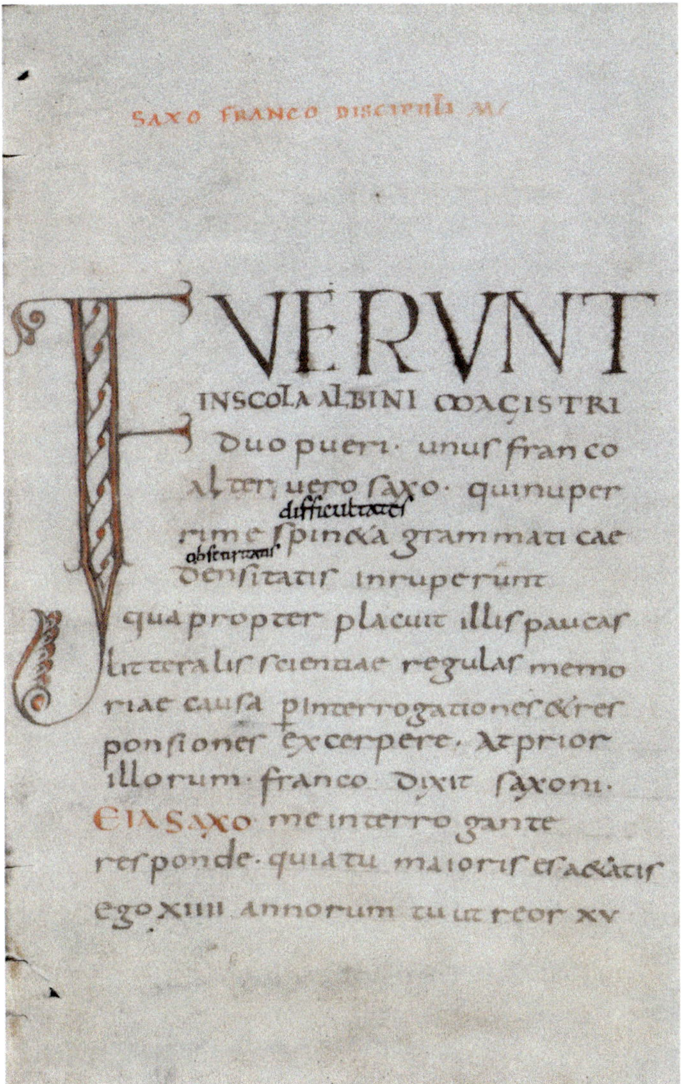

(10) Alkuin von York, Grammatiklehrbuch, älteste erhaltene Abschrift aus Saint-Martin in Tours, um 800.

(11) Karl der Große und sein Sohn Pippin, König von Italien, als Gesetzgeber. Miniatur einer Kapitulariensammlung des 10. Jahrhunderts, Abschrift des verlorenen Originals aus Fulda (829 bis 836).

(12) Karolingische Gelehrtenrunde. Miniatur im Codex Agrimensorum, entstanden um 825, mit Kommentaren aus dem 16. Jahrhundert.

(13) Aachener Königsthron, aus den 90er-Jahren des 8. Jahrhunderts. Dom zu Aachen.

(14) Rekonstruktion der Pfalz Aachen, im Hintergrund Königshalle mit Verbindungsbau zur Pfalzkapelle im Vordergrund.

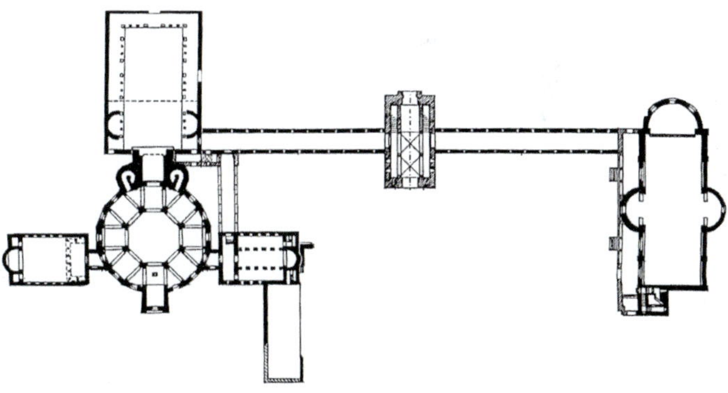

(15) Grundriss der Pfalz Aachen.

(16) Proserpina-Sarkophag, Relief der Entführung Proserpinas durch Pluto, Rom, 3. Jahrhundert. Aachen, Domkapitel.

(17) Aachener Karlsschrein (1180 bis 1215) mit der Darstellung der Karlslegende auf dem Dach und je acht Kaisern auf den Seitenflächen. Dom zu Aachen.

(18) Aachener Karlsschrein (1180 bis 1215), Stirnseite mit dem thronenden Karl dem Großen, flankiert von Papst Leo III. und Bischof Turpin von Reims. Dom zu Aachen.

(19) Metzer Reiterfigur (Karl der Große oder Karl der Kahle), 24 cm hoch, um 870. Paris, Musée du Louvre.

Zunächst jedoch ist es nach dem Tod Karls des Großen zur Teilung gar nicht gekommen. Pippin starb vor seinem Vater am 8. Juli 810, ebenso sein Bruder Karl der Jüngere am 4. Dezember 811. Ludwig blieb als Einziger übrig. Er war, so scheint es, nicht der Lieblingssohn Karls. Pippin dürfte ihm lieber gewesen sein. In diesem Fall aber hat das Schicksal die Regie übernommen und die Eindeutigkeit auf seine Weise hergestellt. Am Ende wurde Ludwig 814 der alleinige Nachfolger Karls des Großen im Kaisertum – als König allerdings hatte er in Bernhard von Italien einen Rivalen.

KAPITEL 9

Gelehrte, Wissen und die Eindeutigkeit des Glaubens

Hunger nach Wissen und Wissenschaft habe Karl der Große gehabt. Auch das berichtet Einhart in seiner ›Vita Karoli Magni‹ (cap. 25). Mit größtem Eifer habe er sich den »Freien Künsten« *(artes liberales)* gewidmet und auch seine Kinder dazu angehalten (cap. 19). Die von ihm überaus verehrten Gelehrten hätten bedeutende Würden erhalten. Der greise Diakon Petrus von Pisa sei sein Lehrer in der Grammatik gewesen. In den übrigen Wissenschaften aber habe ihn »Albinus, der auch Alkuin genannt wird«, unterrichtet. Dieser, aus Britannien stammend, sei in allen Disziplinen der Wissenschaft höchst gelehrt gewesen und habe Karl dem Großen auch Rhetorik und Dialektik beigebracht. Ganz besonders intensiv habe er ihn in die Astronomie eingeführt. So habe Karl die Kunst des Rechnens gelernt und sich mit dem Lauf der Gestirne beschäftigt.

Wie sind diese Nachrichten zu bewerten? War Karl die leuchtende Gestalt der Erneuerung der Wissenschaften, wie er von Walahfrid Strabo um 840 gepriesen wurde?[1] Karl, so heißt es da, habe die Weite des ihm von Gott übertragenen Reiches, das von Nebel verdunkelt und fast blind gewesen sei, mit einem neuen Licht erfüllt, das dieser barbarischen Kultur *(barbaries)* zuvor weitgehend unbekannt gewesen sei. War dies nur der übliche Lobgesang, wie von manchen Forschern angenommen wurde? War Karl in Wirklichkeit gar ein Herrscher mit nur »kümmerlichen Lateinkenntnissen« und bestenfalls einer »Halbbildung«?[2]

Dass es in seiner Zeit einen ganz ungewöhnlichen Bildungsaufbruch gab, der sich in hohem Maße an der antiken Wissenskultur orientierte und in der Forschung gern als »karolingische Renaissance« bezeichnet wird, steht außer Frage. Aus den Achtzigerjahren stammen Äußerungen und reichsweite Verfügungen unter Karls Namen, die den Geist einer Erneuerung der Wissenschaften atmen. Den Anfang machte das »Allgemeine Schreiben« (›Epistola generalis‹)[3], das in das Frühjahr des Jahres 787 datiert wird, als sich Karl in Rom befand.[4]

Karl wendet sich darin an die »frommen Lektoren« seines Reiches. Damit sind die Vorleser und Vorsänger beim Stundengebet gemeint. Diese sollten die neue Sammlung der Lesungen (Homiliar), die ihnen nunmehr an die Hand gegeben wurde, zu den Stundengebeten verwenden. Sein vertrauter Gelehrter Paulus Diaconus habe die Texte für das Werk eifrig aus den Schriften der Väter zusammengetragen, »klar geordnet und ohne Fehler«. Er selbst, Karl, brenne danach, dem Vorbild seines Vaters Pippin nachzueifern und die Kirchen Galliens mit kirchlichen Gesängen nach römischer Tradition zu schmücken. Bereits früher habe er die Bücher des Alten und des Neuen Testaments, die durch das Unwissen der Schreiber ganz verderbt gewesen seien, mithilfe Gottes in jeglicher Hinsicht exakt nach der Richtschnur *(examussim)* korrigieren lassen. Einhart bestätigte später diese Bemühungen Karls: »Auf die Verbesserung des Lesens und Singens in der Kirche wandte er große Sorgfalt auf« (cap. 26).

Die Gelegenheit der Bekanntmachung eines neuen Homiliars nutzte Karl, um damit auch eine allgemeine Aufforderung zur Beschäftigung mit den Wissenschaften zu verbinden. Die ›Epistola generalis‹ – auch sie von Paulus Diaconus verfasst – kündigte erstmals das Programm einer umfassenden Bildungsreform an. Karl, so heißt es darin, wolle die beinahe in Vergessenheit geratene »Werkstatt des Schrifttums« *(litterarum officina)* wiederherstellen *(reparare)*. Sein eigenes Vorbild solle alle dazu ermuntern, sich den »Freien Künsten« *(artes liberales)* zu widmen.

Vermutlich noch im selben Jahr 787 ließ Karl eine weitere Verordnung nachfolgen, den ›Brief über die Pflege der Wissenschaften‹ (›Epistola de litteris colendis‹).[5] Überliefert ist nur noch das

Exemplar an den Abt Baugulf von Fulda (779–802), aber der ›Brief‹ muss an alle Bischöfe und Klöster ergangen sein. Sein Ton ist überaus offensiv. Dieses Mal war es ein anderer Gelehrter, der den Text schrieb, kein Geringerer nämlich als der von Einhart hervorgehobene Alkuin selbst.

In dieser Verlautbarung teilte Karl der Große mit, dass »im Hinblick auf das Studium der Schriften« *(in litterarum meditationibus)* in den Bistümern und Klöstern eine grundlegende Reform durchzuführen sei. Diejenigen, die mit ausreichender Intelligenz ausgestattet seien, müssten sich dem Lernen und Lehren widmen, um die »regelhafte Norm« *(regularis norma)* nicht nur der Sitten, sondern auch des richtigen Sprechens *(recte loquendi)* einzuüben. Es stehe nämlich geschrieben: »Entweder wirst du durch deine Worte gerecht oder aus deinen Worten verdammt.« Auf das Wort komme es an. Die Seele müsse vorher erkennen, was die Zunge aussagen solle. Es dürfe künftig nicht mehr vorkommen, dass »die ungelehrte Zunge sich nicht ohne Fehler auszudrücken vermag«. Das allgemeine Unwissen schlage sich auch in den Texten nieder, die ihm »in diesen Jahren« vorgelegt worden seien. Irrtümer der Worte seien gefährlich, noch gefährlicher seien freilich die Irrtümer des Denkens. »Deshalb ermahnen wir euch, die Studien der Wissenschaften nicht nur nicht zu vernachlässigen, sondern sie auch in Demut und gottgefälliger Haltung eifrig zu betreiben.« Das gelte insbesondere für das Verständnis der kunstvollen Wort- und Sinnfiguren und des Redeschmucks (Schemata) sowie der rhetorischen Wendungen, der Metaphern, der Ironie, Emphase oder Hyperbel (Tropen), um die heilige Schrift in allen ihren Anspielungen und in ihrem tieferen Sinngehalt zu erfassen. Solche sprachlichen Feinheiten müsse man in ihrer Bedeutung rasch begreifen *(intellegere)* können.

Damit drängte ein starker Impuls für eine grundlegende Bildungsreform vom Hof aus in das Reich. Die ›Epistola de litteris colendis‹ gilt zu Recht als »programmatisches Schreiben zur karolingischen Bildungsreform«.[6] In noch größerem Umfang wurde das Unternehmen aber dann 789 in Gang gebracht durch einen umfassenden ›allgemeinen Mahnerlass‹, die sogenannte

›Admonitio generalis‹.[7] Sie ist uns als eines der bedeutendsten Kapitularien schon begegnet, und man darf hinzufügen, dass sie in ungewöhnlich vielen Abschriften verbreitet wurde. Auch sie hat Alkuin zum Verfasser, wie in der Forschung zuletzt überzeugend ausgeführt wurde.[8] Sie nun markiert wahrlich den Auftakt für einen bildungspolitischen Prozess, über den einer der besten Kenner dieser Epoche, der Heidelberger Mittellateiner Walter Berschin, die Meinung vertreten hat: »Nie in der abendländischen Geschichte ist dem Lesen und Schreiben, der Grammatik, kurzum der Schule ein so hoher Rang eingeräumt worden wie damals.«[9]

Die Vorrede der ›Admonitio generalis‹ trägt gewichtige Gründe für das Unterfangen vor. Karl habe mit seinen »Priestern und Ratgebern« *(cum sacerdotibus et consiliariis)* reiflich bedacht, wie nötig es sei, Gott mit Herz und Mund und auch durch gute Werke Dank zu sagen, damit das Reich in alle Ewigkeit den göttlichen Schutz verdiene.[10] Dafür müssten die kanonischen Satzungen und väterlichen Überlieferungen genauestens beachtet werden.[11] Die Hirten der Kirchen Christi und die Leiter seiner Herde sollten fortan mit wacher Sorge auf die genaue Einhaltung dieser Überlieferungen achten. »Deshalb«, so heißt es weiter, »haben wir unsere Königsboten zu euch gesandt. Aus der Autorität unseres Namens heraus sollen sie zusammen mit euch korrigieren, was zu korrigieren ist. Wir haben auch einige Kapitel aus den kanonischen Satzungen beigefügt, die uns besonders nötig schienen. Niemand, so bitte ich, soll diese fromme Ermahnung für vermessen halten, mit der wir Fehler berichtigen, Überflüssiges wegschneiden und Rechtes durchsetzen wollen« *(errata corrigere, superflua abscindere, recta coartare)*. Karl nehme sich damit ein Beispiel an König Josias im Alten Testament, der sein Reich »durch Bereisen, Berichtigen und Belehren zur Verehrung des wahren Gottes« zurückgeführt habe.

Es folgen sodann 80 Kapitel mit Anweisungen an die Bischöfe und Priester, an die Mönche und Nonnen, an die Grafen und Richter und schließlich immer wieder »an alle«. Allen wird ans Herz gelegt, Frieden, Eintracht und Einmütigkeit zu pflegen, um das christliche Liebesgebot zu erfüllen (cap. 61). In den zahlreichen Einzelanweisungen heißt es: Das Vaterunser sollte korrekt gebetet (cap. 68), das Stundengebet nach dem römischen Vorbild gesungen werden, und die Priester sollten in ihren Pfarreien Leseschulen für Knaben einrichten – der neue Bildungsauftrag sollte also bis in die Provinz und bis in die Dörfer hinein wirken. Zudem müssten Psalmen, Schriftzeichen, Gesänge, Zeitrechnung und Grammatik in den katholischen Büchern ordentlich berichtigt werden, damit nicht wegen fehlerhafter Bücher jemand seine Bitten fehlerhaft an Gott richte. Stets sollte darauf geachtet werden, dass nicht falsch gelesen oder abgeschrieben werde (cap. 70). Und immer wieder geht es um das »Begreifen« *(intellegere)* dessen, was man sagt und hört. Messfeiern und das Gebet des Herrn (›Vaterunser‹) sollten die Priester nicht nur selbst verstehen, sondern es auch allen verständlich vortragen, »sodass ein jeder weiß, was er von Gott erbittet« (cap. 68). Sie sollten, so heißt es an anderer Stelle, keine »Idioten« *(idiothae)*, das bedeutet, ungebildet sein.[12]

Schon diese Auszüge aus den Vorschriften der ›Admonitio generalis‹ machen deutlich, welch gewaltiges Werk nunmehr beginnen sollte. Die wirksame Gottesverehrung, so der Kern dieser Idee, war nur möglich durch die Eindeutigkeit des geschriebenen und gesprochenen Wortes. Eindeutigkeit wurde zur Voraussetzung für Wirksamkeit, insbesondere für ein wirksames Seelenheil. Damit war ein Postulat geschaffen, das von nun an auch seinerseits enorme Wirkung entfalten sollte. Man muss sich die Tragweite eines solchen Grundsatzes, der keines Beweises bedurfte, vor Augen stellen: Worte und Texte erlangten einen einzigartigen Stellenwert, ebenso die Methoden, mit denen die Exaktheit und Korrektheit von Worten und Texten festgestellt werden konnten. Alles stand im Dienste der göttlichen Wahrheit und der Gottesverehrung. Zugleich war die Bildungsoffensive darauf ausgerichtet, auch eine neue Qualität im gedanklichen Ordnen, im kritischen Entscheiden, in der argumentativen Sicherheit, in der Beherrschung der Stilkunst wie auch im Hinblick auf die Eindeutigkeit von Schrift und Sprache zu erzeugen. Man darf das Unternehmen daher nicht auf eine innerkirchliche Reform reduzieren, vielmehr wurden die Weichen gestellt für ein ganz neuartiges Erlernen und Einüben von Wissen und wissenschaftlichen Methoden.

Niemand möge dieses Vorhaben für vermessen *(praesumptiosa)* halten: Das war die Bitte, die Karl seiner ›Admonitio generalis‹ voranstellte.[13] Zweifelte er selbst daran, ein solches Werk durchsetzen zu können? Er ging zumindest mit großer Umsicht an die Sache. Seine Planungen dafür liefen schon länger – und dieses stufenweise aufgebaute herrscherliche Projekt ist ein gutes Beispiel dafür, wie langfristig Karl seine politischen Aktionen anlegen konnte. Bereits Jahre zuvor hatte er damit begonnen, indem er sukzessive die berühmtesten Gelehrten, gewissermaßen die Experten, aus dem westchristlichen Europa an seinen Hof holte. Der größte Erfolg gelang ihm, als er den Bedeutendsten und Gebildetsten der damaligen Zeit gewinnen konnte: Alkuin von York.

Alkuin kam aus Britannien. Dort war er schon früh der Schule der Kathedrale von York beigetreten. Die Bibliothek, die sich dort befand, »war wahrscheinlich die umfangreichste und am breitesten gefächerte nicht nur Englands, sondern vielleicht des ganzen christlichen Europa«.[14] Alkuin verehrte auch noch im Alter seinen Lehrer Aelberht, den späteren Erzbischof von York (767–778). In einem Brief an Karl den Großen im Jahre 798 erinnerte er sich an den Unterricht in der Yorker Schule.[15] Aelberht habe stets gesagt: »Die weisesten Menschen waren diejenigen, welche diese Freien Künste *(artes liberales)* in der Natur der Dinge wiedergefunden haben. Es ist eine große Schande, dass wir diese in unseren Tagen zugrunde gehen lassen.« Und Alkuin fügte hinzu: »Jetzt sorgt sich die Kleinmütigkeit vieler nicht mehr darum, den Sinn der Dinge zu erkennen, die der Schöpfer in der Natur geschaffen hat. Wisse, mein Bester, wie süß die Arithmetik für die Erkenntnis der Natur der Dinge ist, wie notwendig für die Erkenntnis der göttlichen Schriften. Beglückend ist die Kenntnis der Gestirne des Himmels und deren Lauf. Und dennoch ist es selten, dass sich jemand bemüht, solches zu wissen. Und was noch schlimmer ist: Die Studierenden verschmähen es, dies zu wissen.« Die *Artes liberales*: Sie also waren der Schlüssel zur Natur- und Gotteserkenntnis und sollten wieder gelehrt werden.

Aelberht seinerseits war Schüler bei dem größten Gelehrten des angelsächsischen Frühmittelalters gewesen: Beda Venerabilis (672–735). Auf Beda hat sich dann auch Alkuin berufen, wenn es um Fragen des Lernens und Lehrens ging: »Erinnert euch an den edelsten Lehrer unserer Zeit, den Magister Beda: wie intensiv er sich in seiner Jugend dem Studium widmete und welch hohen Rang er jetzt unter den Menschen hat und um wie viel strahlender noch sein Ruhm bei Gott ist, der ihn belohnt.« Beda selbst war daher das glänzende Vorbild für Alkuins Grundsatz: Wer nicht in jungen Jahren lernt, kann im hohen Alter kein guter Lehrer sein.[16] Schule und intensive Schulung der Jungen standen in einer langen Tradition.

Angelsächsische Gelehrte orientierten sich an Rom. Papst Gregor der Große (590–604), von dem einst die Mission in England ausgegangen war, und seine Schriften genossen hohes Ansehen. Das war bereits an Bonifatius zu sehen. Gregors Werke mit ihren eindeutigen Anweisungen für das Verhalten von Bischöfen und Priestern fanden weite Verbreitung. Seine ›Regel für Priester‹ (›Regula pastoralis‹) spielte auch im Denken Alkuins eine zentrale Rolle.[17] In einem Brief aus dem Jahre 796 an seinen Freund, den Erzbischof Arn von Salzburg, stellte er die Grundsätze guter Missionsarbeit heraus: »Das alles hat der heilige Gregor, der berühmteste Gelehrte, in seinem Buch über die priesterliche Seelsorge auf das Genaueste dargelegt, mit Autoren belegt, mit Beispielen angereichert und mit der Autorität der Heiligen Schrift bekräftigt.«[18] An anderer Stelle nannte er Gregor den »wunderbarsten Gelehrten und glänzendsten Erklärer der Heiligen Schrift«.[19]

Die Gelehrten in Britannien – wie auch in Irland – pflegten zudem die klassische lateinische Sprache. Es war die Sprache der Kirchenväter, der Konzilsbeschlüsse und der römischen Kirche. Sie öffnete den Weg zur göttlichen Wahrheit. Diese Einstellung wurde in der Bildungsoffensive unter Karl dem Großen vollständig übernommen. Latein wiederzubeleben, das wurde zu einem

Kernanliegen der karolingischen Bildungsreform. Das korrekte Latein sollte zur eindeutigen Hochsprache in Verwaltung, Religion und Kultur werden. In der kirchlichen und weltlichen Führungsschicht, die sich über romanische und germanische Völker erstreckte, sollte man sich präzise verständigen können. Karl der Große selbst stammte zwar gar nicht aus dem romanischen Milieu, aber er erkannte das enorme Potenzial der lateinischen Kultur und bemühte sich selbst darum, die Sprache zu verstehen und zu sprechen. Nur so konnte er sein Unterfangen glaubhaft vertreten, und man muss davon ausgehen, dass es ihm mit seinen mehrfachen Hinweisen auf sein eigenes vorbildliches Bemühen ernst war. Er selbst war voller Wissensdurst und wollte andere durch sein Beispiel anspornen.

Was die Bedeutung der Sprache anbelangt, so konnte sich Karl auch hierzu Rat einholen im ›Gottesstaat‹ von Augustinus. Dort heißt es (›De civitate Dei‹, Buch 19, cap. 7): «Im Erdkreis ist es zunächst die Vielsprachigkeit, die den Menschen dem Mitmenschen entfremdet. Denn wenn sich zwei Menschen begegnen und nicht aneinander vorbei können, sondern sich irgendwodurch gezwungen sehen, beisammen zu bleiben, obwohl einer die Sprache des anderen nicht versteht, werden eher stumme Tiere, sei es auch verschiedener Art, sich zur Gemeinschaft verbinden, als diese beiden, die doch Menschen sind. Wenn sie nämlich ihre Gedanken nicht austauschen können, verhilft ihnen alle von Natur bestehende Ähnlichkeit allein schon wegen der Verschiedenheit der Sprache nicht zu gegenseitiger Annäherung.« »Begreifen« und »verstehen«, so war damit gemeint, beginnt mit der Sprache.

So sind viele Gründe dafür erkennbar, weshalb der König den gelehrten, damals etwa 50-jährigen Alkuin umwarb, als er 781 in Parma, vielleicht auch schon zuvor in Rom mit ihm zusammentraf. Bei dieser Gelegenheit bot er ihm ein großes Wirkungsfeld an seinem Hof an.[20] Hinsichtlich des Zeitpunkts, zu dem Alkuin am Königshof eintraf, wurde in der Forschung das Jahr 786 erwogen, aber zuletzt sind doch die überzeugenderen Argumente für das Jahr 782 vorgebracht worden.[21] Als Grundausstattung wurden ihm die Klöster Ferrières und Saint-Loup in Troyes zugewiesen. 790 kehrte er nochmals nach England zurück und blieb bis 793 in York. Dann erst kam er einem erneuten Ruf Karls des Großen nach. Sein Sachverstand wurde für die Vorbereitungen der Texte zur Frankfurter Synode benötigt. Von 794 bis 796 dürfte sich Alkuin die meiste Zeit in Aachen, der neuen Herrscherresidenz, aufgehalten haben, bevor er von Karl die Leitung der ehrwürdigen Abtei Saint-Martin in Tours übertragen bekam. Dort blieb er bis zu seinem Tod am 19. Mai 804.

Alkuin kam nicht allein ins Frankenreich. In seinem Gefolge befand sich ein illustrer Kreis von Schülern. Einer von ihnen war Sigulf, der spätere Abt von Ferrières. Ein anderer hieß Wizo. Auch er machte Karriere und übernahm 801 sogar die Leitung der Hofschule. Fredegis, ebenfalls aus der Schülerschar Alkuins, wurde später als Nachfolger seines Lehrers Abt von Saint-Martin in Tours und machte die Schreibschule dieses Klosters zu einer der berühmtesten Bildungsstätten im Frankenreich. Osulf haben wir schon kennengelernt, er war derjenige mit den homophilen Neigungen und eher eine Enttäuschung für den Lehrer. Doch ansonsten wird man von einem erstklassigen Reformerteam aus Britannien sprechen können, das nun seine Arbeit aufnahm. Dieser Blick auf die Gruppe ist wichtig, weil sie die Stoßkraft der Reformen, die von Alkuin ausgingen, deutlich macht und besser erklären kann. Man darf den Blick nicht allein auf Alkuin richten, wenn man seinen Einfluss am Hof erschließen will.[22]

Im Umkreis Karls traf Alkuin einen weiteren Schüler, der ihm schon vorausgeeilt war, nämlich Beornrad (gest. 797), der zugleich sein Vetter war und inzwischen die Abtswürde von Echternach erlangt hatte. Dieser sollte bald in der Sachsenmission eine wichtige Rolle übernehmen, denn ihm und seinem Kloster wurde die Verbreitung des Christentums im Münsterland anvertraut. 785 stieg er zum Erzbischof von Sens auf.

Noch früher, um 774, hatte sich als einer der Ersten bereits der gelehrte Petrus von Pisa (gest. ca. 799) am Hof Karls des Großen eingefunden. Er war zuvor in Pisa als Sprachlehrer in Latein tätig gewesen. Später erteilte er, wie erwähnt, Karl persönlich Unterricht und verfasste eine Grammatik. Auch Angilbert (gest. 814), der Abt von Saint-Riquier, der uns als Geliebter Berthas, der Tochter Karls des Großen, schon begegnet ist, zählte zu seinen Schülern. Begeistert war Petrus, als sein Landsmann Paulus Diaconus 782, etwa zur selben Zeit wie Alkuin, an den Königshof kam. Endlich war ein Landsmann aus dem untergegangenen Langobardenreich in seiner Nähe. Freudig schrieb ihm Petrus ein Gedicht: »[Christus] der dich, Paulus, Gebildetster der Sänger und Dichter, der du in verschiedenen Sprachen glänzest, in unser Land geschickt hat, um die Ungebildeten zu befruchten mit geeigneter Saat. Als Homer zeigst du dich im Griechischen, im Latein als Vergil, im Hebräischen auch als Philon, in den freien Künsten als Tertullus, als Horaz giltst du in der Verskunst, als Tibull im Ausdruck. (...) Du wirst nicht müde, bei Tag und bei Nacht das Herz eines jeden, der danach verlangt, mit den Bächlein der lateinischen Grammatik zu berieseln und ebenso mit der Saat der griechischen Rede, von Eifer beseelt.«[23] Freilich verließ Paulus Diaconus den Hof schon 785/786 wieder, sodass die gemeinsame Zeit nur kurz war.

Ebenfalls schon vor Alkuin gehörte Paulinus von Aquileja (gest. 802) zum illustren Kreis der Gelehrten am Hof. Als herausragender Theologe und Rechtswissenschaftler, der zuvor die Schule in Cividale geleitet hatte, war er 776 von Karl dem Großen an den Hof gerufen worden. 787 wurde er zum Erzbischof von Aquileja erhoben, von wo aus er zusammen mit Bischof Arn (seit 798 Erzbischof) von Salzburg die Awarenmission betrieb. Auch Arn, der frühere Abt von Saint-Amand-les-Eaux (seit 782), war dem Kreis der Bildungselite um Karl eng verbunden.

Schließlich hatte sich um 780 eine ganze Gruppe irischer Gelehrter eingefunden, unter ihnen Jonas, Raefgot, Dungal und Josef. Von einem weiteren Iren in der Runde, Cadac-Andreas, haben wir schon aus dem Gedicht des Theodulf von Orléans gehört: Dieser war – wie die Iren ganz allgemein – offenbar nicht besonders beliebt bei den anderen Gelehrten, obgleich sie wie die Angelsachsen einen besonders hohen Bildungsstand einbrachten. Alkuin, so wird mit dieser Personenfülle jedenfalls deutlich, kam 782 in eine längst im Aufbau begriffene Gelehrtenrunde am Hof Karls des Großen, die von einigen Mitgliedern der ersten Stunde zum Teil schon wieder verlassen worden war.

Andererseits gab es ständigen Zuwachs in den folgenden Jahren. Um 790 fand sich Theodulf von Orléans ein, der Westgote aus Spanien, der uns nun schon häufig begegnet ist, und vor 796 der Franke Einhart, der Biograf Karls des Großen. Zu erwähnen ist noch der Diakon Richolf (gest. 813), ebenfalls ein Franke, der sich wie Einhart – dem er sehr verbunden war – dem Schülerkreis um Alkuin anschloss. 781 erscheint er als Kapellan am Königshof, und 787 erhielt er von Karl dem Großen das Erzbistum Mainz übertragen. Von seiner möglichen Verwandtschaft mit Fastrada, der Gemahlin Karls, war schon die Rede. Auch Modoin (gest. 840/843) mit dem Beinamen Naso muss genannt werden, der Freund Karls des Jüngeren und ein hervorragender Repräsentant des geistigen Lebens in Aachen während der Kaiserjahre nach 800. Ihm, dem späteren Bischof von Autun, war Theodulf von Orléans sehr verbunden. Schließlich seien noch Hildebald und Meginfrid erwähnt, der eine Leiter der Hofkapelle und Erzbischof von Köln (787–818), der andere kahlköpfiger Poet, Kämmerer Karls des Großen (782–800) und Freund Alkuins.

Man kann sich vorstellen, von welchen Eitelkeiten und Spannungen diese Gemeinschaft der hochgelehrten Wissenschaftler und Würdenträger, die sich um 780 und in den Jahren danach zusammenfanden, getragen war. Man kann sich ausmalen, wie sie sich an Gelehrsamkeit zu überbieten suchten, mit welcher Ironie sie sich begegneten und welche Intrigen wohl auch abgelaufen sind. Die Gedichte, die man für den Vortrag in der Runde verfasste, waren voll von subtilen Anspielungen und sprachlichen Raffinessen. Die hohe Kunst der Dichtung übte starke Anziehungskraft auf die besten Köpfe der Runde aus und reizte sie zum Wettbewerb.

Hier hatte Karl der Große sicherlich immer wieder alle Hände voll zu tun, um für Ausgleich und Beruhigung zu sorgen. Man wird aber auch nicht ausschließen können, dass der König selbst an der Art, wie seine Gelehrten die Klinge kreuzten, durchaus

Gefallen hatte. Von den Wortgefechten zwischen Theodulf und dem Iren Cadac-Andreas, die sich gegenseitig als »Schottenbürschlein« *(Scottulus)* und »Gotenmännlein« *(Getulus)* verspotteten[24], war schon die Rede. Unermüdlich forderten sie sich gegenseitig zum Kampf mit Versen auf. Bei dem heftigen und lange anhaltenden Streit zwischen dem jungen Theodulf und dem alten Alkuin kurz nach 800 musste Karl allerdings eingreifen. Alkuins Zorn war schon so weit gediehen, dass er sich die Genugtuung wünschte, wie einst Entellus über den spanischen Dares zu triumphieren.[25] Er spielte damit auf den Boxkampf an, der in Vergils ›Aeneis‹ geschildert wird (Buch V, 362–484).

Eine solche Schar exzentrischer Intellektueller war gewiss nicht leicht zusammenzuhalten, auch wenn sie sich keineswegs immer alle am Hof aufhielten. Dass sie auf die Initiative Alkuins hin alle ehrenvolle und treffende Beinamen – etwa Flaccus für Alkuin, Nardulus und Beseleel für Einhart, Aaron für Hildebald und so weiter – erhielten, war möglicherweise der Versuch, dem hohen Selbstwertgefühl der Einzelnen entgegenzukommen. Dennoch wird Karl der Große selbst häufig Anlass gehabt haben, diese bunte Gruppe anzutreiben und auf ihre eigentliche Bestimmung auszurichten.

Was aber war ihre Aufgabe? Zunächst ging es um die korrekte Sprache und damit um »Latein, Latein und abermals Latein«, so der Frankfurter Mittelalterforscher Johannes Fried, der ein großartiges Panorama der karolingischen Bildungsreform entworfen hat.[26] Es sollte künftig ausgeschlossen werden, dass Priester und Gläubige durch ein völlig verunstaltetes Latein die Wirkung eines Gebets oder eines liturgischen Textes behinderten. Nie mehr sollte eine Taufe »im Namen Vaterland und Tochter und des heiligen Geistes« *(in nomine patria et filia et spiritus sancti)* erfolgen, wie dies Bonifatius noch kurz vor 750 in Bayern erlebt haben soll.[27] In Autun trifft man in einem Messbuch auf den orthografisch völlig missglückten Satz *idio nus menime famoli tue*. Er müsste eigentlich lauten: *ideo nos minimi famuli tui* (»wir also, deine geringsten Diener«). In Verona notierte ein Schreiber des achten Jahrhunderts in einem Psalter: »Ich trinke, sagt der Herr,

Amen« *(Bibo ego, dicit dominus, amen),* wo es heißen müsste »Ich lebe, sagt der Herr, Amen« *(Vivo ego, dicit dominus, amen).*[28]

Wir können an diesen Abwandlungen erkennen, dass sich in der Lebenswirklichkeit zwischen der ›lebendigen Sprachformung‹ und dem klassischen Latein ein immer größerer Graben auftat. Auch die Volkssprachen zeigten im täglichen Gebrauch viele Variationen und Unbestimmtheiten im Ausdruck. Konnte die göttliche Wahrheit diese Veränderungen ertragen oder wurde sie dadurch verunglimpft? Diese Frage wurde am Hof und im Austausch mit dem Papst intensiv diskutiert. Musste eine Taufe mit einem verderbten Segensspruch möglicherweise sogar wiederholt werden? Karl der Große war sich sicher: Er wollte Eindeutigkeit. Das Wort und der Wortlaut mussten in seinen Augen korrekt und dauerhaft eindeutig sein. Das Wort selbst wurde geradezu zu einer unverrückbaren Wahrheit. Das betraf im Übrigen nicht nur das lateinische Wort, sondern ebenso die Volkssprache. Auch hierfür ließ Karl der Große eine Grammatik erstellen und Glossare anfertigen, die zur korrekten Übertragung der Sprachen verhelfen sollten.

Stets ist zu sehen, welch eminent hohen Rang das Wort im Bildungsprogramm Karls des Großen einnahm. Deshalb stand an erster Stelle die lateinische Sprachreform. Das bedeutete, dass eine Vielzahl von spätantiken Grammatiken *(Grammatici latini)* abgeschrieben wurde. Heute noch sind 30 Sammelhandschriften aus dem späten achten und frühen neunten Jahrhundert erhalten. Freilich, ganz konnte man zum reinen Latein der Klassik dann doch nicht zurückkehren. So entstand das »neu-alte« Latein der Karolingerzeit, eine Mischung aus klassischen und unklassischen Sprachelementen. Es war das Latein des Mittelalters, das fortan für viele Jahrhunderte die Sprache des Wissens und der Wissenschaften bestimmen sollte.

Auf dem Gebiet der neuen sprachlichen Vereindeutigung ragte Alkuin unter den Gelehrten am Hof zweifellos hervor. Von ihm stammt eine Grammatik in Form eines Dialogs zwischen einem 14-jährigen Franken und einem 15-jährigen Sachsen.[29] Das war didaktisch geschickt gemacht, denn damit konnte sich die

Altersgruppe der Lernenden unmittelbar identifizieren. Die beiden, die sich als Schüler in der »Schule von Meister Alkuin« *(schola Albini magistri)* ausgeben, beschäftigen sich mit der Lehre von Buchstaben, Silben, Wortarten und Wortformen. Ein weiteres Werk verfasste Alkuin ›Über die Orthografie‹ (›De Orthographia‹).[30] Falsche Schreibgewohnheiten sollten bekämpft und auch hier die Eindeutigkeit des Wortes gewährleistet werden. Auf dieser Grundlage des präzisen Wortes wurden allen voran die Bücher überprüft, die das Wort Gottes selbst enthalten: das Alte und das Neue Testament. Auch dieser Aufgabe nahm sich Alkuin an. In der Schreibschule seines Klosters Saint-Martin in Tours wurde eine Produktionsstätte korrekter Bibeln eingerichtet. Dort entstand auch eine große Anzahl von ›Ganzbibeln‹, sogenannte ›Pandekten‹, in denen das Alte und das Neue Testament in einem Band zusammengefasst waren. Im Jahre 800 schrieb Alkuin an Gisela, die Schwester Karls des Großen und Nonne in Chelles: Er sei so schrecklich beschäftigt, weil Karl der Große ihm den Auftrag erteilt habe, das Alte und das Neue Testament zu »emendieren«, also von Fehlern zu befreien.[31]

Ebenso wichtig war das Erlernen des korrekten Sprechens *(recte loquendi)*. Auch dafür stellte Alkuin ein Lehrbuch zusammen, das Werk ›Über die Rhetorik und die Tugenden‹ (›De rhetorica et de virtutibus‹).[32] Dieses ist als Disputatio aufgebaut, bei welcher Karl der Große, der »allerweiseste König« *(sapientissimus rex)*, persönlich die Fragen stellt und der »Meister Alkuin« *(magister Albinus)* die Antworten gibt. Das Buch dürfte 793/796 entstanden sein. Eingangs stellt »Karl« fest, es sei als »lachhaft« zu bezeichnen, diese Kunst nicht zu kennen; täglich müsse man sich mit ihr beschäftigen.[33] Ausführlich werden die Bedeutung und die Techniken der Rhetorik behandelt und ihre fünf Bestandteile herausgestellt. Diese umfassen das Nachdenken *(inventio)*, das Anordnen *(dispositio)*, den Ausdruck und den Stil *(elocutio)*, das Erinnerungsvermögen *(memoria)* und den Vortrag selbst *(pronuntiatio)*. Dass Alkuin hier Karl den Großen als Person auftreten lassen konnte, unterstreicht, in welch hohem Maße der König selbst die Angelegenheit unterstützt hat. Dieser ist es auch, der am Ende des Werkes das Resümee zieht, indem er die Beherrschung der Rhetorik als Zeichen höchster Ehre erachtet. Dasselbe Format eines Dialogs zwischen Karl, der die Fragen stellt, und Alkuin, der sie beantwortet, weist schließlich auch Alkuins Werk ›Über die Dialektik‹ (›De Dialectica‹) auf. Dieses Buch darf auch inhaltlich einen eigenen Rang beanspruchen, weil hier erstmals Dialektik als Schlüssel für das Erfassen der Realität vorgestellt wurde.[34] Und eine Reihe weiterer Lehrbücher Alkuins wäre noch hinzuzufügen.

Mit der Grammatik, der Rhetorik und der Dialektik waren die sogenannten drei »redenden Künste« vereint. Sie bildeten im Reigen der *Artes liberales* das Trivium, mit dem man das Denken und Sprechen einübte. Hinzu kamen vier weitere, mathematische Künste – die Arithmetik, die Geometrie, die Musik und die Astronomie –, also das Quadrivium. Diese sieben Disziplinen hießen deshalb »Freie Künste« weil sie – im Unterschied zu den *Artes mechanicae* – den gelehrten Wissens- und Wissenschaftskanon bildeten, der eines freien Mannes für würdig erachtet wurde.

Die Freien Künste waren in der Antike entwickelt, in der Zwischenzeit aber immer weniger beachtet worden. Nun entdeckte man die klassischen Lehrbücher wieder. Darunter befand sich die ›Ars grammatica‹ des Aelius Donatus (Mitte viertes Jahrhundert). Auf besonderes Interesse stieß das Werk des Martianus Capella aus dem fünften Jahrhundert. Dass der Autor einer der letzten Heiden der Antike war, kümmerte niemanden. Das Lehrbuch trug den Titel ›Über die Hochzeit der Philologie mit Merkur‹ (›De nuptiis Philologiae et Mercurii‹). Es erzählt von der Suche Merkurs, des Gottes der Rede, nach einer Gemahlin. Er findet sie in der Jungfrau Philologie, die ihrerseits nach der Heirat unter die Unsterblichen aufsteigt. Ihr junger Gemahl schenkt ihr sieben Mägde, die sich ausführlich in sieben Büchern vorstellen: Grammatik, Dialektik, Rhetorik, Geometrie, Arithmetik, Astronomie und Musik.

Massenhaft wurde dieses Buch nun abgeschrieben und verbreitet. Alkuin verfasste darüber eine theologisch-philosophische

Programmschrift, in der er den Freien Künsten und der Beschäftigung mit ihnen einen metaphysischen Sinn zuwies. Es handelt sich um die ›Abhandlung über die wahre Philosophie‹ (›Disputatio de vera philosophia‹).[35] Die Weisheit, so führte Alkuin aus, sei die Lehrmeisterin aller Tugenden. Sie sei das wahre und unvergängliche Glück der Menschen. Man könne sie sich nur schrittweise aneignen und auch nur, wenn man davon beseelt sei, die Wahrheit zu erkennen. Nach dem Wort Salomons habe sich die Weisheit ein Haus mit sieben Säulen gebaut (Prov. 9,4). Damit seien die sieben Freien Künste gemeint, ohne die niemand zur vollkommenen Wissenschaft gelangen könne.

Weisheit, Wahrheit und höchstes Glück der Seele: Damit knüpfte Alkuin an Boethius (gest. 524/526) und dessen großes Werk über den ›Trost der Philosophie‹ (›De consolatione Philosophiae‹) an. Auch dieses wurde nun vielfach abgeschrieben, ebenso wie der berühmte Kommentar des spätantiken Philosophen und Neuplatonikers Macrobius (gest. nach 430) zum ›Traum des Scipio‹ (›Somnium Scipionis‹). Wiederum ist es die Seele, die im Mittelpunkt steht. Ihre Tugenden, ihr Wesen und ihre Unsterblichkeit werden in weiten Zusammenhängen erörtert. Die Seele gilt Macrobius als die Kraft, die alles antreibt. Auch der Kosmos und die Gestirne werden mit der Seele in Beziehung gesetzt, ebenso die Zeit. Dieses Werk hat die christlichen Gelehrten um 800 außerordentlich fasziniert. Schließlich muss man noch die von Calcidius, einem Philosophen und Platoniker des vierten Jahrhunderts, stammende lateinische Übersetzung von Platons ›Timaios‹ erwähnen. Darin geht es um Themen wie die Erschaffung und die Ewigkeit der Welt, die Rolle der Vorsehung und des Schicksals sowie die Beschaffenheit der Materie. Dieses Werk fand größtes Interesse in der Bildungselite um 800 und im neunten Jahrhundert.

Doch damit ist nur ein winziger Ausschnitt aus der Fülle der spätantiken Werke genannt, denen sich die Gelehrten um Karl den Großen widmeten. Auch Werke von Cicero und Sallust, von Terenz und Martial, von Horaz und Juvenal, von Seneca und Tertullian und vielen anderen gelangten in die Hände der karolingischen Schreiber. Daneben waren es Schriften der Kirchenväter (Augustinus, Hieronymus, Gregor der Große, Ambrosius), Konzilsbeschlüsse, historische Werke (Orosius, Eusebius, Flavius Josephus, Hegesippus, Epiphanius, Gregor von Tours), Heiligenberichte, asketische Literatur, Regeln und Glossare, die abgeschrieben und gesammelt wurden. Immer wieder treffen wir auf Hinweise darauf, dass Karl der Große die bereinigten Texte persönlich autorisiert hat, dass er sich diese also ganz offensichtlich vorlegen und erläutern ließ.

Das Bestreben, sich im Denken und Argumentieren, in der Sprache und Begrifflichkeit an den klassischen und frühchristlichen Vorbildern zu orientieren, setzte einen gewaltigen Prozess des Wissenstransfers in Gang. Tausende von antiken Handschriften wurden abgeschrieben, und zwar nicht mehr auf brüchigem Papyrus, wie es in der Spätantike noch die Regel war, sondern auf haltbarem Pergament, das aus Tierhaut von Schaf, Ziege oder Rind hergestellt wurde. Das war zwar eine überaus kostspielige und aufwendige Angelegenheit, aber die Bedeutung kann für die Kulturtradition Europas und darüber hinaus gar nicht hoch genug eingeschätzt werden. Es war ein Wissenstransfer mit einzigartiger Nachhaltigkeit. Nur ein Bruchteil des antiken Schriftgutes wäre uns heute erhalten, wenn nicht die karolingische Bildungselite mit der vielfältigen Förderung durch Karl den Großen dieses einzigartige Projekt so konsequent verfolgt hätte.

Hinzu kommt, dass mit der karolingischen Minuskel auch eine überaus exakte Schrift entwickelt und für die vielen neuen Texte verwendet wurde. Diese Schrift wurde, wie man heute weiß, noch in der Zeit König Pippins kurz nach der Mitte des achten Jahrhunderts im Kloster Corbie unter Abt Leutchar (762–769) entworfen.[36] Es war eine Phase des Experimentierens, bei der auch in anderen Klöstern Schriften ausprobiert wurden. So entstand im Kloster auf der Reichenau und in St. Gallen etwas früher ein ähnlicher Typ, die alemannische Minuskel.[37] Sie prägte sogar bis in das neunte Jahrhundert hinein die Schriftregionen Alemanniens und Bayerns, wurde dann aber doch von der karolingischen Minuskel verdrängt.

Beide, die alemannische wie die karolingische Minuskel, waren Schriften, bei denen – auf der Grundlage des Vierlinienschemas – Kleinbuchstaben mit Ober- und Unterlängen und Mittelbuchstaben eingesetzt wurden. Damit wurden Ansätze der Spätantike (Halbunziale) aufgegriffen und fortgeführt.[38] Das war ein großer Fortschritt, denn damit konnte das Auge die einzelnen Wörter rasch und präzise erfassen. Gegenüber der Vielfalt der Schriften in der Spätantike entstand auf diese Weise die Voraussetzung dafür, auch dem geschriebenen Wort größtmögliche Eindeutigkeit zu verleihen. Dies wurde noch dadurch unterstützt, dass die einzelnen Wörter klar voneinander getrennt und miteinander verbundene Buchstaben (Ligaturen) vermieden wurden. Diese Schrift trug ganz entscheidend dazu bei, dass, wie die Anweisung Karls des Großen in der ›Admonitio generalis‹ von 789 lautet, das »falsche Schreiben« *(scribendo corrumpere)* fortan vermieden wurde.[39]

Dass sich am Ende die Schrift des Königsklosters Corbie an der Somme (östlich von Amiens) durchgesetzt hat, war sicher kein Zufall. 781 übernahm Adalhard, der uns schon mehrmals begegnet ist, die Abtswürde des Klosters. Adalhard, der Vetter Karls des Großen, war mit diesem gemeinsam erzogen worden, beide hatten denselben Lehrer. Nach dem Zerwürfnis von 774 wegen Karls Vorgehen gegen den Langobardenkönig Desiderius versöhnten sich die beiden 781 wieder. Adalhard übernahm 782 sogar für einige Jahre die Regentschaft für den kleinen König Pippin in Italien. Von nun an gehörte er zur gelehrten Hofgesellschaft und erhielt den Beinamen Antonius. Besondere Freundschaft verband ihn neben Alkuin mit Angilbert von Saint-Riquier (790 – 814), dem Liebhaber der Königstochter Bertha, auch er ein Mitglied des Gelehrtenkreises und wegen seiner dichterischen Neigungen Homer genannt. Diese persönliche Vernetzung führte dazu, dass die Schreibwerkstatt von Corbie mit der Hofschule in eine enge Verbindung trat. Möglicherweise muss man sogar das Zentrum der Hofschule Karls des Großen im Kloster Corbie annehmen. Jedenfalls hat die neue Schrift aus Corbie die Förderung des Hofes erfahren und konnte damit ihren einzigartigen Siegeszug antreten. Bis heute wird diese Schrift, die von den Humanisten irrtümlich als Lateinische Schrift bezeichnet wurde, bei uns und in weiten Teilen der Welt verwendet. Die Computerschrift Times New Roman kommt ihr sehr nahe.

So konnten in einem unglaublichen Einsatz der Kräfte und Ressourcen nunmehr Tausende von schönen, ›eindeutig‹ geschriebenen und gut lesbaren Büchern (Codices) hergestellt werden. Doch woher hatte man die Vorlagen, wo gab es die Bibliotheken mit antiken Beständen, die man nutzen konnte? Die Angelsachsen und Iren brachten sicherlich schon vieles von den Inseln mit auf das Festland. Auch Bonifatius hatte in Fulda persönlich einen Grundstock an Büchern eingebracht. Die ganz großen Bibliotheken aber befanden sich in Italien. Eine besonders reich ausgestattete Sammlung gab es im Kloster Castellum Lucullanum (die einstige Villa des Lukull) auf der Insel Megaride, die heute zu Neapel gehört. Hier hatte sich, wie man erst seit Kurzem weiß, die bedeutendste Schreibschule des sechsten Jahrhunderts entfaltet, und hier konnte man komplette Bestände der Schriften des Augustinus oder des Hieronymus und ebenso der klassischen Autoren finden.[40] Auf dieses Überlieferungsreservoir haben die karolingischen Gelehrten in hohem Maße zurückgegriffen. Ein weiteres Kulturzentrum befand sich in Ravenna; auch dort muss man eine bedeutende Schreibschule des sechsten Jahrhunderts annehmen.

Im späten sechsten und frühen siebenten Jahrhundert kann man einen Aufschwung der Buchproduktion im südlichen Frankenreich verfolgen, vor allem entlang der Rhône-Achse mit dem Zentrum Lyon. Auch in den Schreibschulen von Albi und Gap muss man von einer regen Tätigkeit ausgehen, sodass die karolingischen Gelehrten hier schon vieles vorfanden.

Neben den Bischofsschulen waren es die Klöster, die im siebten Jahrhundert die neuen Zentren der Bildung und Literatur wurden. An der Spitze stand das 613/614 entstandene Kloster Bobbio in Norditalien (Provinz Piacenza), eine Gründung des irischen Missionars Columban (gest. 615). Es ist zu den bedeutendsten Überlieferungszentren des Abendlandes zu rechnen. In die Klosterbibliothek gelangten wertvolle spätantike Handschriften. Vieles aus der antiken Literatur hat sich allein über Bobbio erhalten. Eine andere Gründung Columbans war Luxueil in Burgund, ebenfalls mit einer reichen Bibliothek, die allerdings 732 durch die Araber geplündert und zerstört wurde. Doch lange vorher, 662, hatten Mönche aus Luxueil das neu gegründete Königskloster Corbie besiedelt und die hochstehende Buchkunst dorthin übertragen. Auch das Königskloster Chelles an der Marne entwickelte sich gegen Ende des siebten Jahrhunderts zu einem überragenden Bildungszentrum, von dem Bücher gleichsam in die Welt hinausgingen.

Auf der Grundlage dieser und anderer Bücherquellen konnten nun die neuen Bibliotheken im Reich Karls des Großen aufgebaut werden, indem man unermüdlich Abschriften herstellte. Was zu einer für Christen angemessenen Bibliothek gehörte, konnte man der Schrift Cassiodors über die ›Einrichtungen der göttlichen und weltlichen Schriften‹ (›Institutiones divinarum et saecularium litterarum‹) entnehmen. Cassiodor hatte um 554 das Kloster Vivarium in Süditalien gegründet und dort ganz gezielt eine Verbindung von antiker und christlicher Bildung angestrebt. Es ging um den Aufbau einer Studienbibliothek mit antiker Literatur – Philosophen, Grammatikern, Rhetorikern und Dichtern – und ebenso mit Schriften der Kirchenväter. Vivarium ging zwar schon bald nach dem Tod Cassiodors (ca. 580) wieder zugrunde und die Bibliothek wurde zerstreut, aber das Vorbild wirkte weiter.

Daran konnte sich Karl der Große orientieren, als er eine spezielle Hofbibliothek anlegen ließ. Diese wiederum sollte zum Vorbild für entsprechende Einrichtungen in den Kirchen und Klöstern seines Reiches werden. Von Einhart erfahren wir, Karl habe in seiner Bibliothek »eine große Menge an Büchern zusammengetragen«.[41] Diese Sammlung ist leider nicht erhalten, denn in seinem Testament verfügte Karl, dass sie verkauft und der Erlös an die Armen verteilt werden sollte, was zumindest teilweise auch geschah. Aber manches blieb erhalten und ging an den Nachfolger, Ludwig den Frommen, über, anderes ist wenigstens zu rekonstruieren.[42] Ein erhaltener Bibliothekskatalog aus der Zeit um 790, der freilich nur einen Ausschnitt bietet, vermittelt einen Eindruck davon, was sich damals am Hof Karls an Büchern befunden hat. Es werden vor allem klassische Autoren aufgeführt, die zum Feinsten der Literaturtradition gehörten. »Die Konzentration in Klassikern ist so unerhört, dass diese Büchersammlung wiederum nur mit dem erlesensten Milieu in Verbindung gebracht werden kann«, so beurteilte der große Münchener Mittellateiner Bernhard Bischoff 1965 den Bestand der karolingischen Hofbibliothek.[43]

Als Alkuin 796 die Leitung des Groß-Klosters Saint-Martin in Tours übernahm, ging er sogleich daran, dort ebenfalls eine Bibliothek aufzubauen. Sowohl seine alte Schule in York wie auch die Hofbibliothek dienten ihm als Vorbild. Ein Jahr später schrieb er Karl dem Großen, er habe nun in Tours gemäß dem Willen des Königs eine Schule eröffnet, und schilderte die neue Situation: »Den einen bemühe ich mich mit dem Honig der Heiligen Schrift zu dienen; andere versuche ich mit dem alten Wein der alten Wissenschaftsdisziplinen zu berauschen; wieder andere beginne ich mit den Obstfrüchten der grammatischen Feinheiten zu laben; einige wünsche ich mit der Ordnung der Gestirne oder mit der gemalten Spitze eines großen Hauses zu erleuchten; das meiste kommt den meisten zugute, damit ich möglichst viele zum Nutzen der heiligen Kirche Gottes und zur Zierde eures kaiserlichen Reiches unterrichte; und damit mir nicht die Gnade des allmächtigen Gottes fehlt und die Freigebigkeit eurer Güte nutzlos ist.«[44]

Besonders überzeugt von seinem Erfolg scheint Alkuin zu diesem Zeitpunkt noch nicht gewesen zu sein. So einfach war es nicht, die jungen Adligen der Region dem neuen Studium und der Mühsal des Lernens zuzuführen. In einem Gedicht beschrieb er die Atmosphäre in der Schreibstube, auch hier wieder mit gemischtem Unterton:[45]

»Hier sitzen sie, die die Worte der Heiligen Schrift schreiben
Und die geheiligten Aussprüche der heiligen Väter.

Sie sollen sich hüten, diesen heiligen Worten ihre Leichtfertigkeit einzufügen,
Und ob dieser Leichtfertigkeit soll auch die Hand selbst nicht irren,
Und sie sollen sich eifrig die verbesserten Büchlein suchen,
Damit auf rechtem Pfad gehe des Eilenden Feder.
Durch Kola und Kommata sollen sie den Sinn gehörig unterscheiden
Und sollen alle Zeichen in rechter Ordnung setzen,
Damit nicht Falsches liest oder plötzlich schweigt
Der Vorleser in der Kirche vor den frommen Brüdern.
Es ist ein trefflich Werk nun, die heiligen Bücher zu schreiben,
Und der Schreiber entbehrt auch selbst nicht seines verdienten Lohnes.
Besser als Weinstöcke umzugraben ist es, Bücher zu schreiben,
Jener wird nur seinem Bauche dienen, dieser seiner Seele.
Neues und Altes wird ein Lehrer vortragen können
In reicher Menge, jeder der die geheiligten Aussprüche der Väter liest.«

Ganz ähnlich wird es in vielen anderen Kirchen und Klöstern dieser Jahre zugegangen sein. Das Kloster Lorsch an der Weschnitz, östlich von Worms gelegen und heute berühmt wegen seiner karolingischen Torhalle, entwickelte sich rasch zu einem hochgeachteten Wissens- und Bibliotheksort.[46] 763 gegründet, stieg es dank der Förderung des Erzbischofs Chrodegang von Metz (gest. 766) und Karls des Großen selbst zu einer mächtigen Königsabtei auf. Abt Richbod (784–804) war ein Schüler Alkuins und gehörte mit dem Beinamen Macharius zur Hofgesellschaft. Sein Ansehen zeigt sich auch daran, dass ihn Karl auch noch zum Erzbischof von Trier erhob. Auch sein Nachfolger Adalung (804–834), seit 808 zusätzlich Abt von Saint-Vaast bei Arras, stand in enger Beziehung zum Hof. Die Lorscher Klosterbibliothek spezialisierte sich auf patristische Literatur, die Kirchenväter also und ihre Bibelkommentare. Im Bibliothekskatalog aus der Zeit um 830 sind schon 30 Augustinus-Titel angeführt. Auf diesem Feld »übertraf Lorsch fast alle anderen wichtigen Klöster der Zeit«.[47] So wollte man sich im Lorscher Konvent das Rüstzeug aneignen, um »mit der Lehre der Wahrheit die Burg Gottes tapfer zu verteidigen« *(doctrina veritatis castra Dei viriliter defendere)*, wie Alkuin es formulierte.[48]

Bibliotheken entstanden nun allerorten. Für die Kölner Dombibliothek sorgte Erzbischof Hildebald für eine noch heute erhaltene Enzyklopädie (Dom Hs. 83 II), mit der das aus der Antike stammende Wissen über Astronomie, Arithmetik und Zeitrechnung zusammengefasst wurde. Auch die dreibändige Sammlung »Kölner Nonnenhandschriften« wurde von ihm nach Köln gebracht. Es war eine in Chelles bei Paris angefertigte Auftragsarbeit mit Psalmenerklärungen des heiligen Augustinus (Dom Hss. 63,65,67). In der Domkirche von Orléans, dessen Bischof er 798 geworden war, richtete der Gelehrte Theodulf eine Bibliothek nach dem Muster der Sammlung am Hofe ein. Erzbischof Arn von Salzburg ließ über 150 Bücher schreiben.[49] Abt Angilbert schenkte 200 Bände an Saint-Riquier.[50]

Geradezu musterhaft bemühte sich Leidrad um seine Kirche in Lyon.[51] Er stammte aus Bayern, war Diakon an der Freisinger Kirche, kam in die Hofkapelle und wurde 797/98 von Karl dem Großen zum Bischof von Lyon ernannt. Der Auftrag lautete, diese Kirche, die sich in einem desolaten Zustand befunden habe, von Grund auf zu erneuern.[52] Nun meldete Leidrad Erfolge. In höchstem Maße habe er sich bemüht, dass Bücher geschrieben worden seien.[53] Er habe Schulen eingerichtet, die Liturgie in Ordnung gebracht und die Kirchen erneuert. Die Mönche und Nonnen lebten nun gemäß der Disziplin der Regel *(secundum regularem disciplinam)*. Sogar eine Königspfalz in der Nähe der Kathedrale habe er bauen lassen, falls Karl mit dem Hof nach Lyon kommen wolle. Dieser Bericht zeigt, dass die Bildungsreform im Grunde den Kern einer gesamtgesellschaftlichen Erneuerungsbewegung darstellte, die auf ein Höchstmaß an Regelhaftigkeit, Leistungssteigerung und Eindeutigkeit im Ordnungsgefüge abzielte.

Dieser Bezug auf die gesamte Gesellschaft zeigt sich nicht zuletzt daran, dass in den neuen Schulen auch Kinder aufgenommen wurden, die gar nicht Mönche oder Geistliche werden, sondern Laien bleiben sollten. Immer wieder stoßen wir auf Anordnungen, dass die Pfarrer in den Dörfern und auf den Gutshöfen Schule halten und die Kinder mit größter Liebe unterrichten sollten. Auf einer bayerischen Synode aus der Zeit um 800 wurde beschlossen, jeder Bischof solle in seiner Bischofsstadt eine Schule eröffnen.[54] Von einem bayerischen Bischof hören wir sogar, dass er anlässlich einer Kirchenvisitation – eines Kontrollbesuchs also – die Eltern ermahnte, ihre Kinder in die Schule zu schicken.[55] Wer nicht lernen wolle, den solle man mit Schlägen und Fasten bei Wasser und Brot dazu zwingen. Auch Frauen sollten mit Peitschenhieben oder Fasten dazu gebracht werden, ihren Widerstand aufzugeben[56] – immerhin ein Beleg dafür, dass die Bildungsbemühungen auch Frauen galten.

Die anspruchsvollsten Bildungs- und Wissenschaftsfragen waren freilich der Bildungselite vorbehalten. Hierbei ging es um die Beherrschung der Disziplinen des Quadriviums: Arithmetik, Astronomie, Geometrie und Musik. Nur wenn man mit ihnen umgehen konnte, war es möglich, Ordnungen und Erklärungen für Zeit und Raum, für Kirchenjahr und Kalender, für Zahlensymbolik und die Bewegungen der Gestirne zu entwickeln. Auch das Gefüge der Töne und die Gesetze der Harmonien zählten zu den mathematischen Disziplinen. Um sich im Quadrivium bewegen zu können, musste man die Computistik, die Kunst des Rechnens, beherrschen. Sie wurde unter Karl dem Großen zur hochgeachteten Wissenschaft. Auch hierzu konnte Alkuin aus dem Yorker Bildungsprogramm Grundsätzliches beisteuern. Dort, an der Yorker Schule, seien längst die exakten Wissenschaften betrieben worden, wie er in seinen Briefen versicherte.

Eines der Hauptprobleme für das Großprojekt ›Vereindeutigung‹ bestand darin, dass der Tag des christlichen Osterfestes für jedes Jahr gesondert berechnet werden musste, denn er fiel – und fällt bis heute – auf den ersten Sonntag nach dem ersten Vollmond im Frühling. Die Wissenschaftsforscherin Kerstin Springsfeld aus Aachen hat die damit verbundenen Anforderungen zuletzt auf den Punkt gebracht: Als Erstes war das Osterdatum abhängig von der Tag-und-Nacht-Gleiche im Frühling; diese wurde 325 durch das Konzil von Nizäa auf den 21. März festgelegt. Zum Zweiten waren die Mondphase und damit der 19-jährige Mondzyklus zu berücksichtigen – nach 19 Jahren fallen die Vollmonddaten wieder auf die gleichen Monatstage. Schließlich ging es um den Wochentag und damit um den 28-jährigen Sonnenzyklus. Die 28 Jahre errechnen sich dadurch, dass die Wochentage nicht nach 7 Jahren wieder auf die gleichen Monatstage fallen, sondern wegen des Schalttages erst nach 4 × 7 Jahren. Für den Ostertag müssen Mond- und Sonnenzyklus miteinander kombiniert werden, was dazu führt, dass sich erst nach 28 × 19 Zyklen, das heißt, nach 532 Jahren, die Daten der Osterfeste wiederholen.[57]

Man kann sich gut vorstellen, dass diese höchst anspruchsvollen Berechnungen zu größten Verwirrungen führten. In der Christenheit konnte an verschiedenen Orten das Osterfest an unterschiedlichen Tagen gefeiert werden. Weil davon wieder andere Feste abhängig sind, war das ganze System gefährdet. Hier bestand in höchstem Maße Handlungsbedarf. Und Karls Gelehrte arbeiteten unermüdlich daran. Wieder stand Alkuin an der Spitze, denn er war mit der Osterfestberechnung, die 725 von Beda Venerabilis erarbeitet worden war, und mit dessen Rechenhandbuch bestens vertraut. Es kam aber zu heftigen Auseinandersetzungen mit anderen Computisten. Diese wurden von Alkuin als die »ägyptischen Knaben« bezeichnet, weil sie die sogenannte »alexandrinische« Osterfestberechnung, die in Byzanz vorherrschte, bevorzugten.[58] Aber am Ende setzte sich Alkuin durch, der sich in diesen Fragen stets eng mit Karl dem Großen abstimmte. Als Ergebnis der Kalenderreform lagen schließlich drei Fachenzyklopädien zur Zeitrechnung vor. Hinzu kam das ›Rechenbuch von Meister Alkuin‹ (›Calculatio Albini magistri‹), eine Art Zusammenfassung, die einfach und einprägsam die Regeln für die Berechnung des Ostersonntags an die Hand gab. Seither besteht – einigermaßen – Eindeutigkeit in der Berechnung des Jahreskalenders und der kirchlichen Festtage.

Dasselbe gilt für den Heiligenkalender. Die Ordnung der Heiligenfeste war bis in die Zeit Karls des Großen alles andere als einheitlich. Zwar gab es Zusammenstellungen von Heiligenfesten, die eine gewisse Autorität erlangten, wie das ›Martyrologium des Hieronymus‹ (›Martyrologium Hieronymianum‹) oder dasjenige von Beda Venerabilis. Aber die vielen lokalen Heiligen brachten große Unordnung in die Schar der Heiligen und ihrer Feste. 789 beauftragte Karl der Große daher Abt Richbod von Lorsch und seine Mönche damit, einen Reichskalender zu erarbeiten. Bei jedem Heiligen sollte auch die Angabe der Herkunft vermerkt werden, also etwa Griechenland, Ägypten, Afrika oder Irland. Auf diese Weise griff der neue Kalender weit über das Reich hinaus und ließ die Vorstellung von einem christlich-globalen Kosmos entstehen.

Das Bemühen um die exakte Gliederung und Ordnung der Zeit und der zeitlichen Abläufe richtete sich ebenso auf Naturereignisse, die Gestirne und Himmelserscheinungen. Dafür bot der antike Autor Plinius der Ältere mit seinen 37 Büchern ›Naturgeschichte‹ die Grundlage. Hier waren sämtliche Bereiche des Lebens, der Erde und des ›Weltenalls‹ behandelt, Tiere und Pflanzen, Klimazonen der Erde, Landwirtschaft und Handel, Fragen der Sprache, der Syntax und der Wortfiguren, Medizin und Architektur, Meteorologie, Kosmologie und Astronomie und vieles andere. Auch die Arithmetik und die Computistik werden ausführlich dargestellt. Dieser ›Plinius‹ nun spielte bei den wissenschaftlichen Disputen der karolingischen Gelehrten eine eminent wichtige Rolle. Alkuin kannte das Werk genau und bezog sich immer wieder darauf. 798 nannte er in einem Brief an Karl den Großen den antiken Autor den »zweiten Plinius« *(Plinius Secundus)*, um damit zum Ausdruck zu bringen, dass Karl der Große selbst inzwischen zum ›ersten Plinius‹ aufgestiegen sei.[59] Der Herrscher fand an der Schmeichelei offenbar Gefallen, und vermutlich hat Alkuin dafür gesorgt, dass die Bücher des Plinius auch in der Hofbibliothek in Aachen vorhanden waren.

Dieses Aufblühen der »exakten Wissenschaften« um 800 ist ein starkes Indiz für den Drang nach Vereindeutigung. Der Konstanzer Mediävist Arno Borst hat die von ihm selbst untersuchten

Vorgänge in bemerkenswerte Worte gefasst: »Die Erforschung der Natur begann im lateinischen Europa nicht um 1120 an den Hochschulen Frankreichs, sondern um 780 am fränkischen Königshof; ihr erster Anstoß kam nicht vom Staunen über die Vernunft im Kosmos, sondern vom Zwang zur Regelung der Feiertage und Arbeitszeiten; ihre frühesten Lehrmeister hießen nicht Platon und Aristoteles, sondern Plinius und Beda.«[60] Die Zusammenhänge liegen auf der Hand: Mit diesem Instrumentarium konnte Karl der Große klare Normen setzen, und Alkuin wusste, dass er einen starken Partner an seiner Seite hatte. An Erzbischof Arn von Salzburg schrieb er 802, er sei sich absolut sicher, dass der Herr Kaiser wünsche, »dass alles in dem Reich, das ihm Gott anvertraut hat, nach der Norm der Rechtheit *(ad rectitudinis normam)* geordnet werde«.[61] Die »Norm der Rechtheit« war die Norm des Guten, des Korrekten und Präzisen, des Gottgefälligen, des Gerechten und am Ende der Wahrheit selbst.

KAPITEL 10

Die Wahrheiten der Kirche und die Deutungshoheit Karls

»Bei der Nachricht vom Tod des römischen Papstes Hadrian, den er unter seinen Freunden besonders schätzte, brach er dermaßen in Tränen aus, als hätte er einen Bruder oder den geliebtesten Sohn verloren.« So beschrieb Einhart die Reaktion Karls des Großen, als dieser vom Tod Hadrians I. am 25. Dezember 795 erfuhr. Wir wissen heute, dass das Vergießen von Tränen im Mittelalter ein wichtiges Ritual war, das in bestimmten Situationen erwartet wurde.[1] Aber das war nicht immer so, und so stellt sich die Frage, ob die Tränen Karls in diesem Fall auch eine tiefere emotionale Begründung hatten. Standen die beiden in einer besonderen Beziehung zueinander? War für Karl gar der beste Freund gestorben?

Karl und die Päpste: Das ist ein gerade in der jüngeren Forschung intensiv behandeltes Thema.[2] Um die Mitte des achten Jahrhunderts fand in der Papstgeschichte ein großer Wandel statt. Bis 752 gab es vornehmlich griechische Päpste, die zuletzt aus dem byzantinischen Süditalien kamen. Viele Jahrhunderte lang war der Bischof von Rom genauso wie die Patriarchen von Konstantinopel, von Alexandria, von Jerusalem und von Antiochia der Oberherrschaft der römischen Kaiser unterstellt gewesen. Nun aber begann eine neue Epoche für das Papsttum. Erste Schritte zu einer Abkehr von Byzanz sind schon unter Papst Gregor III. (731–741) zu erkennen. Der eigentliche Umschwung kam dann mit den Päpsten Stephan II. (752–757) und seinem Bruder Paul I. (757–767). Sie stammten aus dem römischen Adel, der seither den Stuhl Petri als oberste Leitungsposition in der Stadt Rom für sich beanspruchte. Diese Adligen verfügten über genügend Rückhalt, um eine eigenständige Politik zu betreiben, und begannen damit, sich aus der Unterordnung unter die byzantinischen Kaiser herauszulösen.[3] Sie wehrten sich gegen Steuerforderungen aus Konstantinopel, stritten mit dem Kaiser um Besitzungen in Süditalien und mussten sich andererseits damit abfinden, dass aus Byzanz keine Hilfe mehr gegen die Langobarden zu erwarten war.

Auch mit Hadrian I. (772–795) übernahm im Februar 772 ein Mitglied einer einflussreichen römischen Adelsfamilie das Amt des römischen Papstes.[4] Er, so kann man sagen, vollzog den entscheidenden Schritt, um das immer dünner werdende Band zwischen Rom und Konstantinopel zu durchtrennen. Augenfällig wird dies an bestimmten symbolischen Akten oder Handlungen der Verweigerung. So hat Hadrian I. im Jahr 776 das Bildnis des neuen Kaisers Leon IV. (Ende 775–780) zum ersten Mal in der Geschichte nicht mehr nach Rom eingeholt.[5] Die ›Bildeinholung‹ des »lorbeerbekränzten Abbildes« *(imago laureata)* und die feierliche Aufstellung in der Palastkirche auf dem Palatin gehörten bis dahin zu den Pflichten des römischen Papstes. Dieser Vorgang war das Zeichen der Anerkennung des neuen Kaisers. Mit dieser Tradition wurde nun gebrochen – ein für den Kaiser von Byzanz in höchstem Maße ehrverletzender Akt.

Auch die Münzen, die seither in Rom geprägt wurden, signalisieren diesen Wechsel. Vorher gab es nur Münzen mit der Darstellung des byzantinischen Kaisers. Aber seit 776 wurden in Rom keine kaiserlichen Münzen mehr geprägt. Hadrian ließ fortan Münzen unter eigenem Namen herstellen. 781 ging er in einer zweiten Münzserie sogar dazu über, sich auf den Münzen selbst wie zuvor der Kaiser abbilden zu lassen. Wie ein Kaiser blickte nun der Papst frontal auf den Betrachter. Neben seinem Bildnis standen die griechischen Buchstaben IB, was heute aufgelöst wird als »Jesus Basileus (Kaiser)«: Jesus selbst wurde damit als der eigentliche Kaiser bezeichnet. Das bedeutete nicht weniger, als dass in Rom über das Medium der Münzen eine ›Gottesherrschaft‹ verkündet wurde. Um sich noch weiter von Byzanz abzugrenzen, passte Hadrian das Gewicht seiner Münzen dem Silberdenar an, der von Karl dem Großen im Langobardenreich eingeführt worden war.

Ein weiteres Zeichen für den neuen Kurs in Rom ergibt sich aus der Datierung in den päpstlichen Urkunden. Vom 1. März des Jahres 772 ist eine Urkunde Hadrians I. erhalten, die noch mit den Jahren Kaiser Konstantins V. (741–775) datiert wurde: »Ausgestellt an den Kalenden des März, unter der Kaiserherrschaft unseres allerfrömmsten Herrn und Augustus Konstantin, des von Gott gekrönten großen Kaisers …«[6] Die nächste erhaltene Papsturkunde stammt aus dem Jahr 781. Hier fehlt nun jeder Hinweis auf den Kaiser in Byzanz, die Datierung nennt vielmehr die Amtsjahre des Papstes selbst: »Ausgestellt an den Kalenden des Dezember, unter der Herrschaft unseres Herrn und Retters, Jesus Christus, der lebt und herrscht mit dem allmächtigen Gott Vater und dem Heiligen Geist in alle Ewigkeit, im 10. Jahr unseres Pontifikats auf dem heiligsten Stuhl des heiligen Apostels Petrus unter Gottes Segen …«[7] So blieb es fortan unter Hadrian I. Der Kaiser in Byzanz war als Bezugszentrum für die Ordnung der Zeit ausgeschaltet worden.

In die Zeit Hadrians dürfte auch die Entstehung der gefälschten ›Konstantinischen Schenkung‹ (›Constitutum Constantini‹) fallen[8] – trotz gewichtiger Gegenargumente in der Forschung und trotz des Vorschlags einer Spätdatierung um 830.[9] Dieses berühmte Schriftstück gab sich als eine Urkunde Kaiser Konstantins des Großen (306–337) aus. Am 30. März 315/317 sollte ihr zufolge die kaiserliche »Herrschaftsgewalt« (*potestas*) über Rom, über eine Reihe von Gebieten und schließlich über das ganze westliche Kaiserreich von Konstantin an Papst Silvester I. (314–335) übertragen worden sein.[10] In Paragraf 18 der Urkunde heißt es: Dort, wo der Kaiser des Himmels das Haupt der Christenheit *(christianae religionis caput)* eingesetzt hat, soll der irdische Kaiser keine Gewalt *(potestas)* haben. Konstantin der Große sei daher nach Konstantinopel übergewechselt, wo seine neue Residenz entstand. Der Papst aber habe den kaiserlichen Lateranpalast in Rom erhalten, außerdem die kaiserliche Krone, die kaiserlichen Gewänder, die kaiserliche Reitgarde, das Szepter, die Lanzen, Feldzeichen und Banner, das Recht auf kaiserliche Prozessionen und auf kaiserliche Amtsträger.

Es ist naheliegend, dass eine solche Fälschung nur dann sinnvoll war, wenn sie Bestimmungen enthielt, die in der Realität nicht völlig anders geregelt waren oder als aussichtslos gelten mussten. Da nun unter Hadrians Nachfolger, Leo III. (795–816), die Datierung der Papsturkunden und die geprägten Münzen in Rom nach 800 die Autorität des neuen Kaisers, Karls des Großen, anführten, kommt für den Anspruch auf unbegrenzte imperiale Machtfülle, wie er in der Konstantinischen Fälschung aufscheint, nur der Pontifikat Hadrians I. infrage. Bezeichnenderweise wurde von diesem Papst in seinen Briefen erstmals die Formel verwendet, Rom sei »das Haupt der ganzen Welt« *(caput totius mundi)*[11] – eine Steigerung also noch der Formulierung des ›Constitutum Constantini‹.

Besonders beachtenswert scheint mir in dieser Frage der Brief Hadrians I. an Karl den Großen von 778 zu sein, wo es heißt: »Wie zu Zeiten des heiligen römisches Papstes Silvester vom allerfrömmsten großen Kaiser Konstantin seligen Angedenkens durch seine Großzügigkeit die heilige, katholische und apostolische römische Kirche erhöht und emporgehoben worden ist und er die Gewalt (*potestas*) in diesen westlichen Gebieten des Abendlandes übertragen hat, so möge auch zu unseren und euren so glücklichen Zeiten die heilige Kirche Gottes, das heißt, des Apostels Petrus, emporsprießen und jubeln und immer mehr erhöht werden.«[12] Das Gedankengut des ›Constitutum Constantini‹ wird man hier schwerlich übersehen können.

Dieser Papst, der selbst mit einer bis dahin nicht gesehenen Eindeutigkeit seinen Status neu definierte, war der ideale Partner für Karl den Großen. Hadrian I., dessen Programm seinerseits auf das Modell einer Gottesherrschaft auf Erden ausgerichtet war, stand Karls Ordnungskonzept, der Verwirklichung des irdischen Gottesreichs, absolut nahe. Von den Zusammentreffen der beiden 774, 781 und 787 jeweils zu Ostern in Rom war schon die

Rede. Stets ist das Bemühen Hadrians I. deutlich, Karl als neuen Inhaber der Schutzmacht über die römische Kirche zu stärken und durch eigene Verlautbarungen zu fördern – aber nicht im Sinne einer Unterordnung des Papstes, sondern zumindest einer Gleichrangigkeit. Ja noch mehr: Immer wieder suchte Hadrian I. den Vorrang Roms in die Verhandlungen einzubringen, indem er die Erfolge Karls dem Wirken des heiligen Petrus zuschrieb. So versicherte er 781/783 dem König: »Der Fürst der Apostel selbst, euer Gönner, der heilige Petrus, zu dessen Liebe ihr dies alles tut, wird euch schützen und in jeder Hinsicht das Reich zum Erfolg führen«.[13] Ähnliches ließ er mehrmals verlauten. Hatte Karl alles dem heiligen Petrus zu verdanken, dessen Stelle der Papst einnahm?!

An diesem Punkt erkennen wir die Keimzelle eines Konflikts, der die Frage nach der Deutungshoheit im mittelalterlich-westchristlichen Ordnungsgefüge betraf. Dieses Problem, das sich in späteren Jahrhunderten zum Kampf zwischen der geistlichen *(sacerdotium)* und der weltlichen Gewalt *(imperium)* steigerte, kündigte sich hier zum ersten Mal an. Repräsentierte nicht der Papst als Nachfolger Petri die höchste Autorität in der Christenheit, ja in der ganzen Welt? Hadrian I. war also nicht nur ein idealer Partner Karls, er war auf der anderen Seite auch ein Konkurrent. Wenn die göttliche Ordnung sowohl die Regeln der Kirche als auch die Ordnung des Reiches bestimmte, musste es entscheidend sein, wer die höchste Autorität in der Frage der kirchlichen Wahrheiten innehatte.

Eines der großen Themen, von denen die Kirche in diesen Jahren erschüttert wurde, war der Bilderstreit.[14] Der byzantinische Kaiser Leon III. (717–741) befahl 726, Bilder von Gott-Vater und Christus, den Heiligen, Märtyrern und Engeln nicht mehr zuzulassen. Die Ursachen für dieses Verbot sind gewiss vielfältig. Sie könnten mit einer Reaktion auf überbordende Bilderfrömmigkeit oder mit dem Einfluss des bilderfeindlichen Islam zusammenhängen. Kaiser Leon III. griff jedenfalls eine starke Bewegung im Klerus der Ostkirche auf, die als Ikonoklasmus (Bilderzerstörung) bezeichnet wird. Mit seiner Verordnung übernahm der

Kaiser die Führung der Bilderkritiker und setzte ein Signal dafür, dass die Hoheit über kirchliche Wahrheiten bei ihm liege.

Allerdings entstand auch eine Gegenbewegung durch die Ikonodulen (Bilderdiener). Beide Seiten beriefen sich auf Bibelstellen, etwa auf die Genesis: »Gott schuf den Menschen nach seinem Ebenbild«, oder auf die zehn Gebote (Dekalog): »Du sollst dir kein Gottesbild machen, das irgendetwas darstellt am Himmel droben, auf der Erde unten oder im Wasser unter der Erde«. Besonders intensiv diskutiert wurde die Stelle aus dem Johannesevangelium 4,23–24. Dort heißt es: »Die Stunde wird kommen und sie ist schon da, zu der die wahren Beter den Vater anbeten werden im Geist und in der Wahrheit; denn so will der Vater angebetet werden. Gott ist Geist, und alle, die ihn anbeten, müssen im Geist und in der Wahrheit anbeten.« Durfte man angesichts dessen Gott im Bild verehren? Waren Bilder nicht Götzenbilder? Oder bedeutete der Fußfall vor dem Bild ganz im Gegenteil gerade die Verehrung des unsichtbaren Gottes, wie die Befürworter der Bilder argumentierten.

Der Sohn und Nachfolger Leons III., Konstantin V. (741–775), vertrat die Sache der Ikonoklasten noch radikaler als sein Vater. Er schrieb selbst eine theologische Abhandlung *(Peuseis)* über die Notwendigkeit des Bilderverbots. Im Bild werde nur die menschliche Natur Christi abgebildet, nicht die göttliche, und das bedeute eine unzulässige Teilung und die Erfindung einer vierten Person. Auf der Synode von Hiereia, einem Vorort von Konstantinopel, im Jahre 754 bestätigten die Konzilsteilnehmer diesen Standpunkt mit einhelliger Zustimmung. Die Theologie des Kaisers von Byzanz wurde damit zur gültigen Lehre der Ostkirche und gleichzeitig zu einem starken Band einer Identität der Reichsbewohner. Nur das Kreuz durfte noch als Sinnbild des Glaubens verwendet werden. Der Kaiser von Byzanz erwies sich somit als Hüter der christlichen Wahrheit und Tradition. Ja noch mehr: Er ließ alle seine Untertanen einen Eid auf die Beschlüsse von Hiereia leisten, das heißt, Bilder nicht mehr zu verehren. So entstand ein durch die Glaubenswahrheit der Bilderablehnung gebundener Untertanenverband.

Mit diesen Vorgängen wurde – parallel zur politischen Trennung der römischen Kirche von Byzanz – nun auch die ideologisch-theologische Distanzierung verstärkt. Die Päpste behielten nämlich die Bilderverehrung bei. Auf einer Synode im römischen Lateran von 769 wurde die Ostlehre verdammt.[15] Doch als Kaiserin Eirene (780 – 802) die Herrschaft in Byzanz übernahm, leitete sie einen Wechsel in der Kirchenpolitik ein. Angesichts der bedrohten Lage ihres Reichs wollte sie damit offenbar nach Westen hin Sicherheit aufbauen. In diese Zusammenhänge gehörte auch das Heiratsprojekt, bei dem Eirenes Sohn Konstantin VI. mit Rodtrud, der Tochter Karls des Großen, zusammengeführt werden sollte.

Papst Hadrian I. reagierte rasch auf diese Veränderungen. Er erkannte eine Möglichkeit, die Ostkirche auf die Linie der römischen Kirche zurückzuführen. In einem Brief von 785 an Eirene stellte er in Aussicht, die Herrschaft der Kaiserin würde zu größter Blüte heranwachsen, wenn sie sich der römischen Lehre anschließe und dem heiligen Petrus Gehorsam erweise.[16]

Ein großes ökumenisches Konzil von Ost- und Westkirche sollte die Klärung bringen. So kam es 787 zum Konzil von Nizäa, an dem Gesandte Hadrians I. teilnahmen.[17] Und in der Tat: Auf dieser Versammlung wurde die Bilderverehrung wieder erlaubt. Mit diesem Wechsel in einer fundamentalen Grundsatzfrage der kirchlichen Wahrheit sollten der Osten und der Westen wieder vereint werden. Die Konzilsväter in Nizäa argumentierten sehr feinsinnig. In der in griechischer Sprache verfassten dogmatischen Entscheidung *(Horos)*, die vom Konzil verabschiedet wurde[18], heißt es, dass die Bilder den Betrachter anregen sollten, »an die Urbilder zu denken«. Wer das Bild verehre, verehre in ihm die Person des Dargestellten. Den Bildern solle daher »respektvolle Verehrung« *(τιμητική προσκύνησις)*, aber keine »wahre Anbetung« *(αληθινή λατρεία)* entgegengebracht werden. Die Anbetung stünde allein der göttlichen Natur zu. Wer es aber wage, anders zu denken oder zu lehren, dem fehle die Erkenntnis der Wahrheit, und dieser werde aus der kirchlichen Gemeinschaft ausgeschlossen.[19]

Das schien ein sinnvoller Kompromiss zu sein. Aber den Organisatoren des Konzils unterlief ein folgenschwerer Fehler: Die fränkischen Bischöfe und Gelehrten waren an der Entscheidung nicht beteiligt worden. Das wurde am Hof Karls des Großen als ungeheuerlicher Affront aufgenommen. Über ihre Köpfe hinweg hatten der Papst und die Kaiserin in Byzanz entschieden, was in der gesamten Kirche, auch in der Kirche des Frankenreichs, zu gelten habe! Die Deutungshoheit über die Grundsätze der kirchlichen und weltlichen Ordnung drohte Karl zu entgleiten.

Die Reaktion war gewaltig. Karl rief seine Gelehrten zusammen, und auch Alkuin musste aus England anreisen. Die Wut am Hof Karls des Großen wurde noch dadurch gesteigert, dass man nur eine lateinische Übersetzung der Konzilsakten erhalten hatte, die voll von Fehlern und Missverständnissen und auch ganz unverständlichen Passagen war. Die feine Unterscheidung zwischen der Verehrung der Bilder als Kultgegenstand und der Anbetung von Bildern, die sich im griechischen Text findet *(προσκύνησις* und *λατρεία),* war in der lateinischen Fassung untergegangen. In der Übersetzung flossen die Bedeutungen im lateinischen Wort *adoratio*, also Anbetung, zusammen. Das rief größte Empörung hervor. Im Grunde aber suchten die Gelehrten Karls nur nach solchen Fehlern. Sie konnten sich umso mehr entrüsten und die griechischen Theologen als Häretiker beschimpfen.

Theodulf von Orléans erhielt den Auftrag, mit Unterstützung der anderen fränkischen Theologen eine fundamentale Gegenschrift gegen die Beschlüsse von Nizäa zu verfassen. Daraufhin entstanden 792/794 die »Karolinischen Bücher« (›Libri Carolini‹) in vier Abschnitten und 120 Kapiteln.[20] Sie nennen sich selbst »Das Werk des ehrwürdigsten, herausragendsten und prächtigsten Mannes Karl, auf Geheiß Gottes König der Franken und Herrscher über Gallien, Germanien und Italien und die benachbarten Provinzen« (= ›Opus Caroli‹).[21] Karl selbst, so heißt es in der Vorrede, übernehme die Verpflichtung, die seiner Herrschaft anvertraute Kirche zu verteidigen und zu verhindern, dass auch nur eines ihrer Mitglieder abtrünnig werde.[22] Einer Frau dagegen, Eirene, sei es »wegen der Gebrechlichkeit ihres weiblichen Geschlechts und ihres Wankelmuts gar nicht gestattet, sich in Glaubens- oder Rangfragen über die Männer an die höchste Stelle zu setzen«.[23]

In schärfsten Formulierungen und abfälligen Bemerkungen werden sodann die Konzilsakten von Nizäa kommentiert: »Oh Argumentation, die nichts bestätigen kann, außer dass ihre Urheber schwachsinnig sind.«[24] Immer wieder werden Beispiele dafür angeführt, wie gefährlich die Anbetung von Bildern sei. Ein Bild mit der Darstellung der Flucht nach Ägypten zu verehren hieße, auch den dargestellten Esel anzubeten. Bei vielen Bildern aber, die keine Inschrift hätten, wisse man gar nicht, wer oder was dargestellt sei. Dann könne es vorkommen, dass man etwas verehre, was man gar nicht verehren dürfe. Das sei schlicht Wahnsinn *(vaesania)*. Bilder, so die Entscheidung des Frankenhofs, dürften nur »zum Schmuck der Kirchen und als Erinnerung an heilige Taten und Ereignisse ihren Platz haben«.[25]

Weshalb lehnte man am Hof des Frankenkönigs die Bilderverehrung so vehement ab? Lag der tiefere Grund darin, dass Bilder als unbestimmt und diffus in ihrer Aussage bewertet wurden? Das Wort – und nicht das Bild – galt im Umkreis Karls als Medium der Wahrheit, so ist immer wieder zu sehen. Eben diese Argumentation findet sich auch in den ›Karolinischen Büchern‹[26]: Mit Bildern könne man nicht die Vorschriften des göttlichen Gesetzes wiedergeben. Auch die Worte der Propheten, ihre Lehren und Ermahnungen, seien mit Bildern nicht zu erfassen. Maler könnten historische Szenen darstellen, aber »die Dinge, die nur mit dem Verstand aufgenommen und mit Worten ausgedrückt werden, können nicht von Malern, sondern allein von Schreibern erfasst und durch Vorträge anderer vermittelt werden«.[27] Die Stärke Gottes werde nicht mittels einer »Materie« verehrt, sondern »durch sein Wort, nämlich den Sohn« *(per Verbum suum, Filium videlicet)*.[28] Nur das Wort, so wurde also in diesen Stellungnahmen nachdrücklich betont, könne zur Wahrheit führen.

Möglicherweise gab es für die fränkische Haltung auch Einflüsse über die Bilderfeindlichkeit des Islam. Theodulf, der Verfasser der ›Libri Carolini‹, stammte aus dem islamisch-christlichen Übergangsraum in Spanien und war mit den dortigen religiösen Grundsätzen vertraut. Er könnte diese Auffassung im Kreis der karolingischen Gelehrten mit besonderem Nachdruck vertreten haben. Es war sicher kein Zufall, dass gerade ihm der Auftrag erteilt wurde, die fränkische Stellungnahme zu erarbeiten.

Karl der Große hat sich den Text der ›Karolinischen Bücher‹ vorlesen lassen, denn seine Bemerkungen zu verschiedenen Stellen sind erhalten geblieben: »gut«, »bestens«, »gelehrt«, »rechtgläubig«, »richtig«, »alles bestens«. Das Buch war »sein Werk«, mit dem er die Ordnung wiederherstellte. Mit dieser Aktion setzte er sich, ganz ähnlich wie etliche Jahre zuvor Kaiser Konstantin V. in Byzanz, als Wahrer der Rechtgläubigkeit in Szene – und zwar nicht nur gegen die Kaiserin von Byzanz, sondern auch gegen den Papst! Karl war fest entschlossen, die Deutungshoheit zurückzugewinnen.

Aber ein völliger Bruch mit Hadrian I., dem höchsten Repräsentanten der römischen Kirche, sollte dann doch vermieden werden. Man fand schließlich einen diplomatischen Ausweg: Auf der großen Reichsversammlung von Frankfurt 794 wurde der Vorwurf formuliert, das Konzil von Nizäa habe unter Androhung der Exkommunikation die Anbetung der Bilder vorgeschrieben, »als wären sie die göttliche Dreieinigkeit selbst«[29] – eine vollkommen absurde Behauptung. Aber sie war dazu geeignet, dass alle, die fränkischen Theologen ebenso wie die Vertreter des Papstes, »übereinstimmend« einen derartigen Satz verurteilen konnten.[30] Damit hatte sich Karl als Hüter der kirchlichen Wahrheit für den Moment glänzend behauptet und war doch mit dem Papst zu einem Ausgleich gekommen. Dass die Bilderverehrung mit der Zeit dann auch wieder in die römische Kirche einsickerte, steht auf einem anderen Blatt.

So konnte Karl der Große 794/795 mit seinem römischen Partner, Hadrian I., der sich am Ende gehorsam gezeigt hatte, hoch zufrieden sein. Zum ersten Mal war vom Frankenkönig eine für die gesamte Christenheit grundlegende Entscheidung getroffen worden. Er verkörperte nun auch die höchste Autorität für die christliche Ordnung – ganz entsprechend dem Vorbild des byzantinischen Kaisers Konstantin V. Zudem hatte er sich eindeutig von der Kirchenpolitik der Kaiserin Eirene abgesetzt. Als Hadrian I. am Weihnachtstag 795 starb, hatte Karl allen Grund, darüber Tränen zu vergießen.

Aber das war noch nicht alles. Karl wollte die neue Einigkeit von höchster priesterlicher und weltlicher Gewalt, die nunmehr offenkundig unter seiner Führung zustande gekommen war, im Zentrum der römischen Kirche sichtbar verewigen. Daher stiftete er für Hadrian eine aufwendige bronzene Grabplatte (Epitaphium), die einst golden glänzte. Sie kann heute noch im Portikus der Peterskirche in Rom von jedem Besucher betrachtet werden.[31] Die darauf angebrachte Inschrift wurde von Alkuin entworfen, und sie macht deutlich, dass sich mit ihr auch der Frankenkönig darstellen wollte.[32] Er nämlich erscheint hier als derjenige, der ganz persönlich die Memoria regelt, indem er zum verstorbenen Papst die Worte sagt: »Unsere Namen, oh Ruhmvollster, vereinige ich zugleich in der Bezeichnung ›Hadrian-Karl‹, ich der König, du der Vater« *(Hadrianus Karolus, rex ego tuque pater)*. Und dann zum Leser gewandt: »Wer du auch immer die Verse lesen mögest, sprich bittend mit demütigem Herzen: ›Erbarme, Gott, dich gnädig der beiden.‹«

Der Bilderstreit war freilich nicht die einzige Frage, welche die Gemüter erregte. Nicht weniger aufwühlend war das Problem des ›Adoptianismus‹. Auch dieses wurde auf der Frankfurter Synode von 794 behandelt. Es ging dabei um die Frage, wie die menschliche Natur Christi mit seiner Gottheit in Verbindung steht. In Spanien vertrat der westgotische Erzbischof Elipandus von Toledo und Primas im maurischen Spanien (um 750 – um 799) die Lehrmeinung, Christus sei seinem ursprünglichen Wesen nach von Maria als ein Mensch geboren worden. Gott-Vater habe ihn aber als Sohn adoptiert und damit zu einem Gott erhoben. Erst dadurch habe er die Wesensgleichheit mit Gott-Vater erlangt.

Der Anstoß für diese Lehre kam, wie es scheint, von Bischof

Felix von Urgel (783–799). Sein Bistum lag am südwestlichen Rand des fränkischen Reichs im Süden der Pyrenäen.[33] Offenbar wurde er durch die islamische Lehre angeregt und sah in Christus einen großen Propheten. Diesen nannte er nur mehr »Gott dem Namen nach« *(deus nuncupativus)*.[34] Durch die Autorität des spanischen Primas schließlich wurde diese Auffassung als Wahrheit in der spanischen Kirche weit verbreitet.

Einige der kirchlichen Würdenträger Spaniens setzten sich allerdings heftig zur Wehr. Unter ihnen ragte Abt Beatus von Liébana (gest. nach 798) hervor, ein gelehrter Geistlicher und Mönch, der Erzieher Adosindas, der späteren Königin von Asturien. Er hatte sich nach Asturien geflüchtet und verfasste von dort aus Schriften gegen den Adoptianismus. Zwei Bücher ›Über die Adoption des Gottessohnes Christus‹ (›De adoptione Christi filii dei‹), die er dem befreundeten Bischof Etherius von Osma (784–nach 787) widmete, sind erhalten. Berühmt ist sein Apokalypsen-Kommentar von 787, in dem er den Kampf der Heerscharen Christi und des Apostels Jakob gegen den siebenköpfigen Drachen, die Große Hure und die Herrin aller Abscheulichkeiten beschrieb. Dabei fasste er Muslime und Adoptianisten zusammen. Sie sind die Bösen der Endzeit. An diesem apokalyptischen Szenarium wird deutlich, welches Gewicht dem Streit mittlerweile beigemessen wurde.

Auch ins Frankenreich sickerte der Konflikt ein. Als sich spanische Gelehrte bei Karl dem Großen beklagten, sah er den Moment gekommen, selbst die Sache in die Hand zu nehmen. Er zitierte Felix von Urgel 792 nach Regensburg, wo sich Karl mit seinem Hof aufhielt. Auf einer rasch zusammengerufenen Bischofsversammlung wurde Felix »angehört und der Irrlehre überführt«.[35] Dann brachte man ihn als Gefangenen unter der Obhut von Abt Angilbert von Saint-Riquier zu Papst Hadrian I. nach Rom. Dort musste er in der Peterskirche seiner ›Häresie‹ abschwören. Doch kaum war er wieder zu Hause, kehrte er zu seiner Lehre zurück. Erzbischof Elipandus und zusammen mit ihm einige spanische Bischöfe schickten daraufhin an Karl einen Brief, in dem sie den König darum baten, Felix, »deinen Diener«

(famulum tuum), wieder vollständig in sein Amt einzusetzen und vor allem die Wahrheit des von Gott adoptierten Christus in der gesamten Kirche anzuordnen.[36]

Das war das Signal dafür, die ganze Angelegenheit auf dem Konzil von Frankfurt 794 nochmals grundsätzlich behandeln zu lassen. Der Punkt wurde vor allem von Alkuin vorbereitet. Wie nicht anders zu erwarten, verdammte die Synode die »gottlose Häresie« von Elipandus von Toledo und Felix von Urgel und ihrer Anhänger, und man beschloss, sie »aus der Kirche auszurotten«.[37] Die päpstlichen Gesandten stimmten zu. Karl ließ sich sodann von Alkuin einen Brief formulieren, den er, »der König der Franken und Langobarden, der Patricius der Römer sowie der Beschützer der heiligen Kirche Gottes«, an Elipandus sandte. Er, der König, so heißt es in dem Brief, übernehme die Sorge dafür, »dass es einen einzigen Glauben aller Christen und einen gemeinsamen Geist gibt, so wie es eine Herde und einen Hirten gibt«.[38] Papst Hadrian I., so versicherte Karl, habe sich seiner Meinung angeschlossen. Ein Dissens zwischen den beiden Führern der Christenheit lag in diesem Fall also nicht vor. Aber – und darauf kommt es hier an – die Initiative ging ganz eindeutig von Karl aus.

Als Felix auch weiterhin an seinem Standpunkt festhielt, war die Geduld Karls des Großen zu Ende. Im Jahre 798 forderte auch Alkuin den König dazu auf, die Angelegenheit nun endgültig zu klären.[39] Er sollte Schritte unternehmen, »damit diese ruchlose Häresie in jeglicher Weise getilgt wird, bevor sie sich weiter über den Erdkreis des christlichen Reiches *(christiani imperii)* verbreitet«. Dann rief er dem großen König zu: »Erhebe dich, von Gott auserwählter Mann! Erhebe dich, Sohn Gottes! Erhebe dich, Kämpfer Christi! Und verteidige die Braut Gottes, deines Herrn!« Daraufhin beauftragte Karl den neuen Papst, Leo III. (795–816), damit, Felix endgültig mit dem Kirchenbann zu belegen. Noch im selben Jahr 798 folgte dieser der Aufforderung. Auf einer römischen Synode wurde Felix von Urgel aus der Kirche ausgeschlossen.[40] Ein weiteres Mal wurde seine Lehre auf der Reichssynode im Juni 799 in Aachen als Häresie verurteilt, Felix musste sein Bistum endgültig abgeben und wurde als Gefangener dem Erzbischof Leidrad von Lyon übergeben.

Dieses Ende bedeutete im Grunde einen herben Schlag für die Autorität des Erzbischofs von Toledo, der die Mozaraber, also die Kirche unter muslimischer Herrschaft, zu leiten hatte. Seine Bemühungen, christliche und muslimische Wahrheiten einander anzunähern, waren abrupt beendet. Karl dagegen stand auf dem Gipfel sowohl seiner weltlichen Macht als auch der kirchlichen Deutungshoheit.

Bereits drei Jahre zuvor hatte er in seinem ersten (von Alkuin verfassten) Brief an den soeben erhobenen Papst Leo III. seinen Vorrang deutlich formuliert.[41] Er wolle mit ihm ebenso wie mit dessen Vorgänger ein »unverletzbares Bündnis« *(inviolabile foedus)* schließen. Er freue sich nicht nur über die Wahl Leos, sondern insbesondere auch über dessen »demütigen Gehorsam und die Treue, die ihr uns versprochen habt«.[42] Dann beschrieb Karl die beiderseitigen Aufgaben: »Unsere Sache ist es, mithilfe der göttlichen Barmherzigkeit überall die heilige Kirche Christi vom Angriff der Heiden und der Zerstörung durch Gottlose mit Waffen nach außen hin zu verteidigen und nach innen durch den Kampf für den katholischen Glauben zu stärken. Euch, Heiligster Vater, kommt es zu, wie Moses mit zu Gott erhobenen Händen unseren Kampf zu unterstützen, damit durch Eure Fürsprache und Gottes Führung und Gnade das christliche Volk über die Feinde seines heiligen Namens überall den Sieg erlangen und der Name unseres Herrn Jesus Christus auf der ganzen Welt leuchten werden.«[43] Der Papst war gemäß dieser Konzeption zu einem frommen Beter reduziert worden, der die himmlische Gnade zu erflehen hatte. Der Kampf für den Glauben und die kirchliche Wahrheit wurde von Karl geführt. Er leitete, wie es Alkuin 798 zum ersten Mal formulierte, das »christliche Kaiserreich« *(imperium Christianum)*.[44]

Wie sollte sich angesichts dieser Entwicklung der neue Papst, Leo III., verhalten? Er stammte nicht aus dem mächtigen römischen Adel, sondern war offenbar ein Aufsteiger, dessen familiäre Herkunft man sogar schon im »Sarazenischen« vermutet hat.[45]

Von Beginn an war er darauf angewiesen, sich gegen Anfeindungen und Einengungen zu wehren und zu behaupten. Sein Name war Programm: Wie der große Leo I. (440–461) wollte er als Nachfolger des heiligen Petrus den Primat, die oberste Autorität in Lehr- und Glaubenssachen, mit seinem Amt verbinden. Doch sein Spielraum war gering. Bei der Münzprägung war er vorsichtiger als sein Vorgänger und ließ statt seines eigenen Kopfes denjenigen des Apostelfürsten aufbringen. Auch die Datierung seiner Urkunden bis 800 bestimmte er nicht wie Hadrian I. allein mit seinen eigenen Amtsjahren, sondern fügte noch, wenn auch an zweiter Stelle, die italienischen Herrscherjahre Karls des Großen hinzu.[46] Dieser nachgeordnete Rang in der Datierung hatte schon dem byzantinischen Patricius zugestanden, sodass Karl seinem Patricius-Amt entsprechend korrekt behandelt wurde.

Einen Weg, seinen Anspruch dennoch zum Ausdruck zu bringen, fand Leo in der Errichtung von symbolischen Zeichen. So ließ er 797/798 im Lateran, dem ehemaligen Kaiserpalast und Sitz des Papstes, einen Empfangs- und Speiseraum (Triclinium) errichten und in ganz besonderer Weise ausgestalten. In der Apsis des Saales wurde ein inzwischen zerstörtes Mosaik angebracht, das Christus inmitten seiner Apostel zeigte.[47] Eine Zeichnung davon vermittelt uns noch einen guten Eindruck. An der rechten Seite neben Christus war Petrus abgebildet, wie er den Auftrag erhält, die christliche Lehre zu allen Völkern zu tragen und ihnen die Taufe zu bringen. Petrus wird deutlich als der Erste unter den abgebildeten Aposteln hervorgehoben, indem er bereits im Aufbruch begriffen ist, während die anderen Apostel noch ruhig stehen. Petrus geht den anderen voran! Er bringt die göttliche Wahrheit, und seine Lehrautorität ist von Christus autorisiert! Das jedenfalls war die Botschaft des Bildes.

Aber konnte Leo III. den Anspruch gegenüber dem Frankenherrscher und seinen Gelehrten nicht noch deutlicher vertreten? Eine Gelegenheit schien sich bei der Frage nach dem richtigen Glaubensbekenntnis (›Symbolum‹) aufzutun. Hier gab es schon seit Jahren einen Konflikt um das sogenannte *filioque*. Die Frage war, ob der Heilige Geist »aus dem Vater« hervorgeht oder »aus dem Vater und dem Sohn *(filioque)*«. Für Karl war nur die Version mit Vater und Sohn gültig, eine Entscheidung, die er 794 in einem Brief an die spanischen Bischöfe darlegte. Die rechtgläubige Formel, so führte er aus, laute: »Wir glauben auch an den Heiligen Geist, den wahren Gott, der alle lebendig macht, hervorgegangen aus dem Vater und dem Sohn, der zusammen mit dem Vater und dem Sohn anzubeten und zu verherrlichen ist.«[48] Damit befand sich Karl im Gegensatz zur Tradition in der Ostkirche. Dort wurde das *filioque* weggelassen. Wieder einmal stellte sich die Frage, ob Christus mit Gott-Vater gleichrangig sei oder nicht.

Der Konflikt darüber brach im Heiligen Land aus. Dort hatten sich unter der muslimischen Herrschaft der Abbasiden christliche Gemeinden und Klostergemeinschaften eingerichtet, die allerdings keineswegs immer friedlich kooperierten. Byzantinisch-griechische und lateinisch-römische Christen standen vielmehr in scharfer Konkurrenz zueinander. Infolge der Förderung der Christen im Heiligen Land durch Karl den Großen in den Jahren um 800 hatten die Franken dort eine starke Position aufgebaut. Zu Beginn des neunten Jahrhunderts soll das Heilige Grab in Jerusalem sogar von 17 Frauen aus dem Frankenreich gehütet worden sein.[49] Auch der orthodoxe Patriarch selbst zeigte sich Karl gegenüber dankbar für die vielfältige Förderung.

Da bot sich den griechischen Mönchen, die sich zunehmend zurückgesetzt sahen, das *filioque* an, um den fränkischen Einfluss wieder zurückzudrängen. Im Kloster St. Sabas zu Jerusalem wurde gegen die lateinischen Mönche vom Ölbergkloster der Vorwurf erhoben, sie würden das Glaubensbekenntnis häretisch beten, nämlich mit dem *filioque*. Außerdem seien »die Franken alle Häretiker«: *omnes Franci haeretici estis*![50] Die aufgeschreckten Ölbergmönche wandten sich daher 808 an den Papst.[51] Sie beteuerten, ihre Version werde in der Kapelle *(capella)* am Hof Karls des Großen gesungen und müsse daher doch richtig sein. Leo III. möge ihnen bestätigen, dass das *filioque* nicht nur dem fränkischen Brauch, sondern auch der römischen Tradition entspreche. Außerdem baten sie um ein theologisches Gutachten, um ihren Gegnern im Heiligen Land entgegentreten zu können.

Dieses Mal war der Papst entschlossen, die Lehrhoheit nicht aus der Hand zu geben. Er teilte den Mönchen vom Ölberg mit, dass das fränkische *filioque* tatsächlich häretisch sei. Das Kräftemessen erreichte damit eine neue Stufe. Als Karl der Große davon erfuhr, beschloss er, auch diese Frage nach gewohnter Art zu klären. Er berief für den November 809 ein Konzil in Aachen ein. Zur Vorbereitung wurden fünf Gutachten erstellt, von Erzbischof Arn von Salzburg (gest. 821), Abt Smaragd von Saint-Mihiel (gest. um 830), Bischof Theodulf von Orléans (gest. 821), Bischof Heito von Basel (805–823) und Bischof Adalwin von Regensburg (791–816). Diese Arbeiten, vor allem diejenige Arns von Salzburg, gelten heute als »Pionierleistung der karolingischen Theologie«[52], die durch spätere Abhandlungen zu dem Thema nicht mehr überboten wurden – eine Glanzleistung der Gelehrsamkeit unter Karl dem Großen. Alle Gutachter suchten die Rechtgläubigkeit des *filioque* aus Zeugnissen der theologischen Tradition nachzuweisen.

Das Aachener Konzil von 809 entschied sich für das Werk Arns von Salzburg als Grundlage für das weitere Vorgehen. Eine Gesandtschaft, bestehend aus den Bischöfen Bernhard von Worms (gest. 823/826) und Jesse von Amiens (gest. 836) sowie Abt Adalhard von Corbie (gest. 827), machte sich auf den Weg nach Rom, um mit Leo III. zu einem Ausgleich zu kommen. Doch dieses Mal blieb der Papst standhaft. Er nahm sein Nein zum *filioque* nicht zurück. Er ließ sogar links und rechts des Eingangs zur Grabeskapelle des heiligen Petrus in der Peterskirche in Rom (›Confessio sancti Petri‹) zwei Tafeln aus reinem Silber aufstellen, auf denen das römische Glaubensbekenntnis – sowohl in griechischer als auch in lateinischer Sprache – ohne *filioque* zu lesen war. Der heilige Petrus selbst sollte darüber wachen. Eine entsprechende Tafel wurde auch in der Kirche des heiligen Paulus aufgestellt. Aber Leo III. war auch diplomatisch genug, den Franken die Übernahme der päpstlichen Version nicht zu befehlen. Die Sache blieb deshalb für weitere 200 Jahre ungelöst.

Immerhin versuchte Leo III. die fränkische Delegation davon zu überzeugen, dass es besser sei, das Glaubensbekenntnis nicht zu singen, sondern zu sprechen. Dies dürfte mit der unterschiedlichen Musikalität der Menschen nördlich und südlich der Alpen zusammenhängen. Paulus Diaconus, der sich lange genug am Hof Karls aufgehalten hat, um die Dinge beurteilen zu können, schrieb über den Gesang der Franken: »Mit ihrem alpenländischen Körperbau und ihren wie Donnerschall ertönenden Stimmen, mit denen sie die Süße des (aus dem Süden) übernommenen Gesangs nicht wiedergeben können, und mit ihrem barbarischen Säufergurgeln, mit dem sie unter allerlei Windungen und Nachahmungen jenen Gesang hervorzubringen suchen, bringen sie ein Getöse zustande, als poltere ein Lastkarren über Stufen hinunter.«[53] Aber auch dieser Punkt blieb ungeklärt, und die Franken haben das *filioque* nicht nur weiterhin beibehalten, sondern auch gesungen. Karl der Große persönlich, das darf hier am Rande vermerkt werden, soll allerdings immer nur leise *(submissim)* gesungen haben.[54]

In diesem Fall musste Karl also in einer Glaubensfrage zum ersten Mal den Widerspruch des Papstes hinnehmen. Dieser Vorgang war durchaus von Belang, denn er signalisierte den Christen im Heiligen Land, dass sie sich in Fragen der Rechtgläubigkeit nicht mehr vorbehaltlos auf den großen Karl verlassen konnten. Karls Autorität, so deutet dieses Beispiel an, begann in seinen letzten Jahren brüchig zu werden. Weitere Anzeichen dafür werden uns noch begegnen.

Dennoch war seine Entscheidungsgewalt in kirchlichen Glaubensfragen, wie er sie beanspruchte und demonstrierte, nicht wirklich gefährdet. Neben seiner kriegerischen Überlegenheit war es das stärkste Instrument seiner Herrschaft. Nicht nur die Päpste wurden hierin einbezogen, sondern in noch höherem Maße auch die hohe Geistlichkeit und die Mönche des Frankenreichs. Wie nie zuvor stellten sich die Bischöfe eng an die Seite des Königs. Das irdische Gottesreich, das Karl anstrebte, bot auch ihnen einen neuartigen Rang im Ordnungssystem. Er kommt am besten zum Ausdruck durch den Begriff *ministerium,* den man mit »Amt« oder »Dienst« übersetzen kann. Dieses Wort findet sich unter Karl häufig in den Kapitularien und kirchlichen Kanones. Bischöfe oder auch Grafen erhielten ihr Amt als ein *ministerium*. Das Entscheidende daran war, dass sie mit einem *ministerium* nicht in ein Abhängigkeitsverhältnis zum König eintraten, sondern zu Gott. Sie wurden nicht zu Dienern einer Person, sondern einer höheren Ordnung.[55] Diese Vorstellung übernahm Karl aus dem System der Kirche. Regieren war wie Gottesdienst, und zwar auf allen Ebenen der Herrschaftsträger. Niemals zuvor war ein Graf als *minister* bezeichnet worden. Jetzt, unter Karl, wurde er wie die Bischöfe in den göttlichen »Dienst« einbezogen.

Der König selbst war der oberste Diener. Er war *minister Dei* und verantwortlich für die »Glieder Gottes« *(membra Dei)*. Die Bischöfe ihrerseits mussten den Dienst für das Wohl der Menschen in ihren Kirchen leisten. Auch sie waren, wie Karl selbst, letztlich gegenüber Gott verantwortlich für das ihnen anvertraute Volk. Aus diesem Grund hatten sie alle gleichermaßen mit allem Einsatz *(omni disciplina)* dafür zu sorgen, dass das Volk nicht durch das Böse zugrunde gehe.[56]

Diese hohe Verpflichtung wiederum führte dazu, dass die ihnen untergebenen Menschen gehorchen mussten. »Gehorsam« *(oboedientia)* wurde zu einem weiteren Leitbegriff, der insbesondere vonseiten der Kirche gefördert wurde. So schrieb Papst Leo III. in einem Brief im Jahr 800 an sämtliche Bischöfe, Äbte, den gesamten Klerus und das Volk der *provincia Baiuvariorum*, dass sie gehorsam sein müssten.[57] Auch die weltliche Beamtenschaft und der Adel *(comites et iudices et omnes primores)* wurden einbezogen.

Ganz ähnlich lautet ein Befehl vom März 806, den die Äbte Adalhard von Corbie und Fulrad von Saint-Quentin sowie die Grafen Unroch und Hrocculf als Königsboten an Grafen ihres Amtsbezirks ausgaben. Diese, ihre jüngeren Beauftragten und das ganze Volk müssten in allem ihrem Bischof gehorchen, unabhängig davon, ob dieser seine Anweisung persönlich oder durch seinen Boten erteile.[58]

Was Gehorsam sei und wie er erwiesen werde, auch das wurde von den Gelehrten und Theologen Karls erörtert. Abt Smaragd von Saint-Mihiel (bei Verdun), der aus Spanien kam und wohl, ähnlich wie Theodulf von Orléans, aus einer vornehmen westgotischen Familie stammte, entwickelte eine Definition von Gehorsam in seinem Werk ›Erklärung der Regel des hl. Benedikt‹: »Gehorsam heißt, nicht den eigenen Willen, sondern vielmehr denjenigen der Nächsten zu erfüllen.«[59] Und er fügte hinzu: »Durch den Gehorsam wird der eigene Wille geopfert.«[60]

»Dienst« und »Gehorsam« waren Grundsätze der kirchlichen Wahrheit. Gott war zu dienen und zu gehorchen, aber ebenso den Mächtigen im Reich. Karl hat sich zu diesem Prinzip selbst geäußert mit einem Kommentar in den ›Karolinischen Büchern‹. In cap. III, 4 heißt es in einem Augustinus-Zitat: »Der Schöpfer wird als solcher bezeichnet im Hinblick auf die Geschöpfe, ebenso wie der Herr so heißt im Hinblick auf die Knechte!«[61] Dazu bemerkte Karl: »ausgezeichnet!« *(optime)*. Dem irdischen König war zu gehorchen wie dem himmlischen.

So traten Dienst und Gehorsam zur Forderung nach Treue der Untertanen hinzu. Diese drei Prinzipien bildeten das alles umfassende, moralisch-verpflichtende Korsett im Gottesreich Karls des Großen. Die Reichsidee, die sich in diesen Jahren am Hof ausbildete und die im Reich durchgesetzt werden sollte, war also auf etwas Umfassendes ausgerichtet, genauso wie die Kirche, die dafür das Rüstzeug zur Verfügung stellte. Deshalb musste es für Karl ein zentrales Anliegen sein, die Kontrolle über die Wahrheiten der Kirche zu behalten. Dazu gehörte auch, dass er, wie erwähnt, 796 den neu erhobenen Papst Leo III. zum Gehorsam ihm gegenüber anhielt. Karl dem Großen ist die Disziplinierung der kirchlichen Amtsträger noch weitgehend gelungen, nicht mehr aber seinem Sohn und Nachfolger, Ludwig dem Frommen, der sich am Ende seinerseits der Kontrolle der Bischöfe unterwerfen musste.

KAPITEL 11

Karl der Kaiser und der Orient

Im Juni 799 schrieb Alkuin an Karl den Großen einen bemerkenswerten Brief[1]: Der König möge sich bitte der Angelegenheit Papst Leos III. annehmen, dem in Rom übel mitgespielt worden sei. Dort, wo einst die Religion besonders geglänzt habe, seien jetzt gottlose Dinge geschehen. Im Herzen verblendet, hätten die Römer ihr Haupt selbst blind gemacht. Das Böse richte sich mittlerweile nicht nur gegen Menschen niederer Herkunft, sondern auch gegen die ehrwürdigsten und erhabensten Personen. Diese Entwicklung müsse man sehr fürchten, weil dadurch die Ordnung der Welt ins Wanken gerate.

Dann wandte Alkuin seine Überlegungen ins Grundsätzliche. Die Welt sei nämlich so geordnet, dass es drei Personen an der Spitze gebe. Die erste sei die apostolische Hoheit, welche den Sitz des Apostelfürsten Petrus innehabe. Ihr sei Schreckliches zugestoßen. Die zweite Person repräsentiere die kaiserliche Würde mit dem Sitz im »zweiten Rom«, das heißt, in Konstantinopel. Doch der Kaiser – Konstantin VI. (780–797) – sei in gottloser Weise von den eigenen Leuten entmachtet worden. Schließlich gebe es noch eine Person, die mit der königlichen Würde *(regalis dignitas)* ausgestattet sei. Diesen Rang habe Karl inne als Lenker und Leiter des christlichen Volkes. An Macht *(potentia)* übertreffe er die beiden anderen, an Weisheit *(sapientia)* leuchte er stärker als sie, an Herrschaftswürde *(regni dignitas)* überrage er sie. »Siehe, allein in deinen Händen liegt nun das ganze niedergebeugte Heil der Kirchen Christi«[2], so zog Alkuin das Resümee, und er fügte hinzu: »Du bestrafst die Verbrecher, du lenkst die

Irrenden auf den rechten Weg, du tröstest die Trauernden und du erhöhst die Guten!« Die ganze Hoffnung der Christenheit sei auf Karl den Großen gerichtet.

Alkuin hat mit diesen Worten die aktuelle ›Weltlage‹ der Jahre 797/799 ziemlich präzise eingefangen. Eirene, die byzantinische Kaisermutter, hatte 797 ihren Sohn, Kaiser Konstantin VI., entmachtet. Am Kaiserhof in Konstantinopel war es zu Parteienkämpfen gekommen, bei denen sich die Anhänger Eirenes gegen jene ihres Sohnes behaupteten. In dem Porphyrzimmer des kaiserlichen Palastes *(Porphyra)*, in dem sie einst 771 den Nachfolger zur Welt gebracht hatte, ließ sie ihm jetzt die Augen ausstechen. An den Folgen starb der junge Kaiser noch im selben Jahr. Eirene schwang sich zur Alleinherrscherin auf. So gab es in den nächsten Jahren erstmals in der Geschichte in Byzanz ein »weibliches Kaisertum« *(femineum imperium)*, wie es in den Lorscher Annalen heißt.[3] Dieser Vorgang wurde im Umfeld Karls so ausgelegt, dass das Kaisertum gar nicht mehr existiere.

Das zweite Ereignis, das zu einer veränderten Situation führte, war das Attentat auf Papst Leo III. am 25. April 799. Während der großen Bittprozession am Festtag des heiligen Markus, so berichten päpstliche und fränkische Quellen, sei dieser überfallen worden. Eine ungeheuerliche Tat! Alkuin schrieb im Mai 799 an seinen Freund, Erzbischof Arn von Salzburg: »Du wirst gewiss schon gehört haben vom allerheiligsten Stuhl, was sich neulich dort an Verbrechen und unglaublicher Grausamkeit ereignet haben soll.«[4] Wenn so etwas schon gegen das Haupt geschehe, welche Untaten stünden dann für den Leib zu erwarten!

Was war geschehen? Wie man heute weiß[5], geriet der Papst unmittelbar vor Beginn der Prozession, die über die Milvische Brücke nach Sankt Peter führen sollte, bei der Kirche S. Lorenzo in Lucina in einen Hinterhalt. Dass hinter diesem Übergriff die Anhänger seines Vorgängers gestanden haben, kann keinem Zweifel unterliegen. Zwei der Anführer sind bekannt, der Primicerius (Kanzleichef) Paschalis, ein Neffe Papst Hadrians I., und der Sacellarius (Schatzmeister) Campulus, der ebenfalls unter Hadrian I. Karriere gemacht hatte. Beide waren am karolingischen Hof gut bekannt. Paschalis hatte als päpstlicher Gesandter 778 Karl aufgesucht, und Campulus war kurz vor Hadrians Tod ebenfalls als Gesandter nach Aachen gereist. Nun führten sie eine Gruppe im hohen Klerus von Rom an, die unter Leo III. in der Stadt an Einfluss verloren hatte und auf einen Umsturz hinarbeitete.

Der gefangene Papst wurde in die Kirche S. Silvestro gebracht. Sie war eine Gründung Papst Pauls I. und seines Bruders und gehörte also dem Clan der Aufständischen – ein idealer Ort für die folgende Gerichtsverhandlung. Vor dem Altar dieser Kirche fand ein Schnellverfahren statt. Am Ende wurde Leo III. förmlich abgesetzt. Was dann geschah, entsprach dem üblichen Vorgehen: Ihm wurden die Papstgewänder heruntergerissen, außerdem sollte er amtsunfähig gemacht werden durch Blendung und sonstige Verstümmelung. Einige Jahrzehnte zuvor, 768, war genau dies mit dem verurteilten »Pseudopapst« Konstantin gemacht worden, der tatsächlich geblendet und seiner Zunge beraubt wurde.

Leo III. aber, so scheint es, war es gelungen, sich so zu verstellen, dass die Eingriffe nicht wirkungsvoll genug waren. Sicherlich trug er aber Verletzungen davon, war möglicherweise auch blutüberströmt für gewisse Zeit nicht mehr in der Lage zu sehen. Als sich später sein Zustand wieder besserte, konnte daraus in den Berichten der Zeitgenossen ein Wunder konstruiert werden.

Schließlich verlegte man den Gefangenen nach S. Erasmo, ein Griechenkloster im Süden der Stadt. Von dort konnte Leo noch in derselben Nacht mit Hilfe einiger Diener entkommen und sich nach St. Peter flüchten. Er hatte Glück, denn in der Nähe hielten sich gerade fränkische Legaten auf – Abt Wirund von Stablo und Herzog Winigis von Spoleto, dessen Truppen offenbar vor der Stadt lagerten. Sie gewährten dem verfolgten Papst erst einmal sicheren Schutz und brachten ihn nach Spoleto. Leo war fürs Erste gerettet.

Doch was sollte mit ihm, dem Haupt der Kirche, geschehen? Das konnte nur Karl entscheiden. So wurde der Papst in den Norden geführt. Im Spätsommer 799 kam er in Paderborn an, wo sich der König aufhielt. Was dort im Einzelnen geschah, besprochen und beschlossen wurde, ist schwer zu ergründen. Der Papst wurde jedenfalls von Karl ehrenvoll empfangen und suchte sich zu rechtfertigen. Aber auch die Anschuldigungen gegen Leo III. sind bis an den Hof gedrungen: Ämterschacher, Meineid, Unzucht. Es muss am Hof auch Leute gegeben haben, die den Anschuldigungen Glauben schenkten. Alkuin erwähnte in einem Brief »viele Eiferer« *(multi aemulatores)* gegen den Papst, die dessen Rücktritt forderten.[6] Waren die Vorwürfe möglicherweise berechtigt? Einige Wochen später berichtete Erzbischof Arn von Salzburg in einem Brief an Alkuin über die Dinge, die er in Rom gehört habe. Alkuin war daraufhin so entsetzt, dass er das Schriftstück seines Freundes verbrannte.[7]

Karl stand vor einer schweren Entscheidung – wohl der schwierigsten seiner ganzen Regierung. Durfte er überhaupt über die Rechtmäßigkeit eines Papstes entscheiden? Seit Papst Symmachus (498 – 514) berief sich der römische Bischof auf den Grundsatz: »Der erste Sitz darf von niemandem gerichtet werden« *(Prima sedes a nemine iudicatur)*. Alkuin kannte als romverbundener Angelsachse diese Rechtstradition genau und verlangte ihre Beachtung.[8] Doch abgesehen davon: Karl der Große war zwar Patricius der Stadt Rom und hatte den Päpsten mehrmals Schutzversprechen gegeben, aber über den Papst und seinen Konflikt mit der römischen Adelselite zu urteilen war dem Kaiser vorbehalten. In Byzanz gab es jedoch keinen Kaiser, nur eine Kaiserin, die gar nicht über die Macht verfügte, in Rom einzugreifen. Wie konnte man aus diesem Dilemma herauskommen? Karl hatte gar keine andere Wahl, als sich dieses Problems anzunehmen, denn von einer eindeutigen Klärung an der Spitze der Kirche war seine ganze Herrschaftsordnung abhängig.

Wie Alkuin in dem erwähnten Brief vom Juni 799 ausgeführt hatte, war Karl zwar die mächtigste und allein handlungsfähige »Person« in der Welt der Christenheit, aber er war immer noch ›nur‹ ein König. Seine über mehrere Reiche sich erstreckende Machtfülle, seine militärische Überlegenheit, sein Repräsentationsstil von Aachen, seine Verträge mit den Päpsten, seine Deutungshoheit im Hinblick auf kirchliche Wahrheiten und seine gerade in diesen Jahren aufgenommenen Kontakte mit dem Kalifen Hārūn ar-Raschīd von Bagdad (786–809) hatten sein Ansehen zwar auf höchste Höhen gehoben, aber in Rom standen ihm auch 799 noch keine imperialen Rechte zu. War es nicht an der Zeit, dies zu ändern?

Vielleicht kam der unmittelbare Anstoß dazu im Jahr 798. Eine unscheinbare Notiz in einer aus der Kölner Dombibliothek stammenden Handschrift (Köln Diözesan- und Dombibliothek Cod. 83^II) überliefert eine erstaunliche Nachricht. Es handelt sich bei dem Werk um ein Kompendium zur Berechnung der Zeiten, in dem der Verfasser das Alter der Welt bestimmte. Das Ergebnis lautet, dass das 31. Königsjahr Karls des Großen mit dem Jahr 798 seit Christi Geburt und mit dem Jahr 5998 seit Erschaffung der Welt gleichzusetzen sei.[9] An dieser Stelle fügte der Schreiber hinzu: »Dies ist dasselbe Jahr, in dem er (Karl) ein Drittel der sächsischen Bevölkerung als Geiseln genommen hat und Gesandte aus Griechenland gekommen sind, um ihm das Kaisertum zu übertragen.«[10]

Diese sogenannte ›Kölner Notiz‹ ist zeitgenössisch und stammt aus einem Umfeld, das hervorragend über die Aktionen am Hof informiert war. Der Kölner Erzbischof Hildebald (787–818) mit dem Beinamen Aaron leitete die königliche Kanzlei und wird in den Hofgedichten als ein Mann der Genauigkeit beschrieben. Es wäre daher völlig unbegründet, diese Nachricht als Verwechslung oder Irrtum abzutun, wie das in der Forschung bisweilen geschieht. Ganz im Gegenteil, man muss ihr zu Recht einen hohen Quellenwert zuerkennen.[11] Man wird also davon auszugehen haben, dass 798 eine byzantinische Delegation am Hof Karls mit diesem Angebot eingetroffen ist.

Ob diese Boten von Kaiserin Eirene geschickt worden waren oder aus den Kreisen der Opposition kamen, muss freilich offenbleiben. Immerhin ist aus den ›Reichsannalen‹ bekannt, dass 798 und 799 Gesandtschaften aus Byzanz von Eirene bei Karl eingetroffen sind. Dabei sei es »nur um den Frieden« *(tantum de pace)* gegangen. Kam hier die Rede möglicherweise auch auf das Kaisertum? Wollte Eirene das Kaisertum des Westens – wie in der

Spätantike – Karl als einem Partner in einem gesamtrömischen Reich anbieten? Man kann dies gewiss nicht ausschließen. Aber diese Frage spielt für die weitere Entwicklung im Grunde keine Rolle, denn Karl ist auf diese Offerte in keiner Weise eingegangen.

Dennoch, die imperiale Idee war in der Welt – und gewann zusehends an Kraft.[12] Eine Brücke hierzu wurde Karl durch Alkuin selbst errichtet. Dieser verwendete spätestens 797 den Begriff vom »Kaiserreich der Franken« *(Francorum imperium),* das der glorreichste Karl regiere.[13] 798 gebrauchte er erstmals das Bild vom »Erdenrund des christlichen Kaiserreichs« *(orbis christiani imperii),* das der König zu lenken und zu leiten habe.[14] Auch in seinen Briefen von 799 und 800 erscheint mehrmals die Formel vom »christlichen Kaiserreich« *(christianum imperium).*[15] Dieses war keineswegs ein nur auf den kirchlichen Bereich beschränktes Modell. In Anbetracht der theologischen Begründung von Karls Herrschaft hat es ebenso als ein politisches Konzept zu gelten. Die ›Staatsidee‹ Karls – man muss es immer wiederholen – war das irdische Gottesreich, dessen Grenzen nach Augustinus mit denen des christlich-römischen Reichs zusammenfielen.

Noch ein weiterer Gesichtspunkt spielte in diesen Jahren eine Rolle. Am Hof, vor allem vertreten durch Alkuin, wurde der ›Idee des richtigen Namens‹ große Beachtung beigemessen. Jede Würde, jedes Amt, jeder Gegenstand sollten mit dem zutreffenden Namen bezeichnet werden.[16] So komme Christus allein sein Name zu, der über allen anderen Namen stehe. Auch Karl habe seinen Namen, den Alkuin 798 als »euer heiligster Name« *(sanctissimum vestrum nomen)* bezeichnete.[17] Aber diese Überlegungen reichten schon weiter zurück. Schon in den ›Karolinischen Büchern‹ von 792/794 war die Frage des richtigen Namens intensiv behandelt worden. Man dürfe nicht glauben, so heißt es da, »dass die Dinge sich den Namen anpassen, vielmehr müssen sich die Namen den Dingen anpassen«.[18]

Diese Erörterungen förderten – so darf man annehmen – am Hof Karls die Sensibilität »hinsichtlich sprachlicher Begriffe und ihrer Bedeutung«.[19] War der Rang Karls des Großen mit der Bezeichnung »König« noch mit dem angemessenen Namen versehen? Oder musste sich auch hier der Name anpassen? Wenn man sich diese Zusammenhänge vor Augen führt, kann man durchaus vermuten, dass schon seit 794 »der Gedanke an das *imperium,* an das Kaisertum, in der Luft« gelegen hat.[20] Mit demselben Argument, dass der Name den realen Verhältnissen entsprechen müsse, wurde in diesen Jahren im Rückblick der ›Reichsannalen‹ auch die Erhebung Pippins zum König 751 unterlegt: König sollte sein, wer die Macht innehat! Dasselbe galt für das Kaisertum: Bei den Griechen, so argumentierte der Autor der ›Lorscher Annalen‹, sei der »Name Kaiser« *(nomen imperatoris)* verschwunden, weil es ein »weibliches«, also schwaches Kaisertum gebe.[21] Damit war eben die »Sache«, die der Name zum Ausdruck bringen sollte, nicht mehr vorhanden. Bei Karl dagegen würden Sache und Kaisername wieder übereinstimmen. Diese Argumentation zeigt deutlich, dass auch für das Kaisertum Karls das Streben nach Eindeutigkeit im Ordnungsdenken von großer Bedeutung war.

Vielleicht ist für den Kaisergedanken bei Karl noch ein ganz anderer Beweggrund zu beachten. Seitdem Hieronymus und Eusebius die Geburt Christi in das Jahr 5199 nach Erschaffung der Welt gesetzt hatten, galt das Jahr 800 als Vollendung der irdischen Welt. Offenbar hat auch die Lehre von den vier Weltreichen eine Rolle gespielt. Seinen Lehrer, Petrus von Pisa (gest. um 799), soll Karl ausführlich darüber befragt haben[22]: »Welche sind jene Reiche, die König Nebukadnezar als Vision erschienen sind?« Der König von Babylon hatte einst im Traum eine große Figur gesehen, die aus verschiedenen Materialien zusammengesetzt war und am Ende von einem Stein zertrümmert wurde. Der Prophet Daniel im Alten Testament deutete die Teile der Figur als die vier Weltreiche dieser Erde (Daniel 2, 1–49). Diese, so erklärte Petrus von Pisa in seiner Schrift, seien mit dem Babylonischen Reich, dem Perserreich, dem Alexanderreich und dem Römerreich gleichzusetzen. Das heißt, dass mit dem Ende des römischen Reiches auch das Ende der Weltgeschichte bevorstand. Diese Deutung ging schon auf Hieronymus zurück, aber am Hof Karls des Großen war das Interesse daran wieder erwacht.

Auch der Anschlag auf Papst Leo III. konnte ein Zeichen für das nahende Ende sein. »Die Zeiten sind gefährlich!«[23] Dies teilte Alkuin im Juni 799 dem König mit. In dieser bedrohlichen Situation war Karls Autorität besonders gefordert.

Noch 799 war Leo III. wieder nach Rom zurückgekehrt, begleitet von einer hochrangigen Delegation. Erzbischof Hildebald befand sich darunter, ebenso Erzbischof Arn von Salzburg und mehrere Bischöfe und Grafen. Am 29. November 799 erreichte Leo die Milvische Brücke vor Rom und wurde in einem triumphalen Empfang nach St. Peter geleitet. Nun wartete man auf Karl.

Dessen Romfahrt war zwar 799 bereits beschlossen worden, aber Karl machte sich erst auf den Weg, nachdem er wichtige Angelegenheiten geregelt hatte. Die Frage der Nachfolge seines Sohnes Karl in der Königsherrschaft war zu klären, aber auch die Abwehr räuberischer Einfälle an den Küsten und manches andere mehr. Vor allem scheint Karl versucht zu haben, sich Rat und Klarheit für sein Vorgehen in der Sache des Papstes zu verschaffen. Dieser Gedanke, so erfahren wir, habe ihn auch beschäftigt, als er endlich im August 800 von Mainz aus mit seinem Heer aufbrach.[24]

Am 23. November 800 näherte er sich der Stadt Rom. Die folgenden Ereignisse sind für die Beurteilung von Karls Kaisertum von großer Bedeutung. Die Quellen berichten, Papst Leo III. sei dem König bis Mentana *(Nomentum)* entgegengezogen, also 14 Meilen weit. Schon ein Empfang beim zwölften Meilenstein war eine außerordentliche Ehrbezeugung, die sonst nur einem Kaiser erwiesen wurde. Nach einer demütigen Begrüßung und einem Gastmahl sei der Papst sogleich wieder nach Rom zurückgekehrt, um dort den Empfang für den nächsten Tag vorzubereiten.

Am 24. November zog Karl dann feierlich in Rom ein. Alles war aufs Prächtigste geschmückt. Die Fahnen der Stadt wurden Karl dargereicht, an den Straßen hatten sich Scholen der Pilger und der Bürger aufgestellt, um den König mit Litaneien und Lobgesängen zu begrüßen. Karl stieg nicht eher von seinem Pferd, als bis er bei St. Peter angekommen war, auch dies ein Hinweis darauf, dass er wie ein Kaiser bei einem Triumphzug erschien. Diese Art des Einzugs in Rom ist ein absolut sicherer Beleg dafür, dass Karl die Stellung eines Patricius im Grunde schon abgelegt hatte, dass er als der künftige Richter in der Stadt angesehen und ihm bereits kaiserliches Auftreten zugebilligt wurde. Schließlich empfing ihn der Papst zusammen mit den Bischöfen und dem römischen Klerus auf der Plattform der Marmorstufen, die zum Atrium vor der Peterskirche führten. Karl stieg vom Pferd, schritt hinauf, und nach einem Begrüßungszeremoniell ging man gemeinsam in die Peterskirche, um den Gottesdienst zu feiern.

Eine Woche später begann der schwierigste Teil des Unternehmens. Am 1. Dezember 800 wurden auf einer großen Versammlung von Erzbischöfen, Bischöfen, Äbten, Priestern und Diakonen sowie von Grafen und anderen hochgestellten Personen die Untersuchungen zum Überfall auf den Papst aufgenommen. Den Vorsitz der Synode führte Karl – wie ein Kaiser. Über Tage zogen sich die Verhandlungen hin. Allerdings soll es niemand mehr gewagt haben, die Anklagen zu wiederholen. Am 23. Dezember schließlich reinigte sich Papst Leo III. durch einen Eid selbst von den Anschuldigungen. Er tue dies freiwillig, »von niemandem verurteilt oder gezwungen«, so betonte er.[25] Der Rechtssatz, dass »der erste Stuhl von niemandem gerichtet werden« dürfe, war also von Karl und seinem Gefolge respektiert worden und erlangte damit zum ersten Mal in der Geschichte eine politische Wirksamkeit – dies muss als bemerkenswertes Detail aus dem Vorgang hervorgehoben werden.

In unserem Zusammenhang ist es auffällig, dass im Reinigungseid des Papstes dem König Karl besondere, schmückende Beiworte (Epitheta) beigelegt wurden: Er sei *clementissimus ac serenissimus domnus rex*, also »der barmherzigste und huldreichste Herr König«.[26] Das Wort *serenissimus* freilich war ausschließlich dem Kaiser vorbehalten! Niemand sonst durfte damit ausgezeichnet werden. Zum ersten Mal, so folgt daraus, wurde Karl auf diese Weise wie ein Kaiser angesprochen – und zwar vom Papst persönlich. Hierzu passt auch die erwähnte Nachricht in den gut unterrichteten ›Lorscher Annalen‹, dass bereits während des Konzils sich unter den Teilnehmern die Überzeugung gefestigt hätte, »man müsse Karl, den König der Franken, Kaiser nennen«.[27]

Zwei Tage später war Weihnachten, der 25. Dezember 800, ein Freitag. Offenbar konnte Leo III. den König dazu überreden, sich an diesem Festtag für die Messfeier nach römischer Art zu kleiden. Einhart berichtet darüber in der ›Vita Karoli Magni‹ (cap. 23). Karl legte sich die Chlamys um, das heißt, den faltenreichen, hellenistisch-römischen Herrschermantel, der an der rechten Schulter zusammengeschnürt war. Außerdem zog er die lange Tunika an, deren Länge für Franken eigentlich »weibisch« wirken musste. Schließlich benutzte er die »nach römischer Art geformten Schuhe«. Das waren Sandalen, die nur die Ferse und die Zehen bedeckten und oben zusammengeschnürt wurden. So waren römische Kaiser bekleidet, aber auch Inhaber des Patricius-Amtes oder andere hohe Würdenträger. Noch, so könnte man sagen, trat Karl im Ornat des Patricius auf. Was ihn von einem Kaiser noch trennte, war allein das kaiserliche Diadem, die Kaiserkrone.

Doch auch diese lag schon bereit. Als sich Karl vom Gebet vor der Confessio des heiligen Petrus – der Vorkammer vor dem Petrusgrab – erhob, setzte ihm der Papst »mit seinen eigenen Händen« *(manibus suis propriis)* eine goldene, überaus kostbare *(pretiosissima)* Krone auf das Haupt.[28] Daraufhin hätten die anwesenden Römer die sogenannte Akklamation vorgenommen, indem sie »einmütig, mit lauter Stimme, auf den Wink Gottes und des heiligen Petrus, des Schlüsselträgers des Himmelreiches, dreimal riefen: ›Karl, dem barmherzigsten Augustus, dem von Gott gekrönten, großen und Frieden bringenden Kaiser, Leben und Sieg!‹«[29] Im Anschluss daran habe der Papst durch einen Kniefall Karl geehrt, so wie es bei den alten Kaisern Sitte gewesen sei.[30] Von da an sei Karl »unter Weglassung des Patricius-Titels Kaiser und Augustus genannt worden«.[31]

Würde man nur diese Berichte über den Ablauf kennen, gäbe es keinen Zweifel daran, dass Karl der Große in alle Planungen eingeweiht war, dass er wusste, was auf ihn zukommt, dass die Übernahme der Kaiserwürde erfolgen sollte und dass er mit allem einverstanden war. Aber es gibt den Bericht von Einhart in der ›Vita Karoli Magni‹, der ganz anders lautet: »Zu diesem Zeitpunkt nahm er den Namen Kaiser und Augustus an. Das war ihm zuerst so zuwider, dass er versicherte, er hätte an jenem Tag, obwohl es ein hoher Festtag war, die Kirche nicht betreten, wenn er die Absicht des Papstes vorher gekannt hätte.«[32]

Einharts Nachrichten, das wird immer wieder bestätigt, muss man ernst nehmen. Was also könnte Karl an der Kaiserkrönung zu Weihnachten 800 dermaßen gestört haben? Der Ablauf an sich entsprach, so weit man sehen kann, weitgehend dem Ritus der Kaisererhebung in Konstantinopel. Allerdings gab es einen markanten Unterschied: In Byzanz erfolgte die Akklamation immer vor dem Aufsetzen der Krone. Der Zuruf des Wahlvolkes war der rechtserhebliche Akt. In Rom stand dagegen die Krönung durch den Papst an erster Stelle. Auf diese Weise war die Abfolge der Legitimation umgedreht worden: Nun hatte der Papst »mit seinen eigenen Händen« den Kaiser gemacht! Noch dazu geschah das alles vor der ›Confessio sancti Petri‹, was man so auslegen konnte, als habe der heilige Petrus selbst seine Zustimmung erteilt – was im Bericht über die Akklamation der Römer auch so formuliert war.

Das alles wirkt wie ein Taschenspielertrick, und so hat Karl es möglicherweise auch aufgefasst. Da half auch der päpstliche Kniefall nicht mehr. Karl war kein Kaiser wider Willen, wie man aufgrund der Mitteilung Einharts im ersten Moment meinen könnte. Aber er wollte offensichtlich kein Kaiser von des Papstes oder des heiligen Petrus Gnaden sein. So muss man wohl die Bemerkung Einharts deuten.

Eine weitere Erklärungsmöglichkeit für den Unwillen Karls besteht darin, dass – in seinen Augen – die Ausrufung zum Kaiser (Akklamation) nicht vom richtigen ›Volk‹ ausging. Die römischen Quellen sprechen von »den gesamten getreuen Römern« *(universi fideles Romani)*.[33] Auch die ›Fränkischen Reichsannalen‹ erwähnen nur »das gesamte Römervolk« *(cunctus Romano-*

rum populus).[34] Wo waren die Franken? Waren sie in einer geschickten Inszenierung durch Papst und Römer ausgeschaltet worden? Alles deutet darauf hin. Sie, die das eigentliche Reichsvolk, das von Gott auserwählte Volk, bildeten, waren bei der Kaiserkrönung »zu untätigen Zuschauern«[35] degradiert worden. Auch dies lässt auf eine geschickte geheime Verabredung des Papstes mit den hohen römischen Repräsentanten schließen, um Karl zu überrumpeln.

Das Überraschungsmoment könnte schließlich auch den Zeitpunkt der Kaiserkrönung betroffen haben. Einhart schreibt unmissverständlich von »dem Zeitpunkt« *(quo tempore),* an dem Karl den Kaisernamen annahm. Das dann folgende Wort *quod* – das man gewöhnlich mit »dieser Vorgang« übersetzt – könnte sich exakt auf *tempus* beziehen, also auf den Weihnachtstag. Eine solche Übersetzung würde dann lauten: »Dieser Zeitpunkt war ihm so zuwider …« Es wäre also denkbar, dass Karl eigentlich einen anderen Tag vorgesehen hatte, etwa den Tag der Heiligen Drei Könige.[36] Während Karl am 25. Dezember zum Dank an den Papst nur Verlegenheitsgaben zur Verfügung hatte, waren für den Dreikönigstag wertvollste Schätze vorbereitet worden, darunter drei Goldkelche, versehen mit seinem Namen und dem seiner Kinder, außerdem eine edelsteingeschmückte goldene Zierkrone als Schmuck für den Altar.[37] Alles zusammen ergab wohl einen Wert von annähernd 100 Kilogramm Gold.

So lässt sich eine Reihe von Gründen ausmachen, die Karls Ärger über die Art und Weise und den Zeitpunkt seiner Krönung auslösten. Der Vorgang musste ihm als eine erhebliche Missachtung seiner Autorität erscheinen, denn die ›Vereindeutigung‹ seiner neuen Würde war nicht in seinem Sinne abgelaufen. Im Rückblick können wir sagen, dass Karls Vorbehalte nicht unbegründet waren. Die Krönung durch Leo III. zu Weihnachten 800 war in der Tat der Auftakt für einen ganz neuen Typ von Kaisertum. Im Unterschied zur Antike formte sich in der Folgezeit ein Petrus-Kaisertum heraus, das vom Papst vergeben wurde. Auch die Gegenwehr Karls des Großen, der 813 seinem Sohn und Nachfolger, Ludwig dem Frommen, in der Marienkirche zu Aachen den Befehl erteilte, sich selbst zum Mitkaiser zu krönen[38], konnte diese Entwicklung nicht mehr aufhalten.

Das Verfahren wegen der Anklagen gegen Leo III. war freilich noch immer nicht zum Abschluss gebracht. Es fehlte noch eine Entscheidung darüber, wie mit den Gegnern des Papstes verfahren werden sollte. Daher wurde wenige Tage nach der Kaiserkrönung ein neues Gerichtsverfahren eröffnet, dieses Mal unter dem Vorsitz Karls als wirklicher Kaiser. Dementsprechend wurde nunmehr römisches, also kaiserliches Recht zugrunde gelegt, wie die ›Fränkischen Reichsannalen‹ eigens hervorheben.[39] Am Ende wurden die Empörer als Majestätsverbrecher zum Tode verurteilt. Im römischen Rechtsbuch, dem ›Corpus Juris Civilis‹, war dieses Vergehen definiert als ein Verbrechen, »das gegen das römische Volk oder gegen seine Sicherheit begangen wird«. Dazu wurde unter anderem die Straftat gerechnet, »Menschen zum Aufruhr zusammenzurufen«.[40] Auf Bitten des Papstes wurden die Verurteilten jedoch zu Verbannung begnadigt und ins Frankenreich abgeführt.

Wie soll man das Kaisertum Karls einordnen? Zum Ersten, so die Antwort, hat es die Ordnungsverhältnisse und Machtstrukturen des neuen fränkisch-christlichen Großreiches in ein passendes und ›eindeutiges‹ Verfassungsmodell übergeleitet. Dafür gab es in Europa zu jener Zeit keine andere ›Staatsform‹. Das Vorbild dafür, so ist zum Zweiten zu sagen, konnte nur das römische Kaisertum sein, so wie es im damaligen Byzanz existierte. Daher wurden römisch-byzantinische Elemente der Repräsentation übernommen. Zum Dritten ist zu beachten, dass es sich dennoch keineswegs um eine einfache Fortsetzung der römischen Herrschaftsform handelte, sondern um die Kreation eines ganz neuen Typus. Es entstand ein Kaisertum im Sinne eines Alleinherrschers in einem Reich Gottes auf Erden. Daher konnte es die legitimatorische Unterstützung der höchsten Autorität der Kirche, des römischen Papstes, in Anspruch nehmen – oder auch, wie die Zukunft zeigen sollte, von ihr abhängig werden.

Karl ließ sogleich nach seiner Krönung keinerlei Zweifel darüber aufkommen, wie er sein neues Kaisertum verstanden haben wollte. Zu diesem Zweck benutzte er jenen Kaisertitel, der den stärksten Anspruch enthielt: *Romanum gubernans imperium* (»Herrscher über das römische Reich«). Erstmals erscheint dieser Titel in einer Urkunde vom 29. Mai 801, ausgestellt am Fluss Reno nahe Bologna.[41] Wie der Heidelberger Mittelalterforscher Peter Classen herausfand, war dies die Formel für den Kaiser, die in der Kaiserstadt Ravenna schon seit Langem in Gebrauch war. Vor allem war es die einzige, die mit dem Römernamen verbunden war.[42] Es war gewiss kein Zufall, dass sie zum Einsatz kam, nachdem sich Karl unmittelbar vor dem 29. Mai 801 in Ravenna aufgehalten hatte.

Karl, so lässt dieser Titel erkennen, beschritt damit ohne zu zögern den Weg der offenen Konfrontation mit Byzanz. Er richtete seinen Anspruch nicht nur auf die Stadt Rom aus, sondern ausdrücklich auf das römische Reich *(Romanum Imperium)*, dessen Mittelpunkt in Italien lag. Von Rücksichtnahme auf das byzantinische Kaisertum, wie in der Forschung bisweilen angenommen wird, kann keine Rede sein. Auch die Umschrift auf Karls neuer Kaiserbulle bestätigt diese Offensive: *Renovatio Romani Imperii* (»Wiederherstellung des römischen Kaisertums«).[43] Zudem richteten sich die nach 800 geprägten Denare Karls nach einer Medaille Konstantins des Großen. All das konnte nur so ausgelegt werden, dass Karl sein Kaisertum eigenständig begründete und er es eindeutig zu definieren und von Byzanz klar abzugrenzen suchte.

Wie aber reagierte Byzanz auf diese Vorgänge? Dort, so sah man die Dinge, residierte doch der eigentlich legitime Kaiser, und zwar auch des Westreichs! Nach dem Verständnis des byzantinischen Hofes war das Kaisertum nicht teilbar. Karl galt demzufolge als ungeheuerlicher, barbarischer Usurpator. Mit seiner Kaiserkrönung hatte er die Rechte des byzantinischen Kaisertums aufs Gröbste missachtet und verletzt. Voller Abscheu beschrieb der griechische Chronist Theophanes die Ereignisse von Weihnachten 800: »Seit dieser Zeit steht Rom unter der Herrschaft der Barbaren. Papst Leo III. vergalt Karl die Hilfe und krönte ihn zum Kaiser der Römer in der Kirche des heiligen

Apostels Petrus, indem er ihn mit Öl vom Kopf bis zum Fuß salbte und ihm ein kaiserliches Gewand umlegte und eine Krone aufsetzte, am 25. Dezember in der neunten Indiktion«.[44] Offenbar hatte in Rom bei der Kaiserkrönung auch eine Salbung stattgefunden, die man in Byzanz nicht kannte. Diese Handlung stellte Theophanes wie eine letzte Ölung dar. Karl erscheint als jämmerlicher Emporkömmling und Witzfigur.

So ist es nicht verwunderlich, dass in der ›Vita Karoli Magni‹ Einharts die Rede ist vom »Hass der römischen Kaiser, welche ihm die Annahme des Kaisertitels sehr verübelten«.[45] Aber um sich zur Wehr zu setzen, war Eirene militärisch gar nicht in der Lage. Sie begnügte sich mit einem Gesandtenaustausch, um wenigstens Genaueres über die Absichten Karls zu erfahren. Auch von einem ziemlich unglaubwürdig klingenden Heiratsangebot des verwitweten Karl an die Kaiserin des Ostens ist die Rede.[46] Doch schon bald fiel Eirene einem Umsturz zum Opfer, und 802 übernahm Nikephoros I. (802–811) die Kaiserwürde in Byzanz. Als dessen Gesandte 803 ins Karolingerreich kamen, machte ihnen Karl das Angebot, das Kaisertum im Osten und im Westen jeweils gegenseitig anzuerkennen. Dieser Vorschlag war für Nikephoros jedoch vollkommen unannehmbar. Niemals wollte er einen Barbaren als gleichrangig anerkennen. So blieb es dabei: Papst Leo III. war für ihn ein Schismatiker und Karl ein Usurpator. Das Band zwischen Ost und West schien 803 endgültig zerrissen zu sein.

Die Wende wurde durch die Konflikte um Venetien und Dalmatien eingeleitet. Karl der Große besetzte die Gebiete 805/806. Es kam zum ersten Krieg zwischen Byzanz und den Franken. 808 war Byzanz wieder Herr der Lage, doch 810 konnte Pippin, der Sohn Karls und König von Italien, den größten Teil der Lagunen erneut unter fränkische Herrschaft bringen. Durch den dann folgenden Bulgarenkrieg, in dem Nikephoros am 26. Juli 811 fiel, wurde Byzanz noch mehr unter Druck gesetzt. Der neue Kaiser, Michael I. (811–813), ging daher schließlich auf das Friedensangebot Karls ein. Der Frankenkaiser verzichtete auf Venetien und Dalmatien. Im Gegenzug erkannte Michael an, dass Karl als

Herrscher über viele Völker eine höhere Stellung innehabe als ein König. Im Sommer 812 kamen byzantinische Gesandte nach Aachen und akklamierten Karl in griechischer Sprache als »Basileus« (Kaiser).

Nach zwölf Jahren war damit eine gewisse Beruhigung in diese Auseinandersetzung eingekehrt. Der Streit lässt aber auch erkennen, dass in Byzanz und in Aachen unterschiedliche Modelle eines Kaisertums vertreten wurden. Während im Osten die Idee eines einzigen, universalen römischen Kaiserreichs bestehen blieb, beschränkte sich Karl auf ein regional begrenztes Kaisertum[47], das sich auf die von ihm regierten Völker und Länder bezog. Anspruch auf das Ostreich erhob er nie. Überdies richtete er seinen Kaisersitz nicht in der alten Hauptstadt Rom ein und zeigte sich daher nur in bedingtem Umfang als Usurpator. Nur die Kirche, »die über den ganzen Erdkreis verbreitet ist« *(quae toto orbe diffusa est)*, war für Karl die universale Ordnungsmacht.[48] Nur über die Kirche erhielt seine Herrschaft auch räumlich eine über seine unmittelbaren Herrschaftsgebiete hinausreichende Dimension.

Dies zeigt sich besonders deutlich in seinem Bemühen, sich um die Christen im Orient zu kümmern. Einhart hat Karls Eifer festgehalten: Dieser habe viel Geld »über das Meer« *(trans maria)* nach Syrien geschickt, nach Ägypten und Afrika, nach Jerusalem, Alexandria und Karthago, »wenn er hörte, dass dort Christen in Armut lebten, aus Mitleid mit ihrer Not«.[49] Deshalb habe er die Freundschaft mit den Herrschern jenseits des Meeres gesucht, um auf diese Weise für die Christen Erleichterungen herbeizuführen. Vor allem dem »Perserkönig« Hārūn ar-Raschīd, dem Kalifen von Bagdad, der fast das ganze Morgenland beherrscht habe, sei er so freundschaftlich verbunden gewesen, »dass dieser seine Huld der Freundschaft aller Könige und Fürsten im ganzen Erdkreis vorzog«.[50] Karls Gesandte, die zum heiligen Grab des Herrn und zum Ort seiner Auferstehung gezogen seien und auch Hārūn ar-Raschīd besucht hätten, seien von ihm reich beschenkt worden. Alles habe er ihnen bewilligt, ja sogar die von ihnen aufgesuchte heilige Stätte in Jerusalem »seiner (Karls) Macht zugewiesen« *(ut illius potestati adscriberetur)*. Schließlich sei sogar ein

Elefant – angeblich der einzige, den der Kalif damals besessen habe – als Geschenk zu Karl gebracht worden.

In der Tat können wir von einem regem Gesandtenaustausch zwischen Karl dem Großen und dem Kalifen Hārūn ar-Raschīd ausgehen.[51] Die Anfänge reichen in das Jahr 797 zurück, als Karl erstmals Boten in den Orient schickte. Wir erfahren davon aus einem Bericht der ›Fränkischen Reichsannalen‹ für das Jahr 801. Dort wird ausführlich von der Gesandtschaft berichtet, die auf Anordnung Karls vier Jahre zuvor zu dem mächtigen Herrscher im Osten gereist war. Die Boten hießen Sigismund und Lantfrid, der dritte war der Jude Isaak. Nun, im Juni 801, als sich Karl auf dem Heimweg von Rom befand, erreichte ihn in Pavia die Nachricht, dass zwei Gesandte aus dem Orient im Hafen von Pisa gelandet seien. Der eine war von Hārūn geschickt worden, der andere von Ibrāhīm ibn al-Aglab, dem Emir von Tunesien. Zwischen Vercelli und Ivrea trafen sie mit dem Kaiser zusammen. Sie berichteten, dass die Boten Karls inzwischen gestorben seien, außer Isaak, der sich zusammen mit einem Elefanten und anderen großen Geschenken des Kalifen auf dem Rückweg zu Karl befinde. Es ging nun darum, die kostbare Fracht von Tunesien nach Italien überzusetzen. Dafür wurden Schiffe benötigt. Karl erteilte daher seinem Kanzler Erkambald den Auftrag, eine Flotte auszurüsten, »mit welcher der Elefant und was noch mit ihm gebracht wurde, befördert werden könnte«.[52]

Dieser Bericht ist ein markantes Signal dafür, dass Karl auf dem Weg war, ›internationales‹ Ansehen zu gewinnen. Die Verhältnisse im Orient kamen ihm dabei entgegen.[53] Dort war der alte Führungsclan der Omayyaden, deren Zentrum sich in Damaskus befunden hatte, um die Mitte des achten Jahrhunderts gestürzt und vernichtet worden. Nur der junge Prinz Abd ar-Rahmān I. konnte sich in das spanische al-Andalus retten und dort als Emir von Córdoba (756–788) die Omayyadendynastie fortsetzen. Im Osten dagegen stieg mit Abul Abbas (749–754) eine neue Herrscherfamilie auf, die nach ihrem Begründer Abbasiden genannt wird. Bis ans Ende der Welt werde die Macht in den Händen seiner Familie liegen, so soll er gesagt haben.[54] Unter seinem Bruder und Nachfolger al-Mansūr (754–775) entstand in Bagdad auf persischem Gebiet von 762 an eine großartige neue Hauptstadt mit Basar, Bädern und Karawansereien, die sich rasch zur wichtigsten wirtschaftlichen und kulturellen Metropole der muslimischen Welt entwickelte.

Unter Hārūn ar-Raschīd (786–809) schließlich wurde eine Friedenszeit und eine Art Säkularisation eingeleitet. Die ›Geschichten aus 1001 Nacht‹ spiegeln das Leben im Palast seiner Zeit wider. Sein Kalifat suchte er möglichst von der Religion zu trennen und sich darauf zu beschränken, beim Freitagsgebet in der Zentralmoschee vorzubeten. Seine besondere Förderung galt den Wissenschaften. Zu diesem Zweck ließ er zahlreiche Werke griechischer Gelehrter, darunter Aristoteles, sammeln, die im »Haus der Weisheiten« in Bagdad übersetzt wurden. Dort wirkten Muslime mit Juden und Christen zusammen. Freilich, diese antiken Texte flossen nicht in die islamische Religion ein. Logik, Dialektik und Rhetorik blieben weltliche Wissenschaften und wenigen Gelehrten vorbehalten, während an den arabisch-islamischen Schulen streng davon getrennt der Koran und die religiösen Traditionen gelehrt wurden. Von einer Bildungsoffensive wie unter Karl dem Großen kann man also nicht sprechen. Dennoch muss man bei Hārūn ar-Raschīd persönlich großes Interesse an den Wissenschaften der griechischen Antike voraussetzen.

Überdies ist zu berücksichtigen, dass in der arabischen Welt Christen, Juden und Araber nach wie vor nebeneinander lebten. Die Ausübung anderer Religionen neben dem Islam wurde geduldet. Insbesondere die heiligen Stätten in Jerusalem durften von den Pilgern unbehelligt besucht werden, und der christliche Patriarch der Stadt übte nach wie vor sein Amt aus. Man muss davon ausgehen, dass über alle diese Entwicklungen der Hof in Aachen durch jüdische Fernhändler gut informiert war. Das Interesse Karls an der benachbarten, aufsteigenden ›Weltmacht‹ im Osten nahm umso mehr zu, je stärker sich auch an seinem Hof der imperiale Gedanke entfaltete. Jedenfalls war er es, der die Initiative zur Kontaktaufnahme ergriff.

Was waren Karls Ziele? Es ging ihm ganz offensichtlich, wie schon Einhart betonte, in erster Linie darum, die Christen im Heiligen Land und im Vorderen Orient zu schützen, ihnen zu helfen und sie zu stärken. Der transkulturelle Impuls, wie man heute sagen würde, ging von Karls Überzeugung aus, dass er für die gesamte Christenheit Verantwortung trage. Der Kalif von Bagdad aber war um 800 unangefochtener Oberherr über die Statthalter (Satrapen) in den einzelnen Regionen. Er war auch der oberste Schirmherr von Jerusalem, und jede Maßnahme zum Schutz der Christen war im Grunde nur sinnvoll, wenn sie in Absprache mit ihm und mit seiner Autorität erfolgte.

Diese Zusammenhänge muss man berücksichtigen, wenn man das Auftreten einer Delegation aus dem Heiligen Land kurz vor Weihnachten 800 in Rom bewerten will. Die Boten waren vom Patriarchen von Jerusalem entsandt worden. Unter ihnen befand sich aber auch der karolingische Pfalzpriester Zacharias, den Karl ein Jahr zuvor nach Jerusalem geschickt hatte. Dort muss es sorgfältige Besprechungen gegeben haben, und die Entscheidungen, die in Jerusalem getroffen wurden, sind ohne Zustimmung des Kalifen von Bagdad nicht denkbar.

Nun also kam die Abordnung zurück und wurde höchst symbolträchtig in die römischen Ereignisse eingebaut. Wahrscheinlich hielten sich die Boten schon einige Tage in Rom auf. Aber erst am 23. Dezember 800 – dem Tag also, an dem Papst Leo III. seinen Reinigungseid leistete – traten sie in der Konzilsöffentlichkeit vor Karl und überreichten ihm bemerkenswerte Geschenke[55]: die Schlüssel zum Grab des Herrn und zur Schädelstätte und auch die Schlüssel der Stadt Jerusalem und diejenigen zum Berg Zion zusammen mit einem Kreuz oder einer mit dem Kreuz versehenen Fahne. Dies alles geschah, wie es heißt, »wegen des Segens« *(causa benedictionis)*, der – so darf man ergänzen – Karls Wirken als künftiger Kaiser begleiten sollte. Einhart berichtete sogar von der »Macht« *(potestas)* über die heilige Stätte, die Hārūn dem Frankenherrscher zuerkannt habe.

Mit allen diesen öffentlichkeitswirksamen Zeichen und Worten sollte ganz offensichtlich zum Ausdruck gebracht werden, dass Karl als Schutzherr der Christen im Heiligen Land und im Zentrum des Wirkens Jesu selbst anerkannt war. Sowohl der höchste Repräsentant der dortigen Kirche, der Patriarch, als auch der höchste Machthaber, der Kalif, erteilten ihre Zustimmung. Diese Schutzfunktion Karls kündigte eindrucksvoll seine imperiale Würde an.

Kann man daraus auch eine besondere Freundschaft des Kalifen mit dem künftigen Kaiser des Abendlandes ableiten? Immerhin schickte er ihm einen Elefanten – ein nicht alltäglicher Ehrerweis. Auch sonst ist das Entgegenkommen des großmächtigen Herrn der östlichen Welt zu erkennen. Im Jahre 806 kam eine weitere Gesandtschaft des Kalifen zusammen mit Boten des Patriarchen von Jerusalem in Treviso bei Venedig an. Die Gruppe zog weiter nach Aachen und überreichte 807 in der dortigen Residenz Karl wertvolle Geschenke. Darunter befanden sich ein großes, buntes Zelt, Seidenstoffe, Gewürze, Salben und zwei Messingleuchter. Die besondere Sensation allerdings stellte eine Maschine dar, »ein höchst kunstvoll aus Messing gefertigtes Uhrwerk« *(horologium)*.[56] Mittels einer Wasseruhr seien die zwölf Stunden angezeigt worden, und nach jeder Stunde sei ein Kügelchen heruntergefallen und habe ein darunterliegendes Becken erklingen lassen. Außerdem sei nach jeder Stunde ein Reitersmann aus einem der zwölf Fenster herausgekommen. Für Karl muss das ein wundersames und willkommenes Geschenk gewesen sein, denn es diente der Vereindeutigung des Ablaufs der Zeit und damit der zeitlichen Ordnung. Angesichts dieser offenbar wohlüberlegten Gefälligkeit muss man doch von einer engeren Beziehung zwischen den beiden Großherrschern ausgehen, auch wenn keine einzige arabische Quelle darüber berichtet.

Das gute Verhältnis zum Kalifen ermöglichte es Karl dem Großen jedenfalls, seine Hilfsaktionen im Heiligen Land besser vorzubereiten, zu steuern und zu organisieren. Aufschlussreich dafür ist eine ungewöhnliche Quelle aus dieser Zeit, ein in Basel aufbewahrter ›Rotulus‹, also eine Schriftrolle, die nur mehr als Fragment vorhanden ist – »vielleicht das kostbarste Stück Überlieferung aus Jerusalem zur Zeit Hārūn ar-Raschīds und Karls des Großen«.[57] Entsprechend seinen Eingangsworten wird der Text ›Kurze Erinnerungsnotiz‹ (›Breve commemoratorii‹) genannt.[58] Er entstand zwischen 801 und 814 und dürfte in der erhaltenen Version etwas später (825–850) in einem alemannischen Skriptorium abgeschrieben worden sein.

Was die Notiz bietet, ist eine ziemlich präzise Aufstellung aller christlichen Kirchen und Klöster in Jerusalem und Umgebung. Dabei werden jeweils Anzahl, Rang und Funktion der Mitglieder genannt, auch die Größenverhältnisse der bedeutendsten Kirchen (Grabkirche Mariens, Kirche in Bethlehem, Grabeskirche und Kirche auf dem Berg Zion in Jerusalem) angegeben und schließlich die Ausgaben des Patriarchats von Jerusalem mitsamt den fälligen Abgaben an die »Sarazenen« *(in Sarracenis)* mitgeteilt.

Am Beginn steht die Grabeskirche. Dort befanden sich laut dieser Aufzeichnung 9 Priester, 14 Diakone, 6 Subdiakone, 23 Kanoniker, 13 Wächter, 41 Mönche, 12 weitere Personen, die dem Patriarchen mit Kerzen voranschritten, 17 Diener des Patriarchen, 2 (Kanzlei-)Vorsteher, 2 Zahlmeister, 2 Notare, sodann an ständigen Wächtern: zwei Priester am Grab des Herrn, einer auf dem Kalvarienberg, zwei beim Abendmahlskelch und einer beim Kreuz und dem Schweißtuch; ferner ein Diakon, dann ein persönlicher Referent des Patriarchen, zwei Kellermeister, ein Schatzmeister, einer, der für die Quellen Sorge zu tragen hatte, und neun Pförtner. Insgesamt wurden 150 Personen angeführt, zu denen noch drei Personen für die Herbergen hinzukamen.[59]

Auf diese Weise wurde Kirche um Kirche erfasst. Bisweilen hat der Verfasser Hinweise auf den ruinösen Zustand gegeben oder darauf, dass »sarazenische Banditen« *(Sarraceni latrones)* ein Kloster niedergebrannt und die Mönche getötet hätten. Solche Übergriffe haben sich offenkundig seit 802 vermehrt ereignet, als die Macht des Kalifen zurückging. 810 sah sich Karl der Große daher veranlasst, ein Hilfsprogramm für die Kirchen im Orient aufzustellen. Er traf sich am Ende dieses Jahres mit den Großen seines Reiches in Aachen und besprach mit ihnen verschiedene besorgniserregende Entwicklungen.[60] Im Kapitel 18 des Kapitulars dieser Versammlung wurde festgehalten, dass nach Jerusalem Hilfsgelder zu schicken seien, um die Kirchen Gottes wieder aufzubauen. Die ›Erinnerungsliste‹ bildete dafür, so scheint es, die Grundlage.

Freilich, Karl der Große wollte, wie erwähnt, nicht nur den Christen helfen, sondern wünschte sich auch einen Elefanten. Dieser war 801 in Tunesien angekommen. Für die lange Reise von Bagdad nach Aachen musste der Landweg entlang der nordafrikanischen Küste gewählt werden, weil eine Schiffspassage wegen der byzantinischen Seemacht zu riskant gewesen wäre. Der Jude Isaak hatte zwar bis dahin eine hervorragende logistische Leistung vollbracht. Aber nun benötigte er für die letzte Etappe nach Italien die Hilfe Karls, und der Kanzler Erkambald besorgte die notwendigen Schiffe. Damit gelang es im Herbst 801, das große Tier nach Portovenere im östlichen Ligurien, nahe dem heutigen La Spezia, zu befördern. In Vercelli musste man überwintern, bevor dann im Jahr darauf die Alpenüberquerung über den Großen St. Bernhard erfolgte. Am 20. Juli 802 zog die Gruppe endlich wohlbehalten in Aachen ein.

Weshalb wollte Karl einen Elefanten? In der Forschung findet sich häufig die Annahme, das Tier sei nicht grau, sondern weiß gewesen, ein Albino also. Ein weißer Elefant wäre in der Tat ein besonderes Herrschaftssymbol gewesen. Aber es gibt keine mittelalterliche Quelle, die dies bestätigen würde. Dennoch, ein Elefant war schon an sich im Westen mehr als eindrucksvoll. Überdies ist es bemerkenswert, dass der Elefant aus Bagdad den Namen Abul Abbas trug, also genauso hieß wie der Begründer der abbasidischen Dynastie. Wir erinnern uns: Der Name spielte im Ordnungsdenken des karolingischen Hofes eine eminent wichtige Rolle. Abul Abbas erschien wie das Abbild orientalischer Macht, und Karl konnte sich der Vorstellung hingeben, dass ihm diese Macht symbolisch zur Verfügung stand. Als der Elefant 810 verendete, war dieses traurige Ereignis immerhin so wichtig, dass es wie sonstige Staats- und Kriegsaktionen in den ›Fränkischen Reichsannalen‹ vermerkt wurde.

Der Tod des Elefanten konnte freilich auch als ein böses Omen verstanden werden. Dies umso mehr, als bereits ein Jahr zuvor, 809, Hārūn ar-Raschīd selbst verstorben war. 810 verlor Karl zudem seine geliebte Tochter Rodtrud und seinen Lieblingssohn Pippin, den tapferen König von Italien. Im Jahr darauf war auch König Karl der Jüngere tot. Die Zeichen standen nicht gut.

Kapitel 12

Der alte Karl und die Wahrheit des Herzens

810 hatte Karl ein schreckliches Erlebnis. Er befand sich auf seinem letzten Kriegszug, den er gegen den Dänenkönig Göttrik (Godofrid) führte. Dieser hatte mit seiner Flotte die Küsten Galliens und Germaniens unsicher gemacht und kündigte an, nunmehr ganz Friesland und Sachsen seiner Herrschaft zu unterwerfen.[1] Sogar in Aachen werde er in Kürze mit großer Heeresmacht erscheinen, so ließ er verbreiten, und viele waren der Ansicht, er werde dies auch wahr machen. Karl hatte keine einfache Aufgabe vor sich. Als er aber mit seinem Heer vor Sonnenaufgang aufbrach, sei plötzlich eine ungeheuer große Lichtfackel vom Himmel herabgestürzt und durch die Luft geflogen. Da habe ihn das Pferd, auf dem er saß, so heftig abgeworfen, dass die Spange seines Mantels gebrochen und sein Schwertgurt zerrissen sei. Von der Dienerschaft sei er daraufhin ohne Waffen und ohne Mantel – also ohne herrscherliche Attribute – aufgehoben worden.

Der Kaiser lag hilflos am Boden! Ein Vorzeichen seines nahen Todes? Oder zumindest eine Erinnerung an die irdische Hinfälligkeit? Auch den Angriff des Dänenkönigs überstand er nur mit Glück, weil dieser durch den eigenen Leibwächter ermordet wurde. Hinzu kam, dass sich in der Pfalz in Aachen sonderbare Dinge ereigneten. Ein Blitz schlug ein und riss den goldenen Apfel, der sich auf der Spitze des Daches befunden hatte, herunter.[2] Und in der Marienkirche selbst seien auf der umlaufenden roten Inschrift die Worte »Karl der Gebieter« *(Karolus princeps)* plötzlich verblasst.[3] Ging es zu Ende mit Karl?

Das Krisenjahr 810 kam nicht ganz so überraschend. Der sonderbaren Häufung von Sonnen- und Mondfinsternissen in diesem Jahr war Ähnliches 807 vorausgegangen. Schon in dieser Zeit hatten Karl nagende Zweifel geplagt. War Gott unzufrieden mit ihm? Waren seine Entscheidungen und Maßnahmen nicht richtig gewesen? Oder waren die Menschen allzu verstockt und hielten sich deshalb nicht an seine Anweisungen? In welchem Zustand befand sich das Reich überhaupt? Fragen über Fragen.

Im Traum habe er sogar eine Vision gehabt (›Visio Caroli Magni‹)[4]: Eine Gestalt reichte ihm ein Schwert, auf dem vier Worte zu lesen waren: *Raht, radoleiba, nasg, enti*. Sie sind nicht leicht zu deuten, denn es handelt sich eher um verschlüsselte und »scheinbar deutsche Wörter«.[5] Das Schwert war gewiss das Zeichen für Karls Macht. Das Wort *raht* sollte wohl den bisherigen guten und rechten Zustand des Reiches betonen. Aber damit sollte es künftig vorbei sein. *Radoleiba* wird als baldiger Rückgang der Erträge gedeutet, *nasg* als die darauf folgende Gewinnsucht und der Niedergang. Mit *enti* war das Ende der Welt angekündigt. Einhart selbst habe von dieser Vision gewusst und sie dem Mainzer Erzbischof Hrabanus Maurus (847–856) erzählt, der sie dann verbreitete. Der alte Karl hatte kein gutes Gefühl.

Schon 807 beschloss er, gegen den allgemeinen Verfall vorzugehen. Er erteilte den Befehl, dass überall im Reich von allen ein dreitägiges Fasten eingehalten und die Hilfe Gottes erfleht werden solle.[6] Kein Wein dürfe getrunken und kein Fleisch gegessen werden. Erforderlich sei dies, weil ihm seine Vertrauensleute über die argen Zustände in den verschiedenen Teilen seines Reiches berichtet hätten. Überall seien mehr als sonst die Erträge ausgeblieben, eine Hungersnot drohe, Unwetter würden die Ernte vernichten und Seuchen sich verbreiten.

Dieser Schilderung fügte Karl eine bemerkenswerte Erklärung an: Diese äußerlichen Geschehnisse seien Anzeichen dafür, »dass wir in jeglicher Hinsicht Gott in unserem Inneren nicht gefallen«.[7] Ein jeder solle sich daher in seinem Herzen demütigen. Gott kenne nämlich nicht nur die Taten, sondern auch schon das Vorhaben im Herzen – also die Gedankensünden. Damit war ausgesagt, dass sich die eigentliche Wahrheit im Herzen befinde!

Die Äußerlichkeit wurde der Innerlichkeit untergeordnet, die Gewissenserforschung über die äußere Form der Handlungen gestellt. Karl ging in sich – eine wahrhaft beeindruckende Wandlung in seinen letzten Jahren.

Auch 810, im Jahr der großen Schicksalsschläge und obendrein auch noch einer fürchterlichen Rinderseuche[8], ordnete er dreimal ein dreitägiges Fasten an *(tria triduana ieiunia)*.[9] Gott möge sich durch die Bitten erbarmen, »uns zu zeigen, in welcher Hinsicht wir unseren Lebenswandel ändern müssen«, so lautete die Begründung dafür. 811 ließ Karl in diesem Zusammenhang einen Fragebogen erarbeiten »über die Punkte, über die wir mit unseren Bischöfen und Äbten sprechen und mit denen wir sie über das gemeinsame Wohl aller unserer Leute ermahnen müssen«.[10] Bischöfe, Äbte und Mönche sollten befragt werden, wie ihr Lebenswandel aussehe, mit welchen weltlichen Geschäften sie befasst seien, wie es mit Schule und Lehre bestellt sei, wie sie ihr Vorhaben, »die Welt zu verlassen«, umsetzten, inwieweit sie nach weltlichen Besitzungen strebten und bewaffnete Mannschaften aufstellten.

Der zentrale Punkt steht am Schluss: Wie hielten sie es mit dem inneren Wandel des Herzens? Sei es nicht manchem wichtiger, dass sein Kleriker oder Mönch gut singe und vorlese, als dass er ein gerechtes und gutes Leben führe? Es sei zwar durchaus wichtig, dass in der Kirche das Lesen und Singen fleißig geübt werde, »aber es scheint uns die Unvollkommenheit des Singens doch viel erträglicher als die der Lebensführung«.[11] Auch den schönen Gebäuden der Kirchen seien die guten Sitten vorzuziehen.

War das ein neuer Karl? Die frühere Bildungsoffensive mit ihrem Auftrag nach korrektem Schreiben, Lesen und Singen wurde zumindest um einen wesentlichen Aspekt ergänzt: die Bildung des Herzens und die Hebung des moralischen Niveaus. Hatte in dieser Hinsicht Karls bisherige Politik versagt? Er selbst nahm sich jedenfalls nicht von der Kritik aus: »Wenn wir Christus, den Aposteln und denen, die den Aposteln ›in rechter Weise‹ *(recte)* gefolgt sind, in der kirchlichen Zucht *(in ecclesiastica dis-*

ciplina) nachfolgen wollen, dann müssen wir uns in vielen Dingen ganz anders verhalten, als wir es bis jetzt getan haben, müssen vieles, was wir gewohnt waren zu tun, aufgeben und nicht weniger viel tun, was wir bisher versäumt haben.«[12] Der Schwerpunkt sollte jetzt auf die Bildung einer von innen heraus christlich durchformten Persönlichkeit gelegt werden.

Noch eine andere Sache beunruhigte Karl in diesen Jahren. Er musste zur Kenntnis nehmen, dass die Schere zwischen Arm und Reich bei seinen Untertanen immer weiter auseinanderklaffte. 811 ließ er deshalb eine Befragung durchführen.[13] Sie fiel vernichtend aus. Immer mehr Menschen verweigerten den Gehorsam, wenn sie Heeresdienst leisten sollten. Als Grund gaben sie an, sie seien um ihr Eigentum gebracht worden, und zwar von den Bischöfen, Äbten, Vögten, Grafen und deren Unterbeamten. Wenn jemand sein Eigentum einem Bischof, Abt, Richter oder Unterbeamten nicht geben wollte, dann würden diese nach Gründen suchen, um ihn zu verurteilen. Fortwährend müsse er dann zu Heereszügen einrücken, so lange, bis er gänzlich verarmt sei. Dann sei er gezwungen, sein Eigengut zu übergeben und zu verkaufen. Andere, die das schon getan hätten, dürften in Ruhe zu Hause bleiben. Die Grafen wiederum brachten vor, dass ein Teil ihrer Grafschaftsleute ihnen nicht gehorche und die Bannbuße des Kaisers nicht zahlen wolle. Selbst wenn die Häuser solcher Leute unter den Bann gestellt würden, erreiche man damit keine Unterordnung. Das alles beweise, dass in allen Dingen die Grafschaftsleute (*pagenses*) den Grafen und Königsboten ungehorsamer seien, als sie es früher waren.

Man wird dieser Erhebung zum einen entnehmen dürfen, dass die Menschen des Kriegs müde geworden waren. In den Jahren nach 800 war mehr und mehr die Kriegsbegeisterung verflogen. Es gab nichts mehr zu erobern, das Beutemachen lohnte nicht mehr und die Gefahren hatten sich eher in das Innere des Landes verlagert. Räuberbanden trieben ihr Unwesen. Immer wieder kam es vor, dass Knechte entführt und als Sklaven verkauft wurden. Alkuin klagte schon 793 darüber, dass sein Knecht von Sklavenhändlern auf offener Straße geraubt worden sei.[14]

Zum anderen ist in diesen Berichten zu erkennen, dass Frieden und soziale Gerechtigkeit vermisst wurden. Auch zwei Jahre später, 813, hatte sich daran nichts geändert. Auf dem Konzil von Tours wurde in diesem Jahr vermerkt: »Durch verschiedene Begebenheiten sind an vielen Orten die Güter der Armen sehr gering geworden, die Güter nämlich jener, die man als Freie kennt und die unter der Gewalt von Mächtigeren leben. Wenn unser gnädigster Herr über ihre Rechtsumstände und Gerichtshändel genau nachforschen ließe, würde sich ergeben, dass sehr viele durch verschiedenartige Umstände schon bis zu äußerster Armut getrieben wurden«.[15] Ganz ähnlich heißt es in einer Bestimmung des Konzils von Arles aus demselben Jahr: Königliche Beamte sollten sich nicht bereichern zulasten der Armen.[16]

Wie konnte es zu diesem Umschwung in der gesellschaftlichen Ordnung kommen? Lag es an Karl selbst? Freilich, ihm wurde nach wie vor Verehrung entgegengebracht. Aber er war alt geworden. 810, mit 62 Jahren, war es das letzte Mal, dass er persönlich mit in einen Krieg zog. Die Jahre von 810 bis 812 sind vielmehr erfüllt von einer ganzen Reihe von Friedensverträgen: mit dem neuen Dänenkönig Hemming, mit Kaiser Michael I. von Byzanz, mit Slavenfürsten aus Pannonien, mit dem »Sarazenenkönig« Abulaz und mit Herzog Grimoald von Benevent. Der alte Karl wollte Ruhe und Frieden. Die frühere Kraft und Ausstrahlung, mit der er seine Krieger einst zu einer verschworenen Gemeinschaft der Franken vereint hatte, schwand dahin. Hörte man überhaupt noch auf ihn?

810 war zudem das Jahr, in dem er zum ersten Mal von Fieberanfällen geschüttelt wurde, die, wie Einhart berichtet (cap. 22), dann bis zu seinem Tod immer wiederkehrten. Außerdem begann er mit einem Fuß zu hinken, was dem Urteil seiner Ärzte nach durch übermäßigen Verzehr von gebratenem Fleisch ausgelöst worden war. Sie hätten ihm geraten, nur noch gesottenes Fleisch zu essen, was er aber abgelehnt habe. Die einst so eindrucksvolle Gestalt sank in kurzer Zeit zusammen. Karl musste sich jetzt Gedichte anhören wie dasjenige von Theodulf von Orléans:

»Risse zeigt die Mauer, Zeichen des bevorstehenden Verfalls,
Sie, die in Mannesjahren kräftig und kunstvoll geschmückt dastand.
So wie es einen Greis verdrießt, wenn fröhliche Gesänge gesungen werden
Und man aufrecht steht, reitet, schreitet und witzige Worte sagt,
Und wie er, übelgelaunt die zitternden Glieder immerzu keuchend schüttelnd,
Seufzt und stöhnt und ständiges Gemurmel verbreitet:
So hat alles Süße die alternde Welt verlassen,
Und nichts mehr bleibt ihr von der alten Stärke.«[17]

Die Verse fangen das geradezu greisenhafte Verhalten Karls ein, den laut Einhart »gegen Ende seines Lebens Krankheit und Alter schon sehr schwächten«.[18] Aber es spiegelt sich darin auch eine Niedergangsstimmung, von der offenbar am Ende der ganze Hof ergriffen wurde. »Seltener als früher findet sich in jeglichem Amt ein Diener *(minister)*, und nichts steht fest, wie es vorher stand«, so fügte Theodulf hinzu. Eine fröhlich lärmende Gesellschaft, die sich der Jagd und dem Festschmaus hingibt, kann man sich angesichts dieser Stimmungslage der letzten Jahre kaum mehr vorstellen. Am Hof in Aachen dürfte es ruhiger geworden sein.

Die Zeit wurde reif für ein Testament. In den ersten Monaten des Jahres 811 ließ Karl eine Urkunde erstellen über »die Verteilung seiner Schätze, des Geldes, der Kleider und des sonstigen Geräts in Gegenwart seiner Freunde und Diener«.[19] Seine Erben sollten »unter Beseitigung jeder Unbestimmtheit« *(omni ambiguitate remota)* wissen, was sie zu bekommen hätten. Dieses Testament ist in höchstem Maße überraschend. »Alles Hab und Gut, was sich in Gold, Silber, Edelsteinen und königlichem Schmuck an jenem Tag in seiner Schatzkammer vorfand«, ließ der Kaiser in drei Teile teilen. Zwei dieser Teile wurden zusammengefasst und wiederum in 21 gleiche Partien unterteilt. Diese gingen an die 21 Erzbischöfe seines großen Reiches, deren Sitze im Testament namentlich aufgeführt werden: Rom, Ravenna, Mailand, Cividale del Friuli (Aquileja), Grado, Köln, Mainz, Salzburg,

Trier, Sens, Besançon, Lyon, Rouen, Reims, Arles, Vienne, Tarentaise, Embrun, Bordeaux, Tours und Bourges. Die Erzbischöfe wiederum sollten von den Schätzen, die sie erhielten, jeweils zwei Drittel an ihre Suffragan-Bischöfe weiterverteilen. Diese Anordnung wurde sofort durchgeführt, sodass die Portionen angelegt und jeweils versiegelt wurden.

Damit blieb ein Drittel übrig, das sich Karl noch zu Lebzeiten reservierte. Nach seinem Tod sollte es in vier Portionen geteilt werden. Ein Teil ging dann erneut an die Bischofskirchen. Den zweiten Teil sollten seine Söhne (Ludwig und der damals noch lebende Karl) und seine Töchter erhalten, den dritten Teil die Armen und den vierten Teil die Knechte und Mägde am Hof in Aachen. Das bedeutete, dass fünf Sechstel des Kronschatzes an die Kirchen und die Armen verteilt wurde. Nur ein Zwölftel blieb für die Kinder, genauso viel wie für die Mägde und Knechte. Hinzu kam, dass auch noch die Hofbibliothek aufgelöst und verkauft werden sollte; der Erlös sollte den Armen zufließen.

Eine Besonderheit stellten vier wertvolle Tische dar. Drei waren aus Silber, einer aus Gold gefertigt. Die Silbertische waren sensationell gestaltet: Auf einem von ihnen war der Plan der Stadt Konstantinopel *(descriptio urbis Constantinopolitanae)* abgebildet. Auf dem zweiten befand sich ein Bild der Stadt Rom. Der dritte Tisch stach besonders hervor, weil auf ihm eine ›Weltkarte‹ *(totius mundi descriptio)* aufgebracht war. Alle drei waren also mit kaiserlichen Motiven versehen. Aber auch diese Tische mitsamt demjenigen aus Gold sollten an Kirchen (Rom und Ravenna) gehen und zur Unterstützung der Armen eingesetzt werden.

Was hat Karl zu einem derartigen Testament veranlasst, das offenbar in erster Linie seinem eigenen Seelenheil dienen sollte? Kaum etwas blieb für seine Kinder. Kümmerte ihn das künftige Schicksal seines Reiches nicht mehr? War seine groß angelegte Bildungsreform, die in der einzigartigen Hofbibliothek ihren Mittelpunkt besaß, in seinen Augen gescheitert, sodass sie weggeräumt werden konnte? War mit seinem eigenen Ende gar das Ende seiner ganzen Herrschaftskonzeption verbunden? Auffällig ist ein kleiner Einschub im Testament, in dem es heißt, dass über das dritte Drittel erst verfügt werden soll »nach seinem Tod oder nach seinem freiwilligen Rücktritt aus dem weltlichen Leben«.[20] Trug er sich mit dem Gedanken, selbst in ein Kloster einzutreten, so wie einst sein Onkel Karlmann? Alle diese Fragen können wir nicht beantworten, aber sie weisen doch deutlich darauf hin, wie sehr der einst so großmächtige Kaiser Karl am Ende von heftigen Zweifeln geplagt wurde und in sich ging.

Aber es gab doch einmal noch ein Aufbäumen. Im Jahr 813 versuchte Karl in einer Art von Gewaltakt sein gesamtes Programm noch einmal im ganzen Reich anzuordnen und seine Befolgung zu erzwingen. Auf seinen Befehl hin, so berichten die ›Fränkischen Reichsannalen‹, wurden fünf Konzilien abgehalten, und zwar in Mainz, Reims, Tours, Chalon-sur-Saône und Arles. Den Teilnehmern dieser Versammlungen legte Karl offenbar einen Fragebogen vor, der abzuarbeiten war, der beantwortet werden musste und der zur Selbstbesinnung führen und schließlich eine erneute und umfassende Reformgesetzgebung einleiten sollte. Die Verteilung einer Reichsversammlung auf fünf Orte war neu und macht deutlich, wie gründlich und intensiv diese Untersuchung geplant war. Das gesamte Reich sollte erfasst und durchleuchtet werden.

Den Anfang machte man um die Mitte des Monats Mai 813 in Arles und in Reims. Kurz darauf folgten die Versammlungen in Chalon und Tours und Ende Mai/Anfang Juni 813 in Mainz. Die Beschlüsse sämtlicher Synoden sind erhalten.[21] Die Mainzer Versammlung stand unter der Leitung des Erzbischofs Hildebald von Köln, der hier »Erzbischof des heiligen Palastes« *(sacri palatii archiepiscopus)*[22] genannt wird. In der prachtvollen Klosterkirche von St. Alban vor Mainz fanden sich Bischöfe, Äbte und Mönche und schließlich Grafen ein. Sie bildeten drei Gruppen, in denen die Grundlagen für die kirchliche und weltliche Ordnung und die vorbildliche Lebensführung diskutiert wurden. Man machte dies »auf Befehl« Karls, der als frommer und demütiger Lenker bezeichnet wird. Dieser habe seiner Zeit die Quelle der heiligen Weisheit geöffnet[23] und trachte danach, »die Seelen vieler dem Schlund des grauenvollen Drachen zu entreißen«.[24] In den Akten der Versammlung von Reims wird zudem hervorgehoben, Karl habe das Konzil »nach der Sitte der alten Kaiser«[25] einberufen, so wie ein christlicher Kaiser der römischen Spätantike. Karl ahmte also das antike Vorbild nach.

Auf allen Versammlungen wurden Fragen des Friedens behandelt. »Friede, Eintracht und Einmütigkeit«[26] seien die Grundlage für das Gedeihen des christlichen Volkes. So wie es einen Gott Vater gebe, eine Mutter Kirche, einen Glauben und eine Taufe, so sollten alle auch in einem gemeinsamen Frieden und in harmonischer Eintracht leben. Dann wandte man sich einzelnen Aspekten des Lebenswandels der Kleriker und der Mönche zu, der Heiligung des Sonntags, dem richtigen Beten des Glaubensbekenntnisses und des ›Vaterunsers‹, der korrekten Durchführung der Taufe, der Beichte und der Buße sowie der Einrichtung von Schulen, in denen das alles gelehrt werden sollte. Zum ersten Mal treffen wir überdies in Mainz, Chalon und Tours auf die Vorschrift, dass reichsweit alle Mönche nach der Regel Benedikts von Nursia leben müssten. Schon 811 hatte Karl eine entsprechende Umfrage bei den Grafen, Bischöfen und Äbten durchgeführt, ob nämlich Mönche überhaupt eine andere Regel als diejenige Benedikts befolgen dürften.[27] Die Verfügung des Konzils von Aachen, die dann 816 unter Ludwig dem Frommen die Benediktregel als einheitliche und eindeutige Norm zwingend vorschreiben wird, war also 811 und 813 bereits vorbereitet worden. Auch über die Laien wurden Beschlüsse gefasst, vor allem im Hinblick auf Missstände im Gerichtswesen. Bestechlichkeit sollte es nicht mehr geben, auch keine Meineide mehr. Inzest wurde streng verboten, ebenso Trunksucht, Fluchen und Singen unanständiger Lieder.

Alles sollte besser werden, und Karl ließ sich die Vorschläge nach Aachen bringen. Dort hielt er am 11. September 813 einen Hoftag ab, auf dem zunächst die Frage geklärt wurde, ob er seinem einzig verbliebenen Sohn Ludwig »seinen Namen, das heißt, den des Kaisers« *(nomen suum id est imperatoris)* übertragen sollte. Dieser Vorgang lässt erkennen, dass die sogenannte »Nomentheorie« für die Erhebung des Kaisers immer noch eine grundlegende Bedeutung hatte. Die Großen stimmten zu. Daraufhin erteilte Karl seinem Sohn den Befehl, in der Marienkirche zu Aachen die Krone vom Altar zu nehmen und sich auf das Haupt zu setzen.[28] Nach byzantinischer Sitte war Ludwig damit zum Mitkaiser und Nachfolger gekürt. Der Papst wurde dafür nicht benötigt. Dieser Vorgang ist vor allem deshalb bemerkenswert, weil hier erstmals das Kaisertum als eine übergreifende Kategorie für die Nachfolge und zugleich für die Einheit des Reiches eingeführt wurde – ein später Versuch Karls, das Teilungsprinzip einzudämmen.

Dann ging man an das große Unterfangen der Reform. Die Ergebnisse der fünf Konzilien wurden zusammengefasst und in zwei Kapitularien als Befehle des Kaisers ausgegeben[29]: Ohne Glauben könne niemand gerettet werden. Aber ebenso wichtig seien Frieden und Eintracht, vor allem bei denen, die andere auf den »Weg der Wahrheit« *(in viam veritatis)* führen sollten.[30] Deshalb erteilte er, Karl, allen Bischöfen, Äbten, Grafen und Richtern den Befehl, sich danach zu richten. Auch die Königsboten wurden nochmals ermahnt, all dasjenige zu korrigieren und zu verbessern, von dem sie auf ihren Kontrollreisen feststellten, dass es den Anordnungen Karls in seinen Kapitularien nicht entspräche.[31]

Die Ermahnungen gingen aber auch an alle anderen Menschen seines Reiches. Karl belehrte ein letztes Mal seine Untertanen, wie sie ihre persönliche Lebensführung zu gestalten hätten. Alle sollten sie den Königsboten, Grafen und Richtern gehorsam sein. Am Ende kündigte er eine allgemeine Überprüfung im ganzen Reich an. Er wolle durch seine Königsboten genau feststellen lassen, »was von all den Kapitularien, die wir seit vielen Jahren in unser Reich geschickt haben, beachtet wird und wer all dasjenige einhält, was dort befohlen worden ist, oder wer im Gegenteil diese Bestimmungen verachtet oder vernachlässigt, damit wir wissen, was mit denen geschehen soll, die in so vielen Jahren die Gesetze Gottes und unseren Befehl verachtet haben.«[32]

Es dürfte das letzte Kapitular gewesen sein, das Karl erlassen hat. Man kann die große Enttäuschung des alten Kaisers aus den

Worten heraushören. War alles umsonst gewesen? Wie konnte es geschehen, dass Gottes Gesetze und seine eigenen Anordnungen, die ineinanderflossen, nicht befolgt worden waren? War das Konzept des ›Gottesreichs‹ auf Erden gescheitert? Ein letztes Mal bereitete er Maßnahmen vor, seinen Willen dennoch zu erzwingen. Aber es war zu spät. Nachdem er immer wieder von Gichtanfällen geplagt war, kam im Winter 813/814 in Aachen noch eine Rippenfellentzündung hinzu. Bald fühlte er sein Ende nahen, daher rief er den Erzbischof Hildebald von Köln zu sich. Dieser spendete ihm am 27. Januar das Sakrament des Abendmahls. Am nächsten Morgen kam das Ende. Karl soll sich noch einmal bekreuzigt haben. Dann habe er seine Füße angezogen *(colligens pedes suos)* und schließlich im Sterben leise *(leniter)* den Psalm 30 gesungen: »In deine Hände, oh Herr, befehle ich meinen Geist«.[33] Dies geschah am Vormittag des 28. Januar 814, einem Samstag.

Karl war tot. Viele Jahre zuvor, am 13. Januar 769, hatte er in einer Schenkungsurkunde an das Kloster Saint-Denis den Wunsch geäußert, im Haus des heiligen Dionysius, wo sein Vater Pippin begraben worden war, auch selbst seine letzte Ruhestätte zu finden.[34] Aber das war längst in Vergessenheit geraten. Karl, so behauptet Einhart (cap. 31), habe zu Lebzeiten nichts über seine Grabesstätte bestimmt. Daher sei beschlossen worden, ihn in der Pfalzkirche von Aachen bei der Gottesmutter Maria zu bestatten. Es gebe dafür keinen würdigeren Ort. In der Tat war Aachen inzwischen zum Mittelpunkt seines ›Gottesreichs‹ geworden – kaiserlich ausgestaltet und ausgestattet. So wurde Karls Leichnam »in üblicher Weise« gewaschen und einbalsamiert[35] und noch an seinem Todestag in der Marienkirche beigesetzt.[36]

Wie aber sah dieses erste Grab Karls aus? Von Einhart erfahren wir nur, dass darüber ein vergoldeter Bogen mit Karls Bild und einer Inschrift errichtet worden sei. Wahrscheinlich wurde Karl in den berühmten, aus weißem Marmor gefertigten Proserpina-Sarkophag gelegt, der heute noch in Aachen zu sehen ist. Er stammt aus dem dritten Jahrhundert n. Chr. und ist an seinen Seiten mit wundervollen Reliefs geschmückt. Sie zeigen den Raub der Proserpina, der Tochter der Fruchtbarkeitsgöttin Demeter, durch Hades, den Gott der Unterwelt. Fortan musste Proserpina ein Drittel eines jeden Jahres bei ihrem Gemahl in der Unterwelt ausharren, dann durfte sie für die zwei anderen Drittel wieder zurück zu ihrer Mutter auf die Erde. So wurde sie zum Symbol für den ständigen Kreislauf des Werdens und des Vergehens in der irdischen Welt. Karl der Große hatte den Sarkophag selbst aus Italien nach Aachen schaffen lassen – und es ist naheliegend, dass er ihn für sich selbst bestimmt hat.

Der Marmorsarg, in dem die Gebeine Karls geborgen waren, wurde, so muss man annehmen, zunächst innerhalb der Aachener Marienkirche aufgestellt. Mit der darüber angebrachten Inschrift war die Stelle kenntlich gemacht: »Unter dieser Grabesstätte liegt der Leib Karls, des großen und rechtgläubigen Kaisers, der das Reich der Franken herrlich vergrößert und siebenundvierzig Jahre hindurch glücklich regiert hat. Er starb als Siebziger im Jahre des Herrn 814, in der siebten Indiktion, am 28. Januar.«[37] Von einem Thron, auf den Karl gemäß späteren Quellen gesetzt worden sein und der sich in einer Grabkammer befunden haben soll, ist hier noch keine Rede.

Es fällt auf, mit welcher Eile diese Bestattung vor sich ging. Der tote Kaiser wurde nicht dem Volk gezeigt oder in einer feierlichen Prozession durch die Kirchen getragen, wie zweihundert Jahre später Kaiser Otto III. Karls Zeit war für seine Umgebung offenbar schon seit geraumer Zeit abgelaufen. Man rechnete schon länger mit seiner »baldigen körperlichen Auflösung« *(cita corporea solutio)*[38] und hatte sich gewissermaßen von ihm bereits verabschiedet. So konnte nun der letzte Akt, das Begräbnis, rasch erledigt werden. Der »große« und befehlsgewohnte Kaiser mag manchem in seiner Umgebung inzwischen sogar zur Last geworden sein. So war es am Ende einsam um ihn geworden. Karl zog sich, bildhaft »mit eingezogenen Füßen«, in sich zurück und starb schließlich einen leisen Tod.

Sein Sohn Ludwig, der sogleich aus Aquitanien nach Aachen eilte, übernahm nun »alle Reiche, die Gott seinem Vater gegeben hatte«.[39] Das Testament seines Vaters scheint er, wie Einhart bestätigt (cap. 33), einigermaßen korrekt ausgeführt zu haben. Dass er freilich den »größten Teil des Schatzes« nach Rom zu Papst Leo III. schickte[40], war im Testament eigentlich nicht vorgesehen. Doch scheint es keinen Protest gegeben zu haben, zumal sich Ludwig selbst mit dem silbernen Tisch mit der Weltkarte als Erbe begnügt haben soll.[41] Der Übergang der Herrschaft vollzog sich vollkommen reibungslos.

Dass freilich Karls »ruhmvolles Leben« und seine Taten »für die Menschen der Gegenwart wohl unerreichbar« waren und bleiben sollten, wie Einhart in seiner ›Vita Karoli Magni‹ ahnungsvoll schrieb, sollte sich für Ludwig den Frommen bald bewahrheiten: Die Bischöfe übernahmen die Aufsicht über den Kaiser, und der Teilungsgedanke, dem Karl der Große mit seinem Konzept von 806 so starken Vorschub geleistet hatte, setzte sich weiter durch. Ludwigs Herrschaft mündete allzu rasch in ein Desaster. Am Ende standen 841 mit der Schlacht bei Fontenoy ein fürchterlicher Bürgerkrieg im Frankenreich und 843 mit dem Vertrag von Verdun der Einstieg in die Trennung von Ostreich und Westreich.

Damals erinnerte der Geschichtsschreiber Nithard, der Enkel Karls, an die Goldenen Zeiten: Unter Karl dem Großen habe überall Frieden und Eintracht geherrscht, »weil dieses Volk auf einem gemeinsamen und dem rechten Weg und deshalb dem Weg Gottes in der öffentlichen Ordnung einherschritt«.[42] In seiner eigenen Zeit dagegen wolle jeder seinen eigenen Weg gehen. Die Folgen seien Uneinigkeit und Streit, und die Hoffnung auf alles Gute gehe verloren. Ans Ende setzte er ein Zitat aus dem Buch der Weisheit Salomons (Sap. 5,20): »Und die Welt wird kämpfen gegen die Wahnwitzigen«, nämlich diejenigen, die »vom Weg der Wahrheit abgeirrt sind« (Sap. 5,6). Die »Rechtheit« und damit die Eindeutigkeit im Glauben und Beten, im Denken und Handeln, im Sprechen und Schreiben, im Kampf für das Gute und die Wahrheit, ja in der gesamten Lebens- und Staatsordnung schienen im Rückblick von dreißig Jahren nur noch ein fernes Ideal zu sein. Die Vielheit und das vielfältige Eigeninteresse hatten sich in der Wahrnehmung Nithards durchgesetzt. Schon für die Zeitgenossen, so ist daran abzulesen, begann mit Karls Tod auch der Zerfall des Reiches. War dieses so eng mit Karls Person verknüpft, dass es als »Ausnahmeerscheinung« oder »Anachronismus« bezeichnet werden muss?[43] Karl selbst blieb vom Niedergang jedenfalls unberührt. Er behielt seinen Platz in der Erinnerung und überdauerte als großer und heiliger Kaiser alle Zeiten.

Schlussbemerkung

Was ist geblieben von der Eindeutigkeits-Offensive Karls des Großen? Manche seiner Maßnahmen zur Vereinheitlichung sind für diese Frage nicht von Belang. Dazu gehört, dass Karl den Monaten einheitliche Namen gab, wie von Einhart (cap. 29) berichtet wird. Der Januar sollte Wintarmanoth heißen, der Februar Hornung, der März Lentzinmanoth, der April Ostarmanoth, der Mai Winnemanoth, der Juni Brachmanoth, der Juli Hewimanoth, der August Aranmanoth, der September Witumanoth, der Oktober Windumemanoth, der November Herbistmanoth und der Dezember Heilagmanoth. Auch die Winde soll er mit einheitlichen Namen versehen haben. Von der Vereinheitlichung der Maße und Gewichte war schon die Rede (›Admonitio generalis‹). Auch die Gesetze der Völker habe er angleichen wollen, ein Unterfangen, mit dem er aber wenig Erfolg hatte.

Alle diese Maßnahmen und noch andere mehr sind für die Frage nach der Nachhaltigkeit unerheblich. Es gibt aber zwei Aspekte, die für die Zukunft eine ganz zentrale Rolle spielen sollten. Dies betrifft zum Ersten die neue Rolle der Wahrheit. Die Wahrheit im Verständnis der Zeit Karls des Großen ging von Gott aus. Sie war zwar nicht identisch mit ›Eindeutigkeit‹, aber sie verlangte nach eindeutiger Unterscheidung zwischen Gut und Böse, zwischen rechtem Handeln und falschen Entscheidungen, zwischen Gerechtigkeit und Unrecht, zwischen gottgefälliger Lebensweise und Vernichtung der Seele. Um das Gute und Wahre zu erkennen, waren Wissen und Bildung, Methoden der Erkenntnis, Schulung des Geistes und zuverlässige Grundlagen der

Überlieferung und der Texte erforderlich. Nur auf diese Weise konnte der Versuch unternommen werden, verbindliche und eindeutige Normen für die Lebensordnung des Einzelnen und für die Ordnung des Staatswesens als Ganzes zu schaffen. Die Folge war ein einzigartiger Wissenstransfer von der Antike ins frühe Mittelalter und der Aufbau von Wissensspeichern in Form von Bibliotheken, war eine bis dahin nicht da gewesene Bildungsoffensive und eine neuartige Führungsrolle der geistigen Elite in weiten Teilen des christlichen Europa.

Das Bestreben nach Wahrheit, ihrer Erkenntnis und ihrer Gültigkeit verlangte aber auch die Unterwerfung der Völker unter das Gesetz der Wahrheit Gottes, also die Christianisierung. Die neue ›Wahrheitsgesellschaft‹ war vollständig auf die Normen und Wahrheiten der Kirche ausgerichtet. Diese waren freilich keineswegs immer eindeutig, sodass Karl der Große und sein Gelehrtenteam immer wieder in kirchliche Glaubensfragen eingreifen mussten. Der Papst in Rom blieb von den fränkischen Direktiven nicht verschont. So wurde auch hier ein Prozess der Vereindeutigung vorangetrieben.

Karl selbst, so war zu sehen, erachtete den Erfolg seiner Bemühungen in seinen letzten Lebensjahren als nicht befriedigend. Er hatte die Kraft der Vielfalt, der regionalen, lokalen und individuellen Ansprüche, Interessen und Traditionen unterschätzt. Seine Ansprüche und Erwartungen waren offenbar zu hoch gewesen, und die Schwäche der menschlichen Natur war bei Karls Untertanen – wie auch sonst in der Geschichte – durch Normen und Regulierungen nicht leicht zu überwinden. Dennoch kann man nicht von einem Scheitern sprechen. Die weitere Geschichte lehrt uns vielmehr, dass all die geschilderten Ansätze einer Wissens- und Wahrheitsgesellschaft keineswegs untergegangen sind. Sie haben über Jahrhunderte weitergewirkt, haben, wie eingangs erwähnt, im zwölften Jahrhundert die Universitäten hervorgebracht und die Verfeinerung der wissenschaftlichen Methoden angeregt.

Der zweite Bereich, der in einem Resümee zur Epoche Karls des Großen genannt werden soll, ist das Mönchtum. 811 treffen wir auf den ersten Versuch, die Regel des heiligen Benedikt für alle Klöster des Reiches verbindlich vorzuschreiben. Diese Anordnung beruhte auf einem längeren Vorlauf. Schon der Missionar Bonifatius und Bischof Willibald von Eichstätt hatten die Benediktregel in das Reich gebracht. Sie galt als die eigentliche römische Regel und war damit als Norm autorisiert. Ihre besondere Bedeutung aber lag darin, dass sie geeignet war, in einzigartiger Weise das Anliegen der Reform Karls und seiner Gelehrten zu bündeln. Getragen vom Geist der feinen Unterscheidungskraft *(discretio)* und unter Beachtung der Gerechtigkeit *(iustitia)* sollte der Abt wie ein Vater jedem Mitglied seiner Gemeinschaft die Grundsätze der Gottes- und der Nächstenliebe vermitteln.[1] »Seine Befehle und seine Lehren sollen wie Sauerteig göttlicher Gerechtigkeit *(divina iustitia)* die Herzen der Jünger durchdringen« (Benediktregel cap. 2). Diese wiederum sollten den Weisungen das »Ohr ihres Herzens« *(aurem cordis)* öffnen (Prolog). Hinzu kamen eindeutige Regelungen für die Organisation einer klösterlichen Gemeinschaft. Der aus der Zeit Karls stammende sogenannte St. Galler Klosterplan, der in Wirklichkeit auf der Reichenau entstanden ist, hat die bauliche Gestaltung abzubilden versucht.

Den großen Aufschwung erfuhr die Benediktregel dadurch, dass sie um 800 von Benedikt von Aniane in Aquitanien zur Musterregel erhoben wurde. Der Westgote Witiza, wie Benedikt zuerst hieß, verfügte über eine mächtige Stellung und großen Besitz in der Region Languedoc-Roussillon. Sein Kloster, von dem schon die Rede war, gründete er 782 am Bach Aniane, westlich von Montpellier. Daraus entstand eine riesige Anlage mit tausend und mehr Mönchen, wie es in der Vita Benedikts heißt.[2] Fast alle Klöster Aquitaniens schlossen sich der Regel an. Man kann sagen, dass dieses Kloster zur geistigen und religiösen »Vormacht« im Unterkönigreich Ludwigs von Aquitanien aufstieg.[3] Benedikt von Aniane wurde zum »Heerführer und Strategen des Gottesreiches«.[4] Strenge Zucht und genaue Regelbefolgung waren gefordert. Die Mönche sollten zum Vorbild für die Menschen werden, mit einer ebenso vorbildlichen und auf Eindeutigkeit ausgerichteten Lebensordnung, die das Seelenheil garantierte. Wissen und Bildung waren dafür erforderlich, um die kirchlichen und klösterlichen Vorschriften zu kennen und verstehen zu können.

Es war zwar keineswegs so, als hätten sich nun alle Klöster des karolingischen Reiches diesem Modell angeschlossen, aber der Einfluss, der von dieser Reform ausging, war enorm.[5] In späteren Jahrhunderten konnte darauf aufgebaut werden. So waren die Klöster im elften und zwölften Jahrhundert die ersten Institutionen, die straffe und überspannende Organisationsformen (Generalkapitel) in Europa entwickelten und klare und eindeutige Rechtsordnungen *(Constitutiones)* entwarfen. Als Träger der Bildung, des Wissens und der Wissenschaften blieben sie über lange Zeit die Mittelpunkte der geistigen und technischen Innovationen für die Gesellschaft. Man sieht in den Klöstern heute sogar die ›Innovationslabore‹ der Moderne.[6] So sehr es vielleicht überraschen mag: Es waren vor allem die Klöster, die das Vermächtnis der Epoche Karls des Großen gehütet und die Impulse der ›Vereindeutigung‹ weitergetragen und fortentwickelt haben.

Es wäre nun müßig, darüber zu spekulieren, welchen Anteil an allen diesen Vorgängen Karl der Große persönlich hatte. Es wäre nutzlos, Forschungen darüber anzustellen, bis zu welchem Niveau er mit den Gelehrten mithalten konnte oder wie weit er die Tragweite theologischer Disputationen erfasste. Dass er in hohem Maße die Prozesse beeinflusste, ja steuerte, steht außer Frage. Seine Kapitularien und Anordnungen zur Organisation seines ›Staates‹ sprechen eine deutliche Sprache. Auch die vielen Hinweise auf seinen außergewöhnlichen Bildungsstand können nicht nur als Fiktion seiner Zeitgenossen abgetan werden. Karl war die anerkannte Autorität im fränkischen Reich. Von den Zeitgenossen wurde er geschätzt und geachtet. Vor allem war er von seiner Persönlichkeit her in der Lage, das Ordnungsmodell des Gottesreichs auf Erden mit seinen »eindeutigen« Normen als neuartiges Herrschaftsprogramm umzusetzen. In diesem Sinne darf man Karl den Großen als Leitfigur einer besonderen Epoche bezeichnen, die sich der Idee der ›Vereindeutigung‹ verschrieben hatte – und zwar in allen Bereichen politischer, gesellschaftlicher, kultureller und religiöser Ordnung. Ihre Wirkkraft war enorm, auch wenn es scheint, dass wir uns heute mit der Vision der ›Unbestimmtheit‹ von ihr gelöst haben.

Anhang

Anmerkungen

Kapitel 1

[1] Das ›Paderborner Epos‹ datiere ich im Unterschied zur heutigen Forschungsmehrheit auf 799. Siehe zur Datierung nach 800: Schaller: Das Aachener Epos. Zum »Baumeister« u. a.: Braunfels: Karl der Große; Mordek: Karl der Große – barbarischer Eroberer oder Baumeister Europas? Zur Europathematik grundlegend: Oschema: Bilder von Europa, hier S. 133 ff.
[2] Oexle: Die Gegenwart des Mittelalters; Fried: Die Aktualität des Mittelalters; Nipperdey: Von der Aktualität des Mittelalters.
[3] Werner: Histoire comparée, S. 90.
[4] Einhart, Vita, cap. 24, S. 29: *Delectabatur et libris sancti Augustini, praecipueque his qui de civitate Dei praetitulati sunt.*
[5] Alkuin, Brief Nr. 74 von 790/796, in: MGH Epistolae 4, S. 117.
[6] Ebd.
[7] Anselm, De veritate, cap. 3, 4, 5 und 12.
[8] Heinzer: Exercitium, S. 125.
[9] Hilgert: Von ›Listenwissenschaft‹.
[10] Groebner: Schock, S. 71.
[11] Groebner, ebd., der diese Beobachtung ironisch kommentiert.
[12] Christian Benne: Aporetik der Materialität und Theorie der Gegenständlichkeit, Vortrag an der Universität Heidelberg am 27. Mai 2013.
[13] Schwindt: Über Genauigkeit.
[14] Die Rückkehr der Wahrheit (Zeitschrift für Ideengeschichte, Heft I/3, Herbst 2007, hg. von Carsten Dutt/Martial Staub).
[15] Hilgert: Von ›Listenwissenschaft‹, S. 284, Anm. 35.
[16] Kemmerling: Ojektive Unbestimmtheit; Schneidmüller: Als Historiker.
[17] Einhart, Vita, cap. 33, S. 38.

Kapitel 2

[1] Berschin: Biographie und Epochenstil III, S. 199.
[2] Einhart, Vita, Vorrede, S. 2.
[3] Einhart, Vita, cap. 18, S. 22: *de orientalium Francorum, Germanorum videlicet, gente.*

[4] Wolfram: Die Germanen.
[5] Stengel: Urkundenbuch Fulda, Nr. 234, S. 240.
[6] Walahfrid Strabo, Prolog zur Karlsvita, S. XXVIII: *singularitas capacitatis et intelligentiae.*
[7] Einhart, Vita, cap. 25, S. 30.
[8] Theodulf von Orléans, Carmen 25.
[9] Einhart, Vita, cap. 32, S. 36 f.
[10] Tischler: Einharts *Vita Caroli,* S. 165 ff.
[11] Weinfurter: Vita canonica.
[12] Die Entstehungszeit der Vita erfordert trotz der Forschungen von Tischler eine erneute Diskussion. Eine späte Datierung der Vita scheint mir unwahrscheinlich zu sein. Ich neige dem Urteil von Rosamond McKitterick zu, die einen Zusammenhang mit den Reformereignissen auf der Aachener Synode von 816/817 zu erkennen vermeint (McKitterick/Innes, The writing of history, S. 204 ff.).
[13] Einhart, Vita, cap. 33, S. 41.
[14] Becht-Jördens: Einharts ›Vita Karoli‹.
[15] Tischler: Einharts *Vita Caroli, S.* 114 – 119.
[16] Cicero, De oratore lib. II, 21.89.
[17] Cicero, De officiis lib. I, 72 und 152.
[18] Einhart, Vita, cap. 8, S. 11.
[19] Notker Balbulus, Gesta Karoli, lib. I, cap. 17.
[20] Nonn: Reichsannalen.
[21] Notker Balbulus, lib. I, cap. 4, S. 5.
[22] Walahfrid Strabo, Libellus de exordiis, in: MGH Capitularia 2, S. 515: *quam ferentes et custodientes cum ceteris sanctorum reliquiis clerici capellani coeperunt vocari.*
[23] Opus Caroli regis, MGH Concilia 2, Supplementum 1.

Kapitel 3

[1] Görich: Otto III. öffnet das Karlsgrab.
[2] Cronaca di Novalesa, lib. III, cap. 32, S. 182.
[3] Adémar von Chabannes, lib. III, cap. 31, S. 153 f.
[4] Thietmar von Merseburg, Chronik, lib. IV, cap. 47, S. 186/187: *Karoli cesaris ossa … in solio inventa sunt regio.*
[5] Fried: Endzeiterwartung.
[6] MGH Diplom Friedrichs I., Nr. 502.
[7] Petersohn: Saint-Denis.
[8] Hoffmann: Die beiden Schwerter.
[9] Althoff: »Selig sind«.
[10] Weinfurter: Die Päpste.
[11] Weinfurter, Wie das Reich heilig wurde.
[12] Große, Saint-Denis. Gerhard Rauschen (Hg.): Die Legende Karls des Großen im 11. und 12. Jahrhundert (Publikationen der Gesellschaft für Rheinische Ge-

schichtskunde 7), Leipzig 1890, S. 103–125; Abdruck in: Helmut und Ilse Deutz: Die Aachener Vita Karoli Magni, S. 338–357.

[13] Die Chronik von Karl dem Großen und Roland, ed. Klein.

[14] Ebd., cap. 6, S. 46.

[15] Ebd., cap. 12, S. 62.

[16] Ebd.: *super omnes gentes tocius mundi eam dominari instituit.*

[17] Ebd., cap. 17, S. 76.

[18] Ebd.

[19] Ebd., cap. 21, S. 94.

[20] Ebd., S. 96.

[21] Ebd., cap. 23, S. 102.

[22] Die Aachener »Vita Karoli Magni«, ed. Deutz, S. 67, Anm. 7.

[23] Ebd., lib. I, cap. 16, S. 116–126.

[24] Ebd., S. 116.

[25] Ebd., S. 124.

[26] MGH Diplomata der Karolinger 1, Nr. 295.

[27] Reiner von Lüttich, Annalen, in: MGH Scriptores 16, S. 673.

[28] Einhart, Vita, cap. 22, S. 26.

[29] Acta sancti Aegidii, in: Acta Sanctorum, September I, S. 302 F–303 A.

[30] Heito und Walahfrid Strabo, Visio Wettini. Einführung, lateinisch-deutsche Ausgabe und Erläuterungen von Hermann Knittel. Mit einem Geleitwort von Walter Berschin, 3., erweiterte Auflage. Heidelberg 2000, Verse 446–465, S. 92–94.

[31] Petrarca, Le Familiari, lib. I, Brief 4, S. 24–27.

[32] Ebd.: *Addunt fabule quod ego nec fieri potuisse nec narrari debere arbitror.*

[33] Grässlin: Niemand sang die Sündenregisterarie nach.

[34] Schneidmüller: Sehnsucht.

[35] Jakobs: Das Bild Karls des Großen.

Kapitel 4

[1] Einhart, Vita, cap. 4, S. 6 f.

[2] Ebd., cap. 30, S. 35.

[3] Becher: Neue Überlegungen.

[4] *Septuaginta senex vitae qui terminat annos*: MGH Poetae latini 1, S. 408, Nr. XIX.

[5] Hägermann: Karl der Große, S. 32.

[6] Becher: Neue Überlegungen.

[7] MGH Scriptores 15/1, S. 8, Z. 4–6: *Cunctis vero stupentibus, ego, utpote puerilis ludens, casu ipsam fossam insilii, ubi mox primum dentem de ore meo mutavi.*

[8] Borgolte: Kulturelle Einheit.

[9] Widukind von Corvey, Sachsengeschichte, lib. III, cap. 49, S. 129.

[10] Annales Mettenses priores zu 744, S. 35 f.

[11] Fredegar, Continuationes, cap. 29: *qui contra ipso rebelles existebant, gladio trucidavit.*

[12] Ebd., cap. 30: *devotionis causa inextinctu succensus.*

[13] Rudolf Schieffer: »Die folgenschwerste Tat des ganzen Mittelalters«?

[14] Reichsannalen zu 749: *interrogando de regibus in Francia, qui illis temporibus non habentes regalem potestatem, si bene fuisset an non.*

[15] Einhart, Vita, cap. 1, S. 3.

[16] Reichsannalen zu 749, S. 8: *ut melius esset illum regem vocari, qui potestatem haberet, quam illum, qui sine regali potestate manebat; ut non conturbaretur ordo …*

[17] Ebd. zu 754, S. 12/13.

[18] MGH Diplomata der Karolinger 1, Nr. 24, S. 33.

[19] Theodor Schieffer: Winfrid-Bonifatius und die christliche Grundlegung Europas.

[20] Bonifatius, Brief Nr. 12.

[21] Ebd., S. 18: *Disciplinam denique sacramenti, quam ad initiandos Deo praevio credituros tenere studeas, ex formula officiorum sanctae nostrae apostolicae sedis – instructionis tuae gratia, praelibata – volumus ut intendas.*

[22] Brief Nr. 16, S. 28 f.

[23] Ubl: Inzestverbot und Gesetzgebung.

[24] Brief Nr. 26.

[25] Brief Nr. 28.

[26] Ebd.

[27] Brief Nr. 50.

[28] Ebd., S. 83.

[29] Ebd., S. 84.

[30] Brief Nr. 51, S. 90.

[31] Wilfried Hartmann, Die Synoden der Karolingerzeit, S. 50 ff.

[32] Brief Nr. 78 von 747, S. 164.

[33] MGH Capitularia 1, Nr. 10.

[34] Wilfried Hartmann, Die Synoden der Karolingerzeit, S. 79 – 81.

[35] Ebd., S. 92 – 95.

[36] Liber Pontificalis, Bd. 1, Stephanus II, cap. 25, S. 447: *Pro quo et fere ad centum milia filium suum nomine Karolum in occursum ipsius quoangelici papae direxit, cum aliquibus ex suis optimatibus.*

[37] Ebd.

[38] Chronicon Moissiacense, in: MGH Scriptores 1, S. 293.

[39] Florian Hartmann: Nochmals zur sogenannten Pippinischen Schenkung.

[40] Ebd.

[41] Liber Pontificalis, Bd. 1, Hadrianus, cap. 43, S. 498.

[42] Der Meinung von Fried, *Donation*, der eine späte Datierung um 830 vorschlägt, schließe ich mich nicht an.

[43] Codex Carolinus, Nr. 33, S. 539 f.

[44] Ebd., S. 540: *ad tam magnum regale provexit culmen.*

[45] Einhart, Vita, cap. 19, S. 23.
[46] Alkuin, Adversus Elipandum, lib. I, cap. 16.
[47] Paschasius Radbertus, Vita Adalhardi, cap. 7.
[48] MGH Diplomata der Karolinger 1, Nr. 14.
[49] Ebd.: *qui eorum causas habet receptas.*
[50] Reichsannalen zu 761.
[51] Fredegar, Fortsetzungen, cap. 53.
[52] Ebd., cap. 54.
[53] Einhart, Vita, cap. 22, S. 26.
[54] MGH Poetae latini 1, Nr. 6, S. 370, Verse 168 – 172: *cunctos humeris supereminet altis.*
[55] Einhart, Vita, cap. 22, S. 26.
[56] Ebd., cap. 25, S. 30.
[57] MGH Poetae latini 1, S. 90: *In hanc sanctam sedem magnus rex Carulus splendit.*
[58] MGH Epistolae 3, S. 581, Nr. 56.
[59] MGH Poetae latini 1, S. 370, Verse 159 – 164.
[60] MGH Epistolae 4, S. 252, Nr. 155.
[61] Etwa Alkuin, Carmen 62, Vers 127, MGH Poetae latini 1, S. 279: *Rex sapiens populum melius defendit ab hoste.* Naso, ebd. S. 384, Z. 1: *Carolus sapiens,* und viele mehr.
[62] MGH Poetae latini 1, S. 484, Verse 21 – 26.
[63] Paulus Diaconus, Gesta episcoporum Mettensium, in: MGH Scriptores 2, S. 264.
[64] Ebd., Z. 35 f.

Kapitel 5

[1] Fouracre: Conflict, Power and Legitimation.
[2] Bernhard Bachrach: Early Carolingian Warfare.
[3] Ardo, Vita Benedicti, S. 201: *Hic pueriles gerentem annos prefatum filium suum in aula gloriosi Pipini regis reginae tradidit inter scolares nutriendum. (…) Militavit autem temporibus prefati regis.*
[4] Kasten: Beneficium.
[5] MGH Capitularia 1, Nr. 20, cap. 20. S. 51.
[6] MGH Capitularia 1, Nr. 75, S. 168.
[7] MGH Capitularia 1, Nr. 50, S. 136 – 138.
[8] MGH Capitularia 1, Nr. 58, cap. 1, S. 145.
[9] MGH Capitularia 1, Nr. 25, cap. 4, S. 67: *servi, qui honorati beneficia et ministeria tenent vel in bassallitico honorati sunt cum domini sui et caballos, arma et scuto et lancea, spata et senespasio habere possunt.*
[10] Kasten: Das Lehnswesen; Patzold: Das Lehnswesen.
[11] MGH Capitularia 1, Nr. 48, cap. 1, S. 134: *quicumque beneficia habere videntur, omnes in hostem veniant.*
[12] Contamine: La guerre; Bernhard Bachrach: Early Carolingian Warfare; Bernhard Bachrach: Charlemagne's Early Campaigns.

[13] Bernhard Bachrach: The Fall of Pavia and Its Aftermath, in: Charlemagne's Early Campaigns, S. 374 ff.
[14] MGH Capitularia 1, Nr. 77.
[15] MGH Capitularia 1, Nr. 18.
[16] Historia Langobardorum, lib. VI, cap. 53, S. 183: *ei pater effectus est.*
[17] MGH Epistolae 4, Nr. 172.
[18] Migne, Patrologia Latina 89, Sp. 519: *cum tu nos defendere minime possis.*
[19] MGH Epistolae 3, Codex Carolinus Nr. 45, S. 561 f.
[20] Bernhard Bachrach: Charlemagne's Early Campaigns, S. 374 ff.
[21] MGH Concilia 2, Suppl. 1, S. 97: *rex Francorum, Gallias, Germaniam Italiamque sive finitimas provintias domini opitulante regens.*
[22] Einhart, Vita, cap. 6, S. 8: *in deditionem susciperet.*
[23] Althoff: Das Privileg der *deditio.*
[24] Liber Pontificalis, Bd. 1, Hadrianus, cap. 35–38, S. 496 f.
[25] MGH Poetae latini 1, S. 91.
[26] Notker Balbulus, Gesta Karoli, lib. II, cap. 17, S. 83: *cernuntur episcopi abbatesque et clerici capellani cum comitibus suis.*
[27] MGH Diplomata der Karolinger 1, Nr. 80.
[28] MGH Diplomata der Karolinger 1, Nr. 81.
[29] Paulus Diaconus, Historia Romana, S. 1: *nostra aetate solus paene principum sapientiae palmam tenet.*
[30] Paulus Diaconus, Die Gedichte, ed. Neff, S. 54.
Septimus annus adest, ex quo nova causa dolores
Multiplices generat et mea corda quatit.
Captivus vestris extunc germanus in oris
Est meus, afflicto pectore, nudus, egens.
(Übersetzung nach Florian Hartmann: Vitam litteris ni emam S. 75).
[31] Paulus Diaconus, Die Gedichte, ed. Neff, S. 66.
[32] Reichsannalen zu 757: *in vasactico se commendans per manus sacramenta iuravit multa et innumerabilia, reliquias sanctorum manus imponens, et fidelitatem regi Pippino et supradictis filiis eius, domno Carolo et Carlomanno, sicut vassus recta mente et firma devotione per iustitiam, sicut vassus dominos suos esse deberet.*
[33] Reichsannalen zu 763: *nusquam amplius faciem supradicti regis videre voluit.*
[34] Reichsannalen zu 781: *Sed non diu praefatus dux Tassilo promissiones, quas fecerat, conservavit.*
[35] Reichsannalen zu 787.
[36] Einhart, Vita, cap. 11, S. 14.
[37] Reichsannalen zu 787: *tradens se manibus in manibus domni regis.*
[38] Reichsannalen zu 788.
[39] Annales Laureshamenses maiores zu 788: *et etiam dixit melius se mortuum esse quam ita vivere.*
[40] Reichsannalen zu 788.
[41] Annales Nazariani, S. 43 f.
[42] Bischoff: Salzburger Formelbücher, S. 55.

43 Störmer: Die bayerische Herzogskirche.
44 Jarnut: Geschichte der Langobarden.
45 MGH Diplomata der Karolinger 1, Nr. 162, S. 219: *Igitur quia ducatus Baiovarie ex regno nostro Francorum aliquibus temporibus infideliter per malignos homines Odilonem et Tassilonem, propinquum nostrum, a nobis subtractus et alienatus fuit, quem nunc moderatore iusticiarum deo nostro adiuvante ad propriam revocavimus dicionem …*
46 MGH Poetae latini 1, S. 395, Verse 10–12: *Unus in aetherea altitonans qui praesidet aula; convenit et solum terris regnare sub illo, qui merito cunctis praestans mortalibus esset.*
47 MGH Poetae latini 1, S. 397 f., Verse 42, 56. Verse 41–56: *Ut nullus Christo digne famuletur in orbe. Mortiferis suadet verbis consurgere lites, seminat et rixas, ubi pacis sola iubentur foedera, perpetui quis dantur praemia regni.*
48 Ebd., Verse 67 f.

Kapitel 6

1 Codex Carolinus Nr. 76, in: MGH Epistolae 3, S. 607 f.
2 Vita Bonifatii, cap. 6.
3 Ebd., cap. 8.
4 Einhardsannalen zu 755, S. 41: *ut perfidam et foedifragam Saxonum gentem bello adgrederetur et eo usque perseveraret, dum aut victi christianae religioni subicerentur aut omnino tollerentur.*
5 Kippenberg: Gewalt als Gottesdienst.
6 Annales Nordhumbrani, in: MGH Scriptores 13, S. 155: *igne ferroque debacchans, quia erat consternatus animo.*
7 Einhart, Vita, cap. 11, S. 14.
8 Reichsannalen zu 776.
9 Codex Carolinus Nr. 60, in: MGH Epistolae 3, S. 587.
10 Einhart, Vita, cap. 7, S. 10: *adunati unus cum eis populus efficerentur.*
11 MGH Poeate latini 1, S. 380 f.
12 Ebd., Verse 28 f., 33, 40–43 und 46.
13 Gauch: Fundsachen, S. 69–71.
14 Annales Petaviani, in: MGH Scriptores 1, S. 17. Die Capitulatio de partibus Saxoniae in: MGH Fontes iuris Germanici antiqui [4], S. 37–44.
15 MGH Leges 1, Hannover 1835, S. 19: *Ec forsacho allum dioboles uuercum and uuordum, Thunaer ende Uuôden ende Saxnôte ende allum them unholdum, thê hira genôtas sint.*
16 Caspar Ehlers: Die Integration Sachsens.
17 MGH Concilia 2/1, 1906, S. 121: *quod terrore potestatis multos, non iustitia convincas.*
18 Translatio s. Liborii, cap. 5, S. 151, Z. 21 f.: *ferrea quodammodo lingua praedicavit.*
19 Alkuin, Brief Nr. 111, in: MGH Epistolae 4, S. 159–163, S. 160: *Fides quoque, sicut sanctus ait Augustinus, res est voluntaria, non necessaria.*

[20] Ebd., S. 161: *sint praedicatores, non praedatores.*
[21] Alkuin, Brief Nr. 41, in: MGH Epistolae 4, S. 84.
[22] Reichsannalen und Lorscher Annalen zu 797.
[23] MGH Fontes iuris Germanici antiqui [4], S. 45–49.
[24] Schmitz: Bonifatius und Alkuin, S. 73.
[25] MGH Poetae 1, S. 390, Verse 78 ff.
[26] Ebd., Vers 94: *gentibus una manet cunctis concordia pacis.*
[27] Annales Einhardi, in: MGH Scriptores rerum Germanicarum 6, S. 49/50: *dedens se ac civitates.*
[28] Einhart, cap. 9, S. 12: *quam maximo poterat belli apparatu.*
[29] Hack: Karl der Große, Hadrian I. und die Muslime in Spanien.
[30] MGH Concilia 2,1, S. 163: *Deo auxiliante voluntatem habuimus vos liberare a servitio secularis necessitatis.*
[31] Chronicon Moissiacense, in: MGH Scriptores 1, S. 300.
[32] Ebd.
[33] Einhart, Vita, cap. 17, S. 21.
[34] Reichsannalen zu 807.
[35] Alkuin, Brief Nr. 6, in: MGH Epistolae 4, S. 31: *Mandate mihi per litteras … si Wilti vel Vionudi, quos nuper adquisivit rex, fidem Christi accipiant.*
[36] Theodor Synkellos, De obsidione, cap. 6.
[37] MGH Scriptores 1, S. 37: *ad locum, ubi reges Avarorum cum principibus suis sedere consueti erant, quem et in nostra lingua Hringe nominant.*
[38] Pohl: Die Awaren, S. 307.
[39] Einhardsannalen zu 791, S. 89.
[40] Ebd., zu 790, S. 87.
[41] Ebd.
[42] MGH Epistolae 4, S. 528 f., Nr. 20.
[43] Einhardsannalen zu 793, S. 93: *magna hominum multitudo.*
[44] Reichsannalen zu 795, S. 96: *se regi dedere vellet et eius ordinatione christianam fidem suscipere vellet.*
[45] Annales Nordhumbrani zu 795, S. 155.
[46] Bouhot: Alcuin.
[47] Pohl: Awarenreich, S. 313.
[48] Die altrussische Nestorchronik, hg. von Trautmann, S. 6 f.; hg. von Müller, S. 11.
[49] Fichtenau: Das karolingische Imperium, S. 40.
[50] Alkuin, Brief Nr. 110, in: MGH Epistolae 4, S. 157.
[51] Ebd., Zeile 17: *o veritatis et salutis multorum amator.*
[52] Alkuin, Brief Nr. 178, in: MGH Epistolae 4, S. 294.

Kapitel 7

[1] Althoff: Spielregeln; Althoff: Die Macht der Rituale.
[2] Nöllke: Die Sprache der Macht.
[3] MGH Fontes iuris Germanici antiqui [4], S. 47 f., cap. 7.

[4] MGH Capitularia 1, Nr. 20, Kapitel 21, S. 51.
[5] MGH Capitularia 1, S. 65 f., Nr. 23 u. 24.
[6] MGH Fontes iuris Germanici 16.
[7] Ebd., Vorrede, S. 180.
[8] MGH Capitularia 1, S. 82 – 91, Nr. 32; ed. Brühl, Capitulare de villis.
[9] Ebd., cap. 48, S. 87, bzw. ed. Brühl, S. 60: *ut vindemia nostra nullus pedibus premere praesumat, sed omnia nitida et honesta sint.*
[10] Reichsannalen zu 794.
[11] Wilfried Hartmann: Das Konzil von Frankfurt 794; Wilfried Hartmann: Das Konzil von Frankfurt 794 und Nizäa 787.
[12] MGH Poetae latini 1, S. 496 ff., Nr. 28.
[13] MGH Epistolae 4, S. 411, Nr. 254: *Quod malum nimię inter christianos viget; quia, qui propria spernere iubentur, aliena cum iniquitate rapiunt.*
[14] Visio cuiusdam pauperculae mulieris, ed. Houben, S. 41 f.
[15] Astronomus, Vita Hludowici, cap. 6, S. 610: *dum publica vertuntur in privata.*
[16] MGH Epistolae 5, S. 221 f. Nr. 10.
[17] Vita Walae, lib. 1, cap. 26, in: MGH Scriptores 2, S. 543 f.
[18] Lorscher Annalen, in: MGH Scriptores 1, S. 38 f.
[19] Boshof: Ludwig der Fromme.
[20] MGH Capitularia 1, Nr. 33, S. 91 ff.
[21] Jennifer R. Davis: Charlemagne's Settlement of Disputes.
[22] Wilfried Hartmann: Karl der Große und das Recht, S. 183.
[23] MGH Capitularia 1, S. 204 – 206, Nr. 98.
[24] Ebd., S. 205: *set nostrae regiae auctoritatis sanctio praevaleret.*
[25] McKitterick: Karl der Große, S. 207 ff.
[26] Mordek: Aachen, Frankfurt, Reims.
[27] MGH Capitularia 1, Nr. 50, cap. 8, S. 138.
[28] MGH Capitularia 1, S. 66 f., Nr. 25; Becher, Eid und Herrschaft, S. 79 – 85.
[29] MGH Capitularia 1, S. 63, Nr. 23, cap. 18: *Sic promitto ego ille partibus domini mei Caroli regis et filiorum eius, quia fidelis sum et ero diebus vitae meae sine fraude et malo ingenio.*
[30] Esders: Römische Rechtstradition und merowingisches Königtum; Esders: Rechtliche Grundlagen frühmittelalterlicher Staatlichkeit.
[31] MGH Capitularia 1, Nr. 33, cap. 2, S. 92.
[32] Becher: Eid und Herrschaft, S. 86.
[33] Esders/Mierau: Die bairischen Eliten nach dem Sturz Tassilos III.
[34] Traditionen Freising 1, Nr. 438 und 509.
[35] Traditionen Freising 1, Nr. 193b, S. 183.
[36] Ebd.: *dicentes eum fideliorem esse domino Karolo regi et Francis quam illis.*
[37] Traditionen Freising 1, Nr. 186 von 802, S. 178 f.: *ut veracissime de ipsa causa scirent, ita in palam adnuntiarent.*
[38] Esders/Mierau: Der althochdeutsche Klerikereid.
[39] Althochdeutsche Sprachdenkmäler, Nr. 13: *daz ich dir hold pin .N. demo piscophe, so mino chrephti enti mino chunsti sint, si minan vuillun fruma frummenti*

enti scadun vuententi, kahorich enti kahengig enti statig in sinemo piscophtuome, so ich mit rehto aphter canone scal.

40 MGH Fontes iuris Germanici 3, Hannover 1980.

41 Kasten: Adalhard von Corbie.

42 MGH Fontes iuris Germanici 3, S. 66: *sicut hoc regnum Deo auctore ex pluribus regionibus constat, ex diversis etiam eisdem regionibus … ministri eligerentur.*

43 Fleckenstein: Die Hofkapelle, Bd. 1.

44 Alkuin, Carmen Nr. 26, Vers 25, in: MGH Poetae latini 1, S. 246.

45 Hinkmar, De ordine palatii, S. 80 f.

46 Ebd., S. 82.

47 Ebd., S. 68.

48 Ebd., S. 84/86.

49 Grewe: Die Ausgrabungen in der Königspfalz zu Ingelheim.

50 Ermoldus Nigellus, Poème sur Louis le Pieux.

51 *Hinc Saxona cohors contra stat, proelia temptat. Ille ferit, domitat, ad sua iura trahit.*

52 Eine reine Erfindung des Ermoldus Nigellus wird man wohl ausschließen können.

53 Agnellus, Liber pontificalis ecclesiae Ravennatis, cap. 59, S. 318: *Nulla in Italia ecclesia similis est in aedificiis et in mechanicis operibus.*

54 Licht: Halbunziale, S. 265.

55 Agnellus, Liber pontificalis ecclesiae Ravennatis, cap. 94, S. 338.

56 Walahfrid Strabo, De imagine Tetrici, Vers 110.

57 Alkuin, Brief Nr. 148, in: MGH Epistolae 4, S. 240.

58 Paderborner Epos, in: MGH Poetae latini 1, S. 368, Verse 94 ff.

59 Falkenstein: Der »Lateran«.

60 Chronicon Moissiacense zu 796, in: MGH Scriptores 1, S. 303: *Fecit autem ibi et palatium, quod nominavit Lateranis, et collectis thesauris suis de regnis singulis, in Aquis adduci praecepit.*

Kapitel 8

1 MGH Epistolae 4, S. 528.

2 Einhart, Vita, cap. 19, S. 24: *Hruodtrudem, quae filiarum eius primogenita et a Constantino Grecorum imperatore desponsata erat.* Auch Annales Mosellani, in: MGH Scriptores 16, S. 497.

3 Theophanes, Chronographia, Bd. I, S. 455, Bd. II, S. 302.

4 MGH Poetae latini 1, S. 371 f., Verse 212 ff.

5 Theodulf, Carmen 25, in: MGH Poetae latini 1, S. 483 – 489.

6 Schaller: Vortrags- und Zirkulardichtung.

7 Martina Hartmann, Concubina, S. 548 f.

8 Alkuin, Carmen 26, in: MGH Poetae latini 1, S. 245, Verse 12 – 15.

9 Theodulf, Carmen 27, in: MGH Poetae latini 1, S. 492, Vers 62.

10 Nithard, Histoire des fils de Louis le Pieux, lib. IV, cap. 5, ed. Lauer/Glansdorff, S. 150.

[11] Alkuin, Brief Nr. 244, in: MGH Epistolae 4, S. 392.
[12] Alkuin, Brief Nr. 220, in: MGH Epistolae 4, S. 364.
[13] Codex Carolinus, Nr. 45, in: MGH Epistolae 3, S. 563, Z. 14: *nec vestras quoquo modo coniuges audeatis dimittere.*
[14] Ebd., S. 561 f.
[15] Ebd., S. 561, Z. 13–15.
[16] Martina Hartmann: Die Königin, S. 205 f.
[17] MGH Scriptores 2, 1829, S. 265, Z. 22–24.
[18] Rüdiger: Der König und seine Frauen.
[19] MGH Capitularia 1, S. 37 ff., Nr. 15 und 16.
[20] McKitterick: Karl der Große, S. 89 f.
[21] Hammer: Ducatus, S. 298.
[22] Einhart, Vita, cap. 18, S. 22.
[23] MGH Poetae latini 1, S. 58, Nr. 20, Vers. 15 f.: *Cum non sit grandior ulla laus tibi, quam tanto complacuisse viro.*
[24] Gädeke: Die Memoria für die Königin Hildegard; Parisse: La reine Hildegarde.
[25] Staab: Die Königin Fastrada.
[26] Reichsannalen zu 787.
[27] MGH Epistolae 4, S. 528 f., Nr. 20.
[28] Einhart, Vita, cap. 20, S. 26: *Fastradae reginae crudelitas.*
[29] Einhardsannalen zu 792, S. 91.
[30] Quellen bei Abel/Simson, Jahrbücher des fränkischen Reiches unter Karl dem Großen, Bd. 2, S. 46.
[31] Einhart, Vita, cap. 20, S. 26.
[32] Wandalbert, Miracula s. Goaris, in: MGH Scriptores 15,1, S. 367.
[33] Theodulf, Carmen 24, in: MGH Poetae latini 1, S. 483.
[34] MGH Poetae latini 1, S. 370 f., Verse 182 ff.
[35] Theodulf, Carmen 25, in: MGH Poetae latini 1, S. 485, Verse 83 ff.
[36] Theodulf, Carmen 31, in: MGH Poetae latini 1, S. 522 f.
[37] Alkuin, Brief Nr. 51, in: MGH Epistolae 4, S. 94.
[38] Martina Hartman: Concubina.
[39] Alkuin, Brief Nr. 50, in: MGH Epistolae 4, S. 93 f.
[40] MGH Poetae latini 1, S. 370, Verse 182–184.
[41] Hägermann: Karl der Große, S. 414.
[42] Theodulf, Carmen 25, in: MGH Poetae latini 1, S. 485, Verse 71 ff.
[43] MGH Poetae latini 1, S. 117.
[44] MGH Poetae latini 1, S. 358 f.; Neuedition Schaller: Pippins Heimkehr.
[45] Codex Carolinus, Nr. 66 ff., in: MGH Epistolae 3, S. 594 ff.
[46] Codex Carolinus, Nr. 92 von 784–791, in: MGH Epistolae 3, S. 629, S. 33–35.
[47] Hlawitschka: Franken, Alemannen, Bayern und Burgunder in Oberitalien.
[48] MGH Capitularia 1, Nr. 91 von 782–786, S. 191.
[49] Theodulf, Carmen 35, in: MGH Poetae latini 1, S. 526 f.
[50] Ebd., S. 527, Verse 32–34: *Te dominus caeli protegat, ornet, alat, / Ut patrias valeas rutilus conscendere sedes, / Atque iuvante deo sceptra tenere manu.*

[51] Ebd., S. 526, Vers 1: *O mea magna salus, o spes, o glora regni.*
[52] Ebd., S. 527, Vers 31.
[53] Fuchs: Mochanaz. Zu Theodulf Carmen 35, angekündigt für: Deutsches Archiv. Ich bin Herrn Kollegen Fuchs sehr dankbar, dass er mir seinen Fund der erweiterten Fassung des Theodulf-Gedichts Nr. 35 vorab zur Verfügung gestellt hat.
[54] Alkuin, Brief Nr. 164, in: MGH Epistolae 4, S. 266.
[55] Alkuin, Brief Nr. 188, in: MGH Epistolae 4, S. 315.
[56] Alkuin, Brief Nr. 74, in: MGH Epistolae 4, S. 116.
[57] Fichtenau: Das karolingische Imperium, S. 110 f.
[58] Alkuin, Brief Nr. 294, in: MGH Epistolae 4, S. 451.
[59] Theodulf, Carmen 34, in: MGH Poetae latini 1, S. 526: *Quod potestas impatiens consortis sit.*
[60] Ebd., Vers 10: *Unus ut e fratrum corpore sceptra gerat.*
[61] Gesta Sanctorum Patrum Fontanellensis Coenobii, S. 87.
[62] Alkuin, Brief Nr. 9, in: MGH Epistolae 4, S. 35: *aliquantulum commotus.*
[63] Annales Mettenses priores, S. 85: *de utilitate regni Francorum infatigabiliter tractans.*
[64] Hammer: Christmas Day 800.
[65] Alkuin, Brief Nr. 217, in: MGH Epistolae 4, S. 360 f.
[66] Reichsannalen, zu 806.
[67] MGH Capitularia 1, Nr. 45, S. 126 – 130.
[68] Ebd., S. 127.
[69] Classen: Karl der Große und die Thronfolge im Frankenreich, S. 227.
[70] Chronicon Laurissense breve, S. 35.

Kapitel 9

[1] Walahfrid Strabo, Vorrede zur Vita Caroli Magni, S. XXVIII.
[2] Richter: Karl der Große und seine Ehefrauen.
[3] MGH Capitularia 1, Nr. 30, S. 80 f.
[4] Glatthaar: Zur Datierung der Epistola generalis Karls des Großen.
[5] Stengel: Urkundenbuch des Klosters Fulda 1, S. 251 ff.
[6] Martin: Bemerkungen zur ›Epistola de litteris colendis‹, S. 272.
[7] MGH Fontes iuris Germanici 16.
[8] Glatthaar, ebd., S 47 ff.
[9] Berschin: Biographie 3, S. 112.
[10] MGH Fontes iuris Germanici 16, S. 180.
[11] Ebd., S. 182.
[12] Synode von Reisbach/Salzburg um 800, in: MGH Concilia 1, S. 198; Étaix, Un manuel, S. 117.
[13] MGH Fontes iuris Germanici 16, S. 182.
[14] Springsfeld: Karl der Große, Alkuin und die Zeitrechnung, S. 55.
[15] Alkuin, Brief Nr. 148, in: MGH Epistolae 4, S. 239, Z. 28 – 34.

[16] Alkuin, Brief Nr. 19, in: MGH Epistolae 4, S. 55, Z. 22: *Qui non discit in pueritia, non docet in senectute.*

[17] Hürten: Alkuin und der Episkopat im Reiche Karls des Großen.

[18] Alkuin, Brief Nr. 113, in: MGH Epistolae 4, S. 166.

[19] Ebd., Anm. 1: *beatus Gregorius doctor mirabilis et sacrae scripturae lucidissimus expositor.*

[20] Vita Alcuini, cap. 9, S. 190.

[21] Garrison: An Aspect of Alcuin; Springsfeld: Alkuins Einfluß auf die Komputistik.

[22] Vgl. Rudolf Schieffer: Alkuin und Karl der Große.

[23] Paulus Diaconus, Die Gedichte, ed. Neff, S. 60 f.

[24] MGH Poetae latini 1, S. 492, Verse 55 und 62.

[25] Alkuin, Brief Nr. 164, in: MGH Epistolae 4, S. 266.

[26] Fried: Der Weg in die Geschichte, S. 271.

[27] Bonifatius, Brief Nr. 68, S. 141.

[28] Berschin: Biographie 3, S. 108 f.

[29] Migne: Patrologia Latina 101, Sp. 849 – 902.

[30] Keil: Grammatici Latini VII, 1880, S. 295 – 312.

[31] Alkuin, Brief Nr. 195, in: MGH Epistolae 4, S. 323.

[32] C. Halm, Rhetorici latini minores, 1863, S. 523 – 550.

[33] Ebd., S. 525: *ridiculum videtur eius artis nescisse praecepta, cuius cotidie occupatione involvi necesse est.*

[34] Marenbon: Alcuin, the Council of Frankfort and the Beginnings of Medieval Philosophy; Migne: Patrologia Latina 101, Sp. 949 – 1002.

[35] Migne: Patrologia Latina 101, Sp. 849 – 854 (unmittelbar vor der ›Ars grammatica‹).

[36] Licht: Die älteste karolingische Minuskel.

[37] Maag: Alemannische Minuskel (744 – 846 n. Chr.).

[38] Licht: Halbunziale.

[39] MGH Fontes iuris Germanici 16, cap. 70, S. 224.

[40] Licht: Halbunziale.

[41] Einhart, Vita, cap. 33, S. 40: *quorum magnam in bibliotheca sua copiam congregavit.*

[42] Bischoff: Die Hofbibliothek Karls des Großen.

[43] Ebd., S. 59.

[44] Alkuin, Brief Nr. 121, in: MGH Epistolae 4, S. 175 – 178, Zitat S. 176 f.

[45] Alkuin, Carmen 94, in: MGH Poetae latini 1, S. 320; Übersetzung nach Kusch: Einführung in das Lateinische Mittelalter, S. 49.

[46] Ericsson/Sanke (Hgg.): Aktuelle Forschungen; Scholz: Lorsch; Scholz: Das Kloster Lorsch.

[47] Becker: Präsenz, Normierung und Transfer von Wissen.

[48] Alkuin, Brief Nr. 74, in: MGH Epistolae 4, S. 117.

[49] MGH Scriptores 9, S. 770, Anm. 54.

[50] Augilberti abbatis de ecclesia Centulensi libellus, in: MGH Scriptores 15,1, S. 177.

[51] Heribert Müller: Die Kirche von Lyon im Karolingerreich.
[52] Leidrad von Lyon, Rechenschaftsbericht, hg. von Alfred Coville, S. 283 ff.
[53] Ebd., S. 285: *In libris conscribendis in eadem ecclesia in quantum potui elaboravi.*
[54] Instructio pastoralis, ed. Raymond Étaix, S. 119.
[55] MGH Capitula episcoporum 3, S. 215, cap. 12.
[56] MGH Capitularia 1, S. 257, Z. 31 – 33: *Feminae vero aut flagellis aut ieiuniis constringantur.*
[57] Springsfeld: Alkuins Einfluss, S. 36 f.
[58] Alkuin, Briefe Nr. 145 u. 149, in: MGH Epistolae 4, S. 232, Z. 14, und S. 243, Z. 17.
[59] Alkuin, Brief Nr. 155, in: MGH Epistolae 4, S. 250.
[60] Borst: Das Buch der Naturgeschichte, S. VIII.
[61] Alkuin, Brief Nr. 254, in: MGH Epistolae 4, S. 411: *quod omnia ad rectitudinis normam in regno sibi a Deo dato disponi desiderat.*

Kapitel 10

[1] Becher: ›Cum lacrimis et gemitu‹; Althoff: Tränen und Freude.
[2] Florian Hartmann: Hadrian I. (772 – 795); Scholz: Politik – Selbstverständnis – Selbstdarstellung; Ertl: Byzantinischer Bilderstreit und fränkische Nomentheorie; Hack: Codex Carolinus. Päpstliche Epistolographie im 8. Jahrhundert; Hack: Karl der Große, Hadrian I. und die Muslime in Spanien, um nur eine kleine Auswahl zu nennen.
[3] Noble: Topographie, Celebration, and Power. The Making of a Papal Rome.
[4] Florian Hartmann: Hadrian I. (772 – 795).
[5] Hack: Bildaussendung und Bildeinholung im 7. und 8. Jahrhundert.
[6] Regesto di Farfa, Nr. 90.
[7] Papsturkunden in Frankreich, Abtei Saint-Denis, Nr. 6, S. 79.
[8] Hehl: 798 – ein erstes Zitat aus der konstantinischen Schenkung; Florian Hartmann: Hadrian I., S. 182 ff.; Goodson/Nelson: Review article: The Roman contexts of the ›Donation of Constantine‹.
[9] Fried: *Donation of Constantine.*
[10] Constitutum Constantini, ed. Fuhrmann (MGH Fontes iuris Germanici 10).
[11] Codex Carolinus, Nr. 72 von 782, in: MGH Epistolae 3, S. 602 f.; Nr. 94 von 790/791, in: MGH Epistolae 3, S. 636.
[12] Codex Carolinus Nr. 60, in: MGH Epistolae 3, S. 587.
[13] Codex Carolinus Nr. 73, in: MGH Epistolae 3, S. 604: *Sed ipse princeps apostolorum, fautor vester, beatus Petrus, pro cuius amore haec omnia geritis, ipse vestrum protegat atque in omnibus dirigat in triumphis regnum.*
[14] Noble: Images, Iconoclasm, and the Carolingians; Ertl: Byzantinischer Bilderstreit und fränkische Nomentheorie; Scholz: Rom. Hort des wahren Glaubens; Peter Schreiner: Der byzantinische Bilderstreit.
[15] Wilfried Hartmann: Die Synoden der Karolingerzeit, S. 84 – 86; McCormick: Textes, images et iconoclasme, S. 131 – 133.

16 Mansi: Sacrorum conciliorum 12, Sp. 1055–1076.
17 Wohlmuth (Hg.): Streit um das Bild.
18 Uphus: Der Horos des Zweiten Konzils von Nizäa 787.
19 Conciliorum oecumenicorum decreta, Bd. 1, hg. von J. Wohlmuth, S. 133–137.
20 Opus Caroli regis contra synodum (Libri Carolini), hg. von A. Freeman (MGH Concilia 2, Supplementum 1), Hannover 1998.
21 Ebd., S. 97.
22 Ebd., S. 98.
23 Ebd., cap. III, 13, S. 386: *Non enim eam sexus fragilitas sive animi mobilitas doctrinae sive praelationis super viros apicem tenere permittit.*
24 Ebd., cap. IV, 23, S. 547: *O argumentatio nil adfirmare praeter suos auctores dementes esse valens.*
25 Ebd., Praefatio, S. 102, Z. 14–16.
26 Ebd., cap. III, 23, S. 446 f.
27 Ebd., S. 446, Vers 29, bis S. 447, Vers 5.
28 Ebd., cap. IV, 2, S. 492.
29 MGH Capitularia 1, Nr. 28, cap. 2, S. 73 f., und MGH Concilia 2, 1, cap. 2, S. 165: *ut qui imagines sanctorum ita ut deificam trinitatem servitio aut adorationem non inpenderent, anathema iudicaverunt.*
30 Ebd.: *omnimodis adorationem et servitutem rennuentes contempserunt atque consentientes condempnaverunt.*
31 Scholz: Karl der Große und das »Epitaphium Hadriani«.
32 MGH Poetae latini 1, S. 113 f.; Schneider, Die Epitaphien, S. 25 f., Nr. 30.
33 Einhardsannalen, zu 792, S. 91: *Orgellis est civitas in Pyrinei montis iugo sita.*
34 Alkuin, Brief Nr. 166, in: MGH Epistolae 4, S. 269, und öfter.
35 Einhardsannalen zu 792, S. 91.
36 MGH Concilia 2, 1, S. 120 f.
37 MGH Concilia 2, 1, cap. 1, S. 165: *a sancta ecclesia eradicandam statuerunt.*
38 MGH Concilia 2, 1, S. 159.
39 Alkuin, Brief Nr. 148, in: MGH Epistolae 4, S. 241.
40 MGH Concilia 2, 1, S. 203 f.
41 Alkuin, Brief Nr. 93, in: MGH Epistolae 4, S. 136–138.
42 Ebd., S. 136: *gavisi sumus seu in electionis unanimitate seu in humilitatis vestrae oboedientia et in promissionis ad nos fidelitate.*
43 Ebd., S. 137 f.
44 Alkuin, Brief Nr. 148, in: MGH Epistolae 4, S. 241.
45 Beck: Die Herkunft des Papstes Leo III.
46 Deér: Patricius-Romanorum-Titel, S. 83 f.
47 Scholz: Politik – Selbstverständnis – Selbstdarstellung, S. 113 ff.
48 MGH Concilia 2 1, S. 163, Z. 24–26.
49 Schmid: Aachen, S. 137 ff.; McCormick: Charlemagne's survey, S. 206.
50 MGH Epistolae 5, S. 64, Z. 30.
51 MGH Epistolae 5, S. 66.
52 Willjung: Das Konzil von Aachen, MGH Concilia 2, Supplementum 2, S. 231.

[53] Iohannes Diaconus, Sancti Gregorii Magni vita 2, 7, in: Migne, Patrologia Latina 75, Sp. 90 f.: *Alpina siquidem corpora, vocum suarum tonitruis altisone perstrepentia, susceptae modulationis dulcedinem proprie non resultant, quia bibuli gutturis barbara feritas, dum inflexionibus et repercussionibus mitem nititur edere cantilenam, naturali quodam fragore, quasi plaustra per gradus confuse sonantia rigidas voces iactat.*

[54] Einhart, Vita, cap. 26.

[55] Ewig: Königsgedanken; Zotz: In Amt und Würden, S. 13–15.

[56] Kapitular von Aachen 802, MGH Capitularia 1, S. 97, Nr. 33: *Quapropter ne populus nobis ad regendum commissos* (!) *hoc malo pereat, hoc omni disciplina devitare previdimus.*

[57] MGH Epistolae 5, S. 62.

[58] MGH Capitularia 1, cap. 1, S. 184, Nr. 85.

[59] Expositio in Regulam s. Benedicti, V, 8, ed. Alfred Spannagel/Pius Engelbert, Corpus Consuetudinum Monasticarum 8, Siegburg 1974, S. 151: *non propriam voluntatem, sed magis proximorum inplere.*

[60] Ebd.: *per oboedientiam vero voluntas propria mactatur.*

[61] Opus Caroli Regis (Libri Carolini), S. 356: *Nam et creator relative dicitur ad creaturam sicut dominus ad servum.*

Kapitel 11

[1] Alkuin, Brief Nr. 174, in: MGH Epistolae 4, S. 287 ff.

[2] Ebd., S. 288: *tota salus ecclesiarum Christi inclinata.*

[3] Lorscher Annalen zu 801, MGH Scriptores 1, S. 38.

[4] Alkuin, Brief Nr. 173, in: MGH Epistolae 4, S. 286.

[5] Fried: Papst Leo III. besucht Karl den Großen.

[6] Alkuin, Brief Nr. 179, in: MGH Epistolae 4, S. 297.

[7] Alkuin, Brief Nr. 184, in: MGH Epistolae 4, S. 309.

[8] Alkuin, Brief Nr. 179, in: MGH Epistolae 4, S. 297: *Insuper et in aliis legebam canonibus apostolicam sedem iudicariam esse, non iudicandam.*

[9] Krusch: Studien zur christlich-mittelalterlichen Chronologie, S. 197; Löwe: Eine Kölner Notiz zum Kaisertum Karls des Großen, S. 7; von Euw: Kompendium der Zeitrechnung.

[10] *Ipse est annus, quando hospites* [am Rand verbessert zu *obsides*] *accepit de Saxonia tertiam partem populi et quando missi venerunt de Grecia, ut traderent ei imperium.*

[11] Fried: Papst Leo III. besucht Karl den Großen, S. 308 ff.

[12] Rudolf Schieffer: Neues von der Kaiserkrönung Karls des Großen.

[13] Alkuin, Vita Willibrordi, cap. 23, S. 133.

[14] Alkuin, Brief Nr. 148, in: MGH Epistolae 4, S. 241.

[15] Alkuin, Briefe Nr. 177, 185, 200, 202, in: MGH Epistolae 4, S. 292, S. 310, S. 331, S. 336.

[16] Ertl: Byzantinischer Bilderstreit und fränkische Nomentheorie.

[17] Alkuin, Brief Nr. 145, in: MGH Epistolae, S. 231.
[18] Opus Caroli, MGH Concilia 2, Supplementum 1, cap. IV, 23, S. 544 f.: *nec credendum est, ut res aptentur nominibus, sed nomina potius aptentur rebus.*
[19] Ertl: Byzantinischer Bilderstreit und fränkische Nomentheorie, S. 37.
[20] Fleckenstein: Karl der Große, seine Hofgelehrten und das Frankfurter Konzil, S. 46.
[21] Lorscher Annalen zu 801, MGH Scriptores 1, S. 38.
[22] Petrus von Pisa, Liber de diversis quaestiunculis, Migne PL 96, Sp. 1347.
[23] Alkuin, Brief Nr. 174, in: MGH Epistolae 4, S. 288: *tempora sunt periculosa.*
[24] Lorscher Annalen, in: MGH Scriptores 1, S. 38.
[25] MGH Epistolae 5, S. 63 f., Nr. 6.
[26] Ebd., S. 64.
[27] Lorscher Annalen zu 801, in: MGH Scriptores 1, S. 38: *ut ipsum Carolum regem Franchorum imperatorem nominare debuissent.*
[28] Vita Leonis papae, in: Liber Pontificalis, Bd. 2, S. 7.
[29] Ebd.
[30] Reichsannalen zu 801.
[31] Ebd.
[32] Einhart, Vita, cap. 28, S. 32: *Quo tempore imperatoris et augusti nomen accepit. Quod primo in tantum aversatus est, ut adfirmaret se eo die, quamvis praecipua festivitas esset, ecclesiam non intraturum, si pontificis consilium praescire potuisset.*
[33] Vita Leonis papae, in: Liber Pontificalis, Bd. 2, S. 7.
[34] Reichsannalen zu 801.
[35] Fichtenau: Das karolingische Imperium, S. 79.
[36] Ebd., S. 80.
[37] Vita Leonis papae, in: Liber Pontificalis, Bd. 2, S. 7.
[38] Thegan, Vita Hludowici, ed. Tremp (MGH Scriptores rerum Germanicarum 64), cap. 6, S. 184.
[39] Reichsannalen zu 801, S. 114: *secundum legem Romanam.*
[40] *homines ad seditionem convocentur* (Lex 1 Dig. 48 tit. 4).
[41] MGH Diplomata der Karolinger 1, Nr. 197.
[42] Classen: Romanum gubernans Imperium.
[43] Ebd., S. 23.
[44] Theophanes, Chronographia, ed. De Boor, Bd. 1, S. 472 f., Bd. 2, S. 314 f.
[45] Einhart, Vita, cap. 28.
[46] Theophanes, Chronographia, ed. De Boor, Bd. 1, S. 475; Bd. 2, S. 317.
[47] Hehl: Zwei christliche Kaiser im mittelalterlichen Europa.
[48] MGH Epistolae 4, S. 556, Nr. 37.
[49] Einhart, Vita, cap. 27, S. 31 f.
[50] Ebd., cap. 16, S. 19.
[51] Borgolte: Der Gesandtenaustausch der Karolinger mit den Abbasiden.
[52] Reichsannalen zu 801.
[53] Altmann: Des Reise des Isaak und die politische Situation um 800.

[54] Ebd., S. 31.
[55] Reichsannalen zu 800.
[56] Ebd. zu 807.
[57] Schmid: Aachen und Jerusalem, S. 137.
[58] Breve commemoratorii, ed. McCormick, Charlemagne's Survey of the Holy Land, S. 197 – 237.
[59] Ebd., S. 201.
[60] MGH Capitularia 1, S. 152 – 154, Nr. 64.

Kapitel 12

[1] Einhart, Vita, cap. 14, S. 17.
[2] Ebd., cap. 32, S. 36 f.
[3] Ebd., S. 37.
[4] Kloft: Karl der Große in der Frankfurter Sage, S. 24 f.
[5] Stephan Müller: Die Präsenz der Schrift.
[6] MGH Capitularia 1, Nr. 124, S. 245.
[7] Ebd., S. 245 f.: *nos per omnia Domino non placere interius.*
[8] Reichsannalen zu 810.
[9] MGH Capitularia 162, 1, Nr. 72 und S. 249, Nr. 127.
[10] MGH Capitularia 1, Nr. 72, Überschrift.
[11] Ebd., S. 164, cap. 11: *tolerabilius tamen ferendum nobis videtur inperfectione cantandi quam vivendi.*
[12] Ebd., S. 164, cap 11: *Quodsi Christus et apostoli et qui apostolos recte secuti sunt in ecclesiastica disciplina sunt sequendi, aliter nobis in multis rebus faciendum est quam usque modo fecissemus, multa de usu et consuetudine nostra auferenda et non minus multa quae actenus non fecimus facienda.*
[13] MGH Capitularia 1, S. 165, Nr. 73.
[14] Alkuin, Carmen 8, in: MGH Poetae latini 1, S. 228.
[15] Concilium Turonenese, 813, in: MGH Concilia 2/1, cap. 44, S. 292.
[16] Concilium Arelatense 813, in: MGH Concilia 2/1, cap. 23, S. 253.
[17] Theodulf, Carmen 14, in: MGH Poetae latini 1, S. 469, Z. 31 ff.:
Scissus agit paries venturae signa ruinae,
Qui iuvenis solidus pictus et arte stetit.
Utque senem taedent iam cantica ludicra ludi,
Stare, equitare, gradi, verba iocosa loqui,
Dumque quatit tremulos male creber anhelitus artus,
Suspirat, fundit murmura crebra gemens:
Dulcia sic vetulum liquerunt omnia mundum,
Nec manet ullus ei qui fuit ante vigor.
[18] Einhart, Vita, cap. 30, S. 34: *Extremo vitae tempore, cum iam morbo et senectute premeretur.*
[19] Einhart, Vita, cap. 33, S. 37.
[20] Einhart, Vita, cap. 33, S. 39: *Post obitum vero suum aut voluntariam saecula-*

rium rerum carentiam.

[21] MGH Concilia 2, 1, S. 248–293.

[22] Ebd., S. 259.

[23] Ebd.: *qui suis temporibus sacrae sapientiae fontem aperiens.*

[24] Ebd.: *de fauce diri draconis multorum animam studet eripere.*

[25] Ebd., S. 254: *more priscorum imperatorum.*

[26] Ebd., S. 261: *pax et concordia atque unanimitas.*

[27] MGH Capitularia 1, Nr. 71, S. 161 f.

[28] Thegan, Vita Hludowici, ed. Tremp (MGH Scriptores rerum Germanicarum 64), cap. 6, S. 184.

[29] Mordek/Schmitz, Neue Kapitularien, S. 396–423.

[30] Ebd., S. 399.

[31] Ebd., S. 413.

[32] Ebd., S. 423: *de istis autem capitulariis atque de aliis omnibus, quę a multis annis misimus per regnum nostrum, volumus nunc pleniter per missos nostros scire, quid ex his omnibus factum sit vel quis hęc observet, quę ibi pręcepta sunt, vel quis illa condempnat et neglegat, ut scimus, quid de his agere debeant, qui tam multis annis dei pręcepta et decretum nostrum contempserunt.*

[33] Thegan, Vita Hludowici, ed. Tremp (MGH Scriptores rerum Germanicarum 64), cap. 7, S. 186.

[34] MGH Diplomata der Karolinger 1, Nr. 55, S. 81: *casa sancti domni Dyonisii martyris, ubi … nos, si domino placuerit, sepeliri cupimus.*

[35] Einhart, Vita, cap. 31, S. 35: *Corpus more sollemni lotum et curatum.*

[36] Ebd.: *sepultus est eadem die, qua defunctus est.*

[37] Einhart, Vita, cap. 31, S. 35 f.

[38] Anonymus, Vita Hludowici, cap. 20, in: MGH Scriptores 2, S. 617.

[39] Thegan, Vita Hludowici, ed. Tremp (MGH Scriptores rerum Germanicarum 64), cap. 8, S. 188.

[40] Ebd.

[41] Ebd.. S. 188/190.

[42] Nithard, Histoire des fils de Louis le Pieux, lib. IV, cap. 7, ed. Lauer/Glansdorff, S. 156: *quoniam hic populus unam eandemque rectam ac per hoc viam Domini publicam incedebat.*

[43] Schlesinger: Die Auflösung, S. 826.

Schlussbemerkung

[1] Melville: Die Welt der mittelalterlichen Klöster, S. 35 ff.

[2] Ardo, Vita Benedicti, cap. 22, S. 209.

[3] Fichtenau: Das karolingische Imperium, S. 201.

[4] Ebd.

[5] Becht-Jördens: Vita.

[6] Melville: Im Spannungsfeld von religiösem Eifer und methodischem Betrieb. Zur Innovationskraft der mittelalterlichen Klöster.

Genealogische Tafel

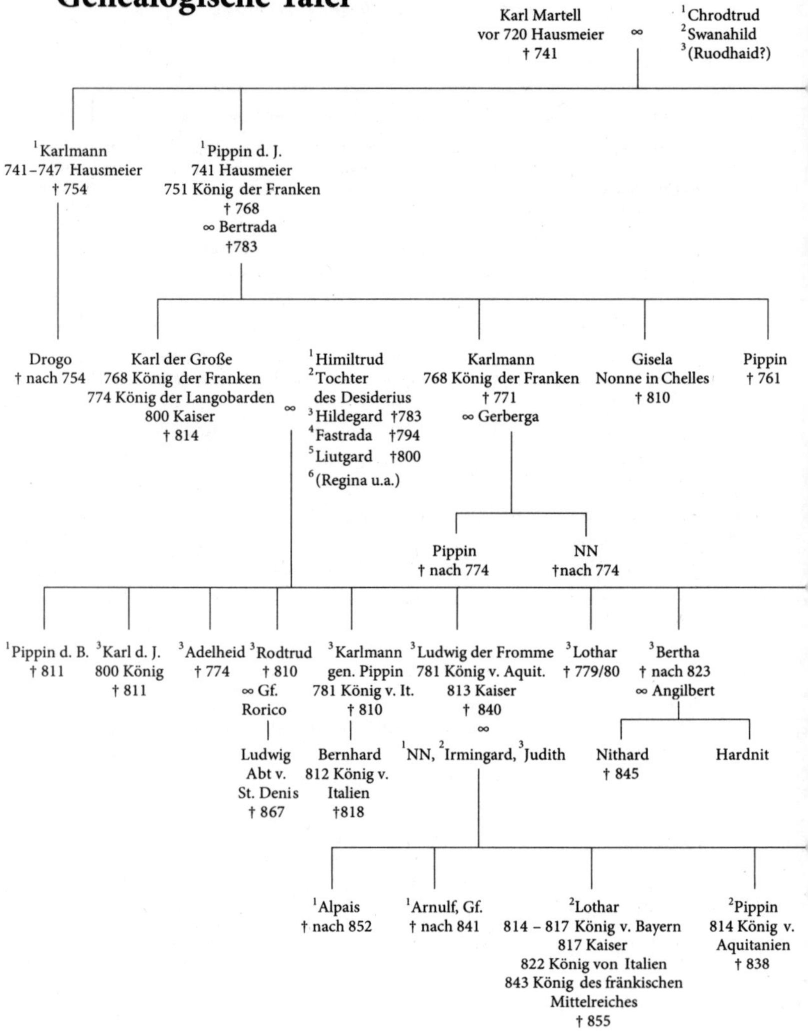

[1]Hiltrud
† 754
∞ Odilo Herzog v. Bayern
† 748

[2]Grifo
† 753

[3]Bernhard
† 787

[3]Hieronymus
† nach 754

[3]Remedius (Remigius)
Bischof v. Rouen
† 771

Tassilo III.
748–788 Herzog v. Bayern
† nach 794

Adalhard
Abt von Corbie
† 826

Wala
Abt von Corbie
† 836

Gundrada
† nach 826

Bernhar
† nach 801

Theodrada
† 846

[3]Gisela
† nach 814

[3]Hildegard
† 783

Ruothaid
† nach 814

[4]Theodrada
† 844/53

[4]Hiltrud
† nach 814

Ruothild
† 852

Adaltrud

[6]Drogo
Bischof v. Metz
† 855

[6]Hugo
Abt v. St. Quentin
†844

Theuderich
† nach 818

[2]Rodtrud

[2]Hildegard

[2]Ludwig der Deutsche
817 König von Bayern
843 König des Ostfränkischen Reiches
† 876

[3]Gisela
† nach 874

[3]Karl der Kahle
838 König von Aquitanien
843 König des Westfränkischen Reiches
875 Kaiser
† 877

Quellen und Literatur

Quellenverzeichnis

»Acta sancti Aegidii«, in: *Acta Sanctorum*, September I, S. 302F–303A.

Adalwin von Regensburg: »Testimonia de aequalitate spiritus sancti cum patre et filio seu de processione eius ex ambobus«, in: *Das Konzil von Aachen 809*, ed. Harald Willjung (MGH Concilia 2, Supplementum 2), Hannover 1998, S. 397–412.

Adémar von Chabannes, *Chronicon*, ed. J. Chavanon, Paris 1897.

Adémar von Chabannes, *Chronicon*, ed. Pascale Bourgain/Richard A. Landes/Georges Pon (Corpus Christianorum. Continuatio Mediaevalis 129 = Ademari Cabannensis Opera omnia 1), Turnhout 1999.

Admonitio generalis, siehe: Die Admonitio.

Aethicus Ister: *The Cosmography of Aethicus Ister*. Edition. Translation and Commentary, hg. von Michael W. Herren (Publications of the Journal of Medieval Latin 8), Turnhout 2011.

»Agnellus qui et Andreas, Liber pontificalis ecclesiae Ravennatis«, ed. Oswald Holder-Egger, in: MGH *Scriptores rerum Langobardicarum*, Hannover 1878, S. 265–391.

»Alcuin, Vita Willibrordi archiepiscopi Traiectensis«, ed. Wilhelm Levison, in: MGH *Scriptores rerum Merovingicarum* 7, Hannover/Leipzig 1920, S. 81–141.

Alcuin's Disputatio de rhetorica et de virtutibus Sapientissimi Regis Karoli et Albini Magistri, ed. Hermann L. Zimmermann, Diss. Ann Arbor 1968.

»Alkuin, Adversus Elipandum libri IV«, in: Migne, *Patrologia Latina* 101, Sp. 231–300.

Alkuin, Briefe: »Alcuini sive Albini Epistolae«, ed. Ernst Dümmler, in: MGH *Epistolae Karolini Aevi* 4, Berlin 1895, S. 18–481 und S. 614–616.

Alkuin, Ordo de cathecizandis, siehe Bouhot.

»Alkuin: Disputatio de Rhetorica et de virtutibus«, in: *Rhetores latini minores*, hg. von Carolus Halm, Leipzig 1863, S. 525–550.

Althochdeutsche Sprachdenkmäler: *Die kleineren althochdeutschen Sprachdenkmäler*, ed. Elias von Steinmeyer (Deutsche Neudrucke: Reihe Texte des Mittelalters), 3. Aufl. Dublin u. a. 1971.

Annalen von Saint-Bertin: *The Annals of St-Bertin*, translated and annotated by Janet Nelson (Ninth-Century Histories, Bd. 1), Manchester 1991.

»Annales Einhardi«, in: MGH *Scriptores* 1, Hannover 1862, S. 124–218.

Annales Fuldenses sive Annales regni Francorum orientalis, ed. Friedrich Kurze (MGH Scriptores rerum Germanicarum 7), Hannover 1891. Übersetzung: *Quellen zur karolingischen Reichsgeschichte*, Bd. 3, hg. u. übers. v. Reinhold Rau (Ausgewählte Quellen zur deutschen Geschichte des Mittelalters 5), 3. Auflage Darmstadt 1975.

»Annales Laureshamenses«, ed. Georg H. Pertz, in: MGH *Scriptores* 1, Hannover 1826 (= ND Stuttgart 1976), S. 19–39.

»Annales Laurissenses minores«, ed. Georg H. Pertz, in: MGH *Scriptores* 1, Hannover 1826 (= ND Stuttgart 1976), S. 112–123.

»Annales Mettenses priores«, ed. Bernhard von Simson, in: MGH *Scriptores rerum Germanicarum* [10], Hannover/Leipzig 1905, S. 1–98.

»Annales Mosellani«, ed. Johann M. Lappenberg, in: MGH *Scriptores* 16, Hannover 1858, S. 491–499.

»Annales Nazariani«, ed. Georg H. Pertz, in: MGH *Scriptores* 1, Hannover 1826 (= ND Stuttgart 1976), S. 19–31 und S. 40–44.

»Annales Nazariani«, ed. Walter Lendi, in: Ders.: *Untersuchungen zur frühalemannischen Annalistik. Die Murbacher Annalen mit Edition* (Scrinium Friburgense 1), Freiburg i. Ü. 1971, S. 147–167.

»Annales Nordhumbrani«, ed. Reinhold Pauli, in: MGH *Scriptores* 13, Hannover 1886, S. 154–156.

»Annales Petaviani. Continuatio«, ed. Georg H. Pertz, in: MGH *Scriptores* 1, Hannover 1826 (= ND Stuttgart 1976), S. 3–5 und 11–13.

»Annales regni Francorum inde ab a. 741 usque ad a. 829, qui dicuntur Annales Laurissenses maiores et Einhardi«, ed. Friedrich Kurze (*Scriptores rerum Germanicarum* 6), Hannover 1895. Übersetzung: »Quellen zur karolingischen Reichsgeschichte«. Erster Teil, hg. und übersetzt von Reinhold Rau (*Ausgewählte Quellen zur deutschen Geschichte des Mittelalters* 5), Darmstadt 1974, S. 9–155.

»Anselm von Canterbury, De veritate«, in: *S. Anselmi Cantuariensis Archiepiscopi Opera Omnia*, ed. F. S. Schmitt, Bd. 1, Stuttart/Bad Cannstatt 1968, S. 171–199.

Anselm von Canterbury, *Über die Wahrheit*. Lateinisch-deutsch. Übersetzt, mit einer Einleitung und Anmerkungen hg. von Markus Enders, Hamburg 2001.

»Ardo: Vita Benedicti«, ed. Georg Waitz, in: MGH *Scriptores* 15,1, Hannover 1887, S. 198–220.

»Arn von Salzburg: In nomine sanctae trinitatis Testimonia ex sacris voluminibus collecta incipiunt in quibus aperte ostenditur quod spiritus sanctus a patre et filio procedit et mittitur et quod idem spiritus sanctus patris et filii vocatur spiritus«, in: *Das Konzil von Aachen 809*, ed. Harald Willjung (MGH Concilia 2, Supplementum 2), Hannover 1998, S. 251 – 283.

»Astronomus, Vita Hludowici imperatoris«, ed. Georg H. Pertz, in: MGH *Scriptores* 2, Hannover 1829, S. 607–648.

Augustinus, *De civitate Dei libri viginti duo*, hg. von Bernhard Dombart/Alphons Kalb, 2 Bde. (Corpus Christianorum. Series latina 47 und 48), Turnhout 1955.

Augustinus, *Vom Gottesstaat*. Aus dem Lateinischen übertragen von Wilhelm Thimme. Eingeleitet und kommentiert von Carl Andresen, 2 Bde., 4. Auflage München 1997.

Bonifatius: *S. Bonifatii et Lulli epistolae*, ed. Michael Tangl (MGH Epistolae selectae 1), Berlin 1916.

Bouhot, Jean-Paul: »Alcuin et le ›De cathecizandis rudibus‹ de saint Augustin«, in: *Recherches Augustiennes* 15, 1980, S. 205–230.

»Breue commemoratorii«, ed. Michael McCormick, *Charlemagne's Survey of the Holy Land. Wealth, Personnel, and Buildings of a Mediterranean Church between Antiquity and the Middle Ages with a Critical Edition and Translation of the Original Text*, Washington 2011, S. 197–237.

»Brief an Cotani« (Tochter Tassilos III.), ed. Bernhard Bischoff, in: Ders.: *Salzburger Formelbücher und Briefe aus Tassilonischer und Karolingischer Zeit* (Bayerische Akademie der Wissenschaften, phil.-hist. Klasse, Sitzungsberichte 1973,4), München 1974, III. Sammlung Nr. 20, S. 55.

Capitulare de villis. Cod. Guelf. 254 Helmst. der Herzog August Bibiliothek Wolfenbüttel, ed. Carlrichard Brühl (Dokumente zur deutschen Geschichte in Faksimiles, Reihe 1, Mittelalter 1), 2 Bde. Stuttgart 1971.

»Capitulare Saxonicum«, in: *Leges Saxonum und Lex Thuringorum*, ed. Claudius von Schwerin (MGH Fontes iuris Germanici antiqui in usum scholarum separatim editi 4), Hannover/Leipzig 1918, S. 45–49.

Capitularia regum Francorum, Bd. 1, ed. Alfred Boretius (MGH Capit. 1), Hannover 1883 (= ND 1984).

»Capitulatio de partibus Saxoniae«, in: *Leges Saxonum und Lex Thuringorum*, ed. Claudius von Schwerin (MGH Fontes iuris Germanici antiqui in usum scholarum separatim editi 4), Hannover/Leipzig 1918, S. 37–44.

Cassiodor: *Institutiones divinarum et saecularium litterarum. Einführung in die geistlichen und weltlichen Wissenschaften*, übers. und eingel. von Wolfgang Bürsgens (Fontes Christiani 39/1–2), 2 Bde. Freiburg i. Br. u. a. 2003.

»Chronicarum qui dicunter Fedegarii scholastici libri IV cum continuationibus, ed. Bruno Krusch«, in: MGH *Scriptores rerum Merovingicarum* 2, Hannover 1888, S. 1–193.

»Chronicon Laurissense breve«, ed. Hans Schnorr von Carolsfeld, in: *Neues Archiv der Gesellschaft für ältere deutsche Geschichtskunde*, 36, 1911, S. 13–39.

»Chronicon Moissiacense und Chronicon Anianense. Synoptische Edition der Handschriften Paris BN lat. 4886 f. 43v–f. 54 v, und Paris BN lat. 5941, f. 2r–f. 49 v«, in: Kettemann, Walter: *Subsidia Anianensia, Überlieferungs- und textgeschichtliche Untersuchungen zur Geschichte Witiza-Benedikts, seines Klosters Aniane und zur sogenannten »anianischen Reform«*. Teil 2: Beilagen, Duisburg 2000, Beilage 2, S. 1–197, via: http.//duepublico.uni-duisburg-essen.de/servlets/DerivateServlet/Derivate-19910/Kettemann_Diss_pdf, letzter Zugriff am 11. Juni 2013.

»Chronicon Moissiacense«, ed. Georg H. Pertz, in: MGH *Scriptores* 1, 1826, S. 280–313.
Chronicon Novaliciense = Cronaca di Novalesa.
Chronik von Karl dem Großen, siehe: Die Chronik.
»Codex Carolinus«, ed. Wilhelm Gundlach, in: MGH *Epistolae* 3, Berlin 1982, S. 468–657.
Codex Laureshamensis, Bd. 1: Einleitung, Regesten, Chronik, ed. Karl Glöckner, Darmstadt 1929.
Collectio Canonum Hibernensis = Die irische Kanonensammlung.
»Collectio Dionysio-Hadriana«, ed. Joseph Hartzheim, in: Concilia Germaniae, Bd. 1, Köln 1759, S. 131–235.
Constitutum Constantini, siehe: Das Constitutum.
»Conversio Bagoariorum et Carantanorum«, ed. Fritz Lošek, in: Ders.: *Die Conversio Bagoariorum et Carantanorum und der Brief des Erzbischofs Theotmar von Salzburg* (MGH Studien und Texte 15), Hannover 1997, S. 90–135.
Conversio Bagoariorum et Carantanorum: Wolfram, Herwig: *Conversio Bagoariorum et Carantanorum. Das Weißbuch der Salzburger Kirche über die erfolgreiche Mission in Karantanien und Pannonien* (Zbirka Zgodovinskega časopisa 44), Ljubljana-Laibach 2012.
Cronaca di Novalesa, ed. Gian Carlo Alessio (I millenni), Turin 1982.
Das Constitutum Constantini, ed. Horst Fuhrmann (MGH Fontes iuris Germanici 10), Hannover 1968.
Das Konzil von Aachen 809, hg. von Harald Willjung (MGH Concilia II. Supplementum 2), Hannover 1998.
Dekrete der ökumenischen Konzilien, Bd. 1: *Konzilien des ersten Jahrtausends. Vom Konzil von Nizäa bis zum Vierten Konzil von Konstantinopel (869/70)*, hg. von Josef Wohlmuth, 3., durchgesehene Auflage, Paderborn/München/Wien/Zürich 2002.
Dicuil: Liber de mensura orbis terrae, ed. James J. Tierney (Scriptores Latini Hiberniae 6), Dublin 1967.
Die Aachener »Vita Karoli Magni« = Vita Karoli Magni
Die Admonitio generalis Karls des Großen, ed. Hubert Mordek (†)/Klaus Zechiel-Eckes (†)/Michael Glatthaar (MGH Fontes iuris Germanici antiqui in usum scholarum separatim editi 16), Hannover 2012.
Die altrussische Nestorchronik. Provest' vremennych let, hg. und übers. von Reinhold Trautmann (Slavisch-baltische Quellen und Forschungen 6), Leipzig 1931.
Die Chronik von Karl dem Großen und Roland. Der lateinische Pseudo-Turpin in den Handschriften aus Aachen und Andernach, ed. Hans-Wilhelm Klein (Beiträge zur romanischen Philologie des Mittelalters 13), München 1986.
Die Irische Kanonensammlung, ed. Hermann Wasscherschleben, 2. Auflage Leipzig 1885 (= ND Aalen 1966).
Die Nestorchronik. Die altrussische Chronik, zugeschrieben dem Mönch des Kiever Höhlenklosters Nestor, in der Redaktion des Abtes Sil'vestr aus dem Jahre 1116,

rekonstruiert nach den Handschriften Lavrent'evskaja, Radzivilovskaja, Akademičeskaja, Troickaja, Ipat'evskaja und Chlebnikovskaja, hg. und übers. v. Ludwig Müller (Handbuch zur Nestorchronik 4/Forum Slavicum 56), München 2001.

»Die Traditionen des Hochstifts Freising«, ed. Theodor Bitterauf, Bd. 1: S. 744–926 (*Quellen und Erörterungen zur bayerischen und deutschen Geschichte* N. F. 4), München 1905.

»E translationibus et miraculis s. Germani«, ed. Georg Waitz, in: MGH *Scriptores* 15,1, Hannover 1887, S. 4–16.

»Eigil: Vita Sturmi«, ed. Pius Engelbert, in: Ders.: *Die Vita Sturmi des Eigil von Fulda. Literarkritisch-historische Untersuchung und Edition* (Veröffentlichungen der Historischen Kommission für Hessen und Waldeck 29), Marburg 1968, S. 129–163.

»Einhard: Vita Karoli Magni«, ed. Oswald Holder-Egger (MGH *Scriptores rerum Germanicarum* 25), Hannover 1911. Französische Ausgabe: »Eginhard: Vie de Charlemagne«, hg. von Louis Halphen (*Les classiques de l'histoire de France au Moyen Age* 1), 3. Aufl. Paris 1947. Deutsche Übersetzung in: *Quellen zur karolingischen Reichsgeschichte*, Bd. 1, hg. u. übers. v. Reinhold Rau (Ausgewählte Quellen zur deutschen Geschichte des Mittelalters 5), Darmstadt 1974, S. 163–212.

Einhardsannalen, siehe Annales regni Francorum.

English Historical Documents, I: c. 500–1042, ed. Dorothy Whitelock 2. Aufl. London und New York 1979.

Epistolae Karolini Aevi, Bd. 2, ed. Ernst Dümmler (MGH Epistolae IV), Berlin 1895 (= ND 1994).

»Epitaphium Hadriani«, in: Fedor Schneider, *Die Epitaphien der Päpste und andere stadtrömische Inschriften des Mittelalters (IV. bis XII. Jahrhundert)*. Aus dem Nachlass hg. von Walther Holtzmann (Texte zur Kulturgeschichte des Mittelalters 6), Rom 1933, S. 25f.

»Erconrads Translatio S. Liborii«, ed. A. Cohausz, in: Ders.: *Eine wiederentdeckte Geschichtsquelle der Karolingerzeit und die bekannten Übertragungsberichte* (Studien und Quellen zur Westfälischen Geschichte 6), Paderborn 1966, S. 52–100.

»Ermoldus Nigellus: Carmina in honorem Hludowici«, ed. Ernst Dümmler, in: MGH *Poetae latini* 2, Berlin 1884, S. 5–79.

Ermoldus Nigellus: *Ermold le Noir, Poème sur Louis le Pieux et épitres au roi Pépin*, ed. et trad. par E. Faral (Les Classiques de l' histoire de France au moyen âge 14), Paris 1964.

»›Smaragdi abbati‹. Expositio in Regulam s. Benedicti«, ed. Alfred Spannagel/ Pius Engelbert (*Corpus Consuetudinum Monasticarum* 8), Siegburg 1974.

Fredegar-Fortsetzungen: »Chronicarum quae dicuntur Fredegarii continuationes«, hg. von Herbert Haupt, in: *Quellen zur Geschichte des 7. und 8. Jahrhunderts*, hg. von Herwig Wolfram/Andreas Kusternig/Herbert Haupt (Ausgewählte Quellen zur deutschen Geschichte des Mittelalters IV a), Darmstadt 1982, S. 272–325.

Fredegar: siehe Chronicarum.

Gesta sanctorum patrum Fontanellensis coenobii (Gesta abbatum Fontanellensium), ed. Ferdinand Lohier und Jean Laporte, Rouen 1936.

Große, Rolf: siehe Papsturkunden in Frankreich.

»Heito von Basel: Testimonia de processione spiritus sancti«, in: *Das Konzil von Aachen 809*, ed. Harald Willjung (MGH Concilia 2, Supplementum 2), Hannover 1998, S. 383–395.

Herren, Michael W.: »The ›De imagine Tetrici‹ of Walafrid Strabo«. Edition and Translation, in: The Journal of Medieval Latin 1, 1991, S. 118–139.

Hinkmar von Reims, *De ordine palatii*, hg. und übersetzt von Thomas Gross und Rudolf Schieffer (MGH Fontes iuris Germanici antiqui in usum scholarum separatim editi 3), Hannover 1980.

»Instructio pastoralis«, ed. Raymond Étaix, in: Ders.: »Un manuel de pastorale de l'époque Carolingienne (Clm 271529)«, in: *Revue Bénédictine* 91, 1981, S. 105–130, hier S. 116–130.

»Iohannes Diaconus, Sancti Gregorii Magni vita«, in: Migne, *Patrologia Latina* 75, Sp. 61–242.

Kaiserkrönung: *Die Kaiserkrönung Karls des Großen*. Eingeleitet und zusammengestellt von Kurt Reindel (Historische Texte Mittelalter 4), 2., durchgesehene Auflage Göttingen 1970.

Karolus Magnus et Leo Papa = Paderborner Epos.

Kempf, Damien (Hg.): *Paul the Deacon, Liber de episcopis Mettensibus*. New Edition, Translation and Commentary (Dallas Medieval Texts and Translations), Leuven 2012.

Kusch, Bruno: *Einführung in das Lateinische Mittelalter*. Bd. I: *Dichtung*, Darmstadt 1957.

Le Liber Pontificalis. Texte, introduction et commentaire, 2 Bde., hg. von Louis Duchesne, Paris 1886, ND Paris 1981.

Leidrad von Lyon, Rechenschaftsbericht: Alfred Coville, La rapporte de Leidrade, in: Ders., *Recherches sur l'histoire de Lyon du Vme siècle au IXme siècle (450–800)*, Paris 1928, S. 283–287.

Libri Carolini = Opus Caroli regis contra synodum.

Lorscher Annalen, siehe: Annales Laureshamenses.

Mansi, Giovanni D.: *Sacrorum conciliorum nova et amplissima collectio 12*, Paris 1901.

MGH *Concilia II, 1*, ed. Albert Werminghoff, Hannover/Leipzig 1906.

MGH *Diplomata Friedrichs I.*, Bd. 2, bearbeitet von Heinrich Appelt, Hannover 1979.

MGH *Diplomata der Karolinger 1*, bearbeitet von Engelbert Mühlbacher, Hannover 1906, ND München 1979.

Nithard: *Histoire des fils de Louis le Pieux*, ed. Philippe Lauer/Sophie Glansdorff (Les classiques de l'histoire au Moyen Âge 51), Paris 2012.

Nithard: Libri historiarum quattuor = Nithard: *Histoire des fils de Louis le Pieux*

Notker Balbulus: *Gesta Karoli Magni Imperatoris*, ed. Hans F. Haefele (MGH Scriptores rerum Germanicarum. Nova Series 12), Berlin 1959. Deutsche Übersetzung in: *Quellen zur karolingischen Reichsgeschichte*, Bd. 3, hg. u. übers. v. Reinhold Rau (Ausgewählte Quellen zur deutschen Geschichte des Mittelalters 5), 3. Aufl. Darmstadt 1975.

Opus Caroli regis contra synodum (Libri Carolini), ed. Ann Freeman unter Mitwirkung von Paul Meyvaert (MGH Concilia II. Supplementum 1), Hannover 1998.

Paderborner Epos: *De Karolo rege et Leone papa*, hg. und übersetzt v. Franz Brunhölzl (Studien und Quellen zur westfälischen Geschichte 36, Beiheft), Paderborn 1999.

Papsturkunden in Frankreich, Diözese Paris, Bd. 2: *Abtei Saint-Denis*. Neue Folge 9, ed. Rolf Große (Abhandlungen der Akademie der Wissenschaften in Göttingen. Phil-Hist. Klasse, Folge 3, 225), Göttingen 1998.

Paris, Gaston/Bos, Alphonse (Hgg.): *La vie de Saint Gilles par Guillaume de Berneville* (Société des Anciens Textes Français 15), Paris 1881.

»Paschasius Radbertus: Ex Vita Adalhardi«, ed. Georg H. Pertz, in: MGH *Scriptores* 2, Hannover 1829, S. 524–532. Vollständig bei *Migne, Patrologia Latina* 120, Sp. 1507–1556.

»Pauli Warnefridi Liber de episcopis Mettensibus«, ed. Georg H. Pertz, in: MGH *Scriptores* 2, Hannover 1829, S. 260–268.

Paulus Diaconus. Historia Langobardorum (Geschichte der Langobarden). Lateinisch und deutsch, hg. und übers. von Wolfgang F. Schwarz, Darmstadt 2009.

Paulus Diaconus: Carmina = Paulus Diaconus: Die Gedichte.

Paulus Diaconus: *Die Gedichte des Paulus Diaconus*. Kritische und erklärende Ausgabe, ed. Karl Neff (Quellen und Untersuchungen zur lateinischen Philologie des Mittelalters 3,4), München 1908.

Paulus Diaconus: Gesta episcoporum Mettensium = Pauli Warnefridi Liber de episcopis Mettensibus.

»Paulus Diaconus: Historia Langobardorum«, ed. Georg Waitz (MGH *Scriptores rerum Germanicarum* 48), Hannover 1878.

»Paulus Diaconus: Historia Romana«, ed. Amedeo Crivellucci (*Fonti per la storia d'Italia* 51), Rom 1914 (ND Turin 1966).

»Paulus Diaconus: Historia Romana«, ed. Hans Droysen (MGH *Scriptores rerum Germanicarum* [49]), Berlin 1879.

Paulus Diaconus: Liber de episcopis Mettensibus = Kempf, Damien.

Petrarca, Francesco: *Le Familiari. Edizione critica per cura di Vittorio Rossi*, Bd. I: *Introduzione e Libri I–IV. Con un ritratto e sei tavole fuori testo*, Florenz 1933. Übersetzung: *Briefe des Francesco Petrarca. Eine Auswahl*. Übers. v. Hans Nachod/Paul Stern, Berlin 1931.

Plinius der Ältere: Pline l'Ancien, Histoire naturelle, hg. von Alfred Ernout u.a., Bd. 1, 1947.

Regesto di Farfa compilato da Gregorio Catino, ed. Ignazio Giorgi/Ugo Balzani

(Biblioteca della Scietà di storia patria), Bd. 1, Rom 1914; Bde. 2–5, Rom 1879–1892.

»Reiner von Lüttich, Annalen«, ed. Georg Heinrich Pertz, in: MGH *Scriptores* 16, Hannover 1859, S. 651–680.

Stengel: Urkundenbuch Fulda, siehe Urkundenbuch des Klosters Fulda.

Synode von Hiereia: *Die ikonoklastische Synode von Hiereia 754*. Einleitung, Text, Übersetzung und Kommentar ihres Horos, besorgt von Torsten Krannich/Christoph Schubert/Claudia Sode (Studien und Texte zu Antike und Christentum 15), Tübingen 2002.

Thegan, Gesta Hludowici imperatoris, ed. und übersetzt von Ernst Tremp (MGH Scriptores rerum Germanicarum 64), Hannover 1995.

»Theodor Synkellos, De obsidione Constantinopolitana sub Heraclio imperatore«, hg. von Leo Sternberg, in: *Rozprawy Akademii Umiejetnośa wydzial filologszy*, II/15, Krakau 1900, S. 298–320.

»Theodulf von Orléans, Carmina«, ed. Ernst Dümmler, in: MGH *Poetae latini* 1, Berlin 1881, S. 437–581.

»Theodulf von Orléans: Libellus de processione spriritus sancti«, in: *Das Konzil von Aachen 809*, ed. Harald Willjung (MGH Concilia 2, Supplementum 2), Hannover 1998, S. 313–382.

Theophanis Chronographia, ed. Carl de Boor, 2 Bde., Leipzig 1883 u. 1885. Übersetzung: *The Chronicle of Theophanes Confessor: Byzantine and Near Eastern History AD 284–813*, übers. u. komm. v. Cyril Mango und Roger Scott, Oxford 1997.

»Translatio Liborii«, ed. Georg H. Pertz, in: MGH *Scriptores* 4, Hannover 1841, S. 149–157.

Urkundenbuch des Klosters Fulda, Bd. 1: *Die Zeit der Äbte Sturmi und Baugulf*, ed. Edmund E. Stengel (Veröffentlichungen der Historischen Kommission für Hessen und Waldeck 10), Marburg 1958.

Visio Caroli Magni: Matthias Th. Kloft, »Karl der Große in der Frankfurter Sage und Legende«, in: *Karlsverehrung in Frankfurt am Main. Eine Ausstellung des Dommuseums Frankfurt und des Historischen Museums Frankfurt*, hg. von August Heuser/Matthias Th. Kloft, Frankfurt 2000, S. 24f.

»Visio cuiusdam pauperculae mulieris«, ed. Hubert Houben, in: Ders.: »Visio cuiusdam pauperculae mulieris. Überlieferung und Herkunft eines frühmittelalterlichen Visionstextes (mit Neuedition)«, in: *Zeitschrift für die Geschichte des Oberrheins* 124, 1976, S. 31–42, hier S. 41f.

Visio Wettini. Einführung, lateinisch-deutsche Ausgabe und Erläuterungen von Hermann Knittel. Mit einem Geleitwort von Walter Berschin (Reichenauer Texte und Bilder 12), 3. Auflage Heidelberg 2009.

»Vita Alcuini«, ed. Wilhelm Arndt, in: MGH *Scriptores* 15/1, Hannover 1887, S. 182–197.

»Vita Karoli Magni«, ed. Gerhard Rauschen, in: Ders. (Hg.): *Die Legende Karls des Großen im 11. und 12. Jahrhundert* (Publikationen der Gesellschaft für Rheinische Geschichtskunde 7), Leipzig 1890, S. 1–94. Übersetzung: *Die*

Aachener »Vita Karoli Magni« des 12. Jahrhunderts auf der Textgrundlage der Edition von Gerhard Rauschen unter Beifügung der Texte der Karlsliturgie in Aachen, hg. und übers. v. Helmut und Ilse Deutz (Veröffentlichungen des Bischöflichen Diözesanarchivs Aachen 48), Siegburg 2000.

»Vita Walae«, ed. Georg Heinrich Pertz, in: MGH *Scriptores* 2, Hannover 1829, S. 533–569.

»Walahfrid Strabo, De imagine Tetrici«, ed. Ernst Dümmler, in: MGH *Poetae latini* 2, Hannover 1884, S. 370–378.

Walahfrid Strabo: *La visione di Vetti: il primo viaggio poetico nell' aldilà*. Revisione del testo, introduzione, traduzione e note a cura di Francesco Stella (Scrittori latini dell'Europa medievale 4), Pisa 2009.

»Walahfrid Strabo: Libellus de exordiis et incrementis quarundam in observationibus ecclesiasticis rerum«, ed. Alfred Boretius/Victor Krause, in: MGH *Capitularia regum Francorum* 2, Hannover 1897, S. 473–516. Übersetzung: *Walahfrid Strabo: Liber de exordiis et incrementis quarundam in observationibus ecclesiaticis rerum*, übers. u. kommentiert v. Alice L. Harting-Correa (Mittellateinische Studien und Texte 19), Leiden 1996.

»Walahfrid Strabo: Prolog zu Einhards Vita Karoli«, ed. Oswald Holder-Egger, in: MGH *Scriptores rerum Germanicarum* [25], Hannover/Leipzig 1911, S. XXVIII–XXIX.

»Wandalbert, Miracula sancti Goaris«, ed. Oswald Holder-Egger, in: MGH *Scriptores* 15,1, Hannover 1887, S. 361–371.

Widukind von Corvey, Sachsengeschichte, ed. Paul Hirsch/Hans-Eberhard Lohmann (MGH Scriptores rerum Germanicarum 60), Hannover 1935.

Literaturverzeichnis

Abel, Sigurd/Simson, Bernhard: *Jahrbücher des fränkischen Reiches unter Karl dem Großen*, Bd. 1: *768 – 788*, 2. Auflage Leipzig 1888, Bd. 2: *789 – 814*, Leipzig 1883.

Airlie, Stuart: »Narratives of triumph and rituals of submission: Charlemagne's mastering of Bavaria«, in: *Transactions of the Royal Historical Society*, 6th series 9, 1999, S. 93 – 119.

Alberi, Mary: »The Evolution of Alcuin's Concept of the Imperium Christianum«, in: *The Community, the Family and the Saint. Patterns of Power in Early Medieval Europe*, hg. von Joyce Hill/Mary Swan (International Medieval Research 4), Turnhout 1998, S. 3 – 18.

Albertoni, Giuseppe: »La politica alpina di Carolingi«, in: *Carlo Magno e le Alpi. Atti del XVIII Congresso internazionale di studio sull'alto medioevo*, Susa, 19 – 20 ottobre 2006, Spoleto 2007, S. 49 – 74.

Althoff, Gerd: »Der Sachsenherzog Widukind als Mönch auf der Reichenau. Ein Beitrag zur Kritik des Widukind-Mythos«, in: *Frühmittelalterliche Studien* 17, 1983, S. 251 – 279.

Althoff, Gerd: »Das Privileg der *deditio*. Formen gütlicher Konfliktbeendigung in der mittelalterlichen Adelsgesellschaft«, in: *Nobilitas. Funktion und Repräsentation des Adels in Alteuropa*, hg. von Otto Gerhard Oexle / Werner Paravicini (Veröffentlichungen des Max-Planck-Instituts für Geschichte 133), Göttingen 1997, S. 27 – 52.

Althoff, Gerd: *Spielregeln der Politik im Mittelalter. Kommunikation in Frieden und Fehde*, Darmstadt 1997.

Althoff, Gerd (Hg.): *Formen und Funktionen öffentlicher Kommunikation im Mittelalter* (Vorträge und Forschungen 51), Stuttgart 2001.

Althoff, Gerd: *Die Macht der Rituale. Symbolik und Herrschaft im Mittelalter*, Darmstadt 2003.

Althoff, Gerd: *Die Macht der Rituale. Symbolik und Herrschaft im Mittelalter*, 2. Auflage Darmstadt 2012.

Althoff, Gerd: »Tränen und Freude. Was interessiert Mittelalter-Historiker an Emotionen«, in: *Frühmittelalterliche Studien* 40, 2006, S. 1 – 11.

Althoff, Gerd: *»Selig sind, die Verfolgung ausüben.« Päpste und Gewalt im Hochmittelalter*, Darmstadt 2013.

Altmann, Hans: »Die Reise des Isaak und die politische Situation um 800«, in: *Ex oriente. Isaak und der weiße Elefant. Bagdad – Jerusalem – Aachen. Eine Reise durch drei Kulturen um 800 und heute*, Bd. 1: *Die Reise des Isaak. Bagdad*, hg. von Wolfgang Dreßen/Georg Minkenberg/Adam C. Oellers, Aachen 2003, S. 28 – 35.

Angenendt, Arnold: »Libelli bene correcti. Der ›richtige Kult‹« als ein Motiv der karolingischen Reform«, in: *Das Buch als magisches und als Repräsentationsobjekt*, hg. von Peter Ganz (Wolfenbütteler Mittelalter-Studien 5), Wiesbaden 1992, S. 117 – 135.

Angenendt, Arnold: »Der römische und gallisch-fränkische Anti-Ikonoklasmus«, in: *Frühmittelalterliche Studien* 35, 2001, S. 201–225.

Angenendt, Arnold: »Pippins Königserhebung und Salbung«, in: *Der Dynastiewechsel von 751. Vorgeschichte, Legitimationsstrategien und Erinnerung*, hg. von Matthias M. Becher/Jörg Jarnut, Münster 2004, S. 179–209.

Anton, Hans H.: *Fürstenspiegel und Herrscherethos in der Karolingerzeit* (Bonner Historische Forschungen 32), Bonn 1968.

Anton, Hans H.: »Beobachtungen zum fränkisch-byzantinischen Verhältnis in karolingischer Zeit«, in: *Beiträge zur Geschichte des Regnum Francorum. Referate beim Wissenschaftlichen Colloquium zum 75. Geburtstag von Eugen Ewig am 28. Mai 1988*, hg. von Rudolf Schieffer (Beihefte der Francia 22), Sigmaringen 1990, S. 97–119.

Anton, Hans H.: *Königtum – Kirche – Adel. Institutionen, Idee und Räume von der Spätantike bis zum hohen Mittelalter*, Trier 2002.

Anton, Hans H.: »*Solium imperii* und *Principatus sacerdotum* in Rom, fränkische Hegemonie über den Okzident/Hesperien – Grundlagen, Entstehung und Wesen des karolingischen Kaisertums«, in: *Von Sacerdotium und Regnum. Geistliche und weltliche Gewalt im frühen und hohen Mittelalter. Festschrift für Egon Boshof zum 65. Geburtstag*, hg. von Franz-Reiner Erkens/Hartmut Wolff (Passauer historische Forschungen 12), Köln/Weimar/Wien 2002, S. 203–274.

Auernheimer, Birgit: *Die Sprachplanung der Karolingischen Bildungsreform im Spiegel von Heiligenviten. Vergleichende syntaktische Untersuchungen von Heiligenviten in verschiedenen Fassungen, u. a. der Vita Corbiniani, auf der Basis eines valenzgrammatischen Modells*, München 2003.

Auzépy, Marie-France: »Constantin V, l'empereur isaurien, et les Carolingiens«, in: *Les Assises du pouvoir. Temps médiévaux, territoires africains. Textes réunis par Odile Redon et Bernard Rosenberger pour Jean Devisse (Temps et espaces)*, Saint-Denis 1994, S. 49–65.

Bachrach, Bernhard S.: *Early Carolingian Warfare. Prelude to Empire*, Philadelphia 2001.

Bachrach, Bernhard S.: »Charlemagne's Military Responsibilities am Vorabend der Kaiserkrönung«, in: *Am Vorabend der Kaiserkrönung. Das Epos »Karolus Magnus et Leo papa« und der Papstbesuch in Paderborn 799*, hg. von Peter Godman/Jörg Jarnut/Peter Johanek, Berlin 2002, S. 231–255.

Bachrach, Bernhard S.: *Charlemagne's Early Campaigns (768–777). A Diplomatic and Military Analysis*, Leiden 2013.

Bachrach, David S.: *Religion and the Conduct of War, c. 300–1215 (Warfare in History)*, Woodbridge 2003.

Banniard, Michel: Viva voce. Communication écrite et communication orale du IVe au IXe siècle en Occident latin (Collection des Études augustiniennes. Série Moyen-Âge et temps modernes 25), Paris 1992.

Bascapè, Giacomo C.: »I conti palatini del regno italico e la città di Pavia«, in: *Archivio storico Lombardo*, ser. 8 a, 62, 1935, S. 281–290.

Bauer, Franz Alto: *Das Bild der Stadt Rom im Frühmittelalter. Papststiftungen im*

Spiegel des Liber pontificalis von Gregor dem Dritten bis zu Leo dem Dritten (Palilia 14), Wiesbaden 2004.

Becher, Matthias M.: »Drogo und die Königserhebung Pippins«, in: *Frühmittelalterliche Studien* 23, 1989, S. 131–151.

Becher, Matthias M.: »Neue Überlegungen zum Geburtsdatum Karls des Großen«, in: *Francia* 19/1, 1992, S. 37–60.

Becher, Matthias M.: *Eid und Herrschaft. Untersuchungen zum Herrscherethos Karls des Großen* (Vorträge und Forschungen Sonderband 39), Sigmaringen 1993.

Becher, Matthias M.: »Non enim habent regem idem Antiqui Saxones … Verfassung und Ethnogenese in Sachsen während des 8. Jahrhunderts« in: *Sachsen und Franken in Westfalen. Zur Komplexität der ethnischen Deutung und Abgrenzung zweier frühmittelalterlicher Stämme*, hg. von Hans-Jürgen Häßler (Studien zur Sachsenforschung 12), Oldenburg 1999, S. 1–31.

Becher, Matthias M.: »Die Sachsen im 7. und 8. Jahrhundert. Verfassung und Ethnogenese«, in: *799. Kunst und Kultur der Karolingerzeit. Karl der Große und Papst Leo* III. *in Paderborn*. Katalog der Ausstellung Paderborn 1999, Bd. 1, hg. von Christoph Stiegemann/Matthias Wemhoff, Mainz 1999, S. 188–194.

Becher, Matthias M.: »›Cum lacrimis et gemitu‹. Weinen der Sieger und Besiegten im frühen und hohen Mittelalter«, in: *Formen und Funktionen öffentlicher Kommunikation im Mittelalter*, hg. von Gerd Althoff (Vorträge und Forschungen. Konstanzer Arbeitskreis für mittelalterliche Geschichte 51), Stuttgart 2001, S. 25–52.

Becher, Matthias M.: »Die Kaiserkrönung im Jahr 800. Eine Streitfrage zwischen Karl dem Großen und Papst Leo III.«, in: *Rheinische Vierteljahrsblätter* 66, 2002, S. 1–38.

Becher, Matthias M. (Hg.): *Herrschaft und Ethnogenese im Frühmittelalter. Gesammelte Aufsätze von Jörg Jarnut. Festgabe zum 60. Geburtstag*, Münster 2002.

Becher, Matthias M.: »Die Reise Papst Leos III. zu Karl dem Großen. Überlegungen zu Chronologie, Verlauf und Inhalt der Paderborner Verhandlungen des Jahres 799«, in: *Am Vorabend der Kaiserkrönung. Das Epos »Karolus Magnus et Leo papa« und der Papstbesuch in Paderborn 799*, hg. von Peter Godman / Jörg Jarnut / Peter Johanek, Berlin 2002, S. 87–112.

Becher, Matthias M.: Zwischen Macht und Recht: Der Sturz Tassilos III. von Bayern 788, in: *Tassilo III. von Bayern. Macht und Ohnmacht im 8. Jahrhundert*, hg. von Lothar Kolmer/Christian Rohr, Regensburg 2005, S. 39–56.

Becher, Matthias M.: »Mantik und Prophetie in der Historiographie des frühen Mittelalters. Überlegungen zur Merowinger- und frühen Karolingerzeit«, in: *Mantik. Profile prognostischen Wissens in Wissenschaft und Kultur*, hg. von Wolfram Hogrebe, Würzburg 2005, S. 167–187.

Becher, Matthias M.: »Karl der Große zwischen Rom und Aachen. Die Kaiserkrönung und das Problem der Loyalität im Frankenreich«, in: *Eloquentia copiosus. Festschrift für Max Kerner zum 65. Geburtstag*, hg. von Lotte Kéry, Aachen 2006, S. 1–15.

Becher, Matthias M.: *Karl der Große*, München 2007.

Becher, Matthias M.: »Karl der Große und sein Hof. Reiseherrschaft und Residenz«, in: *Sie schufen Europa. Historische Portraits von Konstantin bis Karl dem Großen*, hg. von Mischa Meier, München 2007, S. 308–326.

Becher, Matthias M.: *Merowinger und Karolinger*, Darmstadt 2009.

Becher, Matthias M.: »Dynastie, Thronfolge und Staatsverständnis im Frankenreich«, in: *Der frühmittelalterliche Staat – Europäische Perspektiven*, hg. von Walter Pohl/Veronika Wieser (Denkschriften der philosophisch-historischen Klasse der Österreichischen Akademie der Wissenschaften, Bd. 386, Forschungen zur Geschichte des Mittelalters 16), Wien 2009, S. 183–199.

Becher, Matthias M.: »Quellen zur Zeit Karls des Großen. Möglichkeiten und Grenzen der Interpretation«, in: *Das Reich Karls des Großen*, hg. von M. Becher u. a. (DAMALS – Das Magazin für Geschichte und Kultur, Sonderband), Darmstadt 2011, S. 103–114.

Becher, Matthias M.: »Das Kaisertum Karls des Großen zwischen Rückbesinnung und Neuerung«, in: *Kaisertum im ersten Jahrtausend. Wissenschaftlicher Begleitband zur Landesausstellung »Otto der Große und das Römische Reich. Kaisertum von der Antike zum Mittelalter«*, hg. von Hartmut Leppin/Bernd Schneidmüller/Stefan Weinfurter, Regensburg 2012, S. 251–270.

Becher, Matthias M./Jarnut, Jörg (Hgg.): *Der Dynastiewechsel von 751. Vorgeschichte, Legitimationsstrategien und Erinnerung*, Münster 2004.

Becher, Matthias M./Plassmann, Alheydis (Hgg.): *Streit am Hof im frühen Mittelalter* (Super alta perennis. Studien zur Wirkung der Klassischen Antike 11), Göttingen 2011.

Becht-Jördens, Gereon: »Die Vita Aegil des Brun Candidus als Quelle zu Fragen aus der Geschichte Fuldas im Zeitalter der anianischen Reform«, in: *Hessisches Jahrbuch für Landesgeschichte* 42, 1992, S. 19–48.

Becht-Jördens, Gereon: »Die Ermordung des Erzbischofs Bonifatius durch die Friesen. Suche und Ausgestaltung eines Martyriums aus kirchenpolitischer Notwendigkeit?«, in: *Archiv für mittelrheinische Kirchengeschichte* 57, 2005, S. 95–132.

Becht-Jördens, Gereon: »Sturmi oder Bonifatius. Ein Konflikt im Zeitalter der anianischen Reform um Identität und monastisches Selbstverständnis im Spiegel der Altartituli des Hrabanus Maurus für die Salvatorbasilika zu Fulda. Mit Anhängen zur Überlieferung und kritischen Edition der Tituli sowie zu Textquellen zur Architektur und Baugeschichte der Salvatorbasilika«, in: *Hrabanus Maurus in Fulda. Mit einer Hrabanus Maurus-Bibliographie (1979–2009)*, hg. von Marc-Aeilko Aris/Susanna Bullido del Barrio (Fuldaer Studien 13), Frankfurt am Main 2010, S. 123–187.

Becht-Jördens, Gereon: »Einharts ›Vita Karoli‹ und die antike Tradition von Biographie und Historiographie. Von der Gattungsgeschichte zur Interpretation«, in: *Mittellateinisches Jahrbuch* 46, 2011, S. 335–369.

Beck, Hans-Georg: »Die Herkunft des Papstes Leo III.«, in: *Frühmittelalterliche Studien* 3, 1969, S. 131–137.

Becker, Julia: »Präsenz, Normierung und Transfer von Wissen. Lorsch als ›patristische Zentralbibliothek‹«, in: *Karolingische Klöster. Wissenstransfer und kulturelle Innovation*, hg. von Julia Becker/Tino Licht, Berlin (im Druck).

Becker, Julia/Licht, Tino (Hgg.): *Karolingische Klöster. Wissenstransfer und kulturelle Innovation*, Berlin 2014 (im Druck).

Belting, Hans: »Studien zum beneventanischen Hof im 8. Jahrhundert«, in: *Dumbarton Oaks Papers* 16, 1962, S. 141 – 193.

Belting, Hans: *Bild und Kult. Eine Geschichte des Bildes vor dem Zeitalter der Kunst*, München 1990.

»Benedikt und die Welt der frühen Klöster« in den Reiss-Engelhorn-Museen Mannheim vom 23. Mai 2012 bis 13. Januar 2013, hg. von Alfried Wieczorek/Gerfried Sitar OSB unter Mitwirkung von Irmgard Siede/Holger Kempkens (Publikationen der Reiss-Engelhorn-Museen, Band 50), Regensburg 2012.

Berndt, Rainer (Hg.): *Das Frankfurter Konzil von 794. Kristallisationspunkt karolingischer Kultur. Akten zweier Symposien (vom 23. bis 27. Februar und vom 13. bis 15. Oktober 1994) anlässlich der 1200-Jahrfeier der Stadt Frankfurt am Main*, 2 Bände (Quellen und Abhandlungen zur mittelrheinischen Kirchengeschichte 80), Mainz 1997.

Berschin, Walter: *Biographie und Epochenstil im lateinischen Mittelalter. Bd. 3: Karolingische Biographie 750 – 920 n. Chr.* (Quellen und Untersuchungen zur lateinischen Philologie des Mittelalters 10), Stuttgart 1991.

Berschin, Walter: »Die Ost-West-Gesandtschaften am Hof Karls des Großen und Ludwigs des Frommen (768 – 840)«, in: *Karl der Große und sein Nachwirken. 1200 Jahre Kultur und Wissenschaft in Europa. Charlemagne and his Heritage. 1200 Years of Civilisation and Science in Europe*, Bd. 1: *Wissen und Weltbild*, hg. von Paul Leo Butzer/Max Kerner/Walter Oberschelp, Turnhout 1997, S. 157 – 172.

Berschin, Walter: »Der St. Galler Klosterplan als Literaturdenkmal« in: Ders., *Mittellateinische Studien*, Bd. 1, Heidelberg 2005, S. 127 – 156.

Berschin, Walter: »Karolingische Dreisprachigkeit«, in: *Ki bien voldreit raisun entendre. Mélanges en l'honneur du 70e anniversaire de Frankwalt Möhren*, hg. von Stephen Dörr/Thomas Städtler, Straßburg 2012, S. 1 – 7.

Beuckers, Klaus G.: »›Imperiales Bauen‹ im frühen Mittelalter. Bemerkungen zu herrscherlicher Bautätigkeit bis ins 10. Jahrhundert«, in: *Kaisertum im ersten Jahrtausend. Wissenschaftlicher Begleitband zur Landesausstellung »Otto der Große und das Römische Reich. Kaisertum von der Antike zum Mittelalter«*, hg. von Hartmut Leppin/Bernd Schneidmüller/Stefan Weinfurter, Regensburg 2012, S. 297 – 320.

Beumann, Helmut: »Romkaiser und fränkisches Reichsvolk«, in: *Festschrift Edmund E. Stengel. Zum 70. Geburtstag am 24. Dezember 1949 dargebracht von Freunden, Fachgenossen und Schülern*, hg. von Erika Kunz, Münster/Köln 1952, S. 157 – 180.

Beumann, Helmut: »Nomen imperatoris. Studien zur Kaiseridee Karls des Großen«, in: *Historische Zeitschrift* 185, 1958, S. 515 – 549.

Bieberstein, Klaus: »Der Gesandtenaustausch zwischen Karl dem Großen und

Harun-ar-Raschid und seine Bedeutung für die Kirchen Jerusalems«, in: *Zeitschrift des Deutschen Palästina-Vereins* 109, 1993, S. 152–173.
Bigott, Boris: *Ludwig der Deutsche und die Reichskirche im Ostfränkischen Reich (826–876)* (Historische Studien 470), Husum 2002.
Binding, Günther: *Deutsche Königspfalzen. Von Karl dem Großen bis Friedrich II. (765–1240)*, Darmstadt 1996.
Bischoff, Bernhard: »Theodulf und der Ire Cadac-Andreas«, in: *Historisches Jahrbuch* 74, 1955, S. 92–98.
Bischoff, Bernhard: »Die Hofbibliothek Karls des Großen«, in: *Karl der Große. Lebenswerk und Nachleben*, Bd. 2: *Das geistige Leben*, hg. von Bernhard Bischoff, Düsseldorf 1965, S. 42–62.
Bischoff, Bernhard: *Sammelhandschrift Diez. B Sant. 66. Grammatici latini et catalogus librorum* (Codices selecti 1973), Graz 1973.
Bischoff, Bernhard: *Die Abtei Lorsch im Spiegel ihrer Handschriften*, Lorsch 1989.
Björkman, Walther: »Karl und der Islam«, in: *Karl der Große. Lebenswerk und Nachleben*, Bd. 1: *Persönlichkeit und Geschichte*, hg. von Helmut Beumann, Düsseldorf 1965, S. 672–682.
Bock, Cornelius Peter: »Die Reiterstatue des Ostgotenkönigs Theoderich vor dem Palaste Karls des Großen zu Aachen«, in: *Jahrbücher des Vereins von Alterthumsfreunden im Rheinland* 5/6, 1844, S. 1–170.
Boisits, Barbara/Stachel, Peter (Hgg.): *Das Ende der Eindeutigkeit. Zur Frage des Pluralismus in Moderne und Postmoderne* (Studien zur Moderne 13), Wien 2000.
Borella, Pietro: »Influssi carolingi e monastici sul Messale Ambrosiano«, in: *Miscellanea Liturgica in honorem L.Cuniberti Mohlberg*, Bd. 1, Rom 1948, S. 73–115.
Borgolte, Michael: *Der Gesandtenaustausch der Karolinger mit den Abbasiden und mit den Patriarchen von Jerusalem* (Münchener Beiträge zur Mediävistik und Renaissance-Forschung 25), München 1976.
Borgolte, Michael: »Papst Leo III., Karl der Große und der Filioque-Streit von Jerusalem«, in: *Byzantina* 10, 1980, S. 401–427.
Borgolte, Michael: *Petrusnachfolge und Kaiserimitation. Die Grablegen der Päpste, ihre Genese und Traditionsbildung* (Veröffentlichungen des Max-Planck-Instituts für Geschichte 95), Göttingen 1989.
Borgolte, Michael: »Historie und Mythos«, in: *Krönungen. Könige in Aachen – Geschichte und Mythos*, Bd. 2, hg. von Mario Kamp, Mainz 2000, S. 839–846.
Borgolte, Michael: »Kulturelle Einheit und religiöse Differenz – Zur Verbreitung der Polygynie im mittelalterlichen Europa«, in: *Zeitschrift für historische Forschung* 31, 2004, S. 1–36.
Borgolte, Michael: *Christen, Juden, Muselmanen. Die Erben der Antike und der Aufstieg des Abendlandes 300 bis 1400 n. Chr.*, München 2006.
Borst, Arno: »Das Karlsbild in der Geschichtswissenschaft vom Humanismus bis heute«, in: *Karl der Große. Lebenswerk und Nachleben*, Bd. 4: *Das Nach-*

leben, hg. von Wolfgang Braunfels/Percy Ernst Schramm, Düsseldorf 1967, S. 364–402.

Borst, Arno: »Kaisertum und Nomentheorie im Jahr 800«, ND in: *Zum Kaisertum Karls des Großen. Beiträge und Aufsätze*, hg. von Gunter Wolf (Wege der Forschung 38), Darmstadt 1972, S. 216–239.

Borst, Arno: »Alkuin und die Enzyklopädie von 809«, in: *Science in Western and Eastern Civilization in Carolingian Times*, Basel/Boston/Berlin 1993, S. 53–78.

Borst, Arno: *Das Buch der Naturgeschichte. Plinius und seine Leser im Zeitalter des Pergaments* (Abhandlungen der Heidelberger Akademie der Wissenschaften. Phil.-hist. Klasse, Jg. 1994, 2. Abhandlung), Heidelberg 1994.

Borst, Arno: *Der Turmbau von Babel. Geschichte der Meinungen über Ursprung und Vielfalt der Sprachen und Völker*, 4 Bde., Stuttgart 1957–1963, ND München 1995.

Borst, Arno: *Die karolingische Kalenderreform* (MGH Schriften 46), Hannover 1998.

Boshof, Egon: *Bischof Agobard von Lyon. Leben und Werk*, Köln/Wien 1969.

Boshof, Egon: »Agilolfingisches Herzogtum und angelsächsische Mission: Bonifatius und die bayerische Bistumsorganisation von 739«, in: *Ostbairische Grenzmarken* 31, 1989, S. 11–26.

Bowlus, Charles: *Austria as a Carolingian Frontier, 700–907*, Ann Arbor 1973.

Bowlus, Charles: »Carolingian Military Hegemony in the Carpathian Basin 791–907«, in: *Karl der Große und das Erbe der Kulturen*, hg. von Franz-Reiner Erkens, Berlin 2001, S. 153–158.

Braunfels, Wolfgang: *Karl der Große. Ein Baumeister Europas. 765–1965*, Bonn 1965.

Brechter, Heinrich S.: »Marcus Poeta von Monte Cassino«, in: *Benedictus, der Vater des Abendlandes, 547–1947*, hg. von Heinrich Suso Brechter, München 1947, S. 341–359.

Bredekamp, Horst: *Kunst als Medium sozialer Konflikte. Bilderkämpfe von der Spätantike bis zur Hussitenrevolution*, Frankfurt am Main 1975.

Brieskorn SJ, Norbert: »Karl der Große und das Eherecht seiner Zeit (mit einem Blick auf clm 6242)«, in: *Das Frankfurter Konzil von 794. Kristallisationspunkt karolingischer Kultur*, Teil 1: *Politik und Kirche*, hg. von Rainer Berndt SJ (Quellen und Abhandlungen zur mittelrheinischen Kirchengeschichte 80), Mainz 1997, S. 301–329.

Brinker-von der Heyde, Claudia: *Die literarische Welt des Mittelalters*, Darmstadt 2007.

Brühl, Carlrichard: *Fodrum, Gistum, Servitium regis. Studien zu den wirtschaftlichen Grundlagen des Königtums im Frankenreich und in den fränkischen Nachfolgestaaten Deutschland, Frankreich und Italien vom 6. bis zum 14. Jahrhundert*, Köln/Graz 1968.

Brühl, Carlrichard: *Deutschland – Frankreich. Die Geburt zweier Völker*, Köln/Wien 1990.

Brunhölzl, Franz: »Der Bildungsauftrag der Hofschule«, in: *Karl der Große. Le-*

benswerk und Nachleben, Bd. 2: *Das geistige Leben*, hg. von Bernhard Bischoff, Düsseldorf 1965, S. 28–41.

Brunhölzl, Franz: »Fuldensia«, in: *Historische Forschungen für Walter Schlesinger*, hg. von Helmut Beumann, Köln/Wien 1974, S. 536–545.

Brunner, Heinrich: »Der Reiterdienst und die Anfänge des Lehnwesens«, in: *Zeitschrift für Rechtsgeschichte, germanistische Abt.* 8, 1887, S. 1–38.

Brunner, Karl: *Oppositionelle Gruppen im Karolingerreich* (Veröffentlichungen des Instituts für österreichische Geschichtsforschung 25), Wien/Köln/Graz 1979.

Buchremer, Josef: »Das Grab Karls des Großen«, in: *Zeitschrift des Aachener Geschichtsvereins* 29, 1907, S. 68–210.

Buck, Thomas M.: *Admonitio und Praedicatio. Zur religiös-pastoralen Dimension von Kapitularien und kapitulariennahen Texten (507–814)* (Freiburger Beiträge zur mittelalterlichen Geschichte. Studien und Texte 9), Frankfurt am Main/Berlin/Bern u. a. 1997.

Bühler, Arnold: »Capitularia relecta. Studien zur Entstehung und Überlieferung der Kapitularien Karls des Großen und Ludwigs des Frommen«, in: *Archiv für Diplomatik* 43, 1986, S. 305–501.

Bullough, Donald A.: »Aula Renovata. The Carolingian Court before the Aachen Palace«, in: *Proceedings of the British Academy* 71, 1985, S. 267–301.

Bullough, Donald A.: *Alcuin. Achievement and Reputation*, Leiden u. a. 2004.

Bullough, Donald A.: »Charlemagne's ›Men of God‹: Alcuin, Hildebald and Arn«, in: *Charlemange. Empire and Society*, hg. von Joanna Story, Manchester 2005, S. 136–150.

Burdach, Konrad: *Reformation, Renaissance, Humanismus. Zwei Abhandlungen über die Grundlage moderner Bildung und Sprachkunst*, Berlin 1918.

Butzer, Paul L.: »Mathematics and Astronomy at the Court School of Charlemagne and its Mediterranean Roots«, in: *Cahiers de Recherches Médiévales (XIIIe–XVe s.)* 5, 1998, S. 203–244.

Butzer, Paul L./Kerner, Max/Oberschelp, Walter (Hgg.): *Karl der Große und sein Nachwirken. 1200 Jahre Kultur und Wissenschaft in Europa*, Bd. 1, Turnhout 1997.

Castritius, Helmut/Geuenich, Dieter/Werner, Matthias unter Mitarbeit von Thorsten Fischer (Hgg.): *Die Frühzeit der Thüringer. Archäologie, Sprache, Geschichte* (Ergänzungsbände zum Reallexikon der Germanischen Altertumskunde 63), Berlin/New York 2009.

Chiesa, Paolo (Hg.): *Paolo Diacono. Uno scrittore fra tradizione longbarda e rinnovamento carolingio.* Atti del Convegno Internazionale di Studi. Cividale del Fiuli-Udine, 6–9 maggio 1999, Udine 2000.

Classen, Albrecht: »Kommunikation im Mittelalter. Prolegomena zu einer neuen Bewertung der mittelhochdeutschen Literatur«, in: *Mittellateinisches Jahrbuch* 27, 1992, S. 17–51.

Classen, Peter: »Romanum gubernans Imperium«, in: *Zum Kaisertum Karls des Großen. Beiträge und Aufsätze*, hg. von Gunther Wolf (Wege der Forschung 38), Darmstadt 1972, S. 4–29.

Classen, Peter: »Bayern und die politischen Mächte im Zeitalter Karls des Großen und Tassilos III.«, in: *Ausgewählte Aufsätze von Peter Classen*, hg. von Josef Fleckenstein (Vorträge und Forschungen 28), Sigmaringen 1983, S. 231–248.

Classen, Peter: »Karl der Große und die Thronfolge im Frankenreich«, in: *Ausgewählte Aufsätze von Peter Classen*, hg. von Josef Fleckenstein (Vorträge und Forschungen 28), Sigmaringen 1983, S. 205–229.

Classen, Peter: *Karl der Große, das Papsttum und Byzanz. Die Begründung des karolingischen Kaisertums, nach dem Handexemplar des Verfassers*, hg. von Horst Fuhrmann/Claudia Märtl (Beiträge zur Geschichte und Quellenkunde des Mittelalters 9), Sigmaringen 1988.

Contamine, Philippe: *La guerre au Moyen Âge* (Nouvelle Clio 24), Paris 1980.

Cousin, Patrice: »Les origines et le premier développement de Corbie«, in: *Corbie. Abbaye Royale. Volume du XIIIe centenaire*, Lille 1963, S. 19–46.

Coville, Alfred: »Le rapport de Leidrade«, in: *Recherches sur l'histoire de Lyon du Vme siècle au IXme siècle (450–800)*, hg. von Alfred Coville, Paris 1928, S. 268–287.

Cristante, Lucio: »Dal tardoantico medioevo: il ,De nvptiis Phililogiae et Mercvrii' di Marziano Capella e la tradizione delle artes nella scuola carolingia«, in: *Einhard. Studien zu Leben und Werk. Dem Gedenken an Helmut Beumann gewidmet*, hg. von Hermann Schefers (Arbeiten der Hessischen Historischen Kommission N. F. 12), Darmstadt 1997, S. 57–66.

Dahlhaus-Berg, Elisabeth: *Nova antiquitas et antiqua novitas. Typologische Exegese und isidorianisches Geschichtsbild bei Theodulf von Orléans* (Kölner Historische Abhandlungen 23), Köln/Wien 1975.

Davis, Jennifer R.: »Charlemagne's Settlement of Disputes«, in: *Streit am Hof im frühen Mittelalter*, hg. von Matthias M. Becher/Alheydis Plassmann (Super alta perennis 11), Göttingen 2011, S. 149–173.

Deér, Josef: »Karl der Große und der Untergang des Awarenreiches«, in: *Karl der Große. Lebenswerk und Nachleben*, Bd. 1: *Persönlichkeit und Geschichte*, hg. von Helmut Beumann, Düsseldorf 1965, S. 719–791.

Deér, Josef: »Die Vorrechte des Kaisers in Rom (772–800)«, in: *Zum Kaisertum Karls des Großen. Beiträge und Aufsätze*, hg. von Gunther Wolf (Wege der Forschung 38), Darmstadt 1972, S. 30–115.

Deér, Josef: »Zum Patricius-Romanorum-Titel Karls des Großen«, in: *Zum Kaisertum Karls des Großen. Beiträge und Aufsätze*, hg. von Gunther Wolf (Wege der Forschung 38), Darmstadt 1972, S. 240–308.

De Jong, Mayke: »Sacrum palatium et ecclesia. L'autorité religieuse royale sous les Carolingiens (790–840)«, in: *Annales. Histoire, sciences sociales* 58, 2003, S. 1243–1269.

De Jong, Mayke: »Charlemagnes church«, in: *Charlemagne. Empire and society*, hg. von Joanna Story, Manchester 2005, S. 103–135.

De Jong, Mayke: »*Ecclesia* and the early medieval polity«, in: *Staat im frühen Mittelalter*, hg. von Stuart Airlie/Walter Pohl/Helmut Reimitz (Forschungen zur Geschichte des Mittelalters 11/Denkschriften der Österreichischen Akademie der Wissenschaften, Phil.-hist. Klasse 334), Wien 2006, S. 113–132.

Delbrück, Hans: *Geschichte der Kriegskunst im Rahmen der politischen Geschichte*, 3. Teil: *Das Mittelalter*, Berlin 1923.

Delogu, Paolo: »Lombard and Carolingian Italy«, in: *The New Cambridge Medieval History*, Bd. 2: *c.700–c.900*, hg. von Rosamond McKitterick, Cambridge 1995, S. 290–319.

Depreux, Philippe: »Ambitions et limites des réformes culturelles à l'époque carolingienne«, in: *Revue historique* 304.1, 2002, S. 721–753.

Deutinger, Roman: »Zur Biographie Bischof Samuels von Worms«, in: *Archiv für mittelrheinischen Kirchengeschichte* 56, 2004, S. 79–87.

Deutinger, Roman: *Königsherrschaft im ostfränkischen Reich. Eine pragmatische Verfassungsgeschichte der späten Karolingerzeit*, Sigmaringen 2006.

Deutsche Königspfalzen. Beiträge zu ihrer historischen und archäologischen Erforschung, 8 Bände, Göttingen 1963–2007.

Diem, Albrecht: »The Emergence of Monastic Schools. The Role of Alcuin«, in: *Alcuin of York. Scholar at the Carolingian court. Proceedings of the Third Germania Latina Conference held at the University of Groningen, May 1995*, hg. von Luuk A. J. R. Houwen/Alasdair A. MacDonald (Germania Latina 3), Groningen 1998, S. 27–44.

Diesenberger, Maximilian/Wolfram, Herwig: »Arn und Alkuin 790–804: Zwei Freunde und ihre Schriften«, in: *Erzbischof Arn von Salzburg*, hg. von Meta Niederkorn-Bruck/Anton Scharer (Veröffentlichungen des Instituts für Österreichische Geschichtsforschung 40), Wien/Köln 2004, S. 81–106.

Drews, Wolfram: *Die Karolinger und die Abbasiden von Bagdad. Legitimationsstrategien frühmittelalterlicher Herrscherdynastien im transkulturellen Vergleich* (Europa im Mittelalter 12), Berlin 2009.

Dumeige, Gervais: *Nizäa II* (Geschichte der ökumenischen Konzilien 4), Mainz 1985.

Dutton, Paul Edward: *The Politics of Dreaming in the Carolingian Empire*, Lincoln 1994.

Ebenbauer, Alfred: »Nasos Ekloge«, in: *Mittellateinisches Jahrbuch* 11, 1976, S. 13–27.

Edelstein, Wolfgang: *Eruditio und Sapientia. Weltbild und Erziehung in der Karolingerzeit. Untersuchungen zu Alcuins Briefen*, Freiburg i. Br. 1965.

Ehlers, Caspar (Hg.): *Orte der Herrschaft – Mittelalterliche Königspfalzen*, Göttingen 2002.

Ehlers, Caspar: *Die Integration Sachsens in das fränkische Reich (751–1024)* (Veröffentlichungen des Max-Planck-Instituts für Geschichte 231), Göttingen 2007.

Eichler, Daniel: »Karolingische Höfe und Versammlungen – Grundvoraussetzungen«, in: *Streit am Hof im frühen Mittelalter*, hg. von Matthias M. Becher/Alheydis Plassmann (Super alta perennis. Studien zur Wirkung der Klassischen Antike 11), Göttingen 2011, S. 121–148.

Eigler, Ulrich: Lectiones vetustatis. *Römische Literatur und Geschichte in der lateinischen Literatur der Spätantike* (Zetemata 115), München 2003.

Engelbert, Pius: »Zur Frühgeschichte des Bobbieser Skriptoriums«, in: *Revue Bénédictine* 78, 1968, S. 220–260.

Engels, Odilo: »Des Reiches heiliger Gründer. Die Kanonisation Karls des Großen und ihre Beweggründe«, in: *Karl der Große und sein Schrein in Aachen. Eine Festschrift*, hg. von Hans Müllejans, Mönchengladbach 1988, S. 37–46.

Engels, Odilo: »Zum päpstlich-fränkischen Bündnis im 8. Jahrhundert«, in: *Ecclesia et regnum. Beiträge zur Geschichte von Kirche, Recht und Staat im Mittelalter. Festschrift für Franz-Josef Schmale zu seinem 65. Geburtstag*, hg. von Dieter Berg/Hans-Werner Goetz, Bochum 1989, S. 21–38.

Engels, Odilo: »Zum Rombesuch Karls des Großen im Jahre 774«, in: *Festschrift für Alfred Wendehorst zum 65. Geburtstag*, hg. von Jürgen Schneider/Gerhard Rechter (Jahrbuch für fränkische Landesforschung 52,1), Neustadt a. d. Aisch 1992, S. 15–24.

Engels, Odilo: »Karl der Große und Aachen im 12. Jahrhundert«, in: *Krönungen. Könige in Aachen. Geschichte und Mythos*, hg. von Mario Kramp, Bd. 1, Mainz 2000, S. 348–356.

Epp, Verena: *Amicitia. Zur Geschichte personaler, sozialer, politischer und geistlicher Beziehungen im frühen Mittelalter*, Stuttgart 1999.

Epp, Verena: »499–799: Von Theoderich dem Großen zu Karl dem Großen«, in: *Am Vorabend der Kaiserkrönung. Das Epos »Karolus Magnus et Leo papa« und der Papstbesuch in Paderborn 799*, hg. von Peter Godman/Jörg Jarnut/Peter Johanek, Berlin 2002, S. 219–229.

Epperlein, Siegfried: *Leben am Hofe Karls des Großen*, Regensburg 2000.

Erdmann, Carl: *Forschungen zur politischen Ideenwelt des Frühmittelalters*, Berlin 1951.

Ericsson, Ingolf/Sanke, Markus (Hgg.): *Aktuelle Forschungen zum ehemaligen Reichs- und Königskloster Lorsch* (Arbeiten der Hessischen Historischen Kommission N. F. 24), Darmstadt 2004.

Erkens, Franz-Reiner: »*Divisio legitima und unitas imperii.* Teilungspraxis und Einheitsstreben bei der Thronfolge im Frankenreich«, in: *Deutsches Archiv* 52, 1996, S. 423–485.

Erkens, Franz-Reiner: »Karolus Magnus – Pater Europae?«, in: *Kunst und Kultur in der Karolingerzeit. Karl der Große und Papst Leo III. in Paderborn. Beitragsband zum Katalog der Ausstellung*, Mainz 1999, S. 2–10.

Erkens, Franz-Reiner (Hg.): *Karl der Große und das Erbe der Kulturen*, Berlin 2001.

Erkens, Franz-Reiner: »Auf der Suche nach den Anfängen. Neue Überlegungen zu den Ursprüngen der fränkischen Königssalbung«, in: *Zeitschrift für Rechtsgeschichte*, Kanon. Abt. 90, 2004, S. 494–509.

Erkens, Franz-Reiner: »*Summus princeps* und *dux quem rex ordinavit.* Tassilo III. im Spannungsfeld von fürstlichem Selbstverständnis und königlichem Auftrag«, in: *Tassilo III. von Bayern. Großmacht und Ohnmacht im 8. Jahrhundert*, hg. von Lothar Kolmer/Christian Rohr, Regensburg 2005, S. 21 – 38.

Ertl, Thomas: »Byzantinischer Bilderstreit und fränkische Nomentheorie. Imperiales Handeln und dialektisches Denken im Umfeld der Kaiserkrönung Karls des Großen«, in: *Frühmittelalterliche Studien* 40, 2006, S. 13 – 42.

Esders, Stefan: *Römische Rechtstradition und merowingisches Königtum. Zum Rechtscharakter politischer Herrschaft in Burgund im 6. und 7. Jahrhundert* (Veröffentlichungen des Max-Planck-Instituts für Geschichte 134), Göttingen 1997.

Esders, Stefan: »Rechtliche Grundlagen frühmittelalterlicher Staatlichkeit: der allgemeine Treueid«, in: *Der frühmittelalterliche Staat – europäische Perspektiven*, hg. von Walter Pohl/Veronika Wieser (Forschungen zur Geschichte des Mittelalters 16), Wien 2009, S. 423 – 432.

Esders, Stefan/Mierau, Heike J.: *Der althochdeutsche Klerikereid. Bischöfliche Diözesangewalt, kirchliches Benefizialwesen und volkssprachliche Rechtspraxis im frühmittelalterlichen Baiern* (MGH Studien und Texte 28), Hannover 2000.

Esders, Stefan/Mierau, Heike J.: »Die bairischen Eliten nach dem Sturz Tassilos III.: Das Beispiel der adeligen Stiftungspraxis in der Diözese Freising«, in: *Les élites au haut moyen âge. Crises et renouvellements*, hg. von François Bourgard/Laurent Feller/Régine Le Jan (Collection Haut Moyen Âge 1), Turnhout 2006, S. 283 – 313.

Euw, Anton von: »Kompendium der Zeitrechnung, Naturlehre und Himmelskunde«, in: *Glaube und Wissen im Mittelalter. Die Kölner Dombibliothek. Katalogbuch zur Ausstellung im Erzbischöflichen Diözesanmuseum Köln, 7. August bis 15. November 1998*, hg. von Joachim M. Plotzek u. a., München 1998, S. 136 – 156.

Euw, Anton von: »Karl der Grosse als Schüler Alkuins, das Kuppelmosaik des Aachener Domes und das Maiestasbild in Codex C 80 der Zentralbibliothek Zürich«, in: *Zeitschrift für schweizerische Archäologie und Kunstgeschichte* 61, 2004, S. 1 – 20.

Everett, Nicholas: »Paulinus, the Carolingians and ›famosissima‹ Aquileia«, in: *Paolino d'Aquileia e il contributo italiano all'Europa carolingia. Atti del Convegno Internazionale di Studi, Cividale del Friuli-Premariacco, 10 – 13 ottobre*, hg. von Paolo Chiesa (Libri e biblioteche 12), Udine 2003, S. 115 – 154.

Ewig, Eugen: »Zum christlichen Königsgedanken im Frühmittelalter«, in: *Das Königtum. Seine geistigen und rechtlichen Grundlagen. Mainauvorträge 1954* (Vorträge und Forschungen 3), 4., unveränderter ND Sigmaringen1973, S. 7 – 73.

Falkenstein, Ludwig: *Der »Lateran« der karolingischen Pfalz in Aachen* (Kölner Historische Abhandlungen 13), Köln/Graz 1966.

Falkenstein, Ludwig: »Pfalz und vicus Aachen«, in: *Orte der Herrschaft: Mittelalterliche Königspfalzen*, hg. von Caspar Ehlers, Göttingen 2002, S. 131 – 181.

Fałkowski, Wojciech: *Wielki Król. Ideologiczne podstawy władzy Karola Wiel-*

kiego (Der große König. Ideologische Grundlagen der Macht Karls des Großen), Warschau 2011.

Fastrich-Sutty, Isabella: *Die Rezeption des westgotischen Rechts in der Lex Baiuvariorum* (Erlanger juristische Abhandlungen 51), Köln 2001.

Fees, Irmgard: »War Walahfrid Strabo der Lehrer und Erzieher Karls des Kahlen?«, in: *Studien zur Geschichte des Mittelalters. Jürgen Petersohn zum 65. Geburtstag*, hg. von Matthias Thumser/Annegret Wenz-Haubfleisch/Peter Wiegand, Stuttgart 2000, S. 42–61.

Felten, Franz: *Äbte und Laienäbte im Frankenreich. Studien zum Verhältnis von Staat und Kirche im früheren Mittelalter* (Monographien zur Geschichte des Mittelalters 20), Stuttgart 1980.

Felten, Franz: »Das Kloster Lorsch in der Karolingerzeit. Zur Bedeutung des Mönchtums für die frühmittelalterliche Gesellschaft, Kultur und Politik«, in: *Archiv für mittelrheinische Kirchengeschichte* 55, 2003, S. 9–30.

Fichtenau, Heinrich: *Das karolingische Imperium. Soziale und geistige Problematik eines Großreiches*, Zürich 1949.

Fichtenau, Heinrich: »Karl der Große und das Kaisertum«, in: *Mitteilungen des Instituts für Österreichische Geschichtsforschung* 61, 1953, S. 257–334.

Fischer, Andreas: *Karl Martell. Der Beginn karolingischer Herrschaft*, Stuttgart 2012.

Fischer, Bonifatius: »Bibeltext und Bibelreform unter Karl dem Großen«, in: Ders., *Lateinische Bibelhandschriften im frühen Mittelalter* (Aus der Geschichte der lateinischen Bibel 11), Freiburg i. Br. 1985, S. 101–202.

Flasch, Kurt: *Einführung in die Philosophie des Mittelalters*, Darmstadt 1987.

Fleckenstein, Josef: *Die Bildungsreform Karls des Großen als Verwirklichung der norma rectitudinis*, Freiburg i. Br. 1953.

Fleckenstein, Josef: »Fulrad von Saint Denis und der fränkische Ausgriff in den süddeutschen Raum«, in: *Studien und Vorarbeiten zur Geschichte des großfränkischen und frühdeutschen Adels*, hg. von Gerd Tellenbach (Forschungen zur oberrheinischen Landesgeschichte 4), Feiburg i. Br. 1957, S. 9–39.

Fleckenstein, Josef: *Die Hofkapelle der deutschen Könige*. 1. Teil: *Grundlegung. Die Karolingische Hofkapelle* (Schriften der Monumenta Germaniae Historica 16/I), Stuttgart 1959.

Fleckenstein, Josef: »Karl der Große und sein Hof«, in: *Karl der Große. Lebenswerk und Nachleben*, Bd. 1: *Persönlichkeit und Geschichte*, hg. von Helmut Beumann, Düsseldorf 1967, S. 24–50.

Fleckenstein, Josef: »Adel und Kriegertum und ihre Wandlung im Karolingerreich«, in: *Nascità dell'Europa ed Europa carolingia: Un'equazione da verificare* (Settimane di studio del Centro Italiano sull'alto medioevo 27), Spoleto 1981, S. 67–94.

Fleckenstein, Josef: »Die Struktur des Hofes Karls des Großen im Spiegel von Hinkmars De ordine palatii«, in: *Zeitschrift des Aachener Geschichtsvereins* 83, 1976, S. 5–22, wieder in: Fleckenstein, Josef: *Ordnungen und formende Kräfte des Mittelalters. Ausgewählte Beiträge*, Göttingen 1991, S. 67–83.

Fleckenstein, Josef: »Alcuin im Kreis der Hofgelehrten Karls des Großen«, in: *Science in Western and Eastern Civilization in Carolingian Times*, hg. von Paul Leo Butzer/Dietrich Lohrmann, Basel 1993, S. 3–22.

Fleckenstein, Josef: »Karl der Große, seine Hofgelehrten und das Frankfurter Konzil von 794«, in: *Das Frankfurter Konzil von 794. Kristallisationspunkt karolingischer Kultur. Akten zweier Symposien (vom 23. bis 27. Februar und vom 13. bis 15. Oktober 1994) anlässlich der 1200-Jahrfeier der Stadt Frankfurt am Main*, Bd. 1: *Politik und Kirche*, hg. von Rainer Berndt SJ (Quellen und Abhandlungen zur mittelrheinischen Kirchengeschichte 80), Mainz 1997, S. 27–46.

Fouracre, Paul: *The Age of Charles Martel*, Harlow 2000.

Fouracre, Paul: »Conflict, Power and Legitimation in Francia in the Late Seventh and Eighth Centuries«, in: *Building Legitimacy. Political Discourses and Forms of Legitimacy in Medieval Societies*, hg. von Isabel Alfonso/Hugh Kennedy/Julio Escalona (The Medieval Mediterranean 53), Leiden u. a. 2004, S. 3–26.

Freeman, Ann: »Theodulf von Orleans and the Libri Carolini«, in: *Speculum* 32, 1957, S. 663–705.

Freund, Stephan: *Von den Agilolfingern zu den Karolingern. Bayerns Bischöfe zwischen Kirchenorganisation, Reichsintegration und Karolingischer Reform (700–847)* (Schriftenreihe zur bayerischen Landesgeschichte 144), München 2004.

Freundgen, Joseph: *Alkuins pädagogische Schriften* (Sammlung der bedeutendsten pädagogischen Schriften aus alter und neuer Zeit 4), Paderborn 1906.

Fried, Johannes: »Endzeiterwartung um die Jahrtausendwende«, in: *Deutsches Archiv* 45, 1989, S. 381–473.

Fried, Johannes: »Ludwig der Fromme, das Papsttum und die fränkische Kirche«, in: *Charlemagne's heir*, hg. von Peter Godman, Oxford 1990, S. 231–273.

Fried, Johannes: *Der Weg in die Geschichte. Die Ursprünge Deutschlands bis 1024*, Berlin 1994.

Fried, Johannes: »Fulda in der Bildungs- und Geistesgeschichte des früheren Mittelalters«, in: *Kloster Fulda in der Welt der Karolinger und Ottonen*, hg. von Gangolf Schrimpf (Fuldaer Studien 7), Frankfurt am Main 1996, S. 3–38.

Fried, Johannes (Hg.): *Dialektik und Rhetorik im früheren und hohen Mittelalter. Rezeption, Überlieferung und gesellschaftliche Wirkung antiker Gelehrsamkeit, vornehmlich im 9. und 12. Jahrhundert* (Schriften des Historischen Kollegs. Kolloquien 27), München 1997.

Fried, Johannes: »Karl der Große, die Artes liberales und die karolingische Renaissance«, in: *Karl der Große und sein Nachwirken. 1200 Jahre Kultur und Wissenschaft in Europa*, hg. von Paul Leo Butzer/Max Kerner/Walter Oberschelp, Turnhout 1997, S. 25–43.

Fried, Johannes: »Zum Prozeß gegen Tassilo«, in: *Das Frankfurter Konzil von 794. Kristallisationspunkt karolingischer Kultur. Akten zweier Symposien (vom 23. bis 27. Februar und vom 13. bis 15. Oktober 1994) anlässlich der 1200-Jahrfeier der Stadt Frankfurt am Main*, Bd. 1: *Politik und Kirche*, hg. von Rainer Berndt

SJ (Quellen und Abhandlungen zur mittelrheinischen Kirchengeschichte 80), Mainz 1997, S. 114–115.

Fried, Johannes: »Papst Leo III. besucht Karl den Großen in Paderborn oder Einhards Schweigen«, in: *Historische Zeitschrift* 272, 2001, S. 281–326.

Fried, Johannes: »Papst Leo III. besucht Karl den Großen in Paderborn oder Einhards Schweigen«, in: *Am Vorabend der Kaiserkrönung. Das Epos »Karolus Magnus et Leo papa« und der Papstbesuch in Paderborn 799*, hg. von Peter Godman/Jörg Jarnut/Peter Johanek, Berlin 2002, S. 55–56.

Fried, Johannes: *Die Aktualität des Mittelalters. Gegen die Überheblichkeit unserer Wissensgesellschaft*, Stuttgart 2002.

Fried, Johannes: »Imperium Romanum. Das römische Reich und der mittelalterliche Reichsgedanke«, in: *Millennium* 3, 2006, S. 1–42.

Fried, Johannes: *Donation of Constantine and Constitutum Constantini*, Berlin 2007.

Fried, Johannes: »Zu Herkunft und Entstehungszeit des ›Constitutum Constantini‹. Zugleich eine Selbstanzeige«, in: *Deutsches Archiv* 63, 2007, S. 603–611.

Fried, Johannes: »Erfahrung und Ordnung. Die Friedenskonstitution Karls des Großen vom Jahr 806«, in: *Herrscher- und Fürstentestamente im westeuropäischen Mittelalter*, hg. von Brigitte Kasten (Norm und Struktur 29), Köln/Weimar/Wien 2008, S. 145–192.

Fuchs, Franz: »Mochanaz. Zu Theodulf Carmen 35«, angekündigt für: *Deutsches Archiv*. Ich bin Herrn Kollegen Fuchs sehr dankbar, dass er mir seinen Fund der erweiterten Fassung des Theodulf-Gedichts Nr. 35 vorab zur Verfügung gestellt hat.

Fuchs, Susanne: *Der Verlust der Eindeutigkeit. Annäherung an Individuum und Gesellschaft*, Stuttgart 2007.

Fürbeth, Frank: »Carolus Magnus. Zur dunklen Seite des Karlsbildes im Mittelalter«, in: *Karl der Große und das Erbe der Kulturen*, hg. von Franz-Reiner Erkens, Berlin 2001, S. 314–325.

Gädeke, Nora: »Die Memoria für die Königin Hildegard«, in: *Actes du colloque »Autour d'Hildegarde«. Recueil d'études publiées par Pierre Riché/Carol Heitzer/François Heber-Suffrin*, Nanterre 1987, S. 27–39.

Gai, Sveva/Mecke, Birgit (Hgg.): *Est locus insignis… Die Pfalz Karls des Großen in Paderborn und ihre bauliche Entwicklung bis zum Jahre 1002. Die Neuauswertung der Ausgrabungen Wilhelm Winkelmanns in den Jahren 1964–1978* (Denkmalpflege und Forschung in Westfalen 40/2), Münster 2005.

Ganshof, François Louis: »La fin du règne de Charlemagne, une decomposition«, in: *Zeitschrift für schweizerische Geschichte* 28, 1948, S. 533–552.

Ganshof, Francois Louis: »Charlemagne's Programme of Imperial Government«, in: Ders., *The Carolingians and the Frankish Monarchy. Studies in Carolingian History*. Translated by Janet Sondheimer, London 1971, S. 55–85.

Ganz, David: *Corbie in the Carolingian Renaissance* (Beihefte der Francia 20), Sigmaringen 1990.

Garhammer, Erich (Hg.): *BilderStreit. Theologie auf Augenhöhe*, Würzburg 2007.

Garrison, Mary: *Alcuin's World Through His Letters and Verse*, Cambridge 1995.

Garrison, Mary: »The Social World of Alcuin: Nicknames at York and at the Carolingian Court«, in: *Alcuin of York. Scholar at the Carolingian Court. Proceedings of the Third Germania Latina Conference held at the University of Groningen, May 1995*, hg. von Luuk A. J. R. Houwen/Alasdair A. Mac Donald, Groningen 1998, S. 59–79.

Garrison, Mary: »An Aspect of Alcuin: ›Tuus Albinus‹ – Peevish Egotist or Parrhesiast?«, in: *Ego Trouble: Authors and their Identities in the Early Middle Ages*, hg. von Richard Corradini/Rosamond McKitterick/Matthew Gillis/Irene van Renswoude, Wien 2010, S. 137–151.

Gauch, Sigfrid: *Vaterspuren. Eine Erzählung*. Überarbeitete und ergänzte Auflage, Frankfurt am Main 2005.

Gauch, Sigfrid: *Fundsachen: Die Quellen zum Roman Vaterspuren*, Norderstedt (BoD) 2010.

Gauert, Adolf: »Zum Itinerar Karls des Großen«, in: *Karl der Große. Persönlichkeit und Geschichte*, hg. von Helmut Beumann, Düsseldorf 1965, S. 307–321.

Gavinelle, Simona: »Modelli librari e formazione ideologica centralizzata«, in: *Carlo Magno e le Alpi. Atti del XVIII Congresso internazionale di studio sull'alto medioevo, Susa, 19–20 ottobre 2006*, Spoleto 2007, S. 105–139.

Geary, Patrick J.: »Germanic Tradition and Royal Ideology in the Ninth Century: The Visio Caroli Magni«, in: *Frühmittelalterliche Studien* 21, 1987, S. 274–294.

Geary, Patrick J.: *Living with the dead in the Middle Ages*, Ithaka 1994.

Gegou, Fabienne: »Le mariage lombard de Charlemagne«, in: *Longobardi e Lombardia: aspetti di civiltà Longobarda (Atti del 6° congresso internazionale di studi sull'alto medioevo)*, Spoleto 1980, S. 443–446.

Geis, Lioba: »Fremde, Verbündete, Gegner? Muslime und Juden im Verständnis Karls des Großen«, in: *Ex Oriente. Isaak und der weiße Elefant. Bagdad – Jerusalem – Aachen. Eine Reise durch drei Kulturen um 800 und heute*, Bd. 3: *Aachen. Der Westen*, hg. von Wolfgang Dreßen/Georg Minkenberg/Adam C. Oellers, Aachen 2003, S. 78–93.

Geith, Karl-Ernst: *Carolus Magnus. Studien zur Darstellung Karls des Großen in der deutschen Literatur des 12. und 13. Jahrhunderts*, Bern/München 1977.

Gerner, Hubert: *Lyon im Frühmittelalter. Studien zur Geschichte der Stadt, des Erzbistums und der Grafschaft im 9. und 10. Jahrhundert*, Köln 1968.

Giese, Wolfgang: »Die designativen Nachfolgeregelungen der Karolinger 714–979«, in: *Deutsches Archiv* 64, 2008, S. 437–511.

Glatthaar, Michael: *Bonifatius und das Sakrileg. Zur päpstlichen Dimension eines Rechtsbegriffs* (Freiburger Beiträge zu mittelalterlichen Geschichte 17), Frankfurt am Main u. a. 2004.

Glatthaar, Michael: »Zur Datierung der Epistola generalis Karls des Großen«, in: *Deutsches Archiv* 66, 2010, S. 455–477.

Gockel, Michael: *Karolingische Königshöfe am Mittelrhein* (Veröffentlichungen des Max-Planck-Instituts für Geschichte 31), Göttingen 1971.

Gockel, Michael/Heinemeyer, Karl/Orth, Elsbeth/Schwind, Fred (Hgg.): »Frankfurt«, in: *Die deutschen Königspfalzen. Repertorium der Pfalzen, Königshöfe und übrigen Aufenthaltsorte der Könige im deutschen Reich des Mittelalters*, Bd. 1: *Hessen*, hg. vom Max-Planck-Institut für Geschichte, Göttingen 1996.

Godman, Peter: *Poets and emperors. Frankish Politics and Carolingian Poetry*, Oxford 1987.

Godman, Peter/Jarnut, Jörg/Johanek, Peter (Hgg.): *Am Vorabend der Kaiserkrönung. Das Epos »Karolus Magnus et Leo papa« und der Papstbesuch in Paderborn 799*, Berlin 2002.

Goetz, Hans-Werner: »Historiographisches Zeitbewusstsein im frühen Mittelalter. Zum Umgang mit der Zeit in der karolingischen Geschichtsschreibung«, in: *Historiographie im frühen Mittelalter*, hg. von Anton Scharer/Georg Scheibelreiter (Veröffentlichungen des Instituts für Österreichische Geschichtsforschung 32), München/Wien 1994, S. 158 – 178.

Goffart, Walter: *The Narrators of Barbarian History (AD 550 – 800). Jordanes, Gregory of Tours, Bede and Paul the Deacon*, Princeton 1988.

Görich, Knut: »Otto III. öffnet das Karlsgrab in Aachen. Überlegungen zu Heiligenverehrung, Heiligsprechung und Traditionsbildung«, in: *Herrschaftsrepräsentation im ottonischen Sachsen*, hg. von Gerd Althoff/Ernst Schubert (Vorträge und Forschungen des Konstanzer Arbeitskreises für mittelalterliche Geschichte 46), Sigmaringen 1998, S. 381 – 430.

Goodson, Caroline J./Nelson, Janet L.: »Review article: The Roman contexts of the ›Donation of Constantine‹«, in: *Early Medieval Europe* 18, 2010, S. 446 – 467.

Grässlin, Matthias: »Niemand sang die Sündenregisterarie nach. Der achte deutsche Mediävistentag überzeugt sich von der Realität Karls des Großen«, in: *Frankfurter Allgemeine Zeitung*, Nr. 103, 5. Mai 1999, S. 54.

Grewe, Holger: »Die Ausgrabungen in der Königspfalz zu Ingelheim am Rhein«, in: *Splendor palatii. Neue Forschungen zu Paderborn und anderen Pfalzen der Karolingerzeit*, hg. von Lutz Fenske/Jörg Jarnut/Matthias Wemhoff (Veröffentlichungen des Max-Planck-Instituts für Geschichte 11/5), Göttingen 2001, S. 155 – 174.

Grimme, Günther E.: *Der Karlsschein und der Marienschrein im Aachener Dom*, Aachen 2002.

Groebner, Valentin: »Schock, Abscheu, schickes Thema. Die Kulturwissenschaften und die Gewalt«, in: *Zeitschrift für Ideengeschichte* 1/3, 2007, S. 70 – 83.

Große, Rolf: *Saint-Denis zwischen Adel und König. Die Zeit vor Suger (1053 – 1122)* (Beihefte der Francia 57), Stuttgart 2002.

Große, Rolf: *Vom Frankenreich zu den Ursprüngen der Nationalstaaten: 800–1214*, Darmstadt 2005.

Grünewald, Wilhelm L.: *Das fränkisch-deutsche Kaisertum in der Auffassung englischer Geschichtsschreiber (800 – 1273)*, Frankfurt am Main 1963.

Gutbrod, Jürgen: *Die Initiale in Handschriften des achten bis dreizehnten Jahrhunderts*, Stuttgart 1965.

Hack, Achim T.: *Das Empfangszeremoniell bei mittelalterlichen Papst-Kaiser-Treffen*, Köln/Weimar/Wien 1999.

Hack, Achim T.: »Bildaussendung und Bildeinholung im 7. und 8. Jahrhundert«, in: *Saeculum* 53, 2003, S. 147–177.

Hack, Achim T.: *Codex Carolinus. Päpstliche Epistolographie im 8. Jahrhundert*, 2 Bände (Päpste und Papsttum 35/1 u. 2), Stuttgart 2006/2007.

Hack, Achim T.: »Karl der Große, Hadrian I. und die Muslime in Spanien. Weshalb man einen Krieg führt und wie man ihn legitimiert«, in: *Die Faszination der Papstgeschichte. Neue Zugänge zum frühen und hohen Mittelalter*, hg. von Wilfried Hartmann/Klaus Herbers (Forschungen zur Kaiser- und Papstgeschichte des Mittelalters 28), Köln/Weimar/Wien 2008, S. 29–54.

Hack, Achim T.: *Alter, Krankheit, Tod und Herrschaft im frühen Mittelalter. Das Beispiel der Karolinger*, Stuttgart 2009.

Hack, Achim T.: *Abul Abaz. Zur Biographie eines Elefanten* (Jenaer mediävistische Vorträge 1), Badenweiler 2011.

Hageneier, Lars: *Jenseits der Topik. Die karolingische Herrscherbiographie* (Historische Studien 483), Husum 2004.

Hageneier, Lars: »Wer war Karl der Große? Überlegungen zu Einharts ›Vita Karoli‹«, in: Matthias Becher u. a., *Das Reich Karls des Großen*, Darmstadt 2011, S. 19–28.

Hägermann, Dieter: »Reichseinheit und Reichsteilung. Bemerkungen zur Divisio regnorum 806 und zur Ordinatio imperii 817«, in: *Historisches Jahrbuch* 95, 1975, S. 278–307.

Hägermann, Dieter: »Zur Entstehung der Kapitularien«, in: *Grundwissenschaften und Geschichte. Festschrift für Peter Acht*, hg. von Waldemar Schlögl/Peter Herde (Münchener Historische Studien. Abt. Geschichtliche Hilfswissenschaften 15), Kallmünz 1976, S. 12–27.

Hägermann, Dieter: *Karl der Große. Herrscher des Abendlandes. Biographie*, Berlin/München 2001.

Hägermann, Dieter/Schneider, Helmuth (Hgg.): *Landbau und Handwerk. 750 v. Chr. bis 1000 n. Chr.*, Frankfurt am Main/Berlin 1991.

Hammer, Carl I.: *From Ducatus to Regnum. Ruling Bavaria under the Merovingians and Early Carolingians* (Collection *Haut Moyen Âge* 2), Turnhout 2007.

Hammer, Carl I.: »Christmas Day 800: Charles the Younger, Alcuin and the Frankish Royal Succession«, in: *English Historical Review* 127, 2012, S. 1–23.

Hampe, Karl: »Karl der Große«, in: Ders., *Herrschergestalten des deutschen Mittelalters,* 6. Auflage, durchgesehen und um einen Literaturanhang erweitert von Hellmut Kämpf, Heidelberg 1955, S. 30–65.

Hannig, Jürgen: *Consensus fidelium. Frühfeudale Interpretationen des Verhältnisses von Königtum und Adel am Beispiel des Frankenreiches* (Monographien zur Geschichte des Mittelalters 27), Stuttgart 1982.

Hannig, Jürgen: »Pauperiores vassi de infra palatio? Zur Entstehung der karolingischen Königsbotenorganisation«, in: *Mitteilungen des Instituts für österreichische Geschichtsforschung* 91, 1983, S. 309–374.

Hardt, Matthias: »Awarengold und nomen imperatoris. Zur Vorgeschichte der Kaiserkrönung Karls des Großen«, in: *Völker, Reiche und Namen im Frühen Mittelalter*, hg. von Matthias M. Becher/Stefanie Dick (MittelalterStudien 22), München 2011, S. 325–334.

Hartmann, Florian: *Hadrian I. (772–795). Frühmittelalterliches Adelspapsttum und die Lösung Roms vom Kaiser in Byzanz* (Päpste und Papsttum 34), Stuttgart 2006.

Hartmann, Florian: »Vitam litteris ni emam, nihil est, quod tribuam. Paulus Diaconus zwischen Langobarden und Franken«, in: *Frühmittelalterliche Studien* 43, 2009, S. 71–93.

Hartmann, Florian: »Nochmals zur sogenannten Pippinischen Schenkung und zu ihrer Erneuerung durch Karl den Großen«, in: *Francia* 37, 2010, S. 25–47.

Hartmann, Martina: »Concubina vel regina? Zu einigen Ehefrauen und Konkubinen der karolingischen Könige«, in: *Deutsches Archiv* 63, 2007, S. 545–567.

Hartmann, Martina: *Die Königin im frühen Mittelalter*, Stuttgart 2009.

Hartmann, Martina: *Die Merowinger*, München 2012.

Hartmann, Wilfried: »Die karolingische Reform und die Bibel«, in: *Annuarium Historiae Conciliorum* 18, 1986, S. 58–74.

Hartmann, Wilfried: »Das Konzil von Frankfurt 794 und Nizäa 787«, in: *Annuarium Historiae Conciliorum* 20, 1988, S. 307–324.

Hartmann, Wilfried: *Die Synoden der Karolingerzeit im Frankenreich und in Italien*, Paderborn u. a. 1989.

Hartmann, Wilfried: »Das Konzil von Frankfurt 794. Nachwirkung und Nachleben«, in: *Das Frankfurter Konzil von 794. Kristallisationspunkt karolingischer Kultur. Akten zweier Symposien (vom 23. bis 27. Februar und vom 13. bis 15. Oktober 1994) anlässlich der 1200-Jahrfeier der Stadt Frankfurt am Main*, Bd. 1: *Politik und Kirche*, hg. von Rainer Berndt SJ (Quellen und Abhandlungen zur mittelrheinischen Kirchengeschichte 80), Mainz 1997, S. 331–355.

Hartmann, Wilfried: »Karl der Große und das Recht«, in: *Karl der Große und sein Nachwirken. 1200 Jahre Kultur und Wissenschaft in Europa. Charlemagne and his Heritage. 1200 Years of Civilisation and Science in Europe*, Bd. 1: *Wissen und Weltbild*, hg. von Paul Leo Butzer/Max Kerner/Walter Oberschelp, Turnhout 1997, S. 173–192.

Hartmann, Wilfried: »Zur Autorität des Papsttums im karolingischen Frankenreich«, in: *Mönchtum – Kirche – Herrschaft. 750–1000. Josef Semmler zum 65. Geburtstag*, hg. von Dieter R. Bauer/Rudolf Hiestand/Brigitte Kasten/Sönke Lorenz, Sigmaringen 1998, S. 113–132.

Hartmann, Wilfried: »Einige Fragen zur Lex Alamannorum«, in: *Der Südwesten im 8. Jahrhundert aus historischer und archäologischer Sicht*, hg. von Hans Ulrich Nuber/Heiko Steuer/Thomas Zotz (Archäologie und Geschichte 13), Ostfildern 2004, S. 313–333.

Hartmann, Wilfried: »Alkuin und die Gesetzgebung Karls des Großen«, in: *Al-*

kuin von York und die geistige Grundlegung Europas. Akten der Tagung vom 30. September bis zum 2. Oktober 2004 in der Stiftsbibliothek St. Gallen, hg. von Ernst Tremp/Karl Schmuki, St. Gallen 2010, S. 33–50.

Hartmann, Wilfried: *Karl der Große*, Stuttgart 2010.

Hartmann, Wilfried: »Maßnahmen eines Analphabeten? Der Kampf um eine Bildungsreform im Karolingerreich«, in: Matthias Becher u. a. *Das Reich Karls des Großen*, Darmstadt 2011, S. 89–102.

Häse, Angelika: *Mittelalterliche Bücherverzeichnisse aus Kloster Lorsch. Einleitung, Edition und Kommentar* (Beiträge zum Buch- und Bibliothekswesen 42), Wiesbaden 2002.

Haselbach, Inge: *Aufstieg und Herrschaft der Karlinger in der Darstellung der sogenannten Annales Mettenses priores* (Historische Studien 412), Lübeck u.a. 1970.

Hauck, Karl: »Von einer spätantiken Randkultur zum karolingischen Imperium«, in: *Frühmittelalterliche Studien* 1, 1967, S. 3–93.

Hauck, Karl: »Karl der Große in seinem Jahrhundert«, in: *Frühmittelalterliche Studien* 9, 1975, S. 202–214.

Hauck, Karl: »Karl als neuer Konstantin 777. Die archäologischen Entdeckungen in Paderborn in historischer Sicht«, in: *Frühmittelalterliche Studien* 20, 1986, S. 513–540.

Haye, Thomas: *Lateinische Oralität. Gelehrte Sprache in der mündlichen Kommunikation des hohen und späten Mittelalters*, Berlin/New York 2005.

Heckner, Ulrike: »Der Tempel Salomos in Aachen – Datierung und geometrischer Entwurf der karolingischen Pfalzkapelle«, in: *Die karolingische Pfalzkapelle in Aachen. Material – Bautechnik – Restaurierung*, hg. von Andrea Pufke, Worms 2012, S. 25–62.

Hehl, Ernst-Dieter: »798 – ein erstes Zitat aus der konstantinischen Schenkung«, in: *Deutsches Archiv* 47, 1991, S. 1–17.

Hehl, Ernst-Dieter: »Zwei christliche Kaiser im mittelalterlichen Europa. Eine problematische Geschichte«, in: *Kaisertum im ersten Jahrtausend. Wissenschaftlicher Begleitband zur Landesausstellung »Otto der Große und das Römische Reich. Kaisertum von der Antike zum Mittelalter«*, hg. von Hartmut Leppin/Bernd Schneidmüller/Stefan Weinfurter, Regensburg 2012, S. 271–295.

Heim, Wolf-Dieter: *Romanen und Germanen in Charlemagnes Reich. Untersuchung zur Benennung romanischer und germanischer Völker, Sprachen und Länder in französischen Dichtungen des Mittelalters* (Münstersche Mittelalter-Schriften 40), München 1984.

Heinzer, Felix: »Exercitium scribendi – Überlegungen zur Frage einer Korrelation zwischen geistlicher Reform und Schriftlichkeit im Mittelalter«, in: *Die Präsenz des Mittelalters in seinen Handschriften*, hg. von Hans-Jochen Schwier/Karl Stackmann, Tübingen 2002, S. 107–127.

Heldmann, Karl: *Das Kaisertum Karls des Großen* (Quellen und Studien zur Verfassungsgeschichte des Deutschen Reiches in Mittelalter und Neuzeit 6,2), Weimar 1928.

Hellmann, Martin: *Tironische Noten in der Karolingerzeit am Beispiel eines Persius-Kommentars aus der Schule von Tours*, Hannover 2000.

Henn, Karl H. (Hg.): *Karl der Große in Ingelheim. Bauherr der Pfalz und europäischer Staatsmannn* (Beiträge zur Ingelheimer Geschichte 43), Ingelheim 1998.

Herbers, Klaus: »Der Pontifikat Papst Leos III. (795–816)«, in: *Kunst und Kultur der Karolingerzeit. 799: Karl der Große und Papst Leo III. in Paderborn. Beiträge zum Katalog der Ausstellung Paderborn 1999*, hg. von Christoph Stiegemann/Matthias Wemhoff, Mainz 1999, S. 13–18.

Herbers, Klaus: »Le Liber Pontificalis comme source de réécritures hagiographiques (IXe–Xe siècles)«, in: *La réécriture hagiographique dans l'occident médiéval. Transformations formelles et idéologiques* (Beihefte der Francia, 58), hg. von Monique Goullet/Martin Heinzelmann, Sigmaringen 2003, S. 87–107.

Herbers, Klaus: »Mobilität und Kommunikation in der Karolingerzeit – die Reliquienreisen der heiligen Chrysanthus und Daria«, in: *Literatur – Geschichte – Literaturgeschichte. Festschrift für Volker Honemann zum 60. Geburtstag*, hg. von Nine Miedema/Rudolf Suntrup, Frankfurt am Main 2003, S. 647–660.

Herbers, Klaus: »Das Bild Papst Leos III. in der Perspektive des Liber pontificalis«, in: *Erzbischof Arn von Salzburg*, hg. von Meta Niederkorn-Bruck/Anton Scharer, Wien/München 2004, S. 137–154.

Herbers, Klaus: »Der Beitrag der Päpste zur geistigen Grundlegung Europas im Zeitalter Alkuins«, in: *Alkuin von York und die geistige Grundlegung Europas. Akten der Tagung vom 30. September bis zum 2. Oktober 2004 in der Stiftsbibliothek St. Gallen*, hg. von Ernst Tremp/Karl Schmuki, St. Gallen 2010, S. 51–70.

Herbers, Klaus: »Der Konflikt Papst Nikolaus' I. mit Erzbischof Johannes VII. von Ravenna, 860–861«, in: Ders., *Pilger, Päpste, Heilige. Ausgewählte Aufsätze zur europäischen Geschichte des Mittelalters*, hg. von Gordon Blennemann/Wiebke Deimann/Matthias Maser/Christofer Zwanzig, Tübingen 2011, S. 281–294.

Herbers, Klaus: »Papst Leo III. (795–816), der Koronator Karls des Großen – Möglichkeiten päpstlicher Politik an der Schwelle des 9. Jahrhunderts«, in: Ders., *Pilger, Päpste, Heilige. Ausgewählte Aufsätze zur europäischen Geschichte des Mittelalters*, hg. von Gordon Blennemann/Wiebke Deimann/Matthias Maser/Christof Zwanzig, Tübingen 2011, S. 295–312.

Herbers, Klaus: *Pilger, Päpste, Heilige. Ausgewählte Aufsätze zur europäischen Geschichte des Mittelalters*, Tübingen 2011.

Heuser, August/Kloft, Matthias Th. (Hgg.): *Karlsverehrung in Frankfurt am Main. Eine Ausstellung des Dommuseums Frankfurt und des Historischen Museums Frankfurt*, Frankfurt am Main 2000.

Hilgert, Markus: »Von ›Listenwissenschaft‹ und ›epistemischen Dingen‹. Konzeptuelle Annäherungen an altorientalische Wissenspraktiken«, in: *Journal for General Philosophy of Science* 40, 2009, S. 277–309.

Hilgert, Markus: »›Text-Anthropologie‹: Die Erforschung von Materialität und

Präsenz des Geschriebenen als hermeneutische Strategie«, in: *Mitteilungen der Deutschen Orientgesellschaft* 142, 2010, S. 87–126.

Hlawitschka, Eduard: *Franken, Alemannen, Bayern und Burgunder in Oberitalien (774–962). Zum Verständnis der fränkischen Königsherrschaft in Italien* (Forschungen zur oberrheinischen Landesgeschichte 8), Freiburg i. Br. 1960.

Hlawitschka, Eduard: »Karl Martell, das Römische Konsulat und der Römische Staat. Zur Interpretation von Fredegarii Continuatio c. 22«, in: *Die Stadt in der römischen Geschichte. Festschrift für Edith Ennen*, hg. von Werner Besch/Klaus Fehn/Dietrich Höroldt/Franz Irsigler, Bonn 1972, S. 74–90.

Hoff, Erwin: *Pavia und seine Bischöfe im Mittelalter. Beiträge zur Geschichte der Bischöfe von Pavia unter besonderer Berücksichtigung ihrer politischen Stellung. 1. Epoche: Età Imperiale. Von den Anfängen des Bistums bis 1100*, Pavia 1943.

Hoffmann, Hartmut: »Die beiden Schwerter im hohen Mittelalter«, in: *Deutsches Archiv* 20, 1964, S. 78–114.

Hoffmann, Hartmut: »Die Aachener Theoderichstatue«, in: *Das erste Jahrtausend. Kultur und Kunst im werdenden Abendland an Rhein und Ruhr*, Bd. 1, hg. von Joseph Hoster, Düsseldorf 1962, S. 318–335.

Hoffmann, Hartmut: »*Abisag calefaciente* oder Der karolingische Traktat *De sole et luna*«, in: *Deutsches Archiv* 68, 2012, S. 445–477.

Hoffmann, Heinrich F. M.: *Karl der Große im Bilde der Geschichtsschreibung des frühen Mittelalters (800–1250)* (Historische Studien 137), Berlin 1919.

Houwen, Luuk A. J. R./MacDonald, Alasdair A. (Hgg.): *Alcuin of York. Scholar at the Carolingian Court. Proceedings of the Third Germania Latina Conference held at the University of Groningen May 1995* (Germania Latina 3), Groningen 1998.

Hübinger, Paul E. (Hg.): *Bedeutung und Rolle des Islam beim Übergang vom Altertum zum Mittelalter*, Darmstadt 1968.

Hürten, Heinz: »Alkuin und der Episkopat im Reiche Karls des Großen«, in: *Historisches Jahrbuch* 82, 1963, S. 22–49.

Huschner, Wolfgang: *Transalpine Kommunikation im Mittelalter. Diplomatische, kulturelle und politische Wechselwirkungen zwischen Italien und dem nordalpinen Reich (9.–11. Jahrhundert)*, Hannover 2003.

Imhof, Michael/Winterer, Christoph: *Karl der Große. Leben und Wirkung, Kunst und Architektur*, 2. Auflage, Petersberg 2013.

Irmscher, Johannes (Hg.): *Der byzantinische Bilderstreit. Sozialökonomische Voraussetzungen, ideologische Grundlagen, geschichtliche Wirkungen. Eine Sammlung von Forschungsbeiträgen*, Leipzig 1980.

Jacobsen, Werner: »Die Pfalzenkonzeptionen Karls des Großen«, in: *Karl der Große als vielberufener Vorfahr. Sein Bild in der Kunst der Fürsten, Kirchen und Städte*, hg. von Lieselotte E. Saurma-Jeltsch (Schriften des Historischen Museums 19), Sigmaringen 1994, S. 23–48.

Jakobs, Hans-Joachim: »Das Bild Karls des Großen in der Stadt Frankfurt im 14. Jahrhundert«, in: *Karl der Große als vielberufener Vorfahr. Sein Bild in der*

Kunst der Fürsten, Kirchen und Städte, hg. von Lieselotte E. Saurma-Jeltsch (Schriften des Historischen Museums 19), Sigmaringen 1994, S. 63–86.

Jarnut, Jörg: »Quierzy und Rom. Bemerkungen zu den ›promissiones donationis‹ Pippins und Karls«, in: *Historische Zeitschrift* 220, 1975, S. 265–297.

Jarnut, Jörg: *Geschichte der Langobarden*, Stuttgart u. a. 1982.

Jarnut, Jörg: »Wer hat Pippin 751 zum König gesalbt?«, in: *Frühmittelalterliche Studien* 16, 1982, S. 45–57.

Jarnut, Jörg: »Chlodwig und Chlothar. Anmerkungen zu den Namen zweier Söhne Karls des Großen«, in: *Francia* 12, 1985, S. 645–651.

Jarnut, Jörg: »Ein Bruderkampf und seine Folgen. Die Krise des Frankenreiches 768–771«, in: *Herrschaft, Kirche und Kultur. Festschrift für Friedrich Prinz zu seinem 65. Geburtstag*, hg. von Georg Jenal (Monographien zur Geschichte des Mittelalters 37), Stuttgart 1993, S. 165–176.

Jarnut, Jörg: »Die Adoption Pippins durch König Liutprand und die Italienpolitik Karl Martells«, in: *Karl Martell in seiner Zeit*, hg. von Jörg Jarnut/Ulrich Nonn/Michael Richter (Beihefte der Francia 37), Sigmaringen 1994, S. 217–226.

Jarnut, Jörg: *Karl der Große: Mensch, Herrscher, Mythos*, Paderborn 1999.

Jarnut, Jörg: »Die Familie des Paulus Diaconus. Ein vorsichtiger Annäherungsversuch«, in: *Geschichtsvorstellungen. Bilder, Texte und Begriffe aus dem Mittelalter. Festschrift für Hans-Werner Goetz zum 65. Geburtstag*, hg. von Steffen Patzold/Anja Rathmann-Lutz/Volker Scior, Wien/Köln/Weimar 2012, S. 43–52.

Jaspert, Nikolas: »›Reconquista‹. Interdependenzen und Tragfähigkeit eines wertekategorialen Deutungsmusters«, in: *Christlicher Norden – Muslimischer Süden. Ansprüche und Wirklichkeiten von Christen, Juden und Muslimen auf der Iberischen Halbinsel im Hoch- und Spätmittelalter*, hg. von Matthias M. Tischler/Alexander Fidora (Erudiri Sapientia 7), Münster 2011, S. 445–465.

Kahl, Hans-Dietrich: »Karl der Große und die Sachsen«, in: *Politik, Gesellschaft, Geschichtsschreibung. Gießener Festgabe für František Graus zum 60. Geburtstag*, hg. von Herbert Ludat/Christian Schwinges (Archiv für Kulturgeschichte 18), Köln 1982, S. 49–130.

Kälble, Mathias: »Ethnogenese und Herzogtum Thüringen im Frankenreich (6.–9. Jahrhundert)«, in: *Die Frühzeit der Thüringer: Archäologie, Sprache und Geschichte*, hg. von Helmut Castritius/Dieter Geuenich/Matthias Werner (Ergänzungsbände zum Reallexikon der Germanischen Altertumskunde 63), Berlin/New York 2009, S. 329–413.

Kasche, Sören: »Tradition und Adaption. Die ›Divisio regnorum‹ und die fränkische Herrschaftsnachfolge«, in: *Herrscher- und Fürstentestamente im westeuropäischen Mittelalter*, hg. von Brigitte Kasten (Norm und Struktur 29), Köln/Weimar/Wien 2008, S. 259–289.

Kasten, Brigitte: *Adalhard von Corbie. Die Biographie eines karolingischen Politikers und Klostervorstehers* (Studia humaniora 3), Düsseldorf 1986.

Kasten, Brigitte: *Königssöhne und Königsherrschaft. Untersuchungen zur Teilhabe am Reich in der Merowinger- und Karolingerzeit* (MGH Schriften 44), Hannover 1997.

Kasten Brigitte: »Beneficium zwischen Landleihe und Lehen – eine alte Frage neu gestellt«, in: *Mönchtum – Kirche – Herrschaft 750–1000. Josef Semmler zum 65. Geburtstag*, hg. von Dieter Bauer u.a., Sigmaringen 1998, S. 243–260.

Kasten, Brigitte: »Laikale Mittelgewalten. Beobachtungen zur Herrschaftspraxis der Karolinger«, in: *Karl der Große und das Erbe der Kulturen*, hg. von Franz-Reiner Erkens, Berlin 2001, S. 54–66.

Kasten, Brigitte: »Alkuins erbrechtliche Expertise für Karl den Großen?«, in: *Alcuin, de York à Tours. Écriture, pouvoir et réseaux dans l'Europe du haut Moyen Âge*, hg. von Philippe Depreux/Judic Bruno (Annales de Bretagne et des pays de l'ouest 111/3), Rennes 2004, S. 301–315.

Kasten, Brigitte: *Herrscher- und Fürstentestamente im westeuropäischen Mittelalter* (Norm und Struktur 29), Köln/Weimar/Wien 2008.

Kasten, Brigitte: »Das Lehnswesen – Fakt oder Fiktion?«, in: *Der frühmittelalterliche Staat – europäische Perspektiven*, hg. von Walter Pohl, Wien 2009, S. 331–356.

Keller, Christoph: »Die Pfalz Karls des Großen in Aachen. Eine archäologische Bestandsaufnahme«, in: *Ex oriente. Eine Reise durch drei Kulturen um 800 und heute*, Bd. 3: *Aachen*, hg. von Wolfgang Dreßen/Georg Minkenberg/Adam C. Oellers, Aachen 2003, S. 6–23.

Keller, Hagen: »Die Ottonen und Karl der Große«, in: *Frühmittelalterliche Studien* 34, 2000, S. 112–131.

Kemmerling, Andreas: »Objektive Unbestimmtheit«, in: *Jahresbericht des Marsilius-Kollegs* 2009/2010, Heidelberg 2010, S. 138–142.

Kempf, Damien: »Paul the Deacon's *Liber de episcopis Mettensibus* and the role of Metz in the Carolingian realm«, in: *Journal of Medieval History* 30, 2004, S. 279–299.

Kempf, Damien: *Creating a Carolingian capital: Paul the Deacon's »Liber de episcopis Mettensibus« and the rise of Metz, 751–791* (The Johns Hopkins University), Liverpool 2007.

Kerner, Max: »Der Reinigungseid Leos III. vom Dezember 800. Die Frage seiner Echtheit und frühen kanonistischen Überlieferung«, in: *Zeitschrift des Aachener Geschichtsvereins* 84/85, 1977/78, S. 131–160.

Kerner, Max: »Die frühen Karolinger und das Papsttum«, in: *Zeitschrift des Aachener Geschichtsvereins* 88/89, 1981/1982, S. 5–41.

Kerner, Max: *Karl der Große. Entschleierung eines Mythos*, Köln/Weimar/Wien 2000.

Kerner, Max: »Karl der Große und seine Aachener Marienkirche«, in: *Eine Welt, eine Geschichte? 43. Deutscher Historikertag in Aachen*, hg. von Max Kerner, München 2001, S. 363–369.

Kerner, Max: »Pippin und die Entstehung des Kirchenstaates. Zur kirchenpolitischen Grundlegung Europas«, in: *Sie schufen Europa. Historische Portraits von Konstantin bis Karl dem Großen*, hg. von Mischa Meier, München 2007, S. 273–286.

Kerner, Max: »Karl der Große – Gestalter des Glaubens?«, in: *Die Filioque-Kontroverse. Historische, ökumenische und dogmatische Perspektiven 1200 Jahre nach der Aachener Synode*, hg. von Michael Böhnke/Assaad Elias Kattan/Bernd Oberdorfer (Quaestiones disputatae 245), Freiburg i.Br. u.a. 2011, S. 14–29.

Kéry, Lotte: *Canonical Collections of the Early Middle Ages (c. 400–1140): A Bibliographical Guide to the Manuscripts and Literature (History of Medieval Canon Law 1)*, Washington D.C. 1999.

Kintzinger, Martin: »Monastische Kultur und die Kunst des Wissens im Mittelalter«, in: *Kloster und Bildung im Mittelalter*, hg. von Nathalie Kruppa/Jürgen Wilke (Veröffentlichungen des Max-Planck-Instituts 218), Göttingen 2006, S. 15–47.

Kippenberg, Hans G.: *Gewalt als Gottesdienst. Religionskriege im Zeitalter der Globalisierung*, München 2008.

Kirsch, Wolfgang: *Laudes Sanctorum. Geschichte der hagiographischen Versepik vom IV. bis X. Jahrhundert*. Bd. 2: *Entfaltung (VIII.–X. Jahrhundert)*, 2. Teilband (Quellen und Untersuchungen zur lateinischen Philologie des Mittelalters 14), Stuttgart 2012.

Klopsch, Paul: »Die karolingische Bildungsreform im Bodenseeraum«, in: *Geistesleben um den Bodensee im frühen Mittelalter*, hg. von Achim Masser/Alois Wolf (Literatur und Geschichte am Oberrhein 2), Freiburg i.Br. 1989, S. 65–85.

Kohl, Thomas: *Lokale Gesellschaften. Formen der Gemeinschaft in Bayern vom 8. bis zum 10. Jahrhundert* (Mittelalter-Forschungen 29), Ostfildern 2010.

Kolmer, Lothar: »Zur Absetzung und Kommendation Tassilos III.«, in: *Zeitschrift für bayerische Landesgeschichte* 43, 1980, S. 291–327.

Kolmer, Lothar/Rohr, Christian (Hgg.): *Tassilo III. von Bayern. Großmacht und Ohnmacht im 8. Jahrhundert*, Regensburg 2005.

Kortüm, Hans-Henning (Hg.): *Krieg im Mittelalter*, Berlin 2001.

Kortüm, Hans-Henning: *Kriege und Krieger 500–1500*, Stuttgart 2010.

Krause, Victor: »Geschichte des Instituts der missi dominici«, in: *Mitteilungen des Instituts für Österreichische Geschichtsforschung* 11, 1890, S. 193–300.

Krautheimer, Richard: »The Carolingian Revival of Early Christian Architecture«, in: *The Art Bulletin* 24, 1942, S. 1–38.

Kroeschell, Karl: »Söhne und Töchter im germanischen Erbrecht«, in: *Studien zu den germanischen Volksrechten. Gedächtnisschrift für Wilhelm Ebel. Vorträge gehalten auf dem Fest-Symposion anlässlich des 70. Geburtstages von Wilhelm Ebel am 16. Juni 1978 in Göttingen*, hg. von Goetz Landwehr (Rechtshistorische Reihe 1), Frankfurt am Main u.a. 1982, S. 87–116.

Kroos, Renate: »Zum Aachener Karlsschrein. ›Abbild staufischen Kaisertums‹ oder ›fundatores ac dotatores‹?«, in: *Karl der Große als vielberufener Vorfahr. Sein Bild in der Kunst der Fürsten, Kirchen und Städte*, hg. von Lieselotte E.

Saurma-Jeltsch (Schriften des Historischen Museums 19), Sigmaringen 1994, S. 49–61.

Krüger, Karl H.: »Zur ›beneventanischen‹ Konzeption der Langobardischen Gedichte des Paulus Diaconus«, in: *Frühmittelalterliche Studien* 15, 1981, S. 18–35.

Krusch, Bruno: *Studien zur christlich-mittelalterlichen Chronologie. Der 84jährige Osterzyklus und seine Quellen*, Leipzig 1880.

Krusch, Bruno: »Die Übertragung des Heiligen Alexander von Rom nach Wildeshausen durch den Enkel Widukinds 851. Das älteste niedersächsische Geschichtsdenkmal«, in: *Nachrichten der Gesellschaft der Wissenschaften zu Göttingen, philol.-hist. Klasse*, Berlin 1933, S. 405–436.

La Rocca, Maria Cristina (Hg.): *Italy in the Early Middle Ages. 476–1000* (The short Oxford history of Italy), Oxford u. a. 2002.

Lamberz, Erich: »Studien zur Überlieferung der Akten des VII. Ökumenischen Konzils. Der Brief Hadrians I. an Konstantin VI. und Irene (JE 1448)«, in: *Deutsches Archiv* 53, 1997, S. 1–43.

Landau, Peter: »Kanonistische Aktivitäten in Regensburg im frühen Mittelalter«, in: *Zwei Jahrtausende Regensburg*, hg. von Dieter Albrecht (Schriftenreihe der Universität Regensburg 1), Regensburg 1979, S. 55–74.

Landau, Peter: »Kanonessammlungen in Bayern in der Zeit Tassilos III. und Karls des Großen«, in: *Regensburg, Bayern und Europa. Festschrift für Kurt Reindel zum 70. Geburtstag*, hg. von Lothar Kolmer/Peter Segl, Regensburg 1995, S. 137–160.

Landau, Peter: *Die Lex Baiuvariorum. Entstehungszeit, Entstehungsort und Charakter von Bayerns ältester Rechts- und Geschichtsquelle* (Bayerische Akademie der Wissenschaften. Phil.-hist. Klasse, Sitzungsberichte Jahrgang 2004, Heft 3), München 2004.

Laudage, Johannes/Hageneier, Lars/Leiverkus, Yvonne: *Die Zeit der Karolinger*, Darmstadt 2006.

Lehmann, Paul: »Das literarische Bild Karls des Großen vornehmlich im lateinischen Schrifttum des Mittelalters«, in: Ders., *Erforschung des Mittelalters. Ausgewählte Abhandlungen und Aufsätze*, Bd. 1, 1941, ND Stuttgart 1959, S. 154–207.

Lehmann, Paul: *Mittelalterliche Bibliothekskataloge Deutschlands und der Schweiz*, Bd. 1: *Die Bistümer Konstanz und Chur*, München 1918.

Leiverkus, Yvonne: »Die invasio apostolice sedis des Konstantin. Das Papsttum nach der sogenannten ›Pippinischen Schenkung‹«, in: *Päpstliche Herrschaft im Mittelalter. Funktionsweisen – Strategien – Darstellungsformen*, hg. von Stefan Weinfurter (Mittelalter-Forschungen 38), Ostfildern 2012, S. 27–49.

Le Jan, Régine (Hg.): *La royauté et les élites dans l'Europe carolingienne (début IXe siècle aux environs de 920)* (Collection Histoire et littérature régionales 17), Villeneuve d'Ascq 1998.

Le Jan, Régine: *Famille et pouvoir dans le monde franc (VIIe–Xe siècle). Essai d'anthropologie sociale* (Publications de la Sorbonne. Série Histoire ancienne et médiévale 33), Paris 1995.

Le Jan, Régine: »Der Adel um 800. Verwandtschaft, Herrschaft, Treue«, in: *Am Vorabend der Kaiserkrönung. Das Epos »Karolus Magnus et Leo papa« und der Papstbesuch in Paderborn 799*, hg. von Peter Godman/Jörg Jarnut/Peter Johanek, Berlin 2002, S. 257–268.

Le Jan, Régine: »Le royaume des Francs de 481 à 888«, in: *Le Moyen Âge. Le roi, l'église, les grands, le peuple, 481–1514*, hg. von Philippe Contamine (Histoire de la France politique 1), Paris 2002, S. 11–111.

Licht, Tino: »Horazüberlieferung im Frühmittelalter«, in: *Ex Praeteritis Praesentia. Sprach-, literatur- und kulturwissenschaftliche Studien zu Wort- und Stoffgeschichte. Festschrift zum 70. Geburtstag von Theo Stemmler*, hg. von Matthias Eitelmann/Nadyne Stritzke, Heidelberg 2006, S. 109–134.

Licht, Tino: »Die älteste karolingische Minuskel«, in: *Mittellateinisches Jahrbuch* 47, 2012, S. 338–346.

Licht, Tino: »Einharts Libellus de psalmis«, in: *Revue Bénédictine* 122, 2012, S. 217–231.

Licht, Tino: *Halbunziale. Paläographische und philologische Studien zur ältesten lateinischen Minuskel*, Habilitationsschrift masch. Heidelberg 2013.

Lilie, Ralph-Johannes: *Die byzantinische Reaktion auf die Ausbreitung der Araber. Studien zur Strukturwandlung des byzantinischen Staates im 7. und 8. Jahrhundert* (Miscellanea Byzantina Monacensia 22), München 1976.

Lilie, Ralph-Johannes: *Byzanz unter Eirene und Konstantin VI. (780–802). Mit einem Kapitel über Leon IV. (775–780) von Ilse Rochow* (Berliner Byzantinische Studien 2), Frankfurt am Main 1996.

Lilie, Ralph-Johannes: »Herrschaftsrepräsentation im byzantinischen Kaisertum«, in: *Kaisertum im ersten Jahrtausend. Wissenschaftlicher Begleitband zur Landesausstellung »Otto der Große und das Römische Reich. Kaisertum von der Antike zum Mittelalter«*, hg. von Hartmut Leppin/Bernd Schneidmüller/Stefan Weinfurter, Regensburg 2012, S. 321–336.

Löwe, Heinz: »Eine Kölner Notiz zum Kaisertum Karls des Großen«, in: *Rheinische Vierteljahrsblätter* 14, 1949, S. 7–34.

Löwe, Heinz: *Ein literarischer Widersacher des Bonifatius: Virgil von Salzburg und die Kosmographie des Aethicus Ister* (Abhandlungen der Geistes- und Sozialwissenschaftlichen Klasse. Akademie der Wissenschaften und der Literatur in Mainz 11), Wiesbaden 1952.

Löwe, Heinz: »Von Theoderich dem Großen zu Karl dem Großen. Das Werden des Abendlandes im Geschichtsbild des frühen Mittelalters«, in: *Deutsches Archiv* 9, 1952, S. 353–401.

Löwe, Heinz: »Arbeo von Freising. Eine Studie zur Religiosität und Bildung im 8. Jahrhundert«, in: Ders., *Von Cassiodor zu Dante. Ausgewählte Aufsätze zur Geschichtsschreibung und politischen Ideenwelt des Mittelalters*, Berlin/New York 1973, S. 75–110.

Löwe, Heinz: »›Religio Christiana‹. Rom und das Kaisertum in Einhards Vita Karoli Magni«, in: *Storiografia e storia. Studi in onore di Eugenio Dupré Theseider*, Bd. 1, hg. von Massimo Petrocchi, Rom 1974, S. 1–20.

Lohrmann, Dietrich: »Alcuins Korrespondenz mit Karl dem Großen über Kalender und Astronomie«, in: *Science in Western and Eastern Civilisation in Carolingian Times*, hg. von Paul L. Butzer/Dietrich Lohrmann, Basel 1993, S. 79 – 114.

Maag, Natalie: *Alemannische Minuskel (744 – 846 n. Chr.). Studien zur frühen Schriftkultur im Bodenseeraum*, Diss. masch. Heidelberg 2013.

Maier, Gideon: *Amtsträger und Herrscher in der Romania Gothica. Vergleichende Untersuchungen zu den Institutionen der ostgermanischen Völkerwanderungsreiche* (Historia. Einzelschriften 181), Stuttgart 2005.

Marenbon, John: »From the Circle of Alcuin to the School of Auxerre. Logic, Theology and Philosophy in the Early Middle Ages« *(Cambridge Studies in Medieval Life and Thought. Third Series 15)*, Cambridge 1981, S. 30 – 66.

Marenbon, John: »Alcuin, the Council of Frankfort and the Beginnings of Medieval Philosophy«, in: *Das Frankfurter Konzil von 794. Kristallisationspunkt karolingischer Kultur. Akten zweiter Symposien (vom 23. bis 27. Februar und vom 13. bis 15. Oktober 1994)*, Teil II: *Kultur und Theologie*, hg. von Rainer Berndt SJ (Quellen und Abhandlungen zur mittelrheinischen Kirchengeschichte 80/II), Mainz 1997, S. 603 – 615.

Martin, Thomas: »Bemerkungen zur ›Epistola de litteris colendis‹«, in: *Archiv für Diplomatik* 31, 1985, S. 227 – 272.

Maser, Matthias/Herbers, Klaus (Hgg.): *Die Mozaraber. Definitionen und Perspektiven der Forschung* (Geschichte und Kultur der Iberischen Welt 7), Münster 2011.

Mayr-Harting, Henry: »Augustinus von Hippo, Chelles und die karolingische Renaissance«, in: *Mittelalterliche Handschriften der Kölner Dombibliothek. Drittes Symposion, November 2008*, hg. von Heinz Finger, Köln 2010, S. 25 – 36.

McCormick, Michael: »Textes, images et iconoclasme dans le cadre des relations entre Byzanze et l'Occident Carolingien«, in: *Testo e immagine nell'alto medioevo* 1 (Settimane di Studio del Centro Italiano di studi sull'alto medioevo 41), Spoleto 1994, S. 95 – 162.

McCormick, Michael: »Paderborn 799. Königliche Repräsentation – Visualisierung eines Herrschaftskonzepts«, in: *799. Kunst und Kultur der Karolingerzeit. Karl der Große und Papst Leo III. in Paderborn. Katalog der Ausstellung Paderborn 1999*, Bd. 1, hg. von Christoph Stiegemann/Matthias Wemhoff, Mainz 1999, S. 71 – 81.

McCormick, Michael: *Origins of the European Economy: Communications and Commerce. A. D. 300 – 900*, Cambridge 2001.

McCormick, Michael: »Charlemagne and the Mediterranean World: Communication, Arab Coins and Commerce at the Time of the Paderborn Meeting«, in: *Am Vorabend der Kaiserkrönung. Das Epos »Karolus Magnus et Leo papa« und der Papstbesuch in Paderborn 799*, hg. von Peter Godman/Jörg Jarnut/Peter Johanek, Berlin 2002, S. 193 – 218.

McCormick, Michael: »Um 808. Was der frühmittelalterliche König mit der Wirtschaft zu tun hatte«, in: *Die Macht des Königs. Herrschaft in Europa vom*

Frühmittelalter bis in die Neuzeit, hg. von Bernhard Jussen, München 2005, S. 55–71.
McCormick, Michael: *Charlemagne's Survey of the Holy Land. Wealth, Personnel, and Buildings of a Mediterranean Church between Antiquity and the Middle Ages with a Critical Edition and Translation of the Original Text* (Dumbarton Oaks Medieval Humanities), Washington D. C. 2011.
McKitterick, Rosamond: »Knowledge of canon law in the Frankish kingdoms before 789: manuscript evidence«, in: *Journal of Theological Studies*, Nova series 36/1, 1985, S. 97–117.
McKitterick, Rosamond: *The Carolingians and the written word*, Cambridge 1989.
McKitterick, Rosamond (Hg.): *Carolingian Culture: Emulation and Innovation*, Cambridge 1994.
McKitterick, Rosamond: »Anglo-Saxon Missionaries in Germany: Personal Connections and Local Influence«, in: *The Frankish Kings and Cultures in the Early Middle Ages*, hg. von Rosamond McKitterick, Aldershot 1995, S. 1–40.
McKitterick, Rosamond: »Constructing the Past in the Early Middle Ages: The Case of the Royal Frankish Annals«, in: *Transactions of the Royal Historical Society*, 6th series 7, 1997, S. 101–129.
McKitterick, Rosamond: »Die karolingische Renovatio. Eine Einführung«, in: *799. Kunst und Kultur der Karolingerzeit. Karl der Große und Papst Leo III. in Paderborn. Katalog der Ausstellung Paderborn 1999*, Bd. 2, hg. von Christoph Stiegemann/Matthias Wemhoff, Mainz 1999, S. 668–685.
McKitterick, Rosamond: »Paul the Deacon and the Franks«, in: *Early Medieval Europe* 8, 1999, S. 319–339.
McKitterick, Rosamond: »Books and sciences before print«, in: *Books and the Sciences in History*, hg. von Marina Frasca-Spada/Nicholas Jardine, Cambridge 2000, S. 13–34.
McKitterick, Rosamond: *History and memory in the Carolingian world*, Cambridge 2004.
McKitterick, Rosamond: »The Carolingian Renaissance of Culture and Learning«, in: *Charlemagne. Empire and Society*, hg. von Joanna Story, Manchester 2005, S. 151–166.
McKitterick, Rosamond: *Karl der Große*. Übersetzt von Susanne Fischer (Gestalten des Mittelalters und der Renaissance), Darmstadt 2008.
McKitterick, Rosamond: »Charlemagne's missi and their books«, in: *Early medieval studies in memory of Patrick Wormald*, hg. von Stephen Baxter u. a., Aldershot 2009, S. 253–268.
McKitterick, Rosamond: *Histoire et mémoire dans le monde carolingien*, Turnhout 2009.
McKitterick, Rosamond/Innes, Matthew: »The writing of history«, in: *Carolingian culture: emulation and innovation*, hg. von Rosamond McKitterick, Cambridge 1994, S. 193–220.
Meier, Christel: »Baumeister Europas? Die Rezeption antiker Zivilisationstechniken im Zeitalter Karls des Großen«, in: *Karl der Große und sein Nachwirken.*

1200 Jahre Kultur und Wissenschaft in Europa. Charlemagne and his Heritage. 1200 Years of Civilisation and Science in Europe, Bd. 1: *Wissen und Weltbild*, hg. von Paul Leo Butzer/Max Kerner/Walter Oberschelp, Turnhout 1997, S. 279–320.

Melville, Gert: »Ein Exkurs über die Präsenz der Gewalt im Mittelalter. Zugleich eine Zusammenfassung«, in: *Königliche Gewalt – Gewalt gegen den König. Macht und Moral im spätmittelalterlichen Europa*, hg. von Martin Kintzinger/Jörg Rogge (Zeitschrift für historische Forschung. Beiheft 33), Berlin 2004, S. 119–134.

Melville, Gert: »Im Spannungsfeld von religiösem Eifer und methodischem Betrieb. Zur Innovationskraft der mittelalterlichen Klöster«, in: *Denkströme. Journal der Sächsischen Akademie der Wissenschaften* 7, 2011, S. 72–92.

Melville, Gert: *Die Welt der mittelalterlichen Klöster. Geschichte und Lebensformen*, München 2012.

Mersiowsky, Mark: »Regierungspraxis und Schriftlichkeit im Karolingerreich: Das Fallbeispiel der Mandate und Briefe«, in: *Schriftkultur und Reichsverwaltung unter den Karolingern. Referate des Kolloquiums der Nordrhein-Westfälischen Akademie der Wissenschaften am 17.–18. Februar 1994 in Bonn*, hg. von Rudolf Schieffer (Abhandlungen der Nordrhein-Westfälischen Akademie der Wissenschaften, Bd. 97), Opladen 1996, S. 109–166.

Metz, Wolfgang: *Das karolingische Reichsgut*, Berlin 1960.

Metz, Wolfgang: »Die Agrarwirtschaft im karolingischen Reich«, in: *Karl der Große. Lebenswerk und Nachleben*, Bd. 1: *Persönlichkeit und Geschichte*, hg. von Helmut Beumann, Düsseldorf 1965, S. 489–500.

Miethke, Jürgen: »Die Konstantinische Schenkung im Verständnis des Mittelalters. Umrisse einer Wirkungsgeschichte«, in: *Konstantin der Große. Geschichte – Archäologie – Rezeption*, hg. von Alexander Demandt/Josef Engemann, Trier 2006, S. 259–272.

Miethke, Jürgen: Rezension zu: Fried, Johannes: *Donation of Constantine and Constitutum Constantini. The Misinterpretation of a Fiction and its Original Meaning. With a Contribution by Wolfram Brandes: »The Satraps of Constantine«*, Berlin 2007, in: *H-Soz-u-Kult*, 30.08.2007, http://hsozkult.geschichte.hu-berlin.de/rezensionen/2007-3-159 (Letzter Besuch: 23.06.2013).

Miller, David Harry: »The Roman Revolution of the Eighth Century: A Study of the Ideological Background of the Papal Separation from Byzantium and Alliance with the Francs«, in: *Medieval Studies* 36, 1974, S. 79–133.

Mohr, Walter: *Die karolingische Reichsidee*, Münster 1962.

Mordek, Hubert/Glatthaar, Michael: »Von Wahrsagerinnen und Zauberern. Ein Beitrag zur Religionspolitik Karls des Großen«, in: *Archiv für Kulturgeschichte* 75, 1993, S. 33–64.

Mordek, Hubert: »Dionysio-Hadriana und Vetus Gallica – historisch geordnetes und systematisches Kirchenrecht am Hofe Karls des Großen«, in: *Zeitschrift der Savigny-Stiftung für Rechtsgeschichte*, kanon. Abt. 55, 1969, S. 39–63.

Mordek, Hubert: *Kirchenrecht und Reform im Frankenreich*, Berlin 1975.

Mordek, Hubert: »Karolingische Kapitularien«, in: *Überlieferung und Geltung normativer Texte des frühen und hohen Mittelalters*, hg. von Hubert Mordek (Quellen und Forschungen zum Recht im Mittelalter 4), Sigmaringen 1986, S. 25–50.

Mordek, Hubert: »Karl der Große – barbarischer Eroberer oder Baumeister Europas?«, in: *Deutschland in Europa – Ein historischer Rückblick*, hg. von Bernd Martin, München 1992, S. 23–45.

Mordek, Hubert: »Kapitularien und Schriftlichkeit«, in: *Schriftkultur und Reichsverwaltung unter den Karolingern. Referate des Kolloquiums der Nordrhein-Westfälischen Akademie der Wissenschaften am 17.–18. Februar 1994 in Bonn*, hg. von Rudolf Schieffer (Abhandlungen der Nordrhein-Westfälischen Akademie der Wissenschaften 97), Opladen 1996, S. 34–66.

Mordek, Hubert: »Aachen, Frankfurt, Reims. Beobachtungen zu Genese und Tradition des ›Capitulare Francofurtense‹ (794) «, in: *Das Frankfurter Konzil von 794. Kristallisationspunkt karolingischer Kultur. Akten zweier Symposien (vom 23. bis 27. Februar und vom 13. bis 15. Oktober 1994) anlässlich der 1200-Jahrfeier der Stadt Frankfurt am Main*, Bd. 1: *Politik und Kirche*, hg. von Rainer Berndt SJ (Quellen und Abhandlungen zur mittelrheinischen Kirchengeschichte 80), Mainz 1997, S. 125–148.

Mordek, Hubert: *Studien zur fränkischen Herrschergesetzgebung. Aufsätze über Kapitularien und Kapitulariensammlungen, ausgewählt zum 60. Geburtstag*, Frankfurt am Main u. a. 2000.

Mordek, Hubert/Schmitz, Gerhard: »Neue Kapitularien und Kapitulariensammlungen«, in: *Deutsches Archiv* 43, 1987, S. 361–439.

Müller, Heribert: »Die Kirche von Lyon im Karolingerreich«, in: *Historisches Jahrbuch* 107, 1987, S. 225–253.

Müller, Stephan: »Die Präsenz der Schrift zwischen Vision und Wissen. Zur Deutbarkeit der vier scheinbar deutschen Wörter in der ›Visio Karoli Magni‹«, in: *Zeitschrift für deutsche Philologie* 119, 2000, S. 98–102.

Nagel, Helmut: *Karl der Große und die theologischen Herausforderungen seiner Zeit. Zur Wechselwirkung zwischen Theologie und Politik im Zeitalter des großen Frankenherrschers*, Frankfurt am Main 1998.

Nahmer, Dieter von der: »König und Bischof bei Einhard, Notker von St. Gallen und Widukind von Corvey. Nebst einem Seitenblick auf weltliche Große, in: Geschichtsvorstellungen. Bilder, Texte und Begriffe aus dem Mittelalter«, in: *Festschrift für Hans-Werner Goetz zum 65. Geburtstag*, hg. von Steffen Patzold/Anja Rathmann-Lutz/Volker Scior, Wien/Köln/Weimar 2012, S. 53–101.

Nelson, Janet L.: »Making the difference in eigth-century politics: The daughters of Desiderius«, in: *After Rom's Fall. Narrators and Sources of Early Medieval History. Essays presented to Walter Goffart*, hg. von Alexander Callander Murray, Toronto/Buffalo/London 1998, S. 171–190.

Nelson, Janet L.: »Bertrada«, in: *Der Dynastiewechsel von 751. Vorgeschichte, Legitimation, Strategien und Erinnerung*, hg. von Matthias M. Becher/Jörg Jarnut, Münster 2004, S. 93–108.

Nelson, Janet L.: »England and the Continent in the Ninth Century: IV. Bodies and Minds«, in: *Transactions of the Royal Historical Society*, 6th series 15, hg. von Aled G. Jones, Cambridge 2005, S. 1–27.

Nelson, Janet L.: »Religion and Politics in the Reign of Charlemagne«, in: *Religion und Politik im Mittelalter. Deutschland und England im Vergleich*, hg. von Ludger Körntgen/Dominik Waßenhoven, Berlin 2013, S. 17–30.

Nerlich, Daniel: *Diplomatische Gesandtschaften zwischen Ost- und Westkaisern 756–1002* (Geist und Werk der Zeiten 92), Bern 1999.

Niederkorn-Bruck, Meta/Scharer, Anton (Hgg.): *Erzbischof Arn von Salzburg* (Veröffentlichungen des Instituts für Österreichische Geschichtsforschung 40), Wien/Köln 2004.

Nipperdey, Thomas: »Von der Aktualität des Mittelalters. Über die historischen Grundlagen der Modernität«, in: *Geschichte in Wissenschaft und Unterricht* 32, 1981, S. 424–431.

Noble, Thomas F. X.: *The Republic of St. Peter. The Birth of the Papal State, 680–825*, Philadelphia 1984.

Noble, Thomas F. X.: »The papacy in the eighth and ninth centuries«, in: *The New Cambridge Medieval History*, Bd. 2, *c. 700–c. 900*, hg. von Rosamond McKitterick, Cambridge 1995, S. 563–586.

Noble, Thomas F. X.: »Topographie, Celebration, and Power. The Making of a Papal Rome in the Eighth and Ninth Centuries«, in: *Topographies of Power in the Early Middle-Ages*, hg. von Mayke de Jong/Frans Theuws/Carine van Rhijn (The Transformation of the Roman World 6), Leiden/Boston/Köln 2001, S. 45–91.

Noble, Thomas F. X.: *Images, Iconoclasm, and the Carolingians* (The Middle Ages Series), Philadelphia 2009.

Nöllke, Matthias: *Die Sprache der Macht. Wie man sie durchschaut. Wie man sie nutzt*, Freiburg/Berlin/München 2010.

Nonn, Ulrich: *Reichsannalen, Lexikon des Mittelalters* 7, Stuttgart 1999, Sp. 616 f.

Nonn, Ulrich: »Die Schlacht bei Poitiers 732. Probleme historischer Urteilsbildung«, in: *Beiträge zur Geschichte des* Regum Francorum. *Referate beim Wissenschaftlichen Colloquium zum 75. Geburtstag von Eugen Ewig am 28. Mai 1988*, hg. von Rudolf Schieffer (Beihefte der Francia 22), Sigmaringen 1990, S. 37–56.

Oexle, Otto Gerhard: *Die Gegenwart des Mittelalters* (Das mittelalterliche Jahrtausend 1), Berlin 2013.

Ohnsorge, Werner: »Die Auswirkungen der byzantinischen Siedlungsmethoden auf die Sachsenpolitik Karls des Großen«, in: *Ost-Rom und der Westen. Gesammelte Aufsätze zur Geschichte der byzantinisch-abendländischen Beziehungen und des Kaisertums*, hg. von Werner Ohnsorge, Darmstadt 1983, S. 72–90.

Oschema, Klaus: *Bilder von Europa im Mittelalter* (Mittelalter-Forschungen 43), Ostfildern 2013.

Parisse, Michel: »La reine Hildegarde et l'abbaye Saint-Arnoul de Metz«, in: *Actes du colloque »Autour d'Hildegarde«. Recueil d'études publiées par Pierre Riché/Carol Heitzer/François Heber-Suffrin*, Nanterre 1987, S. 41–47.

Pastan, Elizabeth: »Charlemagne as Saint? Relics and the Choice of Window Subjects at Chartres Cathedral«, in: *The Legend of Charlemagne in the Middle Ages. Power, Faith, and Crusade*, hg. von Matthew Gabriele/Jace Stuckey, Basingstoke u. a. 2008, S. 97–135.

Patzold, Steffen: »Die Veränderung frühmittelalterlichen Rechts im Spiegel der Leges-Reformen Karls des Großen und Ludwigs des Frommen«, in: *Rechtsveränderung im politischen und sozialen Kontext mittelalterlicher Rechtsvielfalt*, hg. von Stefan Esders/Christine Reinle (Neue Aspekte der europäischen Mittelalterforschung 5), Münster 2005, S. 63–99.

Patzold, Steffen: »Die Bischöfe im karolingischen Staat. Praktisches Wissen über die politische Ordnung im Frankenreich des 9. Jahrhunderts«, in: *Staat im frühen Mittelalter*, hg. von Stuart Airlie/Walter Pohl/Helmut Reimitz (Forschungen zur Geschichte des Mittelalters 11 = Denkschriften der Österreichischen Akademie der Wissenschaften. Phil.-hist. Klasse 334), Wien 2006, S. 133–162.

Patzold, Steffen: »Normen im Buch. Überlegungen zu Geltungsansprüchen so genannter ›Kapitularien‹«, in: *Frühmittelalterliche Studien* 41, 2007, S. 331–350.

Patzold, Steffen: *Episcopus. Wissen über Bischöfe im Frankenreich des späten 8. bis frühen 10. Jahrhundert* (Mittelalter-Forschungen 25), Ostfildern 2008.

Patzold, Steffen: »Eine Hierarchie im Wandel. Die Ausbildung einer Metropolitanordnung im Frankenreich des 8. und 9. Jahrhunderts«, in: *Hiérarchie et stratification sociale dans l'Occident médiéval (400–1100)* (Collection Haut Moyen-Âge 6), Turnout 2008, S. 161–184.

Patzold, Steffen: *Das Lehnswesen*, München 2012.

Patzold, Steffen: »›Einheit‹ versus ›Fraktionierung‹. Zur symbolischen und institutionellen Integration des Frankenreichs im 8./9. Jahrhundert«, in: *Visions of Community in the Post-Roman-World. The West, Byzantium and the Islamic World, 300–1100*, hg. von Walter Pohl/Clemens Gantner/Richard Payne, Farnham-Burlington 2012, S. 375–390.

Peez, Alexander von: »Die Reisen Karls des Großen«, in: *Schmollers Jahrbuch für Gesetzgebung, Verwaltung und Volkswirtschaft im Deutschen Reich*, hg. von Gustav von Schmoller, Leipzig 1891.

Petersohn, Jürgen: »Saint Denis – Westminster – Aachen. Die Karlstranslation von 1165 und ihre Vorbilder«, in: *Deutsches Archiv* 31, 1975, S. 420–454.

Plassmann, Alheydis: *Origo gentis. Identitäts- und Legitimitätsstiftung in früh- und hochmittelalterlichen Herkunftserzählungen* (Orbis medievalis 7), Berlin 2006.

Pohl, Walter: »Paulus Diaconus und die ›Historia Langobardorum‹. Text und Tradition«, in: *Historiographie im frühen Mittelalter*, hg. von Anton Scharer/Georg Scheibelreiter (Veröffentlichungen des Instituts für Österreichische Geschichtsforschung 32), München/Wien 1994, S. 375–405.

Pohl, Walter: *Die Awaren. Ein Steppenvolk in Mitteleuropa. 567 – 822 n. Chr.*, 2. aktualisierte Auflage, München 2002.

Pohl, Walter: »Das Papsttum und die Langobarden«, in: *Der Dynastiewechsel von 751. Vorgeschichte, Legitimationsstrategien und Erinnerung*, hg. von Matthias M. Becher/Jörg Jarnut, Münster 2004, S. 145 – 161.

Pohl, Walter: »Alienigena coniugia. Bestrebungen zu einem Verbot auswärtiger Heiraten in der Karolingerzeit«, in: *Die Bibel als politisches Argument. Voraussetzungen und Folgen biblizistischer Herrschaftslegitimation in der Vormoderne*, hg. von Andreas Pečar/Kai Trampedach (Historische Zeitschrift. Beihefte N. F. 43), München 2007, S. 159 – 188.

Prangerl, Daniel Carlo: *Die Metropolitanverfassung des karolingischen Frankenreichs*, Hannover 2011.

Prinz, Friedrich: *Von Konstantin zu Karl dem Großen. Entfaltung und Wandel Europas*, Düsseldorf/Zürich 2000.

Ratkowitsch, Christine: »Das Karlsbild in der lateinischen Großdichtung des Mittelalters«, in: *Karl der Große in den europäischen Literaturen des Mittelalters. Konstruktion eines Mythos*, hg. von Bernd Bastert, Tübingen 2004, S. 1 – 16.

Reimitz, Helmut: »Grenzen und Grenzüberschreitungen im karolingischen Mitteleuropa«, in: *Grenze und Differenz im frühen Mittelalter*, hg. von Walter Pohl/Helmut Reimitz (Forschungen zur Geschichte des Mittelalters 1), Wien 2000, S. 105 – 166.

Reinink, Gerrit J.: »Pseudo-Methodius und die Legende vom römischen Endkaiser«, in: *The Use and Abuse of Eschatology in the Middle Ages*, hg. von Werner Verbeke/Daniel Verhelst/Andries Welkenhuysen, Leuven 1988, S. 137 – 211.

Reudenbach, Bruno: »Rectitudo als Projekt. Bildpolitik und Bildungsreform Karls des Großen«, in: *Artes im Mittelalter*, hg. von Ursula Schäfer, Berlin 1999, S. 283 – 308.

Reutter, Ursula: *Damasus, Bischof von Rom (366 – 384). Leben und Werk* (Studien und Texte zu Antike und Christentum 55), Tübingen 2009.

Riché, Pierre: *Die Welt der Karolinger*. Aus dem Französischen übersetzt und hg. von Cornelia und Ulf Dirlmeier, Stuttgart 2009.

Richter, Michael: »Die Sprachenpolitik Karls des Großen«, in: *Sprachwissenschaft* 7, 1982, S. 412 – 437.

Richter, Michael: »Karl der Große und seine Ehefrauen. Zu einigen dunkleren Seiten Karls des Großen anhand von Quellen des ausgehenden achten und beginnenden neunten Jahrhunderts«, in: *Karl der Große und das Erbe der Kulturen*, hg. von Franz-Reiner Erkens, Berlin 2001, S. 17 – 24.

Richter, Michael: *Bobbio in the early middle ages. The abiding legacy of Columbanus*, Dublin 2008.

Röcke, Werner: »Literatur und kulturelles Gedächtnis. Zur Rezeptionsgeschichte Karls des Großen im Spätmittelalter und in der Frühen Neuzeit«, in: *Das Mittelalter* 4, 1999, S. 5 – 11.

Röckelein, Hedwig (Hg.): *Kommunikation* (Das Mittelalter. Perspektiven mediävistischer Forschung 6/1), Berlin 2001.

Röckelein, Hedwig: »›Pervenimus mirificum ad sancti Medardi oraculum‹. Der Anteil westfränkischer Zellen am Aufbau sächsischer Missionszentren«, in: *Am Vorabend der Kaiserkrönung. Das Epos »Karolus Magnus et Leo papa« und der Papstbesuch in Paderborn 799*, hg. von Peter Godman/Jörg Jarnut/Peter Johanek, Berlin 2002, S. 145–162.

Röckelein, Hedwig: *Reliquientranslationen nach Sachsen im 9. Jahrhundert. Über Kommunikation, Mobilität und Öffentlichkeit im Frühmittelalter*, Stuttgart 2002.

Rosche, Sebastian: *Herrschaftliche Legitimierung im frühmittelalterlichen Bayern auf der Grundlage der Lex Baiuvariorum*, München 2010.

Rouche, Michel: *L'Aquitaine des Wisigoths aux Arabes. 418–781. Naissance d'une région*, Paris 1979.

Rüdiger, Jan: *Der König und seine Frauen. Polygynie und politische Kultur in Europa (9.–13. Jahrhundert)*, Habilitationsschrift HU Berlin 2007.

Rüdiger, Jan: *Did Charlemagne know Carolingian kingship theory?* (Runica & Mediaevalia. Lectiones 10), Stockholm 2011.

Rundnagel, Erwin: »Der Mythos vom Herzog Widukind«, in: *Historische Zeitschrift* 155, 1937, S. 475–505.

Saar, Stefan Chr.: *Ehe – Scheidung – Wiederheirat. Zur Geschichte des Ehe- und Ehescheidungsrechts im Frühmittelalter (6.–10. Jahrhundert)*, Münster 2002.

Schaller, Dieter: »Vortrags- und Zirkulardichtung am Hof Karls des Großen. Walther Bulst zum 70. Geburtstag«, in: *Mittellateinisches Jahrbuch* 6, 1970, S. 14–36.

Schaller, Dieter: »Der Dichter des ‚Carmen de conversione Saxonum'«, in: *Tradition und Wertung. Festschrift für Franz Brunhölzl zum 65. Geburtstag*, hg. von Günter Berndt/Fidel Rädle/Gabriel Silagi, Sigmaringen 1989, S. 27–45.

Schaller, Dieter: »Pippins Heimkehr vom Avarensieg (Angilbert, carm. 1)«, Neudruck und »Nachträge« in: *Studien zur lateinischen Dichtung des Frühmittelalters* (Quellen und Untersuchungen zur lateinischen Philologie des Mittelalters 11), hg. von Dieter Schaller, Stuttgart 1995, S. 332–345 und 430.

Scharff, Thomas: *Die Kämpfe der Herrscher und Heiligen: Krieg und historische Erinnerung in der Karolingerzeit*, Darmstadt 2002.

Schaub, Andreas: »Zur Siedlungskontinuität in Aachen zwischen römischer und karolingischer Zeit«, in: *Transformations in North-Western Europe (AD 300–1000). Proceedings of the 60th Sachsensymposion, 19.–23. September 2009 Maastricht*, hg. von Titus Anno Sjoerd Maria Panhuysen (Neue Studien zur Sachsenforschung 3), Stuttgart 2011, S. 119–127.

Schefers, Hermann: *Einhard. Ein Lebensbild aus karolingischer Zeit*, Michelstadt-Steinbach 1993.

Schefers, Hermann: »Einhard und die Hofschule«, in: *Einhard. Studien zu Leben und Werk. Dem Gedenken an Helmut Beumann gewidmet*, hg. von Hermann

Schefers (Arbeiten der Hessischen Historischen Kommission N. F. 12), Darmstadt 1997, S. 81–93.

Schefers, Hermann: »Die Hofschule Karls des Großen – Ad profectum sanctae dei ecclesiae, et ad decorem imperialis regni«, in: *Ex Oriente. Isaak und der weiße Elefant. Bagdad – Jerusalem – Aachen. Eine Reise durch drei Kulturen um 800 und heute*, Bd. 3: *Aachen. Der Westen*, hg. von Wolfgang Dreßen/Georg Minkenberg/Adam C. Oellers, Aachen 2003, S. 28–35.

Scheibe, Friedrich-Carl: »Alcuin und die Admonitio generalis«, in: *Deutsches Archiv* 14, 1958, S. 221–229.

Scherberich, Klaus: »Zur Suetonimitatio in Einhards *vita Karoli Magni*«, in: *Eloquentia copiosus. Festschrift für Max Kerner zum 65. Geburtstag*, hg. von Lotte Kéry, Aachen 2006, S. 17–28.

Schieffer, Rudolf: »Hofkapelle und Aachener Marienstift bis in die staufische Zeit«, in: *Rheinische Vierteljahrsblätter* 51, 1987, S. 1–21.

Schieffer, Rudolf: »›Redeamus ad fontem‹: Rom als Hort authentischer Überlieferung im frühen Mittelalter«, in: *Roma – Caput et fons. 2 Vorträge über das päpstliche Rom zwischen Altertum und Mittelalter von Arnold Angenendt und Rudolf Schieffer*, hg. von Arnold Angenendt/Rudolf Schieffer, Opladen 1989, S. 45–70.

Schieffer, Rudolf: »Der Papst als Patriarch von Rom«, in: *Il primato del vescovo di Roma nel primo millennio. Ricerche e testimonianze. Atti del Symposium storico-teologico, Roma 9–13 ottobre 1989*, hg. von Michele Maccarrone, Vatikanstadt 1991, S. 433–451.

Schieffer, Rudolf: »Ein Mittelalter ohne Karl den Großen: Die Antworten sind einfach«, in: *Geschichte in Wissenschaft und Unterricht* 10, 1997, S. 611–617.

Schieffer, Rudolf: »Ein politischer Prozeß des 8. Jahrhunderts im Vexierspiegel der Quellen«, in: *Das Frankfurter Konzil von 794. Kristallisationspunkt karolingischer Kultur. Akten zweier Symposien (vom 23. bis 27. Februar und vom 13. bis 15. Oktober 1994) anlässlich der 1200-Jahrfeier der Stadt Frankfurt am Main*, Bd. 1: *Politik und Kirche*, hg. von Rainer Berndt SJ (Quellen und Abhandlungen zur mittelrheinischen Kirchengeschichte 80), Mainz 1997, S. 167–182.

Schieffer, Rudolf: »Vor 1200 Jahren. Karl der Große läßt sich in Aachen nieder«, in: *Karl der Große und sein Nachwirken. 1200 Jahre Kultur und Wissenschaft in Europa*, Bd. 1: *Wissen und Weltbildung*, hg. von Paul Leo Butzer/Max Kerner/Walter Oberschelp, Turnhout 1997, S. 3–21.

Schieffer, Rudolf: »Arn von Salzburg und die Kaiserkrönung Karls des Großen«, in: *Bayern und Italien. Politik, Kultur, Kommunikation (8.–15. Jahrhundert). Festschrift für Kurt Reindel zum 75. Geburtstag*, hg. von Heinz Dopsch/Stephan Freund/Alois Schmid, München 2001, S. 104–121.

Schieffer, Rudolf: »Intentionen und Wirkungen«, in: *Karl der Große und das Erbe der Kulturen*, hg. von Franz-Reiner Erkens, Berlin 2001, S. 3–14.

Schieffer, Rudolf: »Das Attentat auf Papst Leo III.«, in: *Am Vorabend der Kaiserkrönung. Das Epos »Karolus Magnus et Leo papa« und der Papstbesuch in Pa-*

derborn 799, hg. von Peter Godman/Jörg Jarnut/Peter Johanek, Berlin 2002, S. 75–85.

Schieffer, Rudolf: »Der Weg zur Kaiserkrönung 800«, in: *Zeitschrift des Aachener Geschichtsvereins* 104/105, 2002/2003, S. 11–23.

Schieffer, Rudolf: »›Die folgenschwerste Tat des ganzen Mittelalters‹? Aspekte des wissenschaftlichen Urteils über den Dynastiewechsel von 751«, in: *Der Dynastiewechsel von 751. Vorgeschichte, Legitimationsstrategien und Erinnerung*, hg. von Matthias M. Becher/Jörg Jarnut, Münster 2004, S. 1–13.

Schieffer, Rudolf: »Karl der Große, Eirene und der Ursprung des westlichen Kaisertums«, in: *Die Suche nach den Ursprüngen: von der Bedeutung des frühen Mittelalters*, hg. von Walter Pohl (Österreichische Akademie der Wissenschaften, philosophisch-historische Klasse, Denkschriften 322, Forschungen zur Geschichte des Mittelalters 8), Wien 2004, S. 151–158.

Schieffer, Rudolf: *Neues von der Kaiserkrönung Karls des Großen* (Bayerische Akademie der Wissenschaften. Phil.-hist. Klasse. Sitzungsberichte Jahrgang 2004, Heft 2), München 2004.

Schieffer, Rudolf: »Die Einheit des Karolingerreiches als praktisches Problem und theoretische Forderung«, in: *Fragen der politischen Integration im mittelalterlichen Europa*, hg. von Werner Maleczek (Vorträge und Forschung 63), Ostfildern 2005, S. 33–47.

Schieffer, Rudolf: *Die Zeit des karolingischen Großreichs (714–887)* (Gebhardt, Handbuch der deutschen Geschichte, Bd. 2), Stuttgart 2005.

Schieffer, Rudolf: »Fulda, Abtei der Könige und Kaiser«, in: *Kloster Fulda in der Welt der Karolinger und Ottonen*, hg. von Gangolf Schrimpf (Fuldaer Studien 7), Frankfurt am Main 1996, S. 39–55.

Schieffer, Rudolf: *Die Karolinger*, 4., überarbeitete und erweiterte Auflage, Stuttgart 2006.

Schieffer, Rudolf: »Geschichtsschreibung am Hof Karls des Großen«, in: *Die Hofgeschichtsschreibung im mittelalterlichen Europa. Projekte und Forschungsprobleme*, hg. von Rudolf Schieffer/Jaroslaw Wenta, Toruń 2006, S. 7–18.

Schieffer, Rudolf: »Alkuin und Karl der Große«, in: *Alkuin von York und die geistige Grundlegung Europas. Akten der Tagung vom 30. September bis zum 2. Oktober 2004 in der Stiftsbibliothek St. Gallen*, hg. von Ernst Tremp/Karl Schmuki, St. Gallen 2010, S. 15–32.

Schieffer, Theodor: *Winfrid-Bonifatius und die christliche Grundlegung Europas*, Freiburg 1954.

Schieffer, Theodor (Hg.): *Europa im Wandel von der Antike zum Mittelalter* (Handbuch für Europäische Geschichte 1), Stuttgart 1976.

Schlesinger, Walter: »Die Auflösung des Karlsreiches«, in: *Karl der Große*, Bd. 1: *Persönlichkeit und Geschichte*, hg. von Helmut Beumann, Düsseldorf 1965, S. 792–857.

Schmid, Karl/Oexle, Otto Gerhard: »Voraussetzungen und Wirkung des Gebetsbundes von Attigny«, in: *Francia* 2, 1974, S. 71–122.

Schmid, Karl: »Aachen und Jerusalem«, in: *Das Einhardkreuz*, hg. von Karl

Hauck (Abhandlungen der Akademie der Wissenschaften in Göttingen. Phil.-hist. Klasse, 3. Folge, Nr. 87), Göttingen 1974, S. 122–142.

Schmid, Karl: *Gebetsgedenken und adliges Selbstverständnis im Mittelalter. Ausgewählte Beiträge*, Sigmaringen 1983.

Schmid, Karl: »Zur Ablösung der Langobardenherrschaft durch die Franken«, in: *Karl Schmid, Gebetsgedenken und adliges Selbstverständnis im Mittelalter. Ausgewählte Beiträge. Festgabe zu seinem sechzigsten Geburtstag*, Sigmaringen 1983, S. 268–304.

Schmidt-Recla, Adrian: *Kalte oder warme Hand? Verfügungen von Todes wegen in mittelalterlichen Referenzrechtsquellen* (Forschungen zur deutschen Rechtsgeschichte 29), Köln/Wien 2011.

Schmitz, Gerhard: »Bonifatius und Alkuin: Ein Beitrag zur Glaubensverkündigung in der Karolingerzeit«, in: *Alkuin und die geistige Grundlegung Europas. Akten der Tagung vom 30. September bis zum 2. Oktober 2004 in der Stiftsbibliothek St. Gallen*, hg. von Ernst Tremp/Karl Schmuki, St. Gallen 2010, S. 73–89.

Schneider, Herbert: »Karolingische Kapitularien und ihre bischöfliche Vermittlung. Unbekannte Texte aus dem Vaticanus latinus 7701«, in: *Deutsches Archiv* 63, 2007, S. 469–496.

Schneider, Reinhard: »Zur rechtlichen Bedeutung der Kapitularientexte«, in: *Deutsches Archiv* 23, 1967, S. 273–294.

Schneidmüller, Bernd: »Sehnsucht nach Karl dem Großen. Vom Nutzen eines toten Kaisers für die Nachgeborenen«, in: *Geschichte in Wissenschaft und Unterricht* 51, 2000, S. 284–301.

Schneidmüller, Bernd: »Als Historiker zwischen den Wissenskulturen«, in: *Jahresbericht des Marsilius-Kollegs 2009/2010*, Heidelberg 2010, S. 168–176.

Schneidmüller, Bernd: »Karl der Große lebt weiter. Das Bild des ersten Karolingerkaisers vom Mittelalter bis heute«, in: *Das Reich Karls des Großen*, Darmstadt 2011, S. 115–127.

Schneidmüller, Bernd: *Die Kaiser des Mittelalters. Von Karl dem Großen bis Maximilian I.* (Beck Wissen 2398), 3., verbesserte Auflage, München 2012.

Scholz, Sebastian: »Karl der Große und das ›Epitaphium Hadriani‹. Ein Beitrag zum Gebetsgedenken der Karolinger«, in: *Das Frankfurter Konzil von 794. Kristallisationspunkt karolingischer Kultur. Akten zweier Symposien (vom 23. bis 27. Februar und vom 13. bis 15. Oktober 1994) anlässlich der 1200-Jahrfeier der Stadt Frankfurt am Main*, Bd. 1: *Politik und Kirche*, hg. von Rainer Berndt SJ (Quellen und Abhandlungen zur mittelrheinischen Kirchengeschichte 80), Mainz 1997, S. 373–394.

Scholz, Sebastian: »Lorsch. Geschichtlicher Überblick«, in: *Germania Benedictina* 7: *Hessen*, St. Ottilien 2004, S. 768–798.

Scholz, Sebastian: *Politik – Selbstverständnis – Selbstdarstellung. Die Päpste in karolingischer und ottonischer Zeit* (Historische Forschungen 26), Stuttgart 2006.

Scholz, Sebastian: »Rom. Hort des wahren Glaubens«, in: *Rom – Nabel der Welt. Macht, Glaube, Kultur von der Antike bis heute*, hg. von Jochen Johrendt/Romedio Schmitz-Esser, Darmstadt 2010, S. 33–47.

Scholz, Sebastian: »Das Kloster Lorsch von seinen Anfängen bis zu seiner Aufhebung 1557«, in: *Kloster Lorsch. Vom Reichskloster Karls des Großen zum Weltkulturerbe der Menschheit*, Petersberg 2011, S. 382–401.

Scholz, Sebastian: »Das Papsttum, Roms wirtschaftliche Lage und die Enteignung der päpstlichen Patrimonien in der Mitte des 8. Jahrhunderts«, in: *Päpstliche Herrschaft im Mittelalter. Funktionsweisen – Strategien – Darstellungsformen*, hg. von Stefan Weinfurter (Mittelalter-Forschungen 38), Ostfildern 2012. S. 11–25.

Schott, Clausdieter: »Der Stand der Leges-Forschung«, in: *Frühmittelalterliche Studien* 13, 1979, S. 29–55.

Schott, Clausdieter: »Lex und Skriptorium. Eine Studie zu den süddeutschen Stammesrechten«, in: *Leges – Gentes – Regna. Zur Rolle von germanischen Rechtsgewohnheiten und lateinischer Schrifttradition bei der Ausbildung der frühmittelalterlichen Rechtskultur*, hg. von Gerhard Dilcher/Eva-Marie Distler, Berlin 2006, S. 257–290.

Schramm, Percy Ernst: »Die Anerkennung Karls des Großen als Kaiser. Ein Kapitel aus der Geschichte der mittelalterlichen ›Staatssymbolik‹«, in: Ders., *Kaiser, Könige und Päpste. Gesammelte Aufsätze zur Geschichte des Mittelalters*, Bd. 1: *Von der Spätantike bis zum Tode Karls des Großen (814)* (Kaiser, Könige und Päpste 1), Stuttgart 1968, S. 215–263.

Schreiner, Peter: »Legende und Wirklichkeit in der Darstellung des byzantinischen Bilderstreites«, in: *Saeculum* 27, 1976, S. 165–179.

Schreiner, Peter: »Der byzantinische Bilderstreit. Kritische Analyse der zeitgenössischen Meinungen und das Urteil der Nachwelt bis heute«, in: *Bisanzio, Roma e l'Italia nell'alto Medioevo* (Settimane di studio del Centro Italiano di studi sull'alto medioevo 34), Spoleto 1988, S. 319–407.

Schrimpf, Gangolf: *Das Werk des Johannes Scottus Eriugena im Rahmen des Wissenschaftsverständnisses seiner Zeit. Eine Hinführung zu Periphyseon* (Beiträge zur Geschichte der Philosophie des Mittelalters N. F. 23), Münster 1982.

Schulze, Hans K.: *Die Grafschaftsverfassung der Karolingerzeit in den Gebieten östlich des Rheins* (Schriften zur Verfassungsgeschichte 19), Berlin 1973.

Schulze, Hans K.: »Die Grafschaftsorganisation als Element der frühmittelalterlichen Staatlichkeit«, in: *Jahrbuch für Geschichte des Feudalismus* 14, 1990, S. 29–46.

Schulze, Hans K.: *Grundstrukturen der Verfassung im Mittelalter*, 1. Bd.: *Stammesverband, Gefolgschaft, Lehnswesen, Grundherrschaft*, Stuttgart u. a. 2004.

Schulze, Hans K.: *Grundstrukturen der Verfassung im Mittelalter*, 2. Bd.: *Familie, Sippe und Geschlecht, Haus und Hof, Dorf und Mark, Burg, Pfalz und Königshof, Stadt*, Stuttgart u. a. 2000.

Schulze, Hans K.: *Grundstrukturen der Verfassung im Mittelalter*, 3. Bd.: *Kaiser und Reich*, Stuttgart u. a. 1998.

Schulze, Hans K.: »Reichsaristokratie, Stammesadel und fränkische Freiheit. Neuere Forschungen zur frühmittelalterlichen Sozialgeschichte«, in: *Historische Zeitschrift* 227, 1978, S. 353–373.

Schütte, Bernd: »Karl der Große in der Geschichtsschreibung des hohen Mittelalters«, in: *Karl der Große in den europäischen Literaturen des Mittelalters. Konstruktionen eines Mythos*, hg. von Bernd Bastert, Tübingen 2004, S. 223–245.

Schütze, Hermann: *Auslese aus den Werken berühmter Lehrer und Pädagogen des Mittelalters*, Gütersloh 1879.

Schwindt, Jürgen Paul, »Über Genauigkeit«, in: *Edmund Hoppe. Mathematik und Astronomie im klassischen Altertum*, hg. von Jürgen Paul Schwindt, Bd. 2, Heidelberg 2012, S. 269–301.

Scior, Volker: »Das offene Ohr des Herrschers. Vorstellungen über den Zugang zum König in der Karolingerzeit«, in: *Geschichtsvorstellungen. Bilder, Texte und Begriffe aus dem Mittelalter. Festschrift für Hans-Werner Goetz*, hg. von Steffen Patzold/Anja Rathmann-Lutz/Volker Scior, Wien/Köln/Weimar 2012, S. 299–325.

Semmler, Josef: »Reichsidee und kirchliche Gesetzgebung«, in: *Zeitschrift für Kirchengeschichte* 71, 1960, S. 37–65.

Semmler, Josef: *Der Dynastiewechsel von 751 und die fränkische Königssalbung*, Düsseldorf 2003.

Semmler, Josef: »Verdient um das karolingische Königtum und den werdenden Kirchenstaat: Fulrad von Saint-Denis«, in: *Scientia veritatis. Festschrift für Hubert Mordek zum 65. Geburtstag*, hg. von Oliver Münch/Thomas Zotz, Ostfildern 2004, S. 91–115.

Semmler, Josef: »Der Neubau Karls des Großen: Die fränkische Reichskirche«, in: *Analecta Coloniensia* 10/11, 2010/11, S. 49–80.

Semmler, Josef: »Die fränkische Reichsteilung nach dem Tod Pippins des Jüngeren«, in: *Analecta Coloniensia* 10/11, 2010/11, S. 37–48.

Siebigs, Hans-Karl: »Neuere Untersuchungen der Pfalzkapelle zu Aachen«, in: *Einhard. Studien zu Leben und Werk. Dem Gedenken an Helmut Beumann gewidmet*, hg. von Hermann Schefers (Arbeiten der Hessischen Historischen Kommission N. F. 12), Darmstadt 1997, S. 81–93.

Sigrist, Theodor: *Herrscherbild und Weltsicht bei Notker Balbulus. Untersuchungen zu den Gesta Karoli*, Zürich 1963.

Smolak, Kurt: »Bescheidene Panegyrik und diskrete Werbung: Walahfrid Strabos Gedicht über das Standbild Theoderichs in Aachen«, in: *Karl der Große und das Erbe der Kulturen*, hg. von Franz-Reiner Erkens, Berlin 2001, S. 89–110.

Spieß, Karl-Heinz (Hg.): *Medien der Kommunikation im Mittelalter* (Beiträge zur Kommunikationsgeschichte 15), Stuttgart 2003.

Springer, Matthias: »Alte Sachsen und neue Sachsen?«, in: *Das Miteinander, Nebeneinander und Gegeneinander von Kulturen. Zur Archäologie und Geschichte wechselseitiger Beziehungen im 1. Jahrtausend n. Chr.*, hg. von Babette Ludowici/Heike Pöppelmann (Neue Studien zur Sachsenforschung 2), Stuttgart 2011, S. 183–188.

Springsfeld, Kerstin: *Alkuins Einfluß auf die Komputistik zur Zeit Karls des Großen* (Sudhofs Archiv, Beiheft 48), Stuttgart 2002.

Springsfeld, Kerstin: »Karl der Große, Alkuin und die Zeitrechnung«, in: *Berichte zur Wissenschaftsgeschichte* 27, 2004, S. 53–66.

Staab, Franz: *Untersuchungen zur Gesellschaft am Mittelrhein in der Karolingerzeit* (Geschichtliche Landeskunde 11), Wiesbaden 1975.

Staab, Franz (Hg.): *Die Pfalz. Probleme einer Begriffsgeschichte vom Kaiserpalast auf dem Palatin bis zum heutigen Regierungsbezirk*, Speyer 1990.

Staab, Franz: »Die Königin Fastrada«, in: *Das Frankfurter Konzil von 794. Kristallisationspunkt karolingischer Kultur. Akten zweier Symposien (vom 23. bis 27. Februar und vom 13. bis 15. Oktober 1994) anlässlich der 1200-Jahrfeier der Stadt Frankfurt am Main, Bd. 1: Politik und Kirche*, hg. von Rainer Berndt SJ (Quellen und Abhandlungen zur mittelrheinischen Kirchengeschichte 80), Mainz 1997, S. 183–217.

Staab, Franz: »Knabenvasallität in der Familie Karls des Großen«, in: *Karl der Große und das Erbe der Kulturen*, hg. von Franz-Reiner Erkens, Berlin 2001, S. 67–85.

Staubach, Nikolaus: »›Cultus divinus‹ und karolingische Reform«, in: *Frühmittelalterliche Studien* 18, 1984, S. 546–581.

Staubach, Nikolaus: »›Populum Dei ad pascua vitae aeternae ducere studeatis‹. Aspekte der karolingischen Pastoralreform«, in: *La pastorale della Chiesa in Occidente dall età ottoniana al Concilia lateranense IV. Atti della Quindicesima Settimana Internazionale di Studio Mendola, 27–31 agosto 2001*, Mailand 2004, S. 27–54.

Steckel, Sita: *Kulturen des Lehrens im Früh- und Hochmittelalter. Autorität, Wissenskonzepte und Netzwerke von Gelehrten* (Norm und Struktur 39), Köln/Weimar/Wien 2011.

Stein, Dietrich: *Der Beginn des byzantinischen Bilderstreites und seine Entwicklung bis in die 40er Jahre des 8. Jahrhunderts* (Miscellanea Byzantina Monacensia 25), München 1980.

Steinen, Wolfram von den: »Der Neubeginn«, in: *Karl der Große*, Bd. 2: *Das geistige Leben*, hg. von Bernhard Bischoff, Düsseldorf 1965, S. 9–27.

Steinen, Wolfram von den: »Karl und die Dichter«, in: *Karl der Große*, Bd. 2: *Das geistige Leben*, hg. von Bernhard Bischoff, Düsseldorf 1965, S. 63–94.

Stella, Francesco: »Alkuins Dichtung«, in: *Alkuin von York und die geistige Grundlegung Europas. Akten der Tagung vom 30. September bis zum 2. Oktober 2004 in der Stiftsbibliothek St. Gallen*, hg. von Ernst Tremp/Karl Schmuki, St. Gallen 2010, S. 107–128.

Steuer, Heiko: »Bewaffnung und Kriegsführung der Sachsen und Franken«, in: *799. Kunst und Kultur der Karolingerzeit. Karl der Große und Papst Leo III. in Paderborn. Beiträge zum Katalog der Ausstellung Paderborn 1999*, hg. von Christoph Stiegemann/Matthias Wemhoff, Mainz 1999, S. 310–322.

Stiegemann, Christoph/Wemhoff, Matthias (Hgg.): *799 – Kunst und Kultur der Karolingerzeit. Karl der Große und Papst Leo III. in Paderborn. Katalog der Ausstellung Paderborn 1999*, 2 Bände, Mainz 1999.

Stieldorf, Andrea: »Zum ›Verschwinden‹ der herrscherlichen Placita am Beginn des 9. Jahrhunderts«, in: *Archiv für Diplomatik* 53, 2007, S. 1–26.
Störmer, Wilhelm: »Die bayerische Herzogskirche«, in: *Der hl. Willibald. Klosterbischof oder Bistumsgründer*, hg. von Harald Dickerhof/Ernst Reiter/Stefan Weinfurter (Eichstätter Studien N. F. 30), Regensburg 1990, S. 115–142.
Störmer, Wilhelm: »Einhards Herkunft. Überlegungen und Beobachtungen zu Einhards Erbbesitz und familiärem Umfeld«, *in: Einhard. Studien zu Leben und Werk. Dem Gedenken an Helmut Beumann gewidmet*, hg. von Hermann Schefers (Arbeiten der Hessischen Kommission N. F. 12), Darmstadt 1997, S. 15–39.
Story, Joanna: *Charlemagne. Empire and Society*, Manchester 2005.
Stotz, Peter: *Alte Sprache – neues Lied. Formen christlicher Rede im lateinischen Mittelalter* (Bayerische Akademie der Wissenschaften. Phil.-hist. Klasse, Sitzungsberichte 2004, Heft 7), München 2004.
Strothmann, Jürgen: »Das Königtum Pippins als Königtum der Familie und die Bedeutung der Clausula de unctione Pippini«, in: *Zeitschrift für Rechtsgeschichte, germ. Abt.* 125, 2008, S. 411–429.
Tewes, Babette: *Die Handschriften der Schule von Luxueil. Kunst und Ikonographie eines frühmittelalterlichen Skriptoriums*, Wiesbaden 2011.
Thoma, Gertrud: »Papst Hadrian I. und Karl der Große. Beobachtungen zur Kommunikation zwischen Papst und König nach den Briefen des Codex Carolinus«, in: *Festschrift für Eduard Hlawitschka zum 65. Geburtstag*, hg. von Karl R. Schnith/Roland Pauler, Kallmünz 1993, S. 37–58.
Thümmel, Hans Georg: »Positionen im Bilderstreit«, in: Ders.: *Bilderlehre und Bilderstreit. Arbeiten zur Auseinandersetzung über die Ikone und ihre Begründung vornehmlich im 8. und 9. Jahrhundert* (Das östliche Christentum N. F. 40), Würzburg 1998, S. 40–54.
Tischler, Matthias M.: *Einharts* Vita Karoli. *Studien zur Entstehung, Überlieferung und Rezeption*. Bd. 1 (MGH Schriften 48), Hannover 2001.
Tischler, Matthias M.: »Tatmensch oder Heidenapostel. Die Bilder Karls des Großen bei Einhart und im Pseudo-Turpin«, in: *Jakobus und Karl der Große. Von Einhards Karlsvita zum Pseudo-Turpin*, hg. von Klaus Herbers, Tübingen 2003, S. 1–37.
Tischler, Matthias M.: »Alcuin, biographe de Charlemagne. Possibilité et limites de l'historiogaphie littéraire au Moyen Âge«, in: *Alcuin de York à Tours. Ecriture, pouvoir, réseaux dans l'Europe du haut Moyen Âge* (Annales de Bretagne et des pays de l'Ouest 111,3), hg. von Philippe Depreux, Rennes 2004, S. 443–459.
Treitinger, Otto: *Die oströmische Kaiser- und Reichsidee nach ihrer Gestaltung im höfischen Zeremoniell. Vom oströmischen Staats- und Reichsgedanken*, Darmstadt 1956.
Tremp, Ernst/Schmuki, Karl (Hgg.): *Alkuin von York und die geistige Grundlegung Europas. Akten der Tagung vom 30. September bis zum 2. Oktober 2004 in der Stiftsbibliothek St. Gallen*, St. Gallen 2010.

Troncarelli, Fabio: *Vivarium. I libri, il destino* (Instrumenta Patristica 33), Turnhout 1998.

Ubl, Karl: »Der lange Schatten des Bonifatius. Die Responsa Stephans II. aus dem Jahr 754 und das fränkische Kirchenrecht«, in: *Deutsches Archiv* 63, 2007, S. 403–449.

Ubl, Karl: »Der Mehrwert der päpstlichen Schlüsselgewalt und die Tradition des heiligen Clemens«, in: *Die Bibel als politisches Argument. Voraussetzungen und Folgen biblizistischer Herrschaftslegitimation in der Vormoderne*, hg. von Andreas Peča/Kai Trampedach (Historische Zeitschrift. Beihefte N. F. 43), München 2007, S. 189–218.

Ubl, Karl: *Inzestverbot und Gesetzgebung. Die Konstruktion eines Verbrechens (300–1100)* (Millennium-Studien zu Kultur und Geschichte des ersten Jahrtausends n. Chr./Millennium Studies in the culture and history of the first millennium C. E. 20), Berlin/New York 2008.

Untermann, Matthias: »›Opere mirabilis constructa‹. Die Aachener ›Residenz‹ Karls des Großen«, in: *799 – Kunst und Kultur der Karolingerzeit. Karl der Große und Papst Leo III. in Paderborn*, Bd. 3: *Beiträge zum Katalog der Ausstellung Paderborn 1999*, hg. von Christoph Stiegemann, Mainz 1999, S. 152–164.

Uphus, Johannes B.: *Der Horos des Zweiten Konzils von Nizäa 787. Interpretation und Kommentar auf der Grundlage der Konzilsakten mit besonderer Berücksichtigung der Bilderfrage* (Konziliengeschichte. Reihe B: Untersuchungen), Paderborn 2004.

Vollrath, Hanna (Hg.): *Der Weg in eine weitere Welt. Kommunikation und »Außenpolitik« im 12. Jahrhundert* (Neue Aspekte der europäischen Mittelalterforschung 2), Berlin 2008.

Vollrath, Hanna: »Kommunikation über große Entfernungen: Die Verbreitung von Nachrichten im Becket-Streit«, in: *Der Weg in eine weitere Welt*, hg. von Hanna Vollrath (Neue Aspekte der europäischen Mittelalterforschung 2), Münster 2008, S. 85–114.

Vollrath, Hanna: »Lauter Gerüchte? Canossa aus kommunikationsgeschichtlicher Sicht«, in: *Päpstliche Herrschaft im Mittelalter*, hg. von Stefan Weinfurter (Mittelalter-Forschungen 38), Ostfildern 2012, S. 153–198.

Vones, Ludwig: »Heiligsprechung und Tradition. Die Kanonisation Karls des Großen 1165, Die Aachener Karlsvita und der Pseudo-Turpin«, in: *Jakobus und Karl der Große: Von Einhards Karlsvita zum Pseudo-Turpin*, hg. von Klaus Herbers (Jakobus-Studien 14), Tübingen 2003, S. 89–106.

Wallach, Luitpold: »Alcuin's Epitaph of Hadrian I. A Study in Carolingian Epigraphy«, in: *American Journal of Philology* 72, 1951, S. 128–144.

Weber, Karl: *Die Formierung des Elsass im Regnum Francorum. Adel, Kirche und Königtum am Oberrhein in merowingischer und frühkarolingischer Zeit* (Archäologie und Geschichte. Freiburger Forschungen um ersten Jahrtausend in Südwestdeutschland 19), Ostfildern 2011.

Weidinger, Ulrich: »Die Versorgung des Königshofs mit Gütern. Das ›Capitulare de villis‹«, in: Matthias Becher u. a.: *Das Reich Karls des Großen*, Darmstadt 2011, S. 79–85.

Weinfurter, Stefan: »Vita canonica und Eschatologie. Eine neue Quelle zum Selbstverständnis der Reformkanoniker des 12. Jahrhunderts aus dem Salzburger Reformkreis«, in: *Secundum Regulam Vivere. Festschrift für Norbert Backmund*, hg. von Gert Melville, Windberg 1978, S. 139–167.

Weinfurter, Stefan: »Wie das Reich heilig wurde«, in: *Die Macht des Königs. Herrschaft in Europa vom Frühmittelalter bis in die Neuzeit*, hg. von Bernhard Jussen, München 2005, S. 190–204 und 387–390.

Weinfurter, Stefan: *Eichstätt im Mittelalter. Kloster – Bistum – Fürstentum*, Regensburg 2010.

Weinfurter, Stefan: »Eindeutigkeit – Motor von Innovation im Mittelalter?«, in: *Jahrbuch der Heidelberger Akademie der Wissenschaften* 2011, Heidelberg 2012, S. 73–74.

Weinfurter, Stefan: »›Eindeutigkeit‹ als Quelle für Innovation im Mittelalter«, in: *Marsilius-Kolleg 2011/12*, hg. von Hans-Georg Kräusslich/Wolfgang Schluchter, Heidelberg 2012, S. 246–253.

Weinfurter, Stefan: »Die Päpste als ›Lehnsherren‹ von Königen und Kaisern im 11. und 12. Jahrhundert?«, in: *Ausbildung und Verbreitung des Lehnswesens im Reich und in Italien im 12. und 13. Jahrhundert*, hg. von Karl-Heinz Spieß (Vorträge und Forschungen 76), Ostfildern 2013, S. 17–40.

Werner, Karl F.: »Histoire comparée de l'administration. Une introduction au colloque«, in: Karl F. Werner: *Vom Frankenreich zur Entfaltung Deutschlands und Frankreichs. Ausgewählte Beiträge. Festgabe zu seinem 60. Geburtstag*, Sigmaringen 1984, S. 82–107.

West, Geoffrey V. B.: »Charlemagne's Involvement in Central and Southern Italy: Power and the Limits of Authority«, in: *Early Medieval Europe* 8, 1999, S. 350–361.

White jr., Lynn: *Die mittelalterliche Technik und der Wandel der Gesellschaft*, München 1968.

Wickham, Chris: »Rural Society in Carolingian Europe«, in: *New Cambridge Medieval History*, Bd. 2: *c. 700 – c. 900*, hg. von Rosamond McKitterick, Cambridge 1995, S. 510–537.

Wohlmuth, Josef (Hg.): *Streit um das Bild. Das zweite Konzil von Nizäa (787) in ökumenischer Perspektive* (Studium Universale 9), Bonn 1989.

Wolfram, Herwig: *Intitulatio I. Lateinische Königs- und Fürstentitel bis zum Ende des 8. Jahrhunderts* (Mitteilungen des Instituts für Österreichische Geschichtsforschung, Erg.-Bd. 21), Graz u. a. 1967.

Wolfram, Herwig: »Das Fürstentum Tassilos III., Herzogs der Bayern«, in: *Mitteilungen der Gesellschaft für Salzburger Landesgeschichte* 108, 1968, S. 157–179.

Wolfram, Herwig: »Karl Martell und das fränkische Lehenswesen. Aufnahme eines Nichtbestandes«, in: *Karl Martell in seiner Zeit*, hg. von Jörg Jarnut, Sigmaringen 1994, S. 61–78.

Wolfram, Herwig: *Salzburg, Bayern, Österreich. Die Conversio Bagoariorum et Carantanorum und die Quellen ihrer Zeit* (Mitteilungen des Instituts für österreichische Geschichtsforschung. Ergänzungsband 31), Wien 1995.

Wolfram, Herwig: *Die Germanen* (Beck-Wissen), 9. überarbeitete Auflage München 2009.

Wolfram, Herwig: »Wie schreibt man heute ein Germanenbuch und warum immer noch eins?«, in: *Völker, Reiche und Namen im Frühen Mittelalter*, hg. von Matthias M. Becher/Stefanie Dick (MittelalterStudien 22), München 2011, S. 15–43.

Wolfram, Herwig: *Conversio Bagoariorum et Carantanorum. Das Weißbuch der Salzburger Kirche über die erfolgreiche Mission in Karantanien und Pannonien* (Zbirka Zgodovinskega časopisa 44), Ljubljana/Laibach 2012.

Zehrfeld, Klaus: *Karl der Große gegen Herzog Tassilo III. von Bayern. Der Prozess vor dem Königsgericht in Ingelheim 788*, Regensburg 2011.

Zöllner, Erich: *Die politische Stellung der Völker im Frankenreich*, Wien 1950.

Zöllner, Erich: »Das Geschlecht der Agilolfinger«, in: *Die Anfänge des Klosters Kremsmünster. Symposion 15.–18. Mai 1977*, hg. von Siegfried Haider, Linz 1978, S. 83–110.

Zotz, Thomas: »In Amt und Würden. Zur Eigenart und Problematik ›offizieller‹ Positionen im frühen und hohen Mittelalter«, in: *Tel Aviv Jahrbuch für deutsche Geschichte* 22, 1993, S. 1–23.

Zotz, Thomas. »Pfalzen zur Karolingerzeit. Neue Aspekte aus historischer Sicht«, in: *Splendor palatii. Neue Forschungen zu Paderborn und anderen Pfalzen der Karolingerzeit*, hg. von Lutz Fenske/Jörg Jarnut/Matthias Wemhoff (Veröffentlichungen des Max-Planck-Instituts für Geschichte 11/5), Göttingen 2001, S. 13–23.

Zur Nieden, Andrea: *Der Alltag der Mönche. Studien zum Klosterplan von St. Gallen*, Hamburg 2009.

Zwölfer, Theodor: *St. Peter, Apostelfürst und Himmelspförtner. Seine Verehrung bei den Angelsachsen und Franken*, Stuttgart 1929.

Bildnachweis

(1) Germanisches Nationalmuseum Nürnberg
(2) Staatsbibliothek Berlin (Ms lat. fol. 295, fol. 80v), bpk / Stiftung Preußischer Kulturbesitz, Berlin
(3) Benediktinerstift St. Paul im Lavanttal, Foto: Gerfried Star (Cod. Blas. 4, fol. 1v)
(4) Aus: Matthias Becher, Caspar Ehlers, Lars Hageneier u.a., Das Reich Karls des Großen, Darmstadt 2011, S. 44
(5) Foto: Stuart Whatling
(6) Biblioteca Apostolica Vaticana (Vat. lat. 5407, fol. 186r)
(7) b p k / Stiftung Preußischer Kulturbesitz, Berlin
(8) Foto: Manfred Luchterhandt
(9) b p k / Stiftung Preußischer Kulturbesitz, Berlin (Theol. lat. fol. 354, fol. 1v)
(10) Stiftsbibliothek St. Gallen (Cod. Sang. 268, p. 19)
(11) Biblioteca Capitolare Modena (Ord. l. 2, fol. 154v)
(12) Biblioteca Apostolica Vaticana (Cod. Pal. lat. 1564, fol. 2r)
(13) akg-images, Berlin
(14) Architectura Virtualis GmbH, Kooperationspartner der Technischen Universität Darmstadt
(15) Leo Hugot
(16) Domkapitel Aachen, Foto: Pit Siebigs
(17) Domkapitel Aachen, Foto: Ann Münchow
(18) Domkapitel Aachen, Foto: Ann Münchow
(19) b p k / Stiftung Preußischer Kulturbesitz, Berlin

Karte »Das Fränkische Reich zur Zeit Karls des Großen« in Vor- und Nachsatz: Kulturhistorisches Museum Magdeburg

Personenregister